2022
中国民政统计年鉴

CHINA CIVIL AFFAIRS STATISTICAL YEARBOOK

中华人民共和国民政部　编

中国社会出版社
国家一级出版社 · 全国百佳图书出版单位

图书在版编目（CIP）数据

中国民政统计年鉴．2022 ／ 中华人民共和国民政部编．-- 北京 ：中国社会出版社，2022.10
ISBN 978-7-5087-6602-7

Ⅰ．①中… Ⅱ．①中… Ⅲ．①民政事务－统计资料－中国－2022 Ⅳ．①D632-66

中国版本图书馆CIP数据核字(2022)第196934号

出 版 人：浦善新　　终 审 人：王　前
责任编辑：张　党　　责任校对：刘延庆
封面设计：李　尘

出版发行：中国社会出版社　　地　　址：北京市西城区二龙路甲 33 号
邮政编码：100032　　编 辑 部：（010）58124867
网　　址：shcbs.mca.gov.cn　　发 行 部：（010）58124848
经　　销：新华书店

印刷装订：北京华联印刷有限公司　　开　　本：210 mm×297 mm　1/16
印　　张：34.25　　字　　数：1000 千字
版　　次：2022 年 10 月第 1 版　　印　　次：2022 年 10 月第 1 次印刷
定　　价：320.00 元

中国社会出版社微信公众号

中国社会出版社天猫旗舰店

2022
中国民政统计年鉴

编委会和编辑人员

编者说明

一、《中国民政统计年鉴2022》收录了全国各省、自治区、直辖市2021年民政事业的主要统计指标数据以及部分历史数据，主要包括2021年民政事业发展统计公报、民政事业主要数据图表、综合统计资料、历年统计资料、当年分省统计资料和主要指标解释六部分内容。

二、本年鉴中涉及的全国统计数据均不包括香港特别行政区、澳门特别行政区和台湾省的数据。

三、本年鉴所涉及历史数据，均以本年鉴为准。

四、本年鉴中部分指标合计数或相对数由于四舍五入而产生的计算误差，未作机械调整。

五、本年鉴各表中“－”符号表示数据不足本表最小计量单位或无此数据，“空格”符号表示该项统计数据为零，“#”表示其为上级指标的其中主要项。

目　录

第一部分：专文

第二部分：主要数据图表

【综合】

【社会工作】

【成员组织和其他社会服务】

第三部分：综合统计资料

【综合】

【社会工作】

【成员组织和其他社会服务】

第四部分：历年统计资料

【综合】

【社会工作】

【成员组织和其他社会服务】

第五部分：当年分省统计资料

【综合】

［行政区划和行政机关］

［社会服务总体情况］

【社会工作】

[提供住宿的社会服务活动]

[不提供住宿的社会服务活动]

【成员组织和其他社会服务】

[成员组织]

[其他社会服务]

【其他】

第六部分：主要指标解释

第一部分

专 文

2021年民政事业发展统计公报

2021年，各级民政部门深入学习贯彻习近平新时代中国特色社会主义思想和习近平总书记关于民政工作重要指示批示精神，认真贯彻落实党中央、国务院决策部署，增强“四个意识”、坚定“四个自信”、做到“两个维护”，立足新发展阶段，完整、准确、全面贯彻新发展理念，服务加快构建新发展格局，深化改革创新，履行基本民生保障、基层社会治理、基本社会服务等职责，进一步推进民政事业高质量发展，顺利实现“十四五”民政工作良好开局。

一、综合

截至2021年底，全国民政部门登记和管理的机构和设施共计238.0万个，职工总数1730.4万人，固定资产原价8610.0亿元；各类民政服务机构和设施拥有床位842.8万张，每千人口民政服务床位数6.0张；民政服务设施建设项目规模2732.1万平方米，全年实际完成投资总额201.3亿元；全国民政事业费支出4679.0亿元，占当年国家财政支出的1.9%，其中，中央财政向各地转移支付的民政事业费1578.1亿元，占全年民政事业费支出的33.7%。

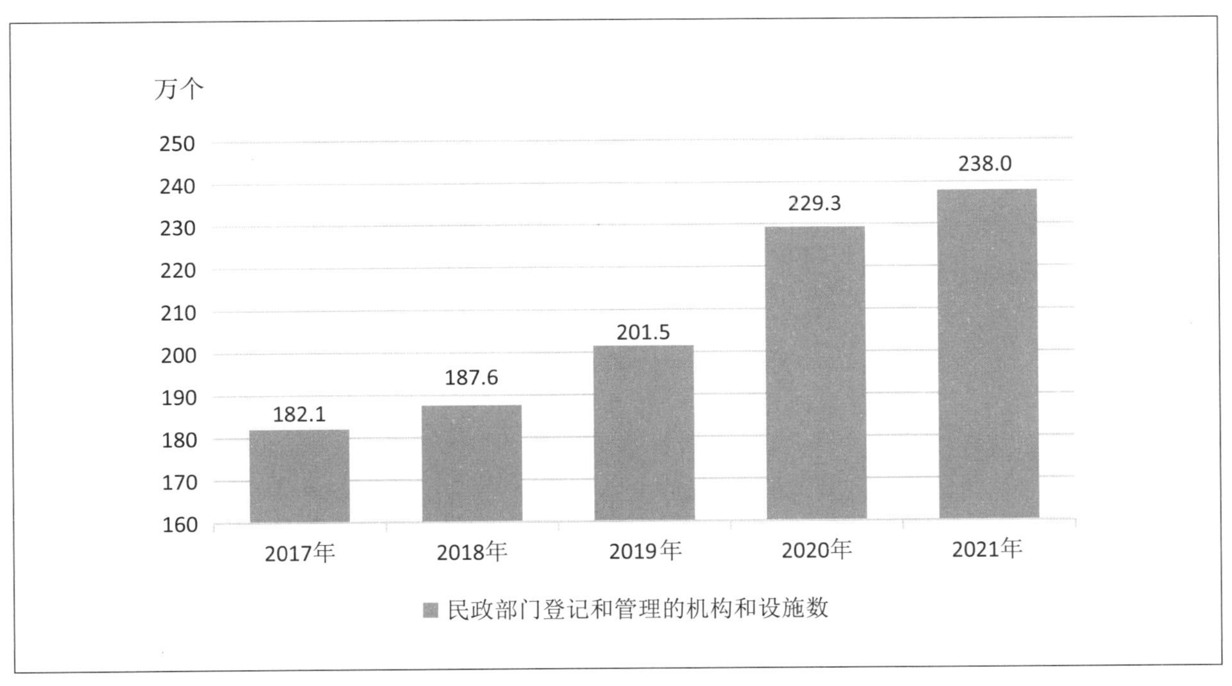

图1　2017—2021年民政部门登记和管理的机构和设施情况

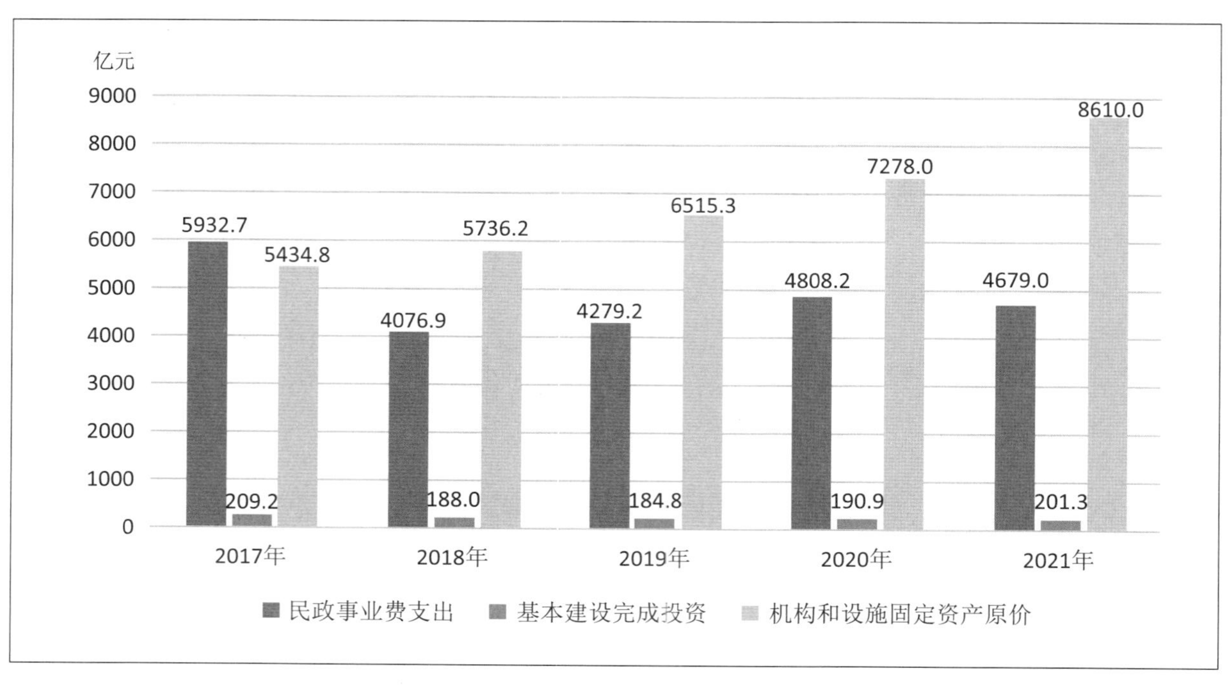

图2　2017—2021年民政事业发展总体情况

二、行政区划

截至2021年底，全国共有省级行政区划单位34个，地级行政区划单位333个，县级行政区划单位2843个，乡级行政区划单位38558个。2021年共联合检查省界13条，完成了总长度约13629公里的省界联检任务。

表1　2021年行政区划情况

单位：个

指标	数量	指标	数量
省级	**34**	**地级**	**333**
直辖市	4	地级市	293
省（含台湾省）	23	地区	7
自治区	5	自治州	30
特别行政区	2	盟	3
县级	**2843**	**乡级**	**38558**
市辖区	977	镇	21322
县级市	394	乡	7197
县	1301	民族乡	958
自治县	117	苏木	153
旗	49	民族苏木	1
自治旗	3	街道	8925
林区	1	区公所	2
特区	1		

三、社会工作

（一）提供住宿的社会工作

截至2021年底，全国注册登记提供住宿的各类民政服务机构共计4.3万个，其中注册登记为事业单位的1.8万个，注册登记为民办非企业单位的1.8万个。机构内床位530.5万张，年末抚养人员238.1万人。

表2　2021年提供住宿的民政服务机构情况

指标	机构（个）	床位（万张）
合计	**42696**	**530.5**
养老机构	**39961**	**503.6**
社会福利院	1521	38.1
特困人员救助供养机构	17292	178.8
其他各类养老机构	21148	286.7
精神疾病服务机构	**140**	**7.1**
社会福利医院	140	7.1
儿童福利和救助保护机构	**815**	**9.8**
儿童福利机构	539	8.9
未成年人救助保护机构	276	0.9
其他提供住宿机构	**1780**	**10.0**
流浪乞讨人员救助管理机构	1562	8.5
其他提供住宿的机构	218	1.5

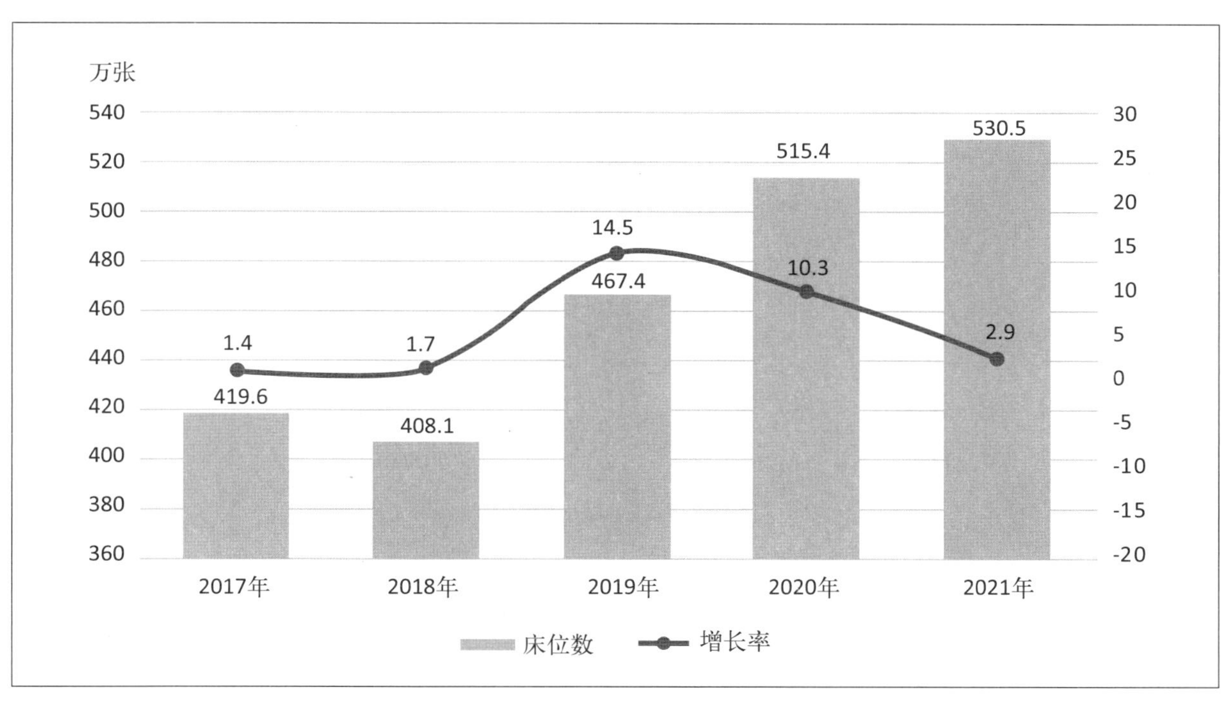

图3　2017—2021年提供住宿的民政服务机构床位情况

1.提供住宿的养老服务。截至2021年底，全国共有各类养老机构和设施35.8万个，养老床位合计815.9万张。其中，全国共有注册登记的养老机构4.0万个，比上年增长4.7%，床位503.6万张，比上年增长3.1%；社区养老服务机构和设施31.8万个，共有床位312.3万张。

2.提供住宿的精神疾病服务。截至2021年底，全国共有民政部门管理的精神卫生福利机构140个，床位7.1万张。

3.提供住宿的儿童福利和救助保护服务。截至2021年底，全国各类民政服务机构集中养育孤儿5.3万人，基本生活保障平均标准1697.4元/人·月。全国共有注册登记的儿童福利和救助保护服务机构815个，床位9.8万张，年末机构抚养人员数4.4万。其中，儿童福利机构539个，床位8.9万张；未成年人救助保护机构276个，床位0.9万张，全年救助流浪乞讨未成年人0.7万人次。

4.其他提供住宿的服务。截至2021年底，全国共有其他提供住宿的民政服务机构1780个，床位10.0万张。其中，流浪乞讨人员救助管理机构1562个，床位8.5万张，全年救助流浪乞讨人员73.9万人次。

（二）不提供住宿的社会工作

1.老年人福利。截至2021年底，全国60周岁及以上老年人口26736万人，占总人口的18.9%，其中，65周岁及以上老年人口20056万人，占总人口的14.2%。截至2021年底，全国共有3994.7万老年人享受老年人补贴，其中享受高龄补贴的老年人3246.6万人，享受护理补贴的老年人90.3万人，享受养老服务补贴的老年人573.6万人，享受综合补贴的老年人84.2万人。全国共支出老年福利资金386.2亿元，养老服务资金144.9亿元。

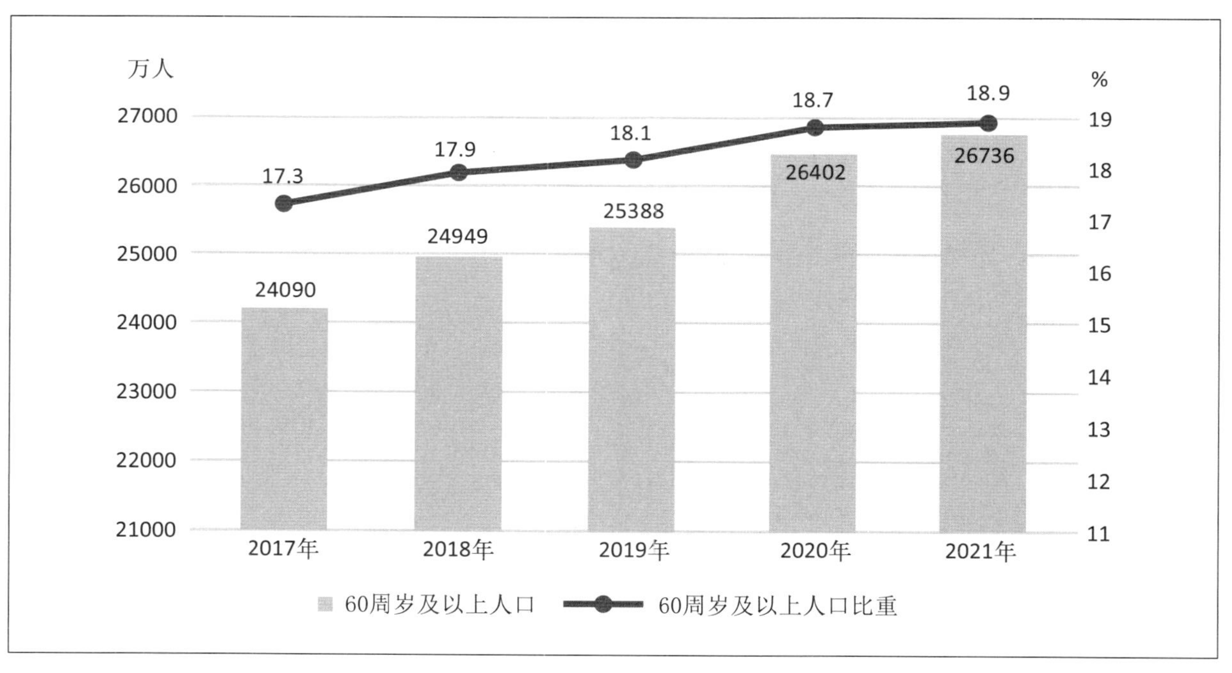

注：本图资料来源于国家统计局。

图4　2017—2021年60周岁及以上老年人口及其占全国总人口比重

2.儿童福利和收养登记。截至2021年底，全国共有孤儿17.3万人，其中，社会散居孤儿11.9万人，基本生活保障平均标准1257.2元/人·月。全年共支出儿童福利资金83.6亿元，其中，孤儿基本生活保障资金32.4亿元，事实无人抚养儿童基本生活保障资金33.8亿元，其他儿童福利资金17.4亿元。截至2021年底，全国共有儿童督导员5.3万人，儿童主任65.1万人。

2021年，全国办理收养登记1.2万件。

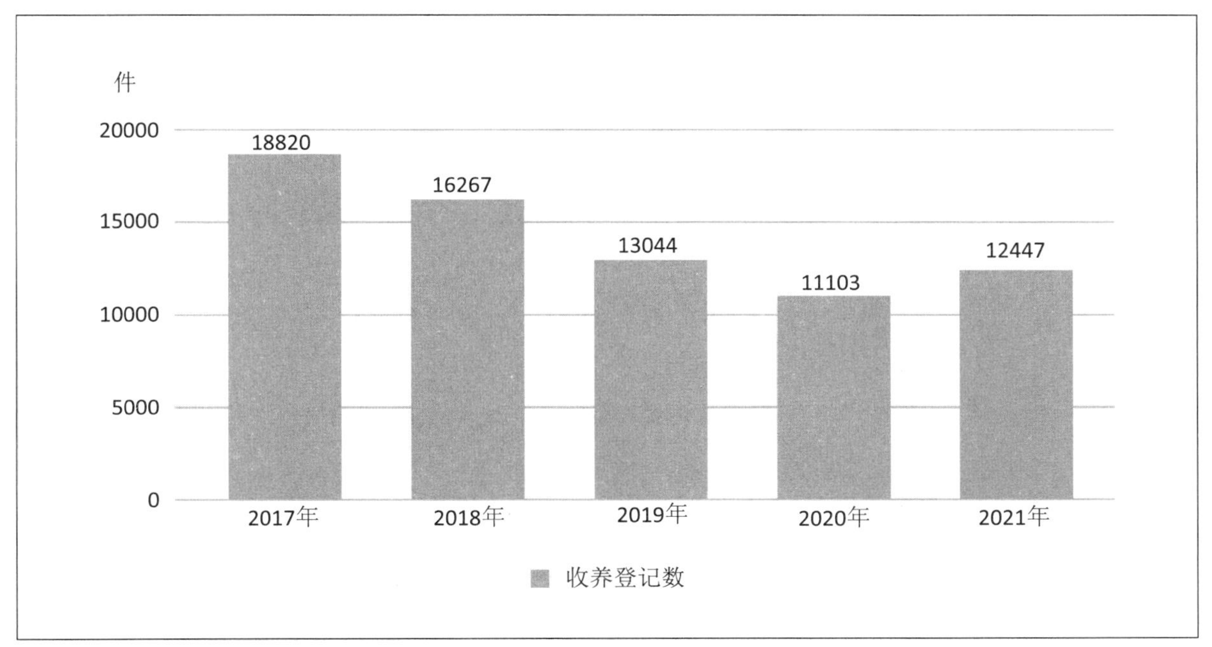

图5　2017—2021年收养登记情况

3.残疾人服务。2021年，全国共有困难残疾人生活补贴对象1194.1万人，重度残疾人护理补贴对象1503.2万人。截至2021年底，民政部门直属康复辅具机构共有21个，职工0.1万人，固定资产原价12.4亿元。

4.社会救助。

最低生活保障。截至2021年底，全国共有城市低保对象454.9万户、737.8万人。全国城市低保平均保障标准711.4元/人·月，比上年增长5.0%，全年支出城市低保资金484.1亿元；有农村低保对象1945.0万户、3474.5万人。全国农村低保平均保障标准6362.2元/人·年，比上年增长6.7%，全年支出农村低保资金1349.0亿元。

特困人员救助供养。截至2021年底，全国共有农村特困人员437.3万人，全年支出农村特困人员救助供养资金429.4亿元；全国共有城市特困人员32.8万人，全年支出城市特困人员救助供养资金49.7亿元。

临时救助。2021年全年共实施临时救助1198.6万人次，其中，救助非本地户籍对象6.2万人次。全年支出临时救助资金138.4亿元，平均救助水平1154.9元/人次。

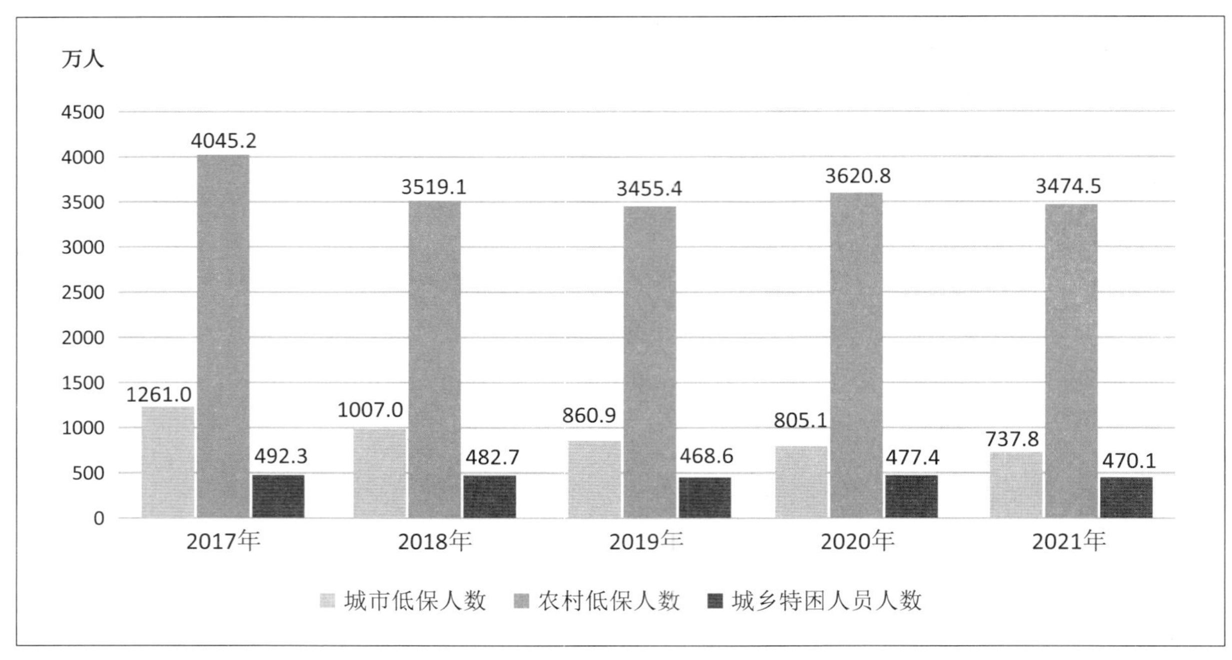

图6　2017—2021年城乡低保对象、城乡特困人员情况

5.慈善事业和专业社会工作。

慈善事业。截至2021年底，全国共有经常性社会捐赠工作站、点和慈善超市1.4万个（其中，慈善超市4034个）。全年共有2227.4万人次在民政领域提供了6507.4万小时志愿服务。全国社会组织捐赠收入1192.5亿元，比上年增长12.6%。截至2021年底，全国备案慈善信托580单，慈善信托合同规模34.7亿元。

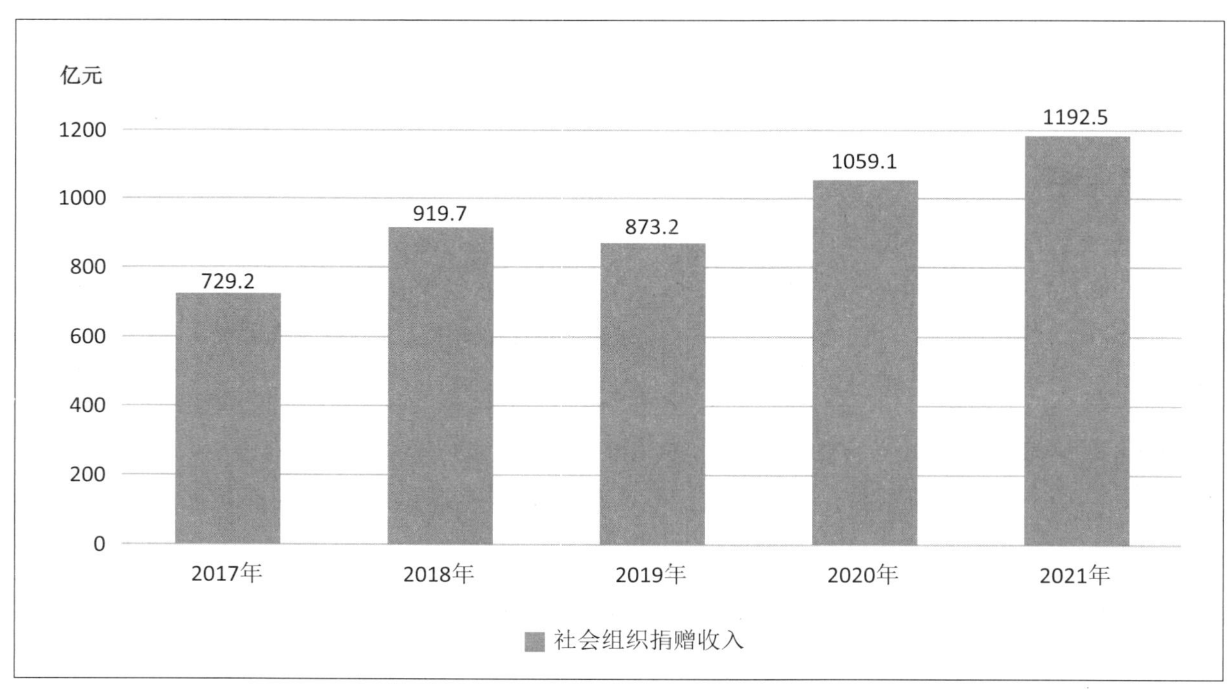

图7　2017—2021年社会组织捐赠收入情况

专业社会工作。2021年，全国共有5.3万人通过助理社会工作师考试，1.6万人通过社会工作师考试。截至2021年底，全国持证社会工作者共计73.7万人，其中，助理社会工作师55.9万人，社会工作师17.7万人。

福利彩票。2021年，福利彩票销售1422.5亿元，比上年减少22.3亿元，下降1.5%。全年筹集彩票公益金443.6亿元，比上年下降0.2%。民政系统共支出彩票公益金196.8亿元，比上年下降14.4%，其中，用于社会福利146.6亿元，用于社会救助5.2亿元。

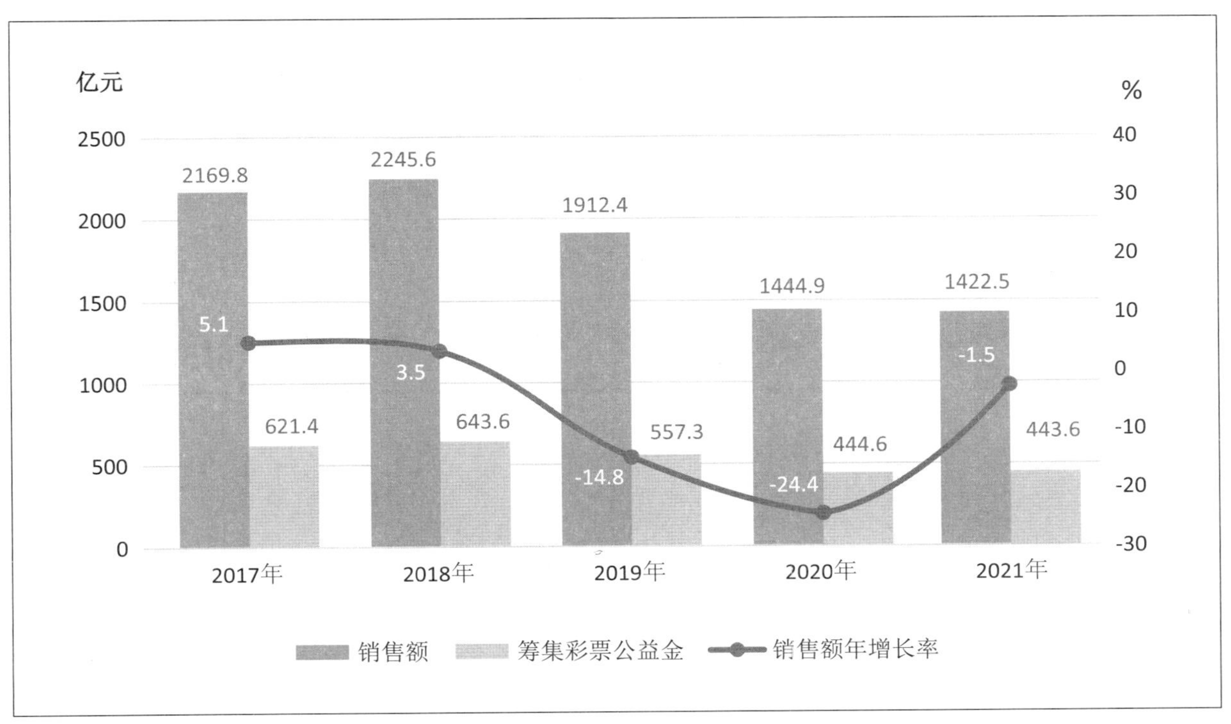

图8　2017—2021年福利彩票销售额、增长率及筹集彩票公益金情况

6.社区服务。

截至2021年底，全国共有社区综合服务机构和设施56.7万个，社区养老服务机构和设施31.8万个。城市社区综合服务设施覆盖率100%，农村社区综合服务设施覆盖率79.5%。

表3　2021年社区服务机构和设施情况

指标	单位	合计	城市	农村
社区综合服务机构和设施	**万个**	**56.7**	**16.3**	**40.4**
社区服务指导中心	个	490	482	8
社区服务中心	万个	2.9	1.6	1.3
社区服务站	万个	48.6	10.9	37.6
社区专项服务机构和设施	万个	5.2	3.7	1.5
社区养老服务机构和设施	**万个**	**31.8**	**9.9**	**21.9**

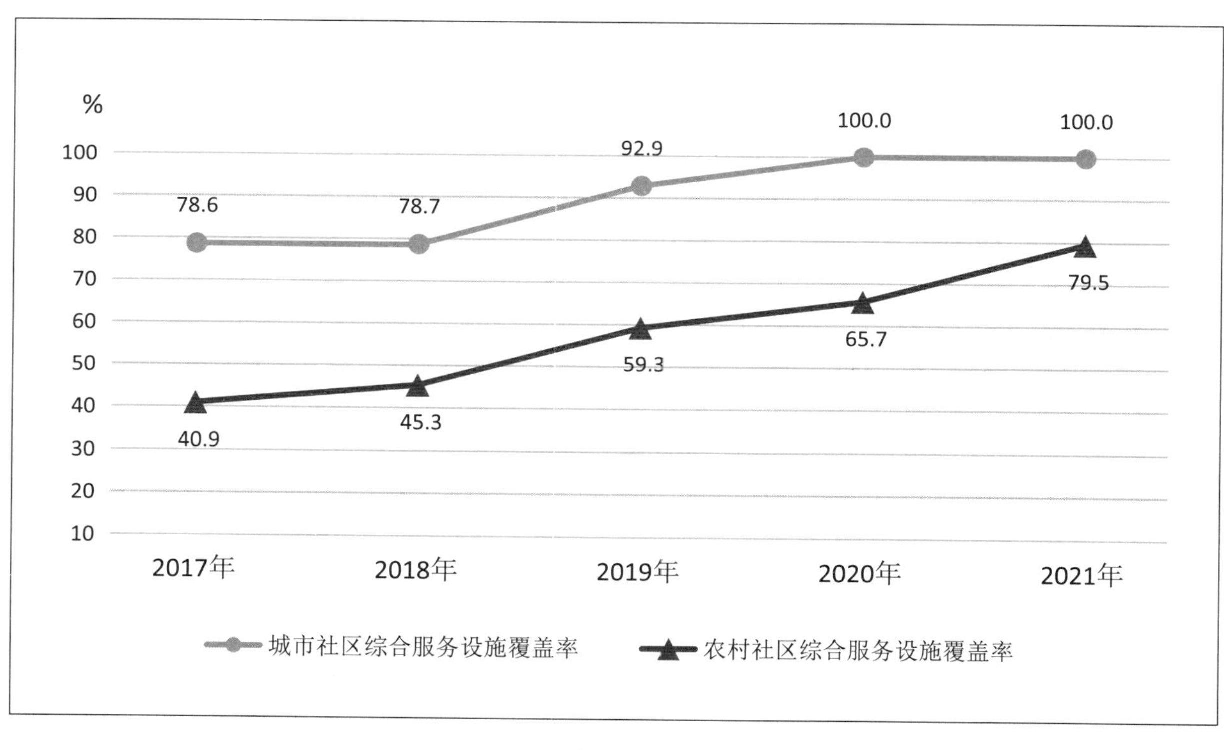

图9　2017—2021年城、乡社区综合服务设施覆盖率

四、成员组织和其他社会服务

（一）成员组织

1.**社会组织**。截至2021年底，全国共有社会组织90.2万个，比上年增长0.9%；吸纳社会各类人员就业1100.0万人，比上年增长3.6%。全年共查处社会组织违法违规案件8594起，行政处罚8024起。

表4　2021年社会组织按登记机关分类

单位：个

指标	社会团体	基金会	民办非企业单位
合计	**371110**	**8877**	**521883**
民政部登记	1972	215	92
省级民政部门登记	32105	5994	15267
市级民政部门登记	90690	1877	65321
县级民政部门登记	246343	791	441203

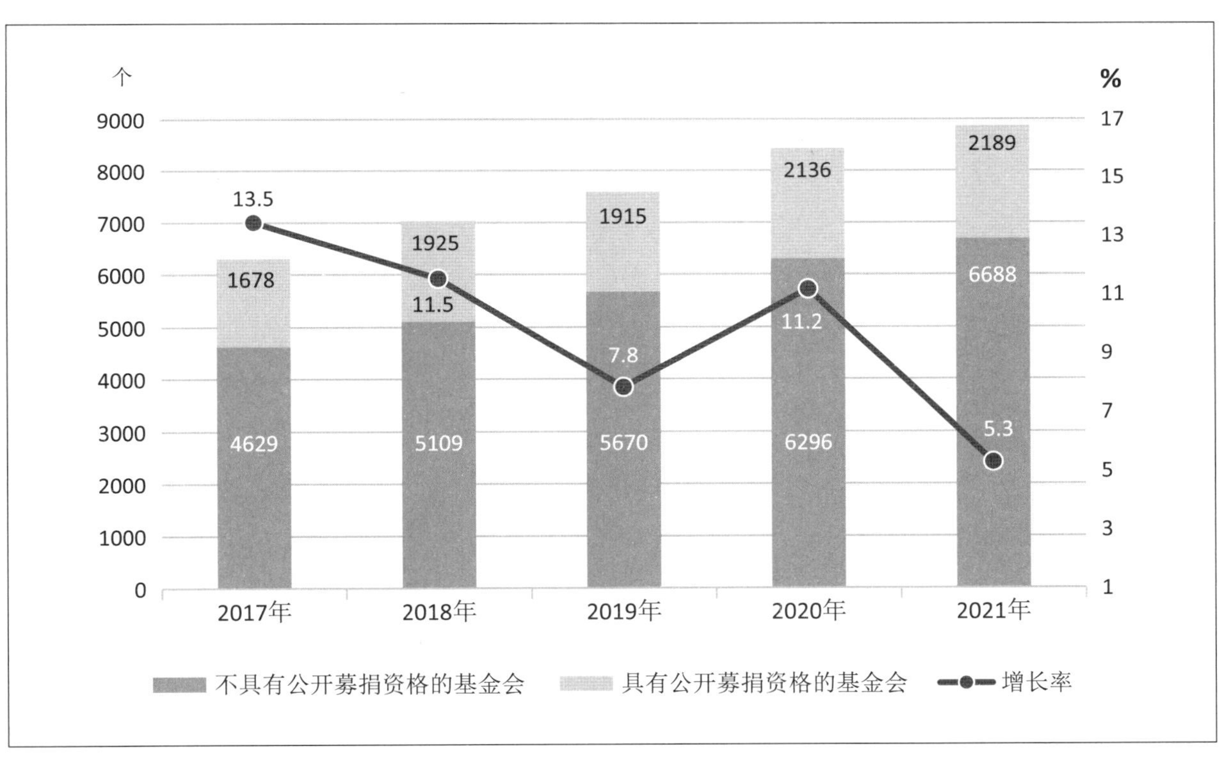

图10　2017—2021年基金会情况

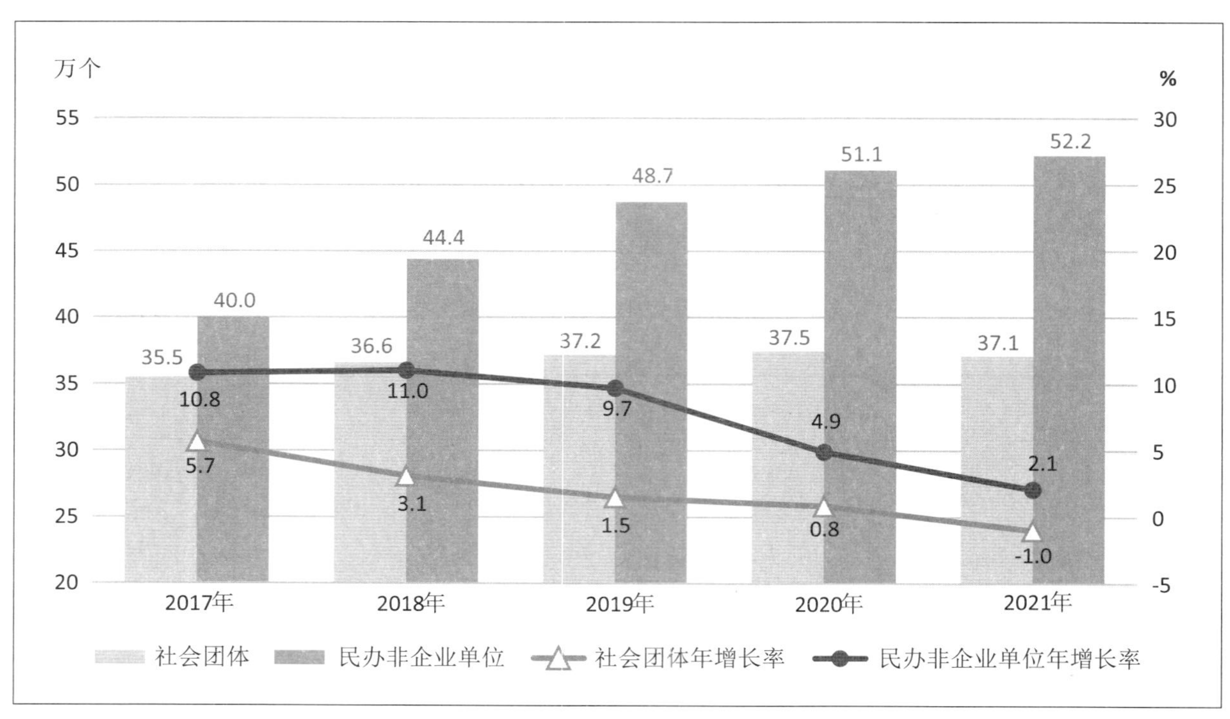

图11　2017—2021年社会团体、民办非企业单位情况

2.**自治组织**。截至2021年底，全国基层群众性自治组织共计60.6万个，其中，村委会49.0万个，比上年下降2.5%，村民小组395.0万个，村委会成员208.9万人，比上年增长0.8%；居委会11.7万个，比上年增长3.1%，居民小组135.2万个，居委会成员65.7万人，比上年增长6.6%。全年共有45.1万个村（居）委会完成选举。

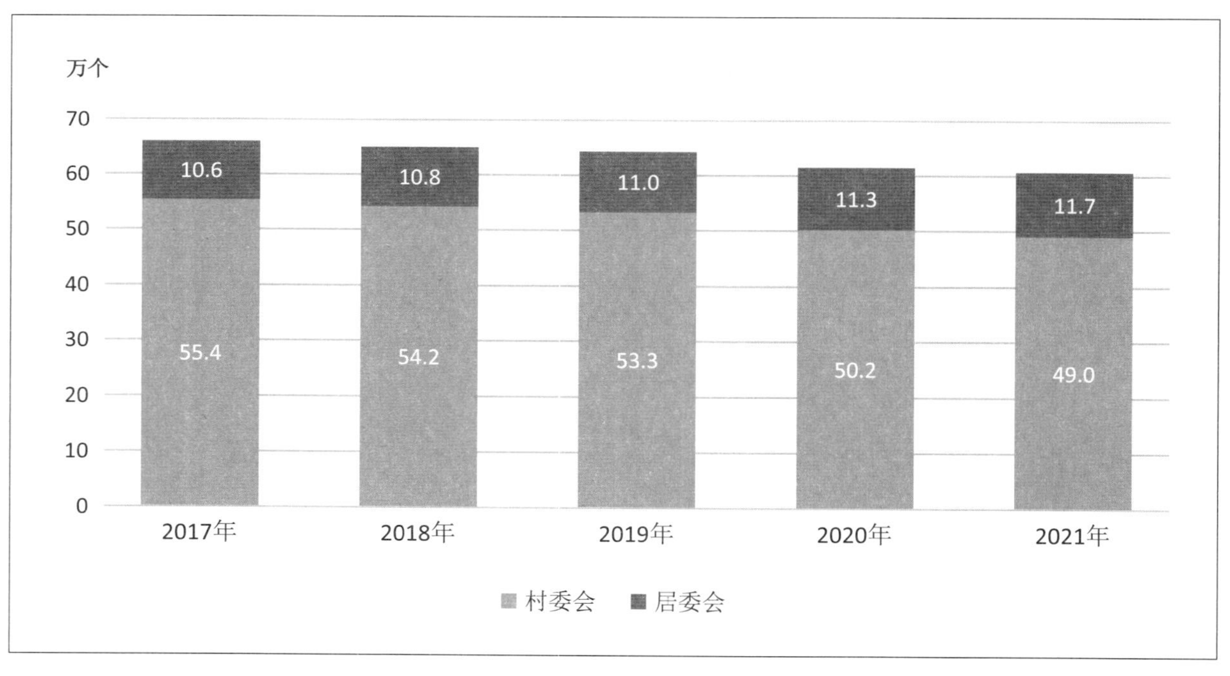

图12　2017—2021年基层群众性自治组织情况

（二）其他社会服务

1.婚姻登记服务。2021年，全国共有婚姻登记机构和场所共计4372个。其中，婚姻登记机构1069个，全年依法办理结婚登记764.3万对，比上年下降6.1%，其中，涉外及华侨、港澳台居民登记结婚1.6万对。结婚率为5.4‰，比上年下降0.4个千分点。依法办理离婚手续283.9万对，比上年下降34.6%，其中，民政部门登记离婚214.1万对，法院判决、调解离婚69.8万对。离婚率为2.0‰，比上年下降1.1个千分点。

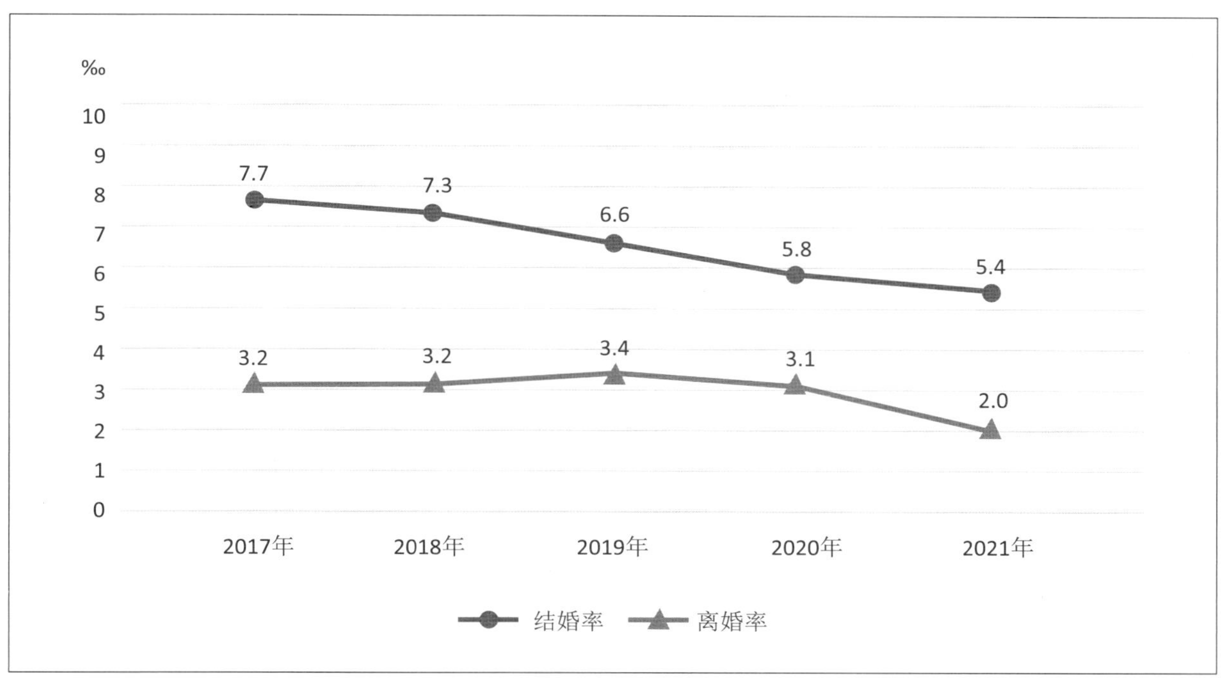

图13　2017—2021年结婚率和离婚率

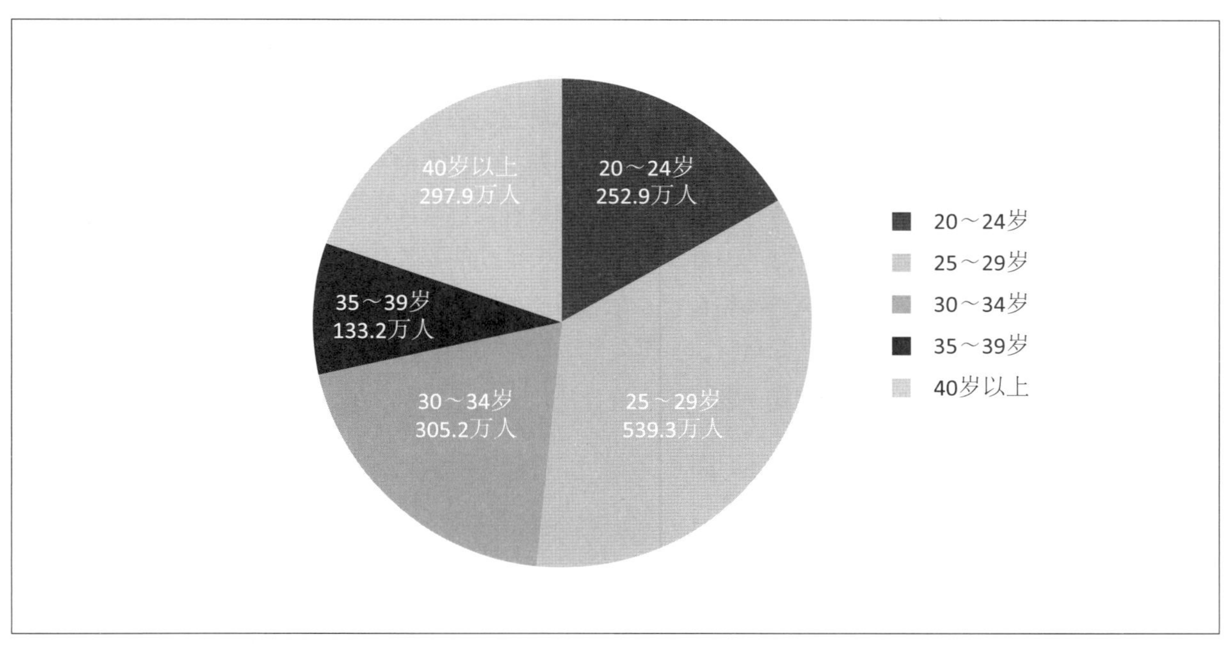

图14　2021年结婚登记人口年龄分布情况

2.殡葬服务。截至2021年底，全国共有殡葬服务机构4373个，其中，殡仪馆1774个，殡葬管理机构815个，民政部门管理的公墓1673个。殡葬服务机构职工8.7万人，其中，殡仪馆职工4.7万人。火化炉7043台，火化遗体596.6万具，火化率58.8%，比上年增加3.1个百分点。

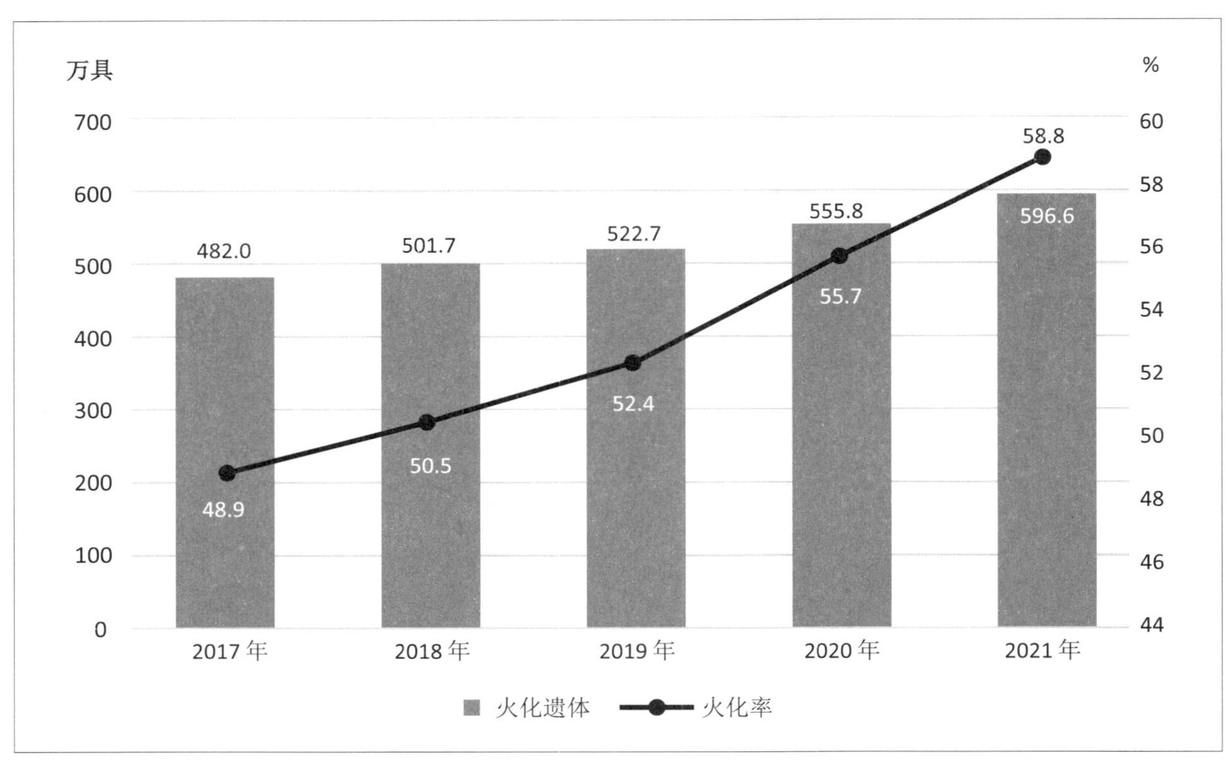

图15　2017—2021年火化遗体情况

注释：

1.本资料中民政对象人数和机构数为当年实际数和注册登记的法定机构数。

2.本资料部分数据因四舍五入产生误差，存在分项数据与合计数据不等情况，未作机械调整。

3.除省级行政区划数以外，各项统计数据均未包括香港特别行政区、澳门特别行政区和台湾省。

4.社会组织捐赠收入数据使用的是2021年完成年检社会组织的相关数据。

5.离婚登记服务中法院判决、调解离婚数据来源于最高人民法院。

结（离）婚率计算公式为：当年结（离）婚对数/当年平均总人口数×1000‰。

6.全国财政支出、人口等相关数据来源于国家统计局。

7.2018年机构改革后，相关数据扣除了转隶的职能部分。

Statistical Report on the Development of Civil Affairs in 2021

In 2021, civil affairs departments at all levels thoroughly studied and implemented Xi Jinping Thought on Socialism with Chinese Characteristics for a New Era and the guiding principles of General Secretary Xi Jinping's important instructions on civil affairs, conscientiously implemented the decisions and plans of the CPC Central Committee and the State Council, strengthened the "Four Consciousnesses" and the "Four-sphere confidence", grounded our efforts in the new development stage, fulfilled duties in guaranteeing People's basic living, grassroots social governance and basic social services, and made new progress and achievements in advancing the cause of civil affairs, got the civil affairs during the 14th Five-Year Plan period off to a good start.

I.Overview

By the end of 2021, there were 2.38 million institutions and facilities registered with and administered by civil affairs departments nationwide, with 17.3 million employees and 861 billion yuan worth of fixed assets (original value). The number of beds in civil affairs service institutions and facilities totaled 8.43 million, with 6.0 beds serving every 1,000 people. Civil affairs facility construction projects covered an area of 27.32 million square meters, and 20.13 billion yuan of investment was accomplished throughout the year. Total expenditure on civil affairs nationwide amounted to 467.90 billion yuan, accounting for 1.9% of the national fiscal expenditure of the year. Of all the civil affairs expenditures, 157.81 billion yuan was transferred payment made by the central government to local governments, accounting for 33.7% of the total expenditure on civil affairs of the year.

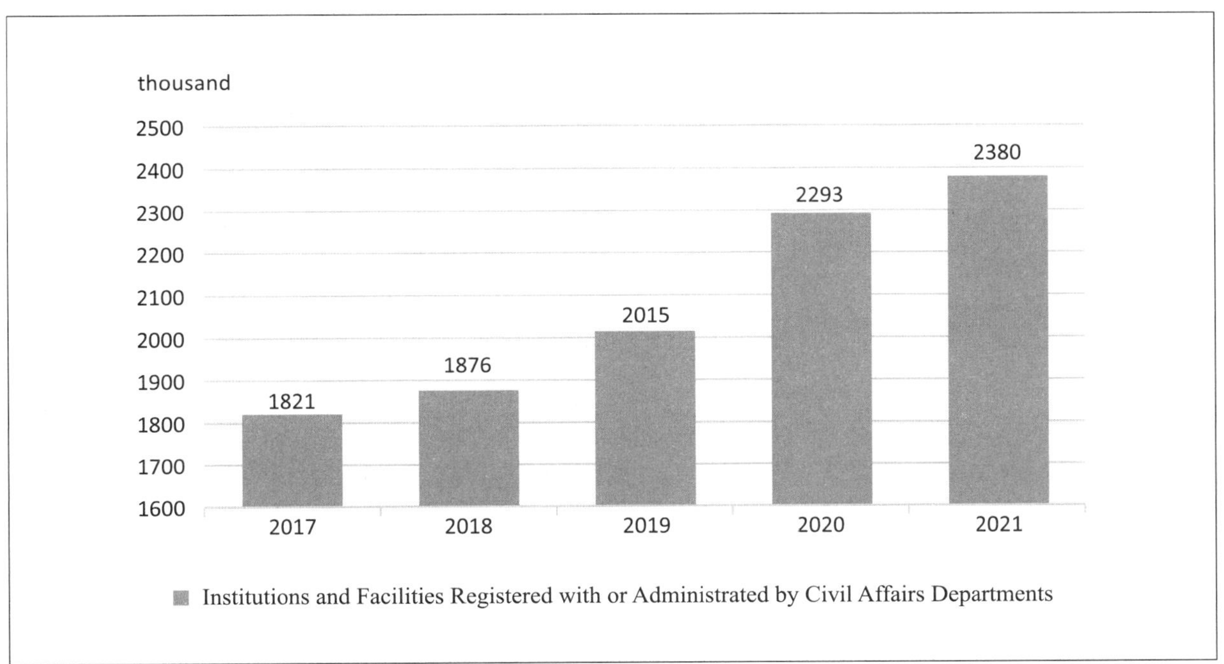

Figure 1 Institutions and Facilities Registered with or Administrated by Civil Affairs Departments, 2017-2021

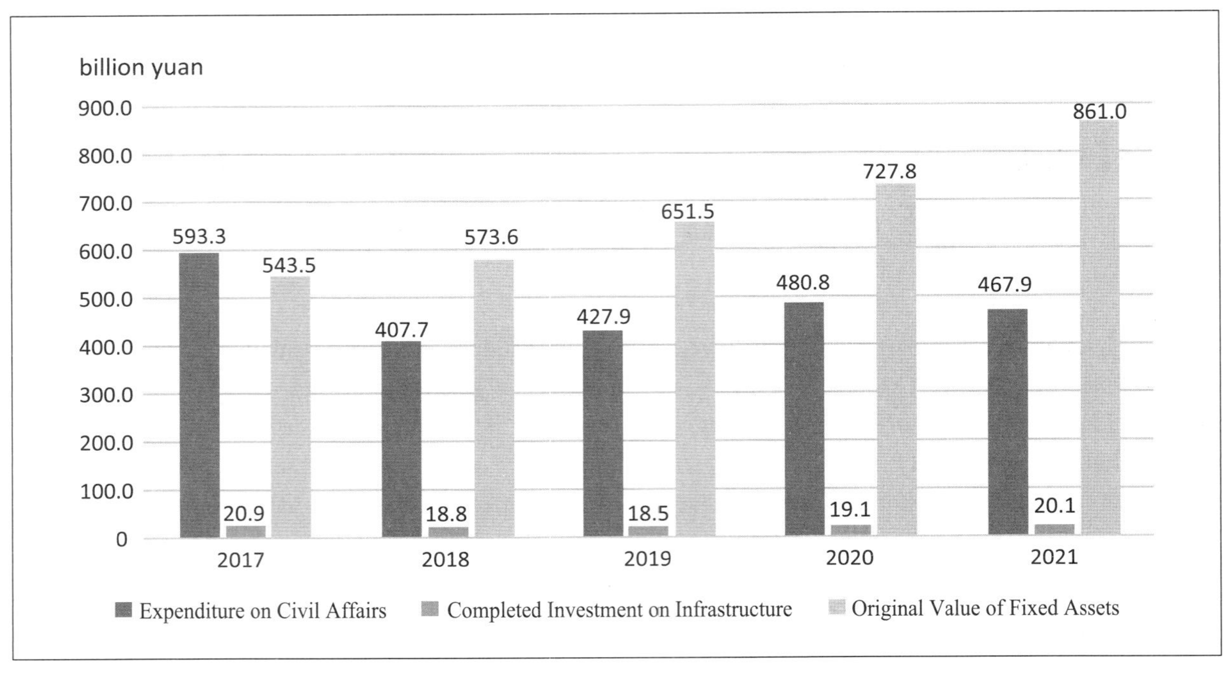

Figure 2 Overview of Civil Affairs Development, 2017-2021

II.Administrative Divisions

By the end of 2021, there were in total 34 provincial-level administrative divisions, 333 prefecture-level administrative divisions, 2,843 county-level administrative divisions and 38,558 township-level administrative divisions nationwide. In 2021, 13 provincial boundaries of approximately 13,629 kilometers were jointly inspected.

Table 1 Administrative Divisions in 2021

Indicators	Number	Indicators	Number
Provincial-level	**34**	**Prefecture-level**	**333**
Municipality Directly Under the Central Government	4	Prefecture-level City	293
Province (Taiwan Province included)	23	Prefecture	7
Autonomous Region	5	Autonomous Prefecture	30
Special Administrative Region	2	League	3
County-level	**2843**	**Township-level**	**38558**
Municipal District	977	Town	21322
County-level City	394	Township	7197
County	1301	Ethnic Township	958
Autonomous County	117	Sumu	153
Banner	49	Ethnic Sumu	1
Autonomous Banner	3	Sub-district Office	8925
Forestry District	1	District Public Office	2
Special District	1		

III.Social Work

1.Social Work with Accommodation

By the end of 2021, there were 43 thousand registered civil affairs service institutions that provided accommodation throughout the country, among which 18 thousand were registered as public institutions, and 18 thousand were registered as private non-enterprise units. 5.30 million beds were offered in these institutions which accommodated 2.38 million people in total.

Table 2 Civil Service Institutions that Provided Accommodation in 2021

Indicators	Number of Institutions	Number of Beds (*1000)
Total	**42696**	**5305**
Elderly care institutions	**39961**	**5036**
Social welfare institutions	1521	381
Assistance and support institutions for people in extreme difficulty of rural areas	17292	1788
Other kinds of elderly care institutions	21148	2867
Mental illness service institutions	**140**	**71**
Social welfare hospitals	140	71
Child welfare and assistance institutions	**815**	**98**
Child welfare institutions	539	89
Assistance and protection centers for the minors	276	9
Other institutions providing accommodation	**1780**	**100**
Relief and management agency for vagrants and beggars	1562	85
Other institutions providing accommodation	218	15

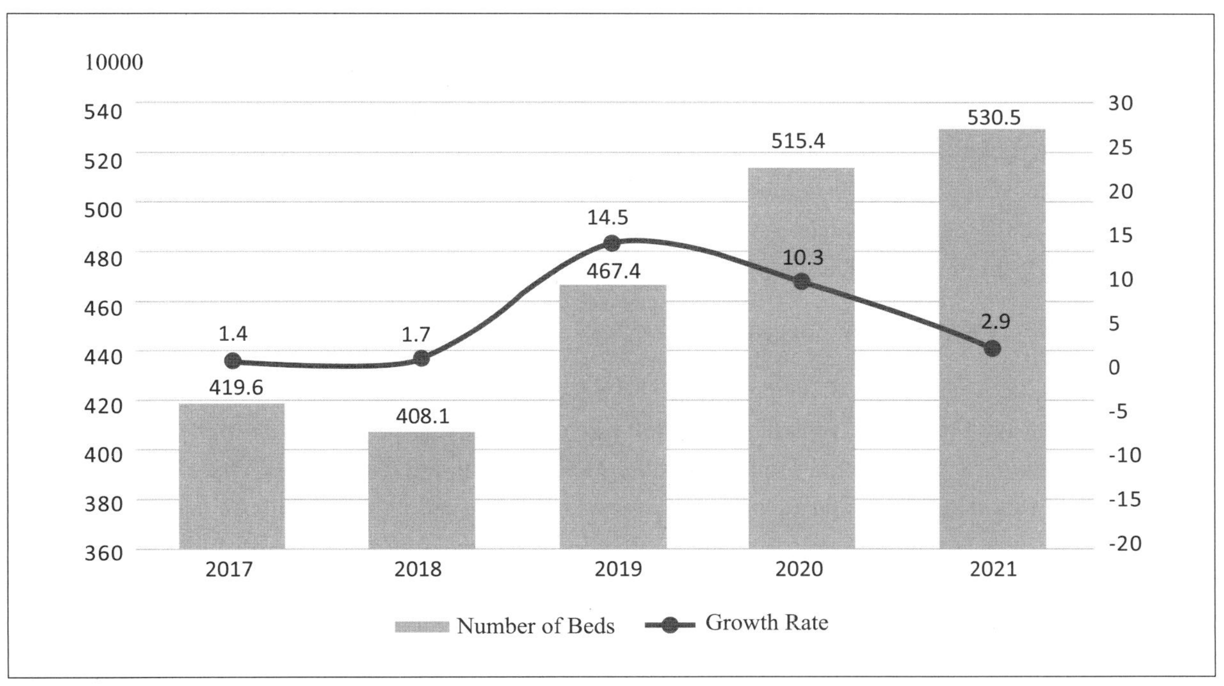

Figure 3 Number of Beds in Civil Affairs Service Institutions, 2017-2021

(1) Elderly Care Services with Accommodation

By the end of 2021, elderly care institutions and facilities of various kinds nationwide totaled 358 thousand, providing 8.16 million beds. Among them, 40 thousand were registered elderly care institutions, which was an increase of 4.7%, and the number of their beds totaled 5.04 million, an increase of 3.1% over the previous year. 318 thousand were community-based elderly care institutions and facilities, with 3.12 million elderly care beds.

(2) Mental Health Services with Accommodation

By the end of 2021, there were 140 mental health welfare institutions administered by civil affairs departments, with 71 thousand beds.

(3) Child Welfare, Assistance and Protection Services with Accommodation

By the end of 2021, there were over 53 thousand orphans raised in all kinds of civil affairs service institutions, with an average standard of basic living allowance of 1,697.4 yuan/person/month. There were 815 registered institutions for child welfare, assistance and protection, with 98 thousand beds. 44 thousand children were accommodated and supported at these institutions. Among these institutions, 539 were child welfare institutions (with 89 thousand beds), and 276 were assistance and protection centers for the minors (with 9 thousand beds). In 2021, 7 thousand times of assistance were provided for homeless minors from these institutions.

(4) Other Types of Services with Accommodation

By the end of 2021, there were 1,780 other types of civil affairs service institutions providing accommodation with 100 thousand beds. Among them, 1,562 were assistance and management stations with 85 thousand beds. 739 thousand (person-times) vagrants and beggars received assistance during the year.

2. Social Work without Accommodation

(1) Elderly Welfare

By the end of 2021, there were in total 267.36 million elderly people aged 60 or above, accounting for 18.9% of the national population. 200.56 million aged 65 or above, accounting for 14.2% of the national population. A total of 39.95 million elderly people throughout the country were entitled to subsidies for the elderly, among which 32.47 million were entitled to the old age subsidy, 903 thousand were entitled to the nursing subsidy, 5.74 million received the elderly care service subsidy, and 842 thousand received comprehensive old-age allowances. A total of 38.62 billion yuan have been spent on welfare for the elderly, and 14.49 billion was spent on old-age services.

(2) Child Welfare and Adoption Registration

By the end of 2021, there were 173 thousand orphans throughout the country, among whom 119 thousand lived separately with an average standard of basic living allowance of 1,257.2 yuan/person/month. In 2021, a total of 8.36 billion yuan was spent on child welfare, among which 3.24 billion yuan was used to ensure their basic livelihood, 3.38 billion yuan for de facto unsupported children, and 1.74 billion yuan for other child welfare. By the end of 2021, there have been 53 thousand child instructors in towns and 651 thousand child tutors in villages.

In 2021, 12 thousand child adoption cases were registered nationwide.

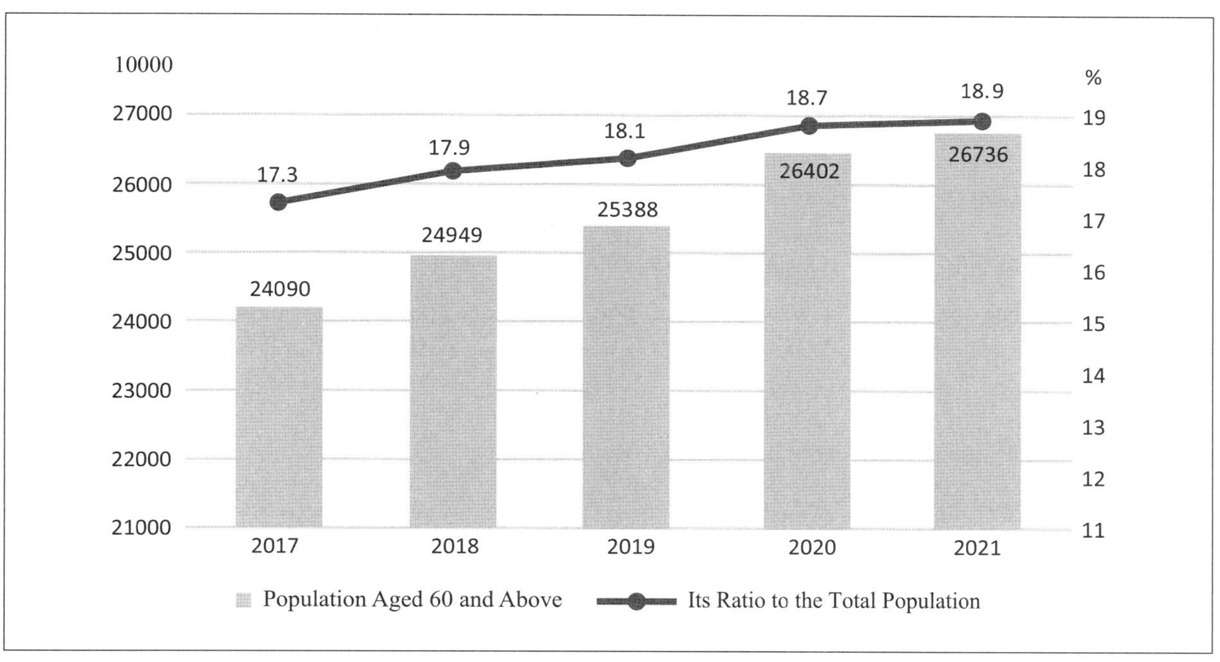

Source: National Bureau of Statistics

Figure 4 Population Aged 60 and Above and Its Ratio, 2017-2021

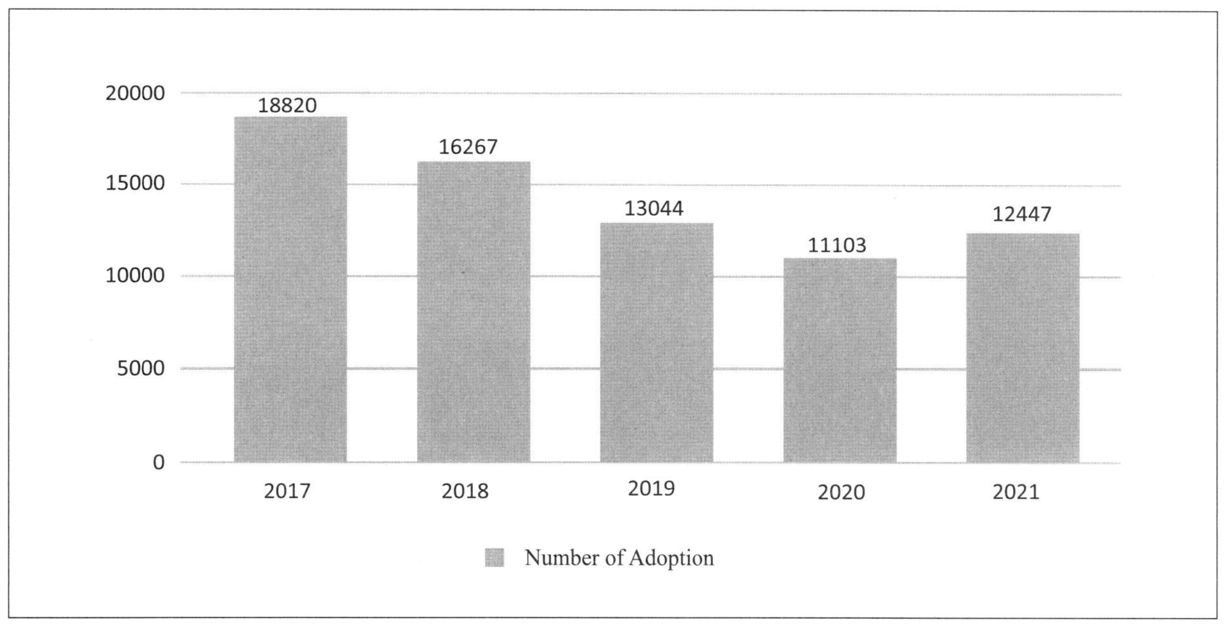

Figure 5 Adoption Registration, 2017-2021

(3) Services for People with Disabilities

In 2021, 11.94 million people with disabilities and difficulties were eligible for living allowances; and 15.03 million people with serious disabilities were eligible for nursing care subsidies nationwide. By the end of 2021, there have been 21 institutions for rehabilitation assistive devices directly affiliated to civil affairs departments, with over one thousand staffs and 1.24 billion yuan worth of fixed assets.

(4) Social Assistance

Subsistence Allowance

By the end of 2021, there were 4.55 million households (7.38 million people) in urban areas receiving subsistence allowance. The national average standard for subsistence allowance in urban areas was 711.4 yuan/person/month, up by 5.0% over the previous year. The annual expenditure on subsistence allowance in urban areas reached 48.41 billion yuan. There were 19.45 million households (34.74 million people) in rural areas receiving subsistence allowance. The national standard for subsistence allowance in rural areas averaged 6,362.2 yuan/person/year, up by 6.7%. The annual expenditure on subsistence allowance in rural areas reached 134.90 billion yuan.

Assistance and Support for People Living in Extreme Difficulty

By the end of 2021, the number of people living in extreme difficulty in rural areas was 4.37 million, with the annual expenditure on assistance and support for them being 42.94 billion yuan. The number of people living in extreme difficulty in urban areas was 328 thousand, with the annual expenditure on them being 4.97 billion yuan.

Temporary Assistance

In 2021, 11.99 million people in total received temporary assistance, among whom 62 thousand did not have local household registration. Annual expenditure on temporary assistance reached 13.84 billion yuan, with an average of 1,154.9 yuan every person/time.

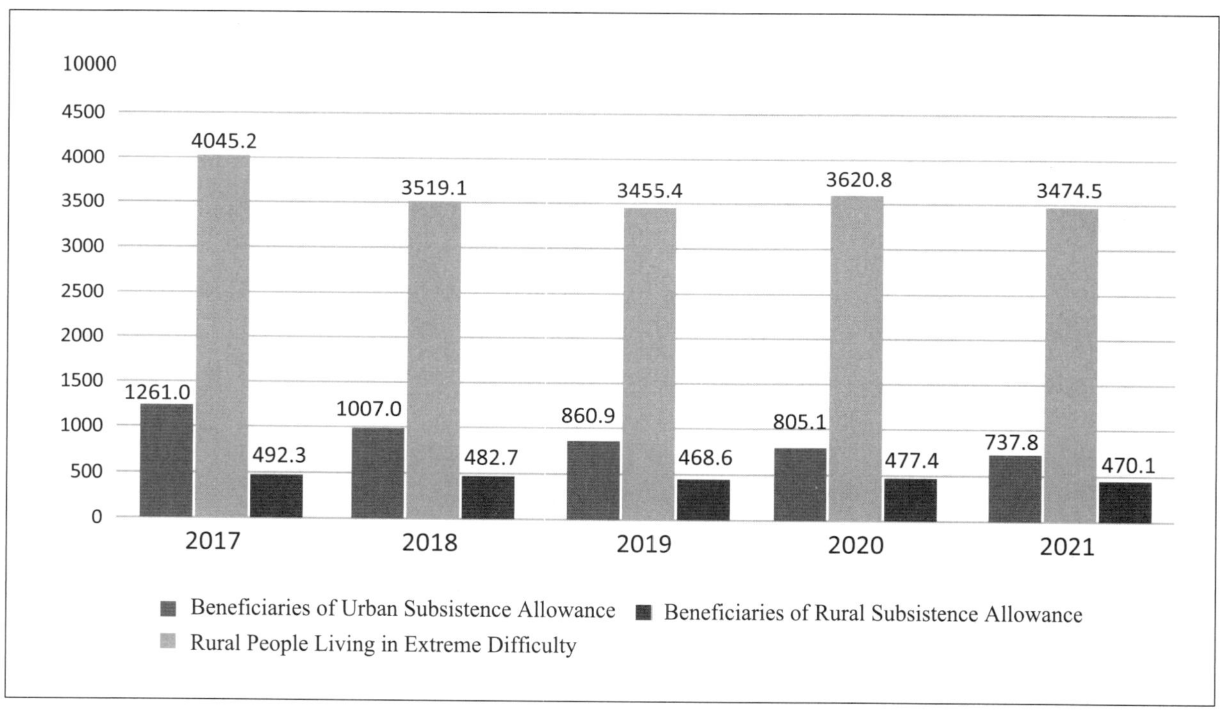

Figure 6 Subsistence Allowance, Assistance and Support for People Living in Extreme Difficulty, 2017-2021

(5) Charity and Professional Social Work

Charity

By the end of 2021, the number of fixed social donation stations, donation points and charity supermarkets was 14 thousand (including 4,034 charity supermarkets). Throughout the year, 22.27 million people provided 65.07 million hours of voluntary services in the field of civil affairs. The donation received by social organizations nationwide was 119.25 billion yuan, up by 12.6% over the previous year. There were 580 registered charitable trusts nationwide, with a total charity contracts of 3.47 billion yuan.

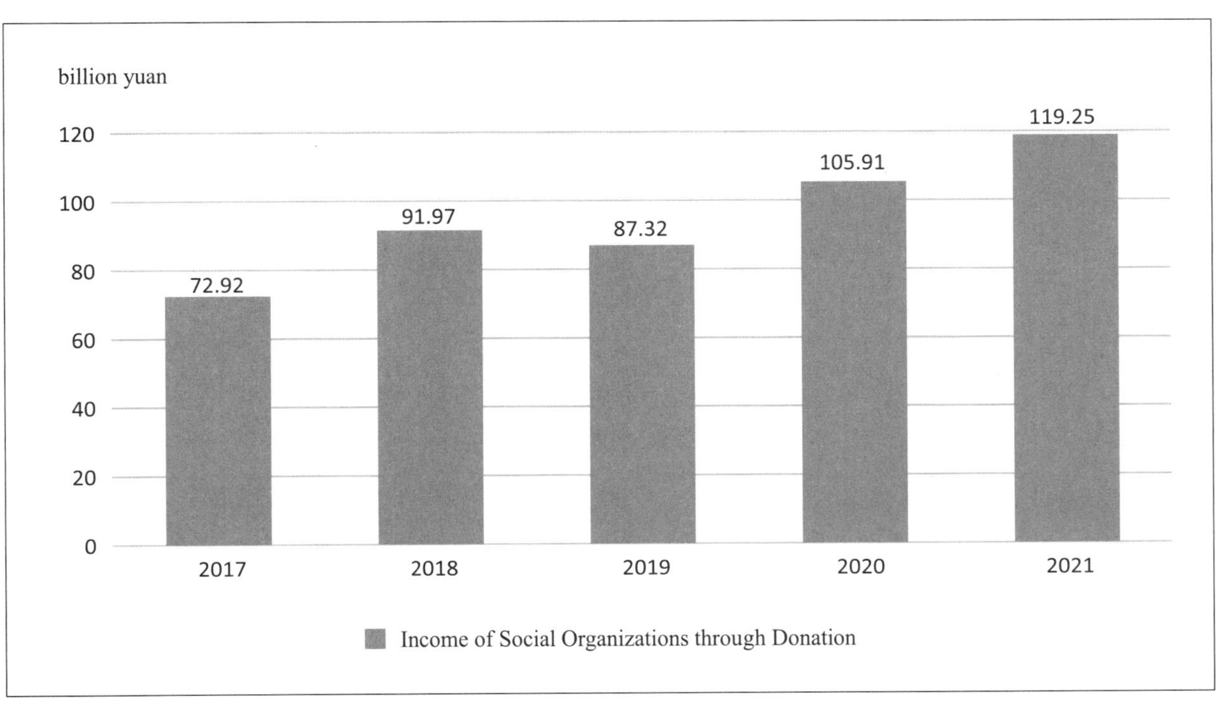

Figure 7 Income of Social Organizations through Donation, 2017-2021

Professional Social Work

In 2021, a total of 53 thousand people around the country passed the exam for assistant social workers and 16 thousand passed the exam for social workers. By the end of 2021, there were 737 thousand certified social workers in the country, including 559 thousand assistant social workers and 177 thousand social workers.

Welfare Lottery

In 2021, China's welfare lottery sales reached 142.25 billion yuan, a decrease of 1.5% (2.23 billion yuan) over the previous year. The public welfare fund collected from the welfare lottery was 44.36 billion yuan in 2021, a decrease of 0.2% over the previous year. The civil affairs departments spent 19.68 billion yuan of the fund (14.66 billion yuan for social welfare, 0.52 billion yuan for social assistance) in 2021, a decrease of 14.4% over the previous year.

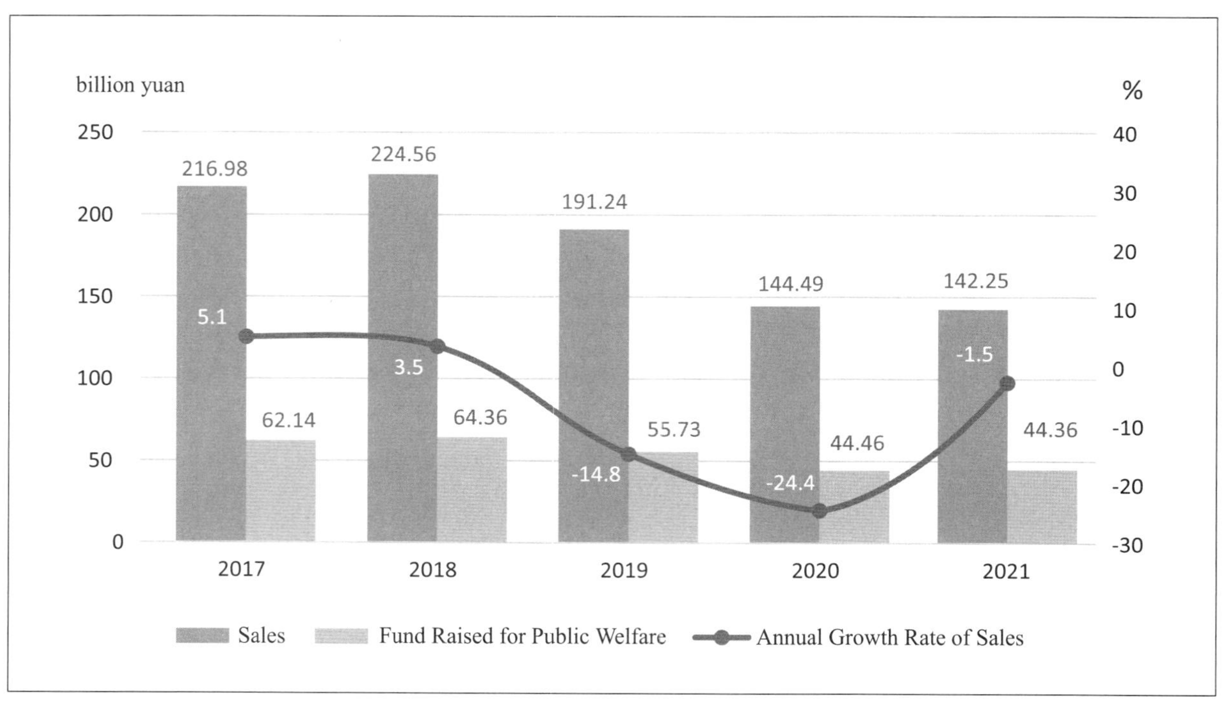

Figure 8 Sales of Welfare Lottery, Its Growth Rate and the Public Welfare Fund, 2017-2021

(6) Community Services

By the end of 2021, there were 567 thousand comprehensive community service institutions and facilities nationwide, and 318 thousand community elderly care service institutions and facilities. The coverage rate of comprehensive service facilities in urban communities was 100%, and in rural communities, the rate was 79.5%.

Table 3 Community Service Institutions of 2021

Indicators	Unit	Total	Urban	Rural
Comprehensive community service institutions and facilities	**1000**	**567**	**163**	**404**
Guidance center for community services	1	490	482	8
Community service centers	1000	29	16	13
Community service stations	1000	486	109	376
Community special service institutions and facilities	1000	52	37	15
Community elderly care service institutions and facilities	**1000**	**318**	**99**	**219**

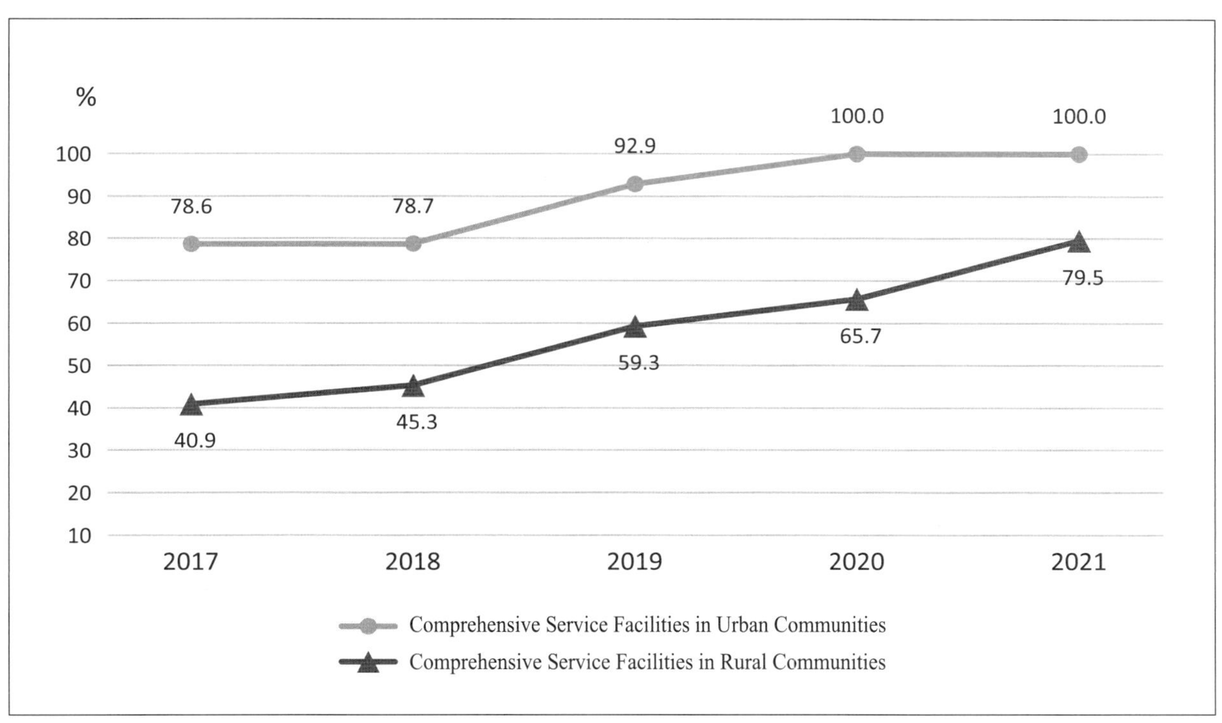

Figure 9 Coverage Rate of Community Comprehensive Service Facilities, 2017-2021

IV. Membership Organizations and Other Social Services

1. Membership Organizations

(1) Social Organizations

By the end of 2021, there were 902 thousand social organizations nationwide, an increase of 0.9% over the previous year. These social organizations created jobs for 11 million people, an increase of 3.6% over the previous year. In 2021, 8,594 cases of social organizations violating laws and regulations were investigated, with 8,024 administrative penalties.

Table 4 Number of Social Organizations Registered with Civil Affairs Departments at Different Levels, 2021

Indicators	Social Groups	Foundations	Private Non-enterprise Units
Total	**371110**	**8877**	**521883**
Registered with the Ministry of Civil Affairs	1972	215	92
Registered with provincial civil affairs departments	32105	5994	15267
Registered with municipal civil affairs departments	90690	1877	65321
Registered with civil affairs departments at the County level	246343	791	441203

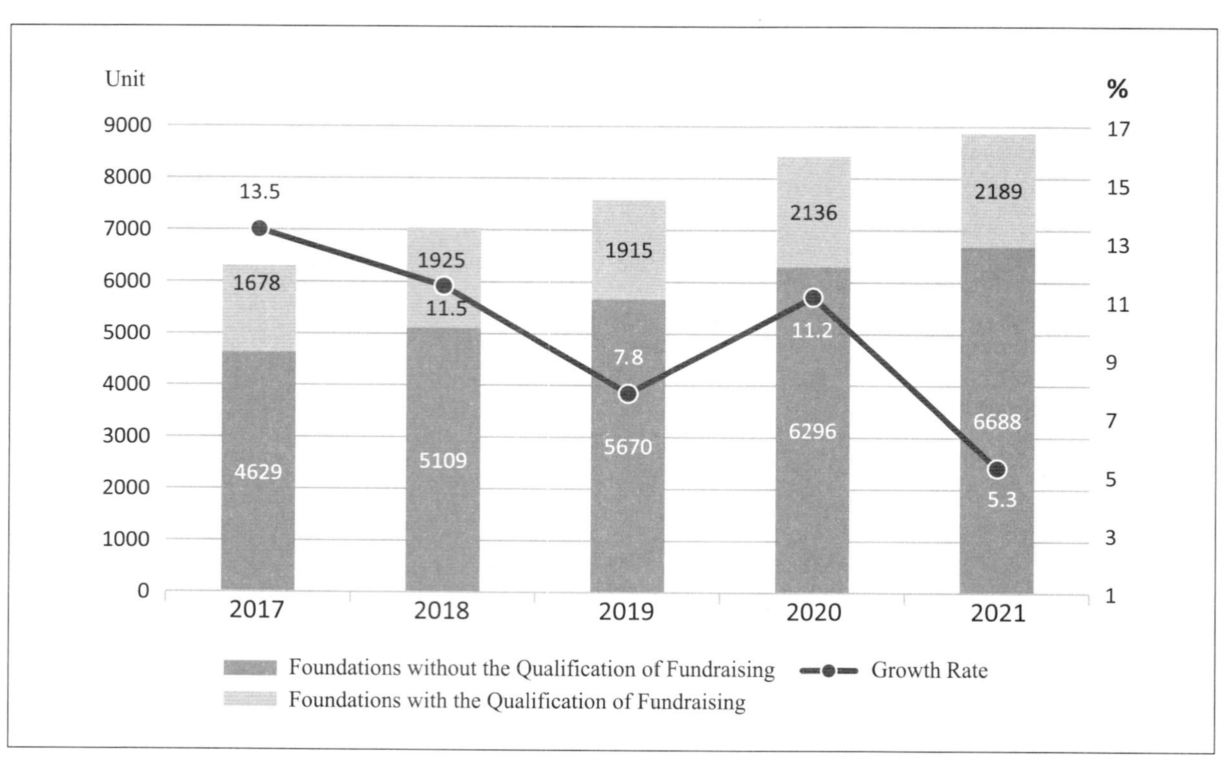

Figure 10 Number of Foundations, 2017-2021

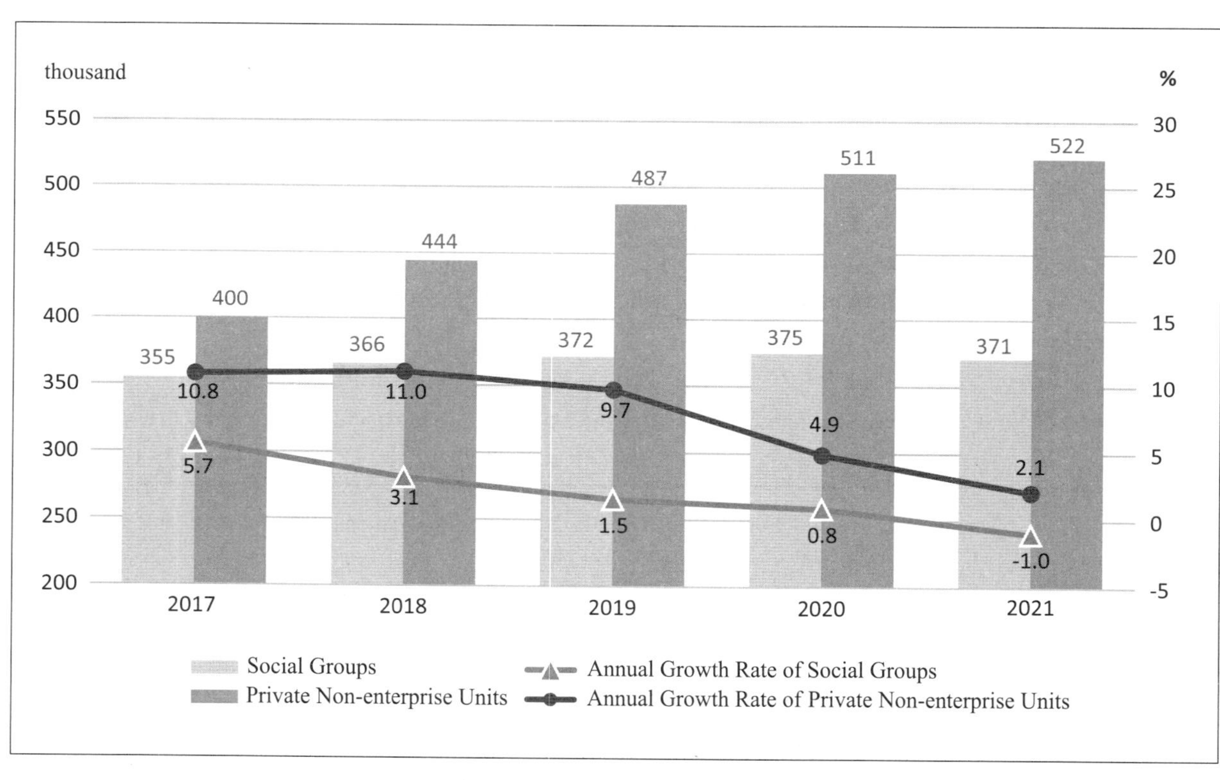

Figure 11 Number of Social Groups and Private Non-enterprise Units, 2017-2021

(2) Self-Governance Organizations

By the end of 2021, there were 606 thousand basic-level self-governance organizations, including 490 thousand village committees (a decrease of 2.5% over the previous year), 3.95 million village residents' groups and 2.09 million village committee members (an increase of 0.8% over the previous year), and 117 thousand urban neighborhood committees (an increase of 3.1% over the previous year), 1.35 million urban residents' groups and 657 thousand urban neighborhood committee members (an increase of 6.6% over the previous year). Throughout the year, 451 thousand village (neighborhood) committees conducted elections.

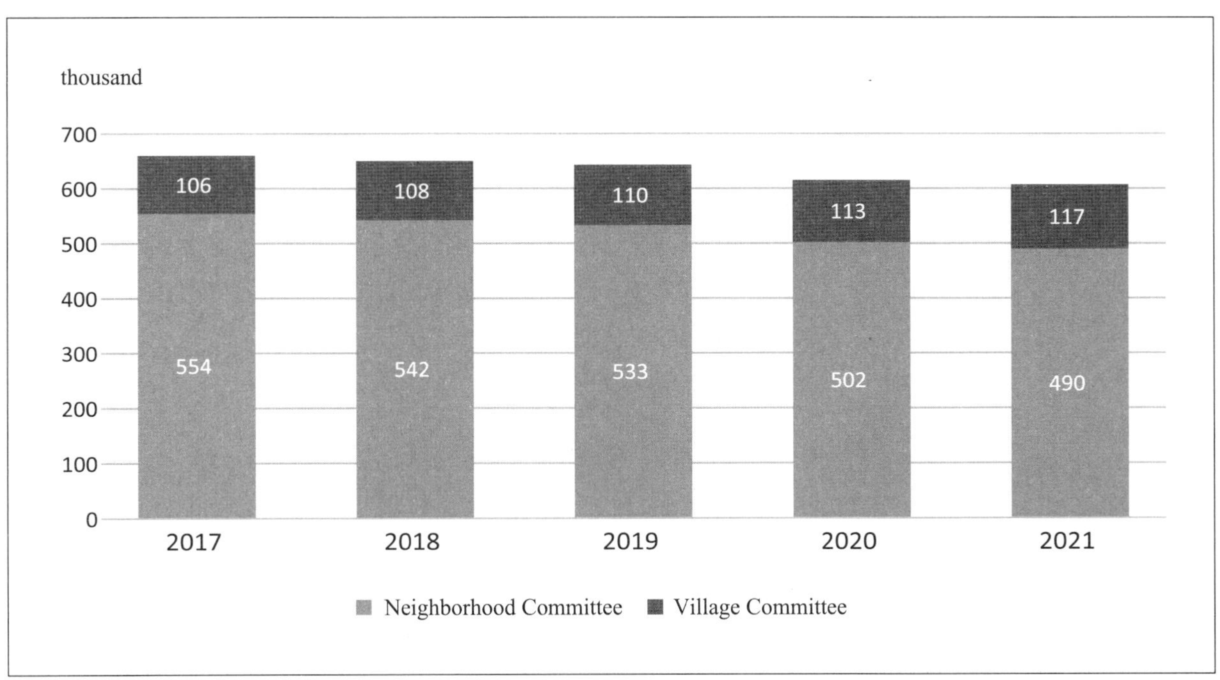

Figure 12 Number of basic-level Self-governance Organizations, 2017-2021

2. Other Social Services

(1) Marriage Registration Services

In 2021, there were 4,372 marriage registration agencies and sites throughout the country, among which 1,069 were the former. Throughout the year 7.64 million marriages were lawfully registered, a decrease of 6.1% over the previous year. The marriage rate was 5.4‰, down by 0.04 percentage point. 2.84 million divorce cases were lawfully registered, a decrease of 34.6% over the previous year. Among these divorces, 2.14 million were registered at the civil affairs departments, 698 thousand were results of judicial decisions and mediation by the courts. The divorce rate was 2.0‰ , down by 0.11 percentage point over the previous year.

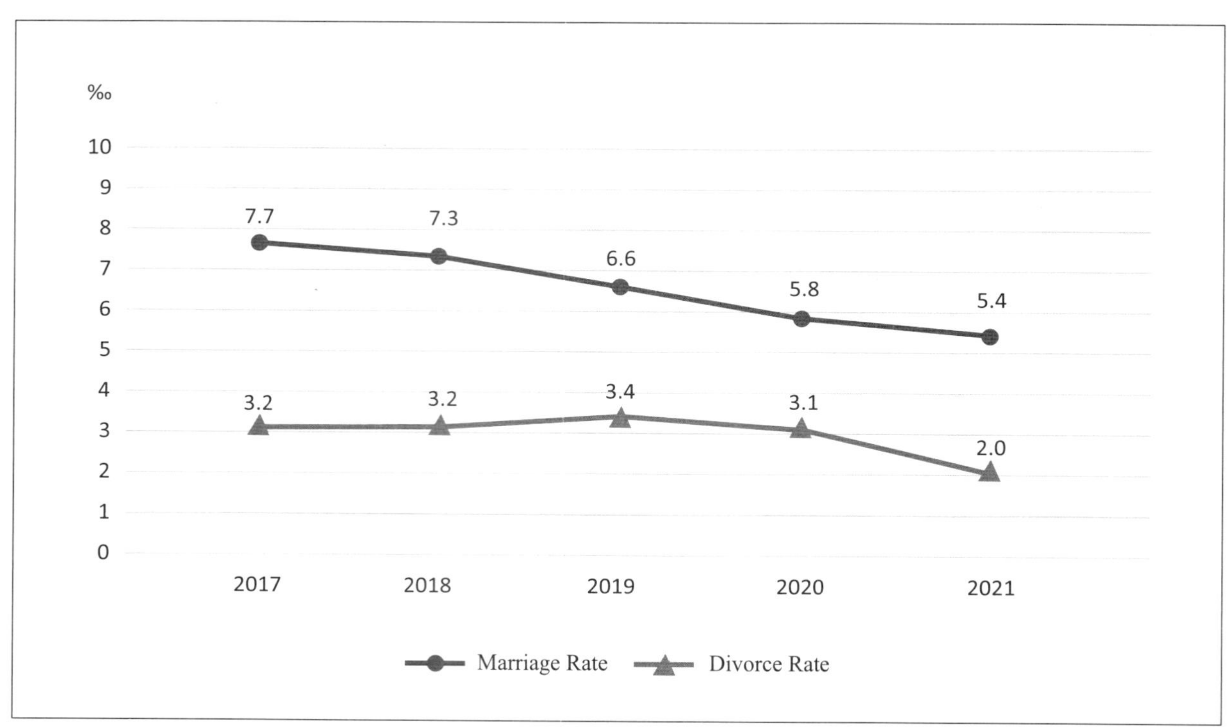

Figure 13 Marriage and Divorce Rate, 2017-2021

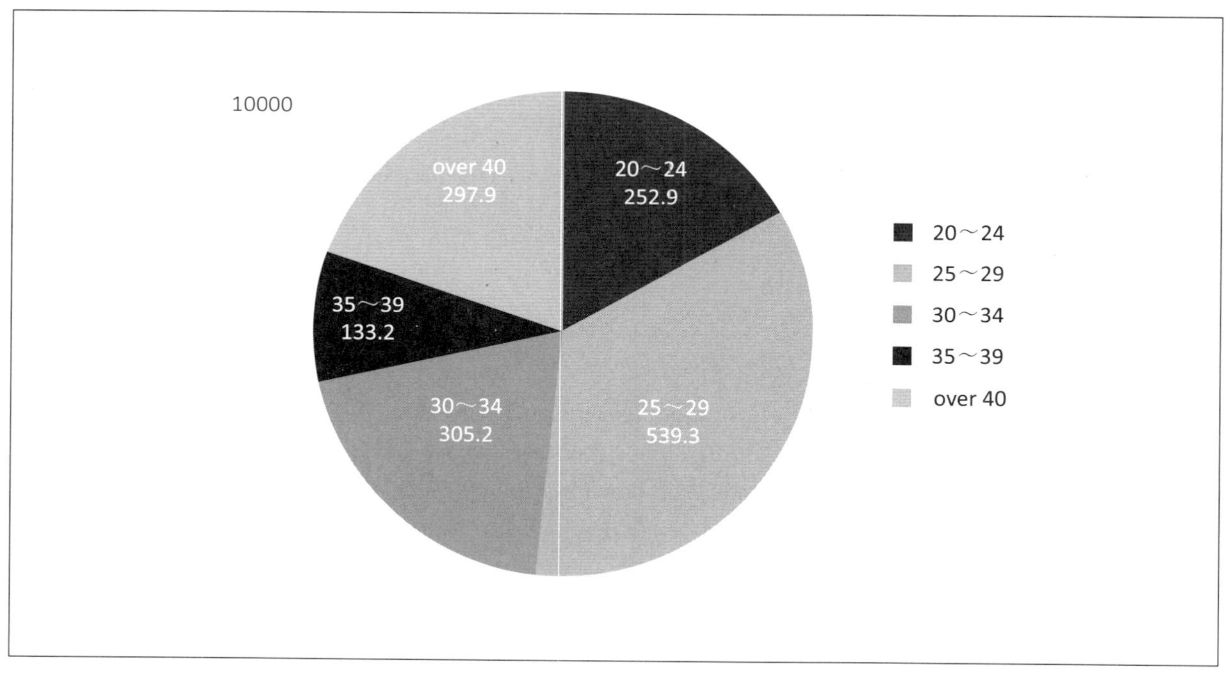

Figure 14 Age Distribution of Marriage Registration in 2021

(2) Funeral Services

By the end of 2021, there were 4,373 funeral service institutions nationwide, including 1,774 funeral homes, 815 funeral management institutions, 1,673 public cemeteries managed by the civil affairs departments. 87 thousand people were employed in funeral service institutions, among whom 47 thousand worked in the funeral homes. There were 7,043 cremators throughout the country, providing cremation services to 5.97 million deceased. The cremation rate in 2021 was 58.8%, an increase of 3.1% over the previous year.

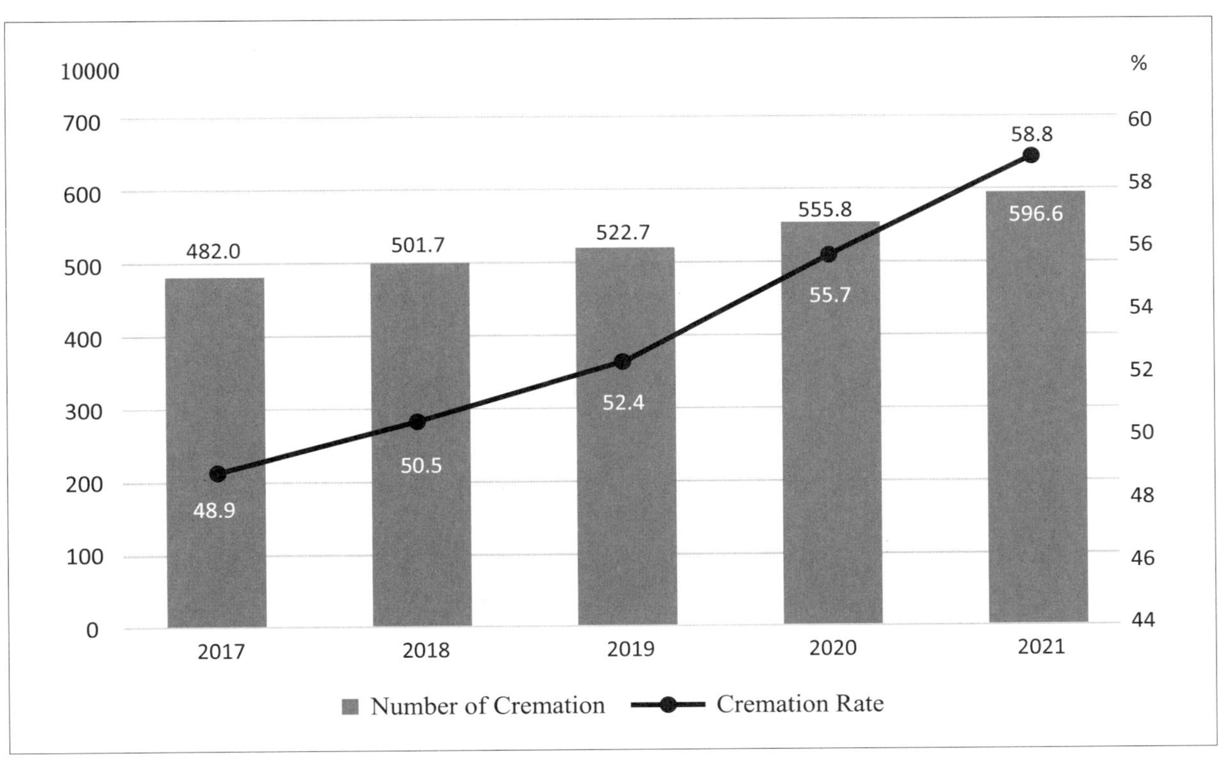

Figure 15 Cremation Rate, 2017-2021

Notes:

1. The number of people receiving civil affairs services in this report is the actual number of 2021. The number of civil affair institution services in this report is the number of lawfully registered institutions by the end of 2021.

2. Due to the data rounding practices, there are cases in this report where sum of the sub-items does not equal to the "total". Errors caused by rounding practices were not mechanically adjusted.

3. Except for the number of provincial administrative divisions, statistics of Hong Kong SAR, Macao SAR and Taiwan Province are not included in this report.

4. The statistics of donation income of social organizations come from social organizations that have finished the annual review of 2021.

5. The statistics of divorce cases resulting from judicial decisions and meditations are from the Supreme People's Court. The calculating formula of marriage (divorce) rate is the number of marriage (divorce) registrations divided by the average population multiplied by 1000‰.

6. The national fiscal expenditure, population and other related statistics are from the National Bureau of Statistics.

7. Since Institutional reform of the Communist Party of China and the People's Republic of China in 2018, the data on functions that handed over to other departments from the Ministry of Civil Affairs are not contained in this report.

第二部分

主要数据图表

图1-1 市、区、县

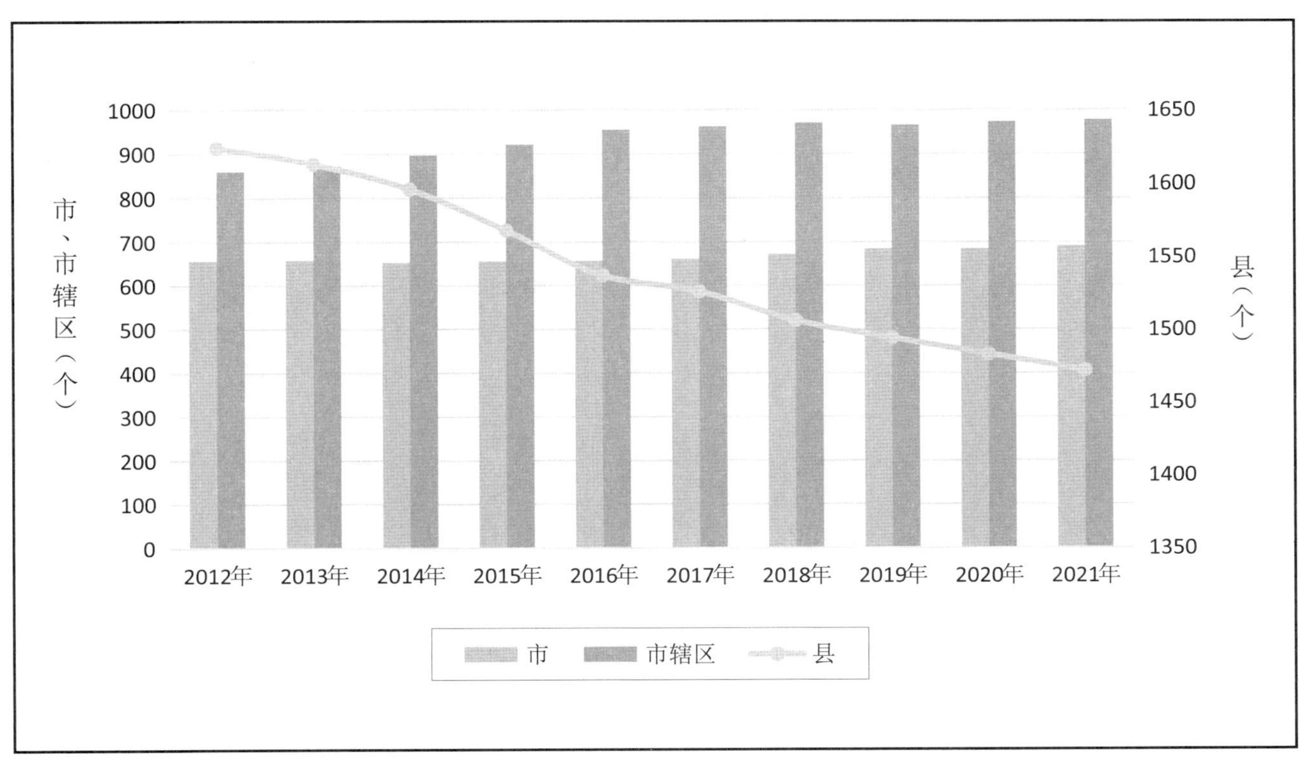

单位：个

指标	2012年	2013年	2014年	2015年	2016年	2017年	2018年	2019年	2020年	2021年
市	657	658	653	656	657	661	672	684	685	691
市辖区	860	872	897	921	954	962	970	965	973	977
县	1624	1613	1596	1568	1537	1526	1506	1494	1483	1472

注：市含直辖市、地级市及县级市，县含县、自治县、旗、自治旗、特区、林区。

图1-2　乡、镇与街道

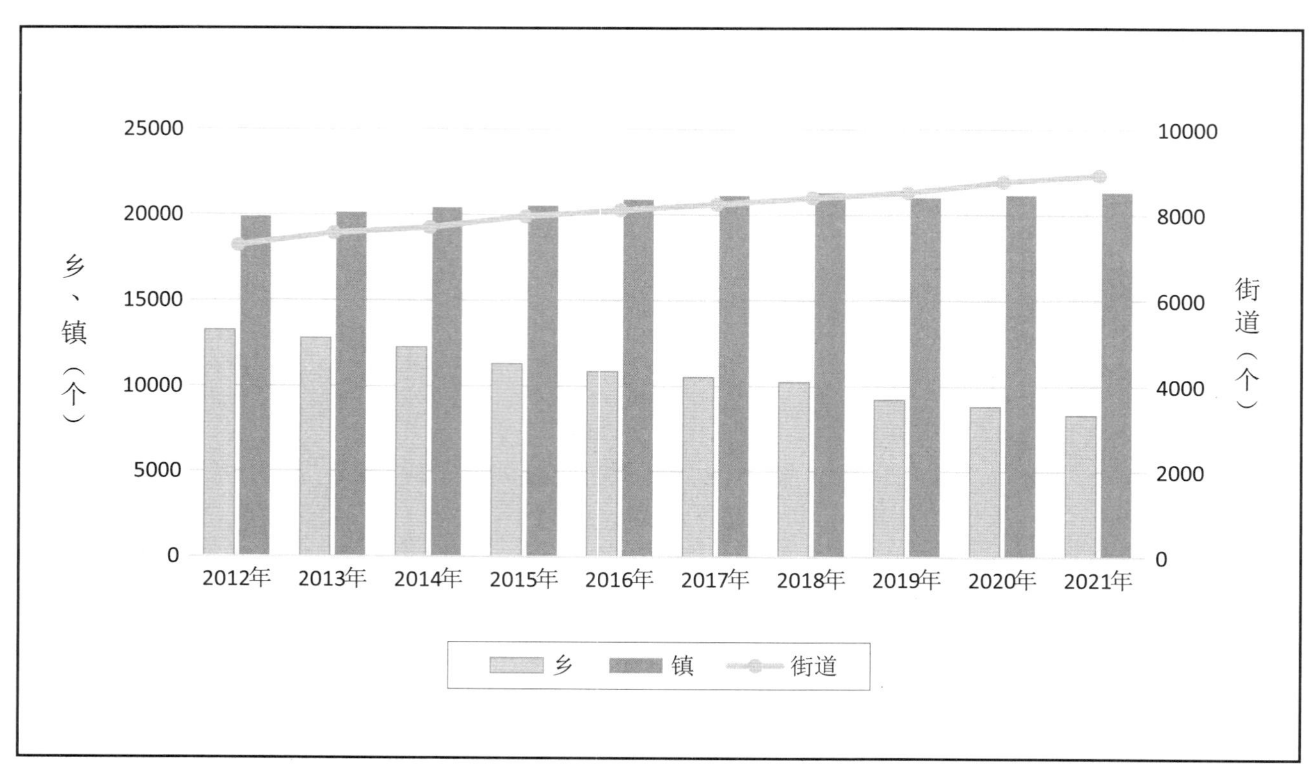

单位：个

指标	2012年	2013年	2014年	2015年	2016年	2017年	2018年	2019年	2020年	2021年
乡	13281	12812	12282	11315	10872	10529	10253	9221	8809	8309
镇	19881	20117	20401	20515	20883	21116	21297	21013	21157	21322
街道	7282	7566	7696	7957	8105	8241	8393	8519	8773	8925

注：乡包含民族乡、苏木、民族苏木。

图1-3　60周岁及以上老年人口占全国总人口比重

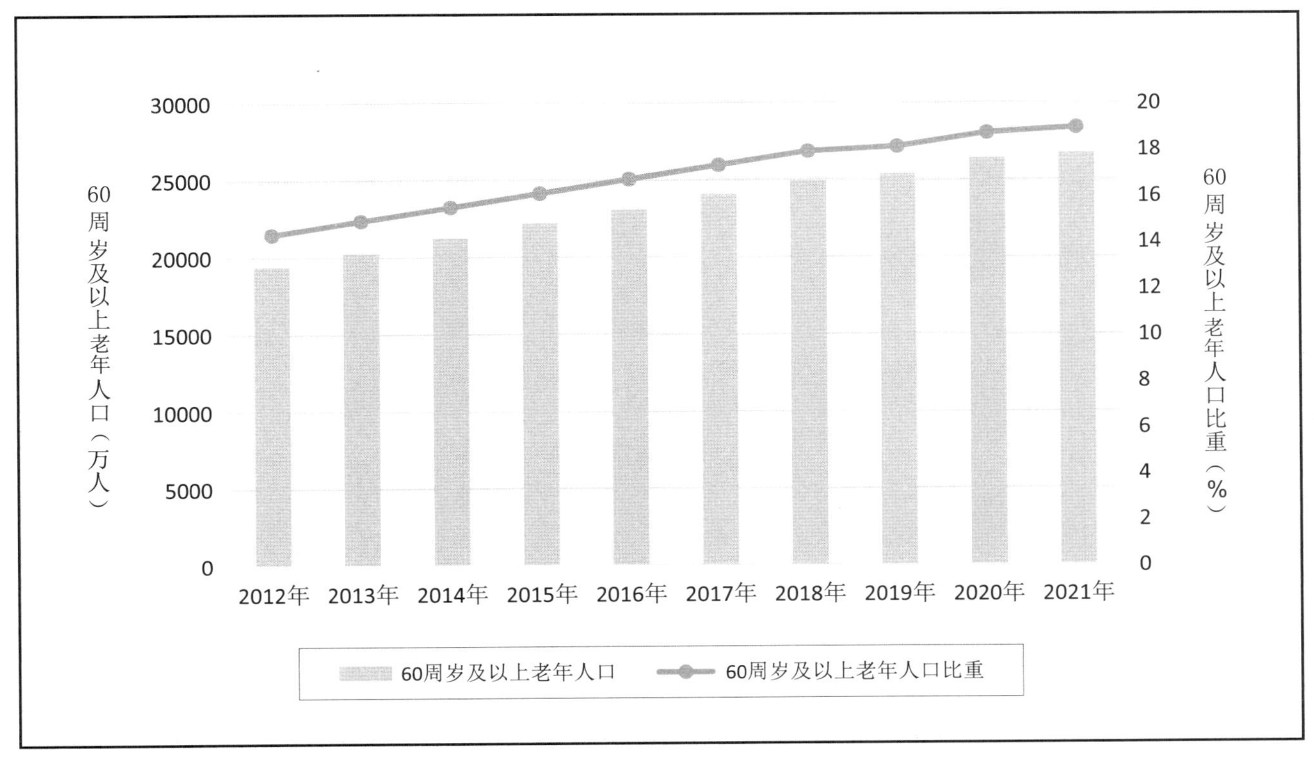

单位：万人、%

指标	2012年	2013年	2014年	2015年	2016年	2017年	2018年	2019年	2020年	2021年
60周岁及以上老年人口	19390	20243	21242	22200	23086	24090	24949	25388	26402	26736
60周岁及以上老年人口比重	14.3	14.9	15.5	16.1	16.7	17.3	17.9	18.1	18.7	18.9

注：本表数据来源于国家统计局。

图1-4 人口年龄结构

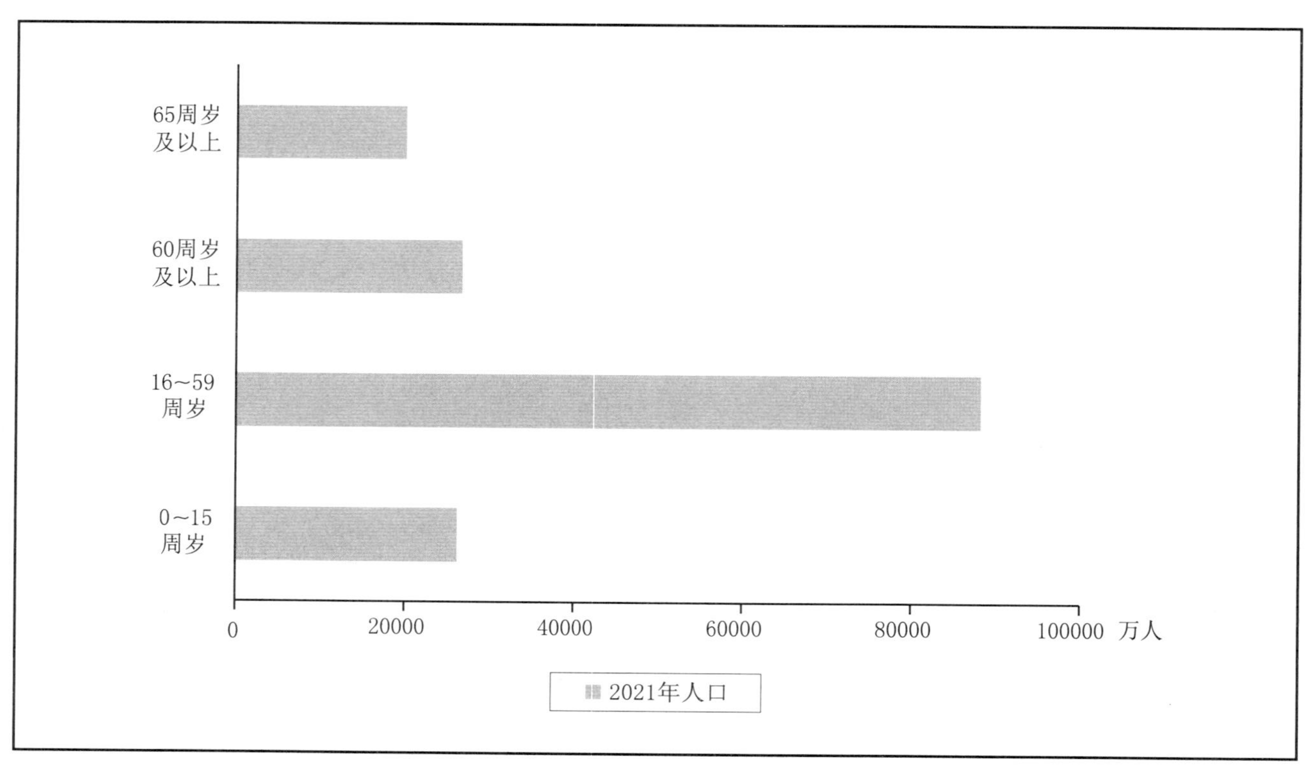

单位：万人、%

指标	0～15周岁	16～59周岁	60周岁及以上	65周岁及以上
2021年人口	26302	88222	26736	20056
不同年龄段人口比重	18.6	62.5	18.9	14.2
比2020年增减百分点	0.7	-0.9	0.2	0.7

注：本表数据来源于国家统计局。

图1–5　民政服务对象占全国总人口比重

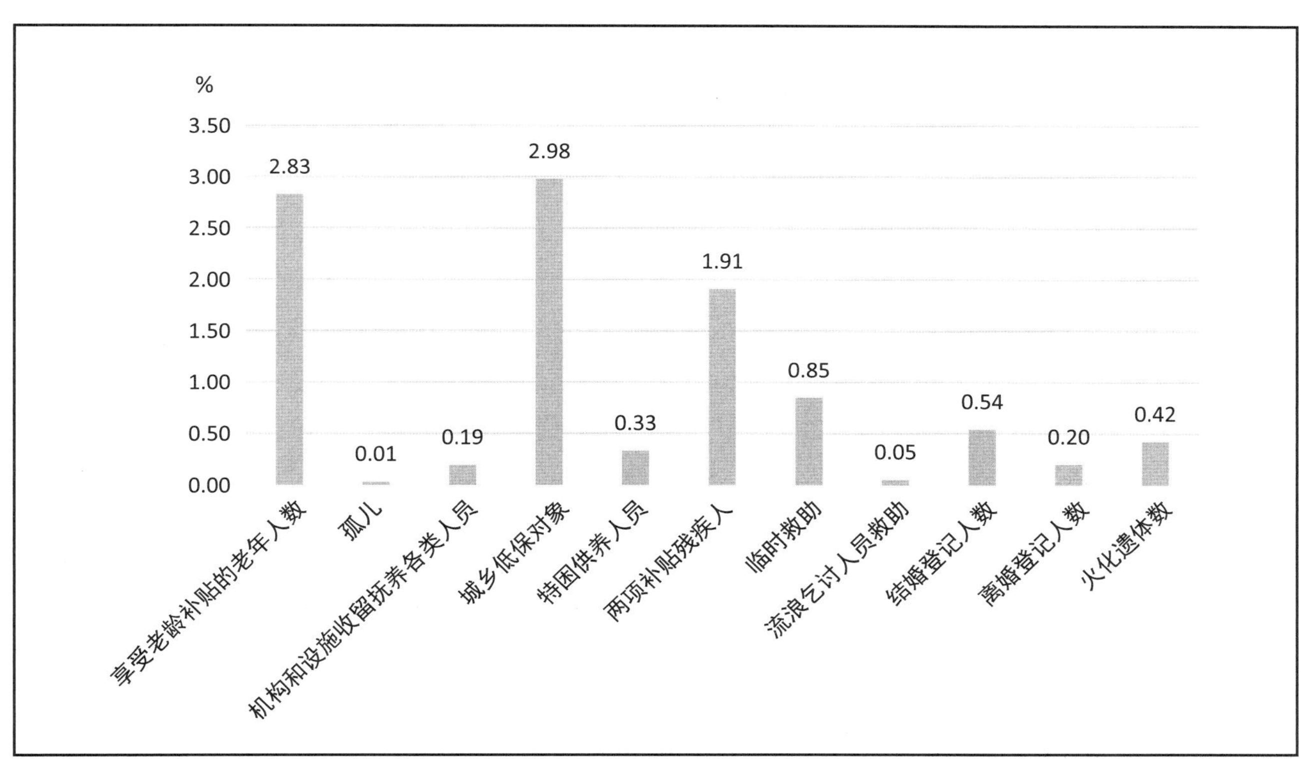

单位：万人、%

指标	2021年	比重
全国总人口	141260	
民政服务对象	14583.3	10.32
享受老龄补贴的老年人数	3994.7	2.83
孤儿	17.3	0.01
机构和设施收留抚养各类人员	273.6	0.19
城乡低保对象	4212.3	2.98
特困供养人员	470.1	0.33
两项补贴残疾人	2697.3	1.91
临时救助	1198.6	0.85
流浪乞讨人员救助	74.6	0.05
结婚登记人数	764.3	0.54
离婚登记人数	283.9	0.20
火化遗体数	596.6	0.42

注：全国总人口来源于国家统计局网站数据，城乡低保对象包括城市低保人数和农村低保人数。

图1−6　民政部门登记和管理的机构和设施职工

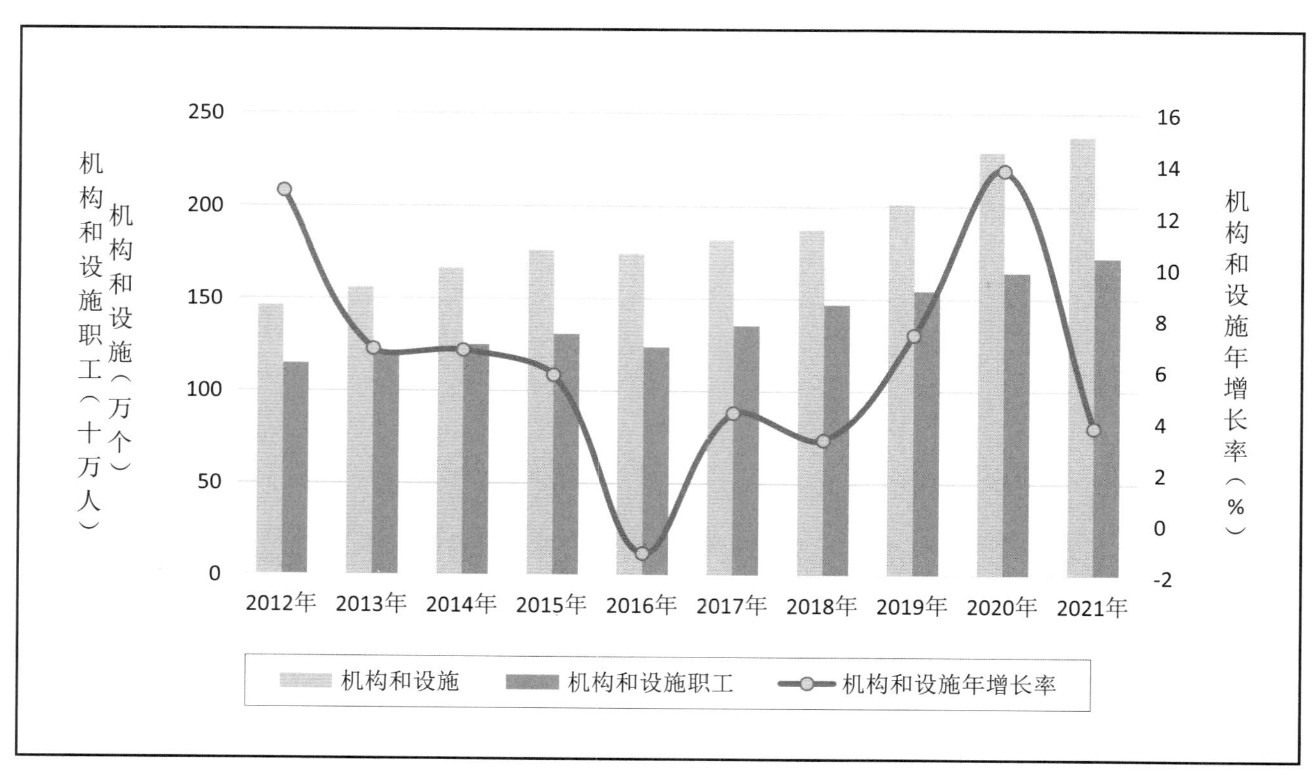

单位：万个、十万人、%

指标	2012年	2013年	2014年	2015年	2016年	2017年	2018年	2019年	2020年	2021年
机构和设施	146.2	156.2	166.8	176.5	174.5	182.1	187.6	201.5	229.3	238.0
机构和设施职工	114.7	119.8	125.1	130.9	123.9	135.6	147.0	154.6	164.5	173.0
机构和设施年增长率	13.0	6.8	6.8	5.8	-1.1	4.4	3.3	7.4	13.8	3.8

图1-7　民政部门登记和管理的机构固定资产原价

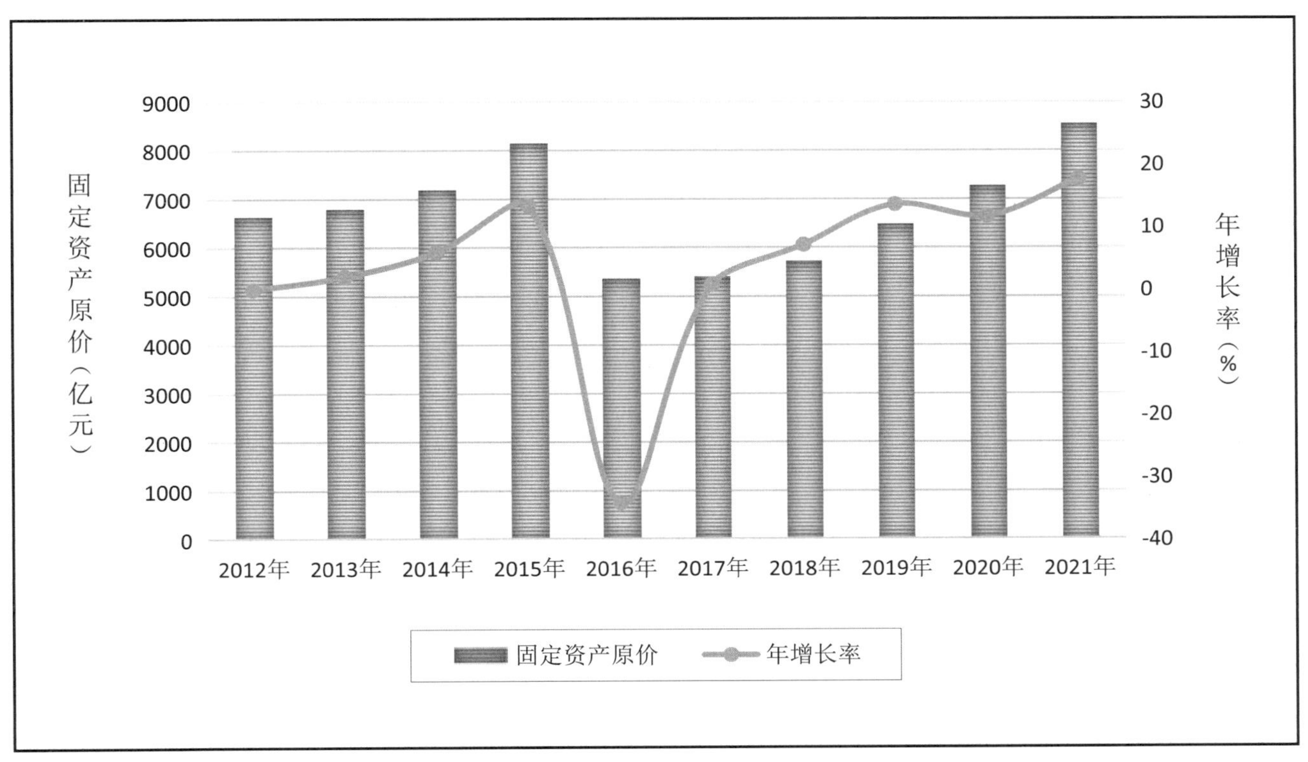

单位：亿元、%

指标	2012年	2013年	2014年	2015年	2016年	2017年	2018年	2019年	2020年	2021年
固定资产原价	6675.4	6810.2	7213.0	8183.1	5393.6	5434.8	5736.2	6515.3	7278.0	8610.0
年增长率	–	2.0	5.9	13.4	-34.1	0.8	7.1	13.6	11.7	18.3

注：自2016年起，民政部取消社会福利企业资质认定，不再统计社会福利企业情况指标，因此民政部门登记和管理的机构固定资产原价指标出现较大降幅。

图1-8 民政事业费支出

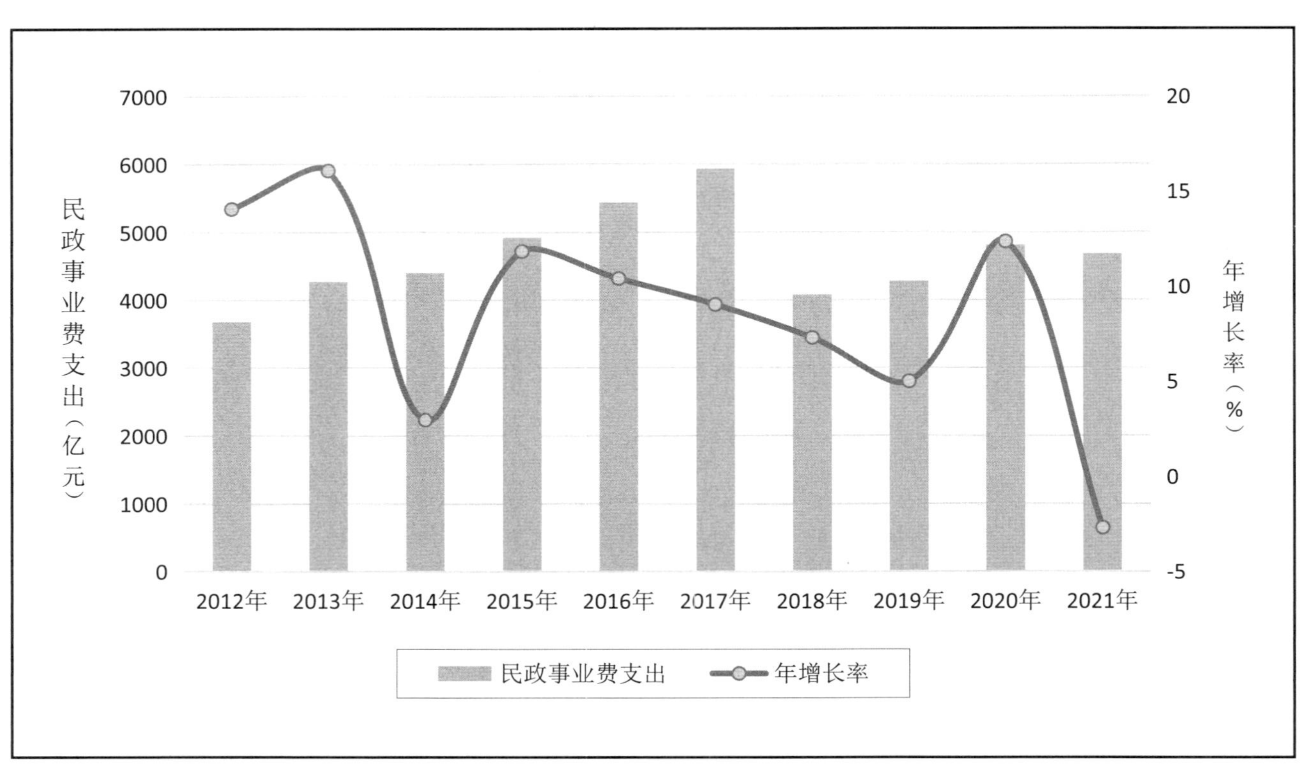

单位：亿元、%

指标	2012年	2013年	2014年	2015年	2016年	2017年	2018年	2019年	2020年	2021年
民政事业费支出	3683.7	4276.5	4404.1	4926.4	5440.2	5932.7	4076.9	4279.2	4808.2	4679.0
年增长率	14.1	16.1	3.0	11.9	10.4	9.1	7.3	5.0	12.4	-2.7

图1–9　民政事业费支出占国家财政支出的比重

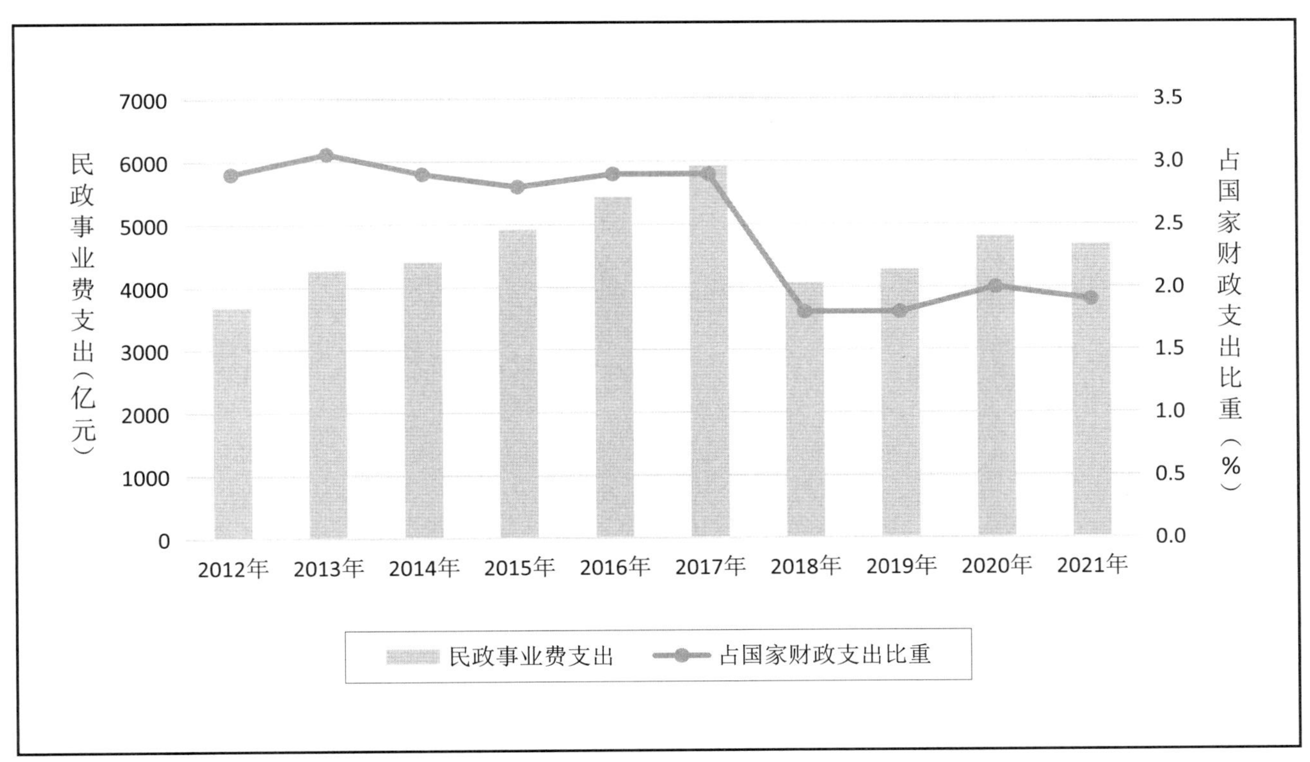

单位：亿元、%

指标	2012年	2013年	2014年	2015年	2016年	2017年	2018年	2019年	2020年	2021年
民政事业费支出	3683.7	4276.5	4404.1	4926.4	5440.2	5932.7	4076.9	4279.2	4808.2	4679.0
占国家财政支出比重	2.9	3.1	2.9	2.8	2.9	2.9	1.8	1.8	2.0	1.9

图1-10　民政事业费支出按用项分

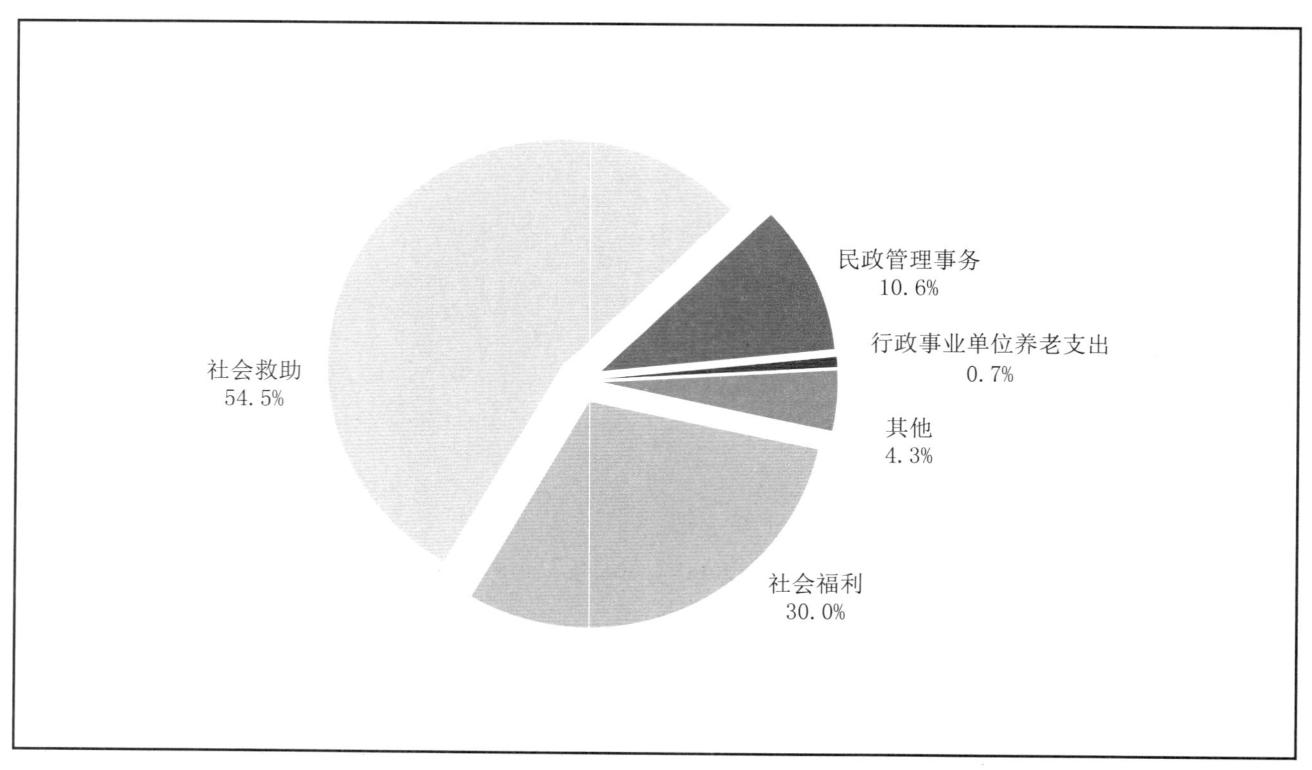

单位：亿元、%

指标	民政事业费支出	社会福利	社会救助	民政管理事务	行政事业单位养老支出	其他
金额	4679.0	1402.4	2549.4	493.8	33.3	200.1
比重	100.0	30.0	54.5	10.6	0.7	4.3

图1-11　中央转移支付民政事业费

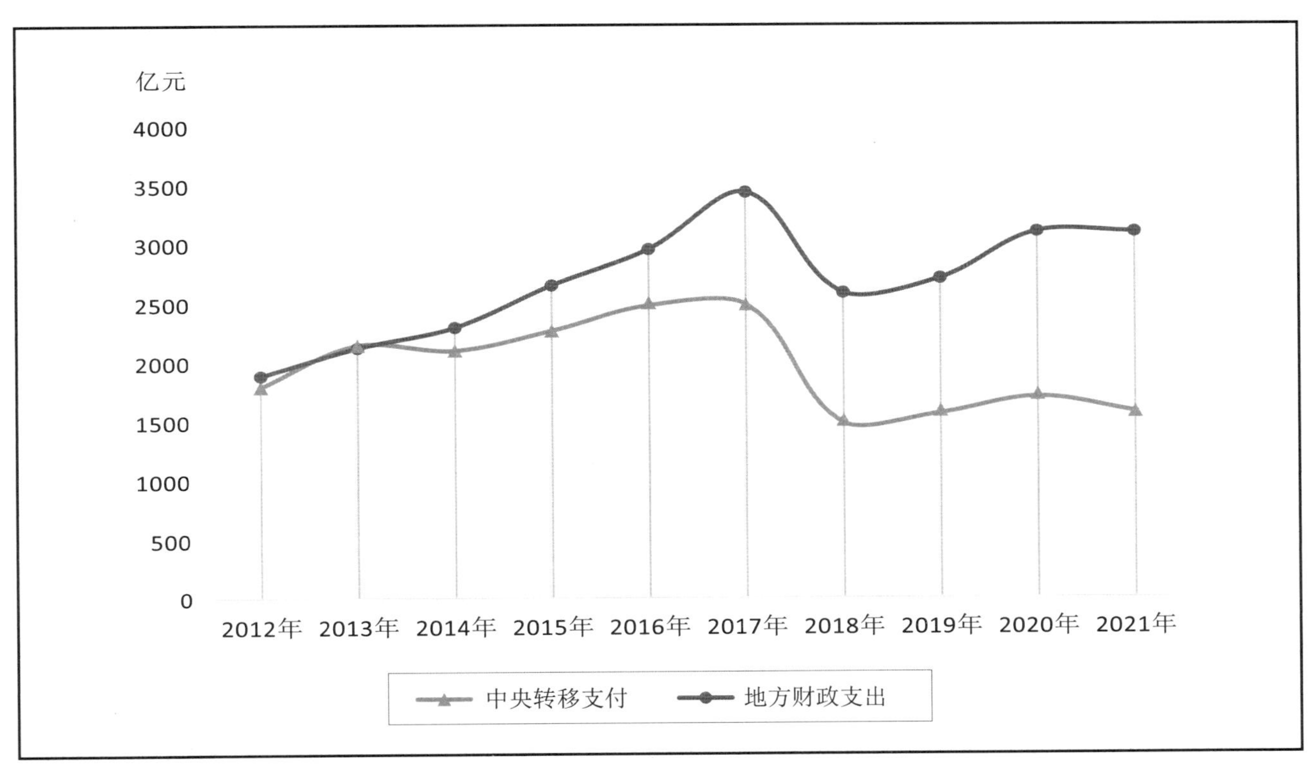

单位：亿元、%

指标	2012年	2013年	2014年	2015年	2016年	2017年	2018年	2019年	2020年	2021年
民政事业费支出	3683.7	4276.5	4404.1	4926.4	5440.2	5932.7	4076.9	4279.2	4808.2	4679.0
中央转移支付	1794.6	2149.7	2105.0	2270.3	2484.0	2492.3	1485.6	1566.6	1704.2	1578.1
地方财政支出	1889.1	2126.8	2299.1	2656.1	2956.2	3440.4	2591.3	2712.6	3104.0	3100.9
中央转移支付比重	48.7	50.3	47.8	46.1	45.7	42.0	36.4	36.6	35.4	33.7

图1-12　完成基本建设投资

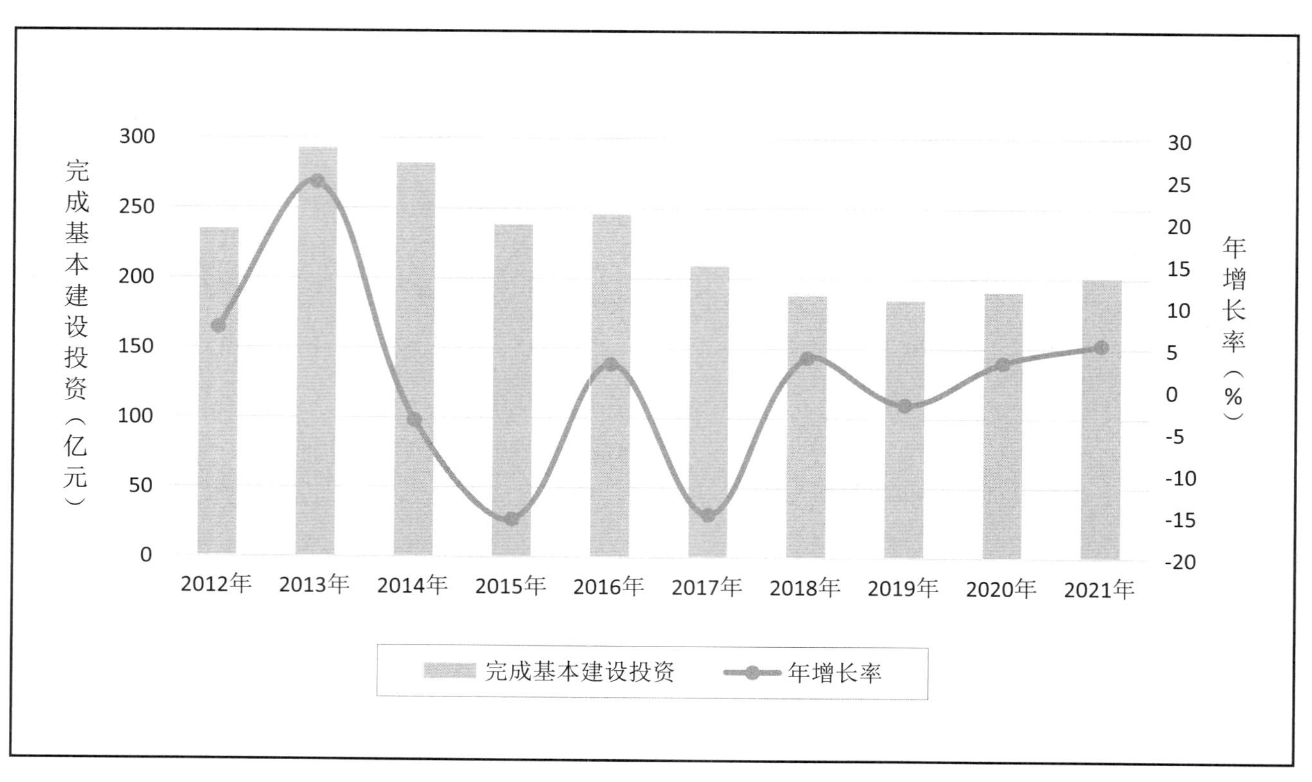

单位：亿元、%

指标	2012年	2013年	2014年	2015年	2016年	2017年	2018年	2019年	2020年	2021年
完成基本建设投资	234.7	292.8	282.2	238.5	245.8	209.2	188.0	184.8	190.9	201.3
年增长率	7.4	24.8	-3.6	-15.5	3.1	-14.9	3.9	-1.7	3.3	5.4

图1-13　预算内基本建设支出和中央转移支付

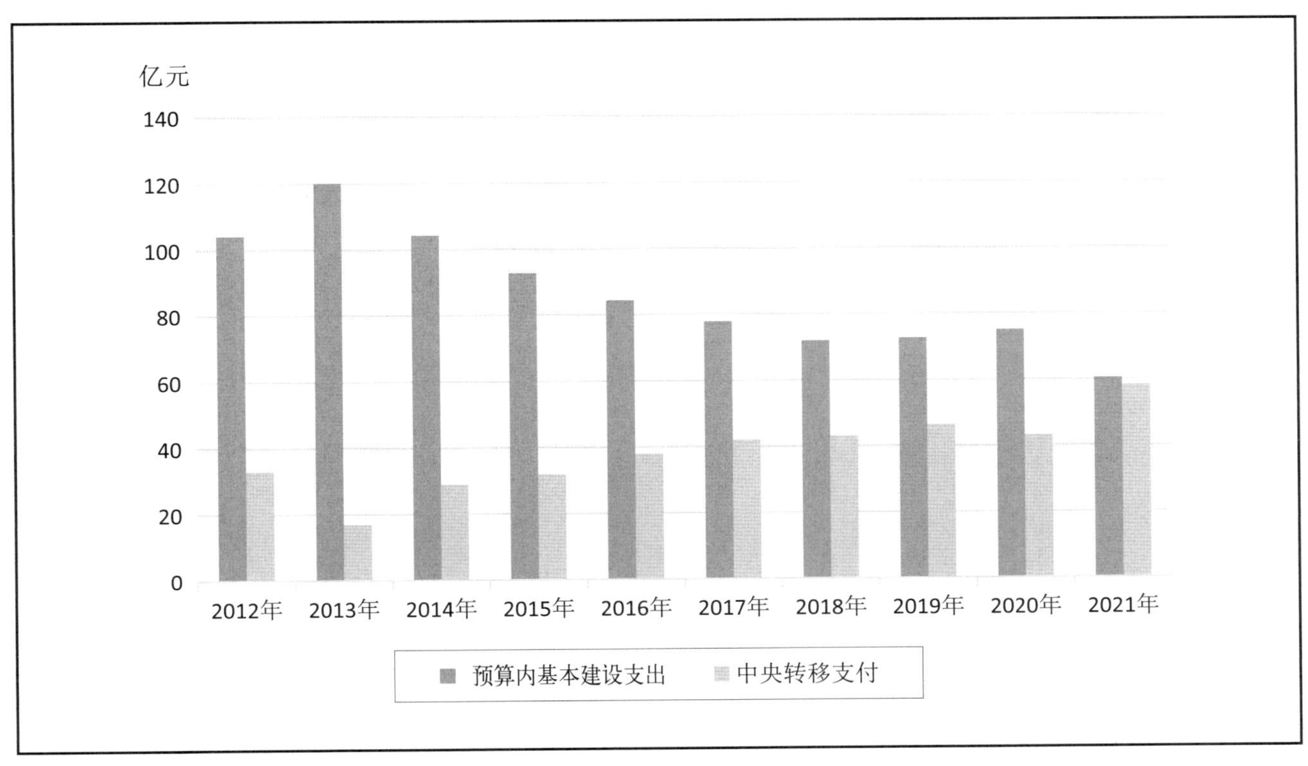

单位：亿元

指标	2012年	2013年	2014年	2015年	2016年	2017年	2018年	2019年	2020年	2021年
民政事业费支出	3683.7	4276.5	4404.1	4926.4	5440.2	5932.7	4076.9	4279.2	4808.2	4679.0
预算内基本建设支出	104.2	120.1	104.3	92.8	84.4	77.8	71.9	72.6	75.0	60.5
中央转移支付	33.0	17.0	29.0	32.0	38.0	42.0	43.0	46.4	43.1	58.4

图2-1　民政服务床位数

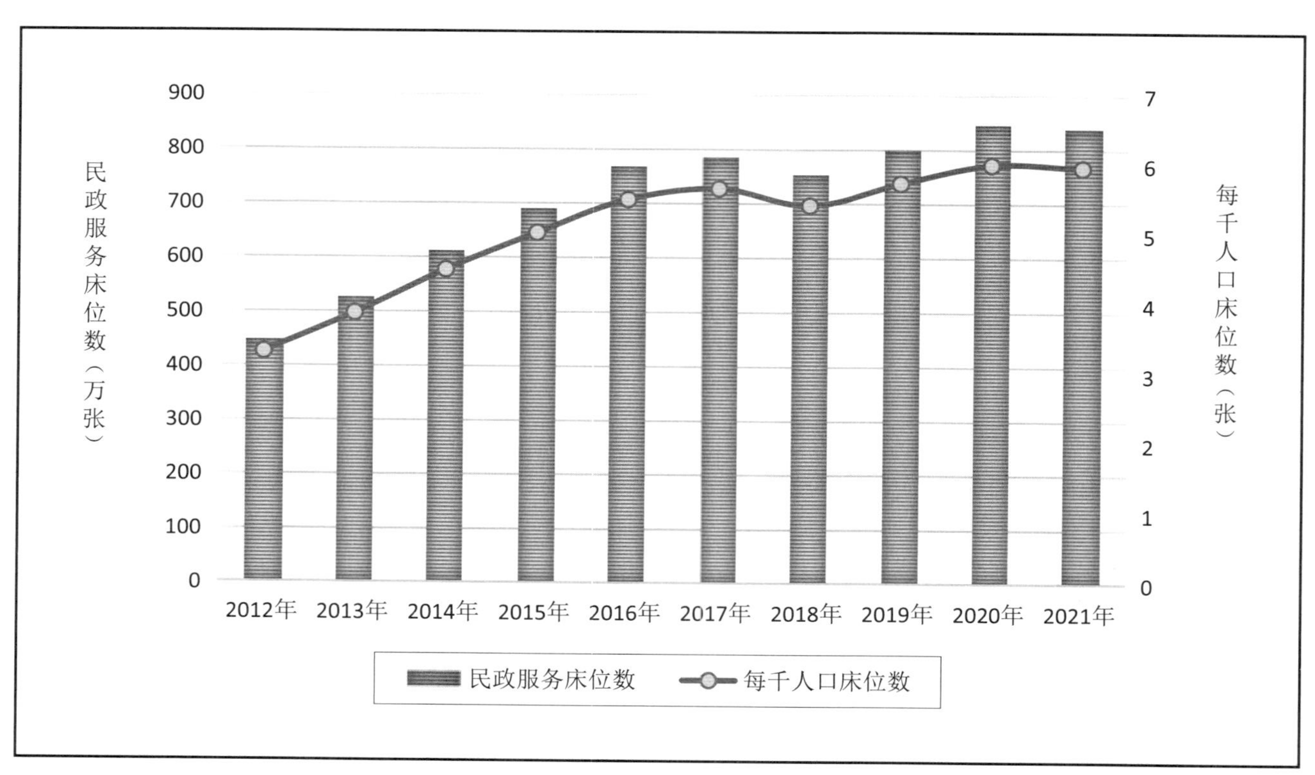

单位：万张、张/千人

指标	2012年	2013年	2014年	2015年	2016年	2017年	2018年	2019年	2020年	2021年
民政服务床位数	449.3	526.7	613.5	691.3	771.2	786.2	755.9	803.6	848.2	842.8
每千人口床位数	3.32	3.87	4.49	5.02	5.50	5.66	5.42	5.74	6.01	5.97

图2–2　养老床位数

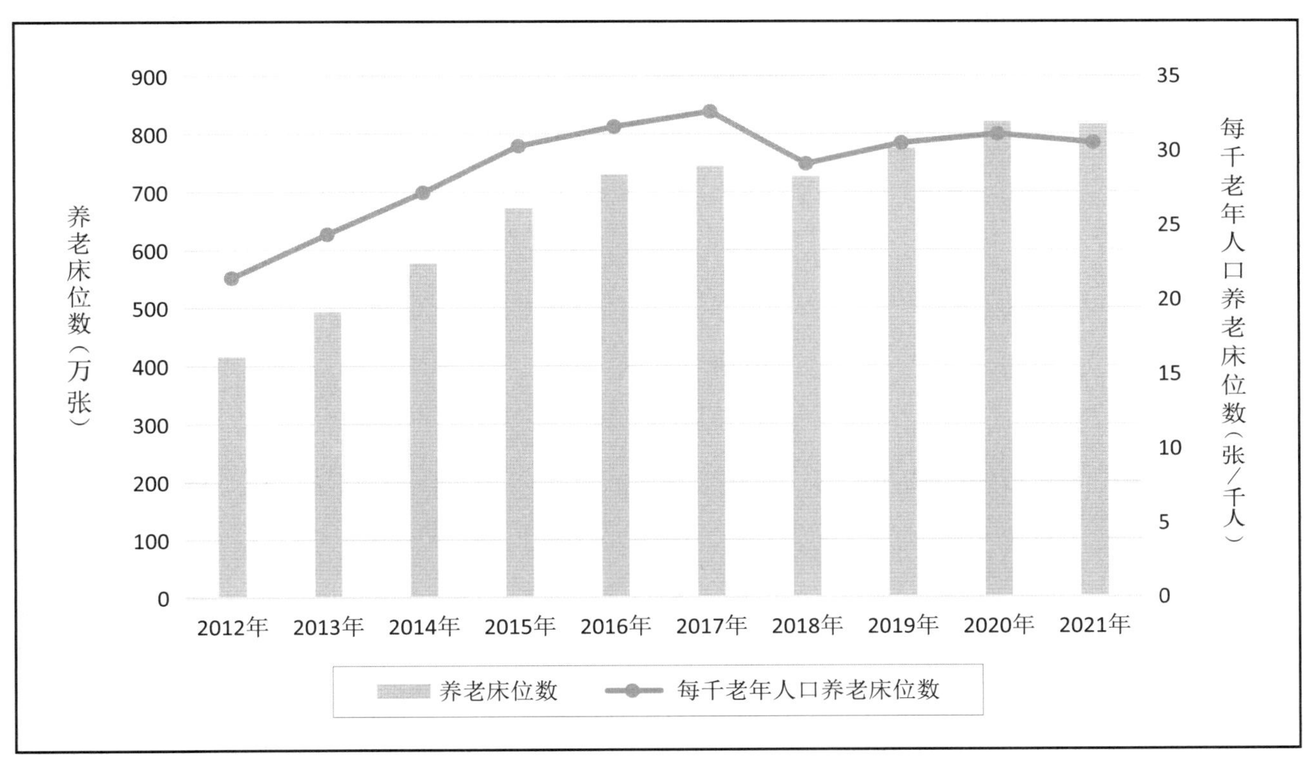

单位：万张、%、张/千人

指标	2012年	2013年	2014年	2015年	2016年	2017年	2018年	2019年	2020年	2021年
养老床位数	416.5	493.7	577.7	672.7	730.2	744.8	727.1	775.0	821.0	815.9
年增长率	12.8	18.5	17.0	16.4	8.5	2.0	3.3	6.6	5.9	−0.6
每千老年人口养老床位数	21.5	24.4	27.2	30.3	31.6	32.6	29.1	30.5	31.1	30.5

图2-3　精神疾病服务床位数

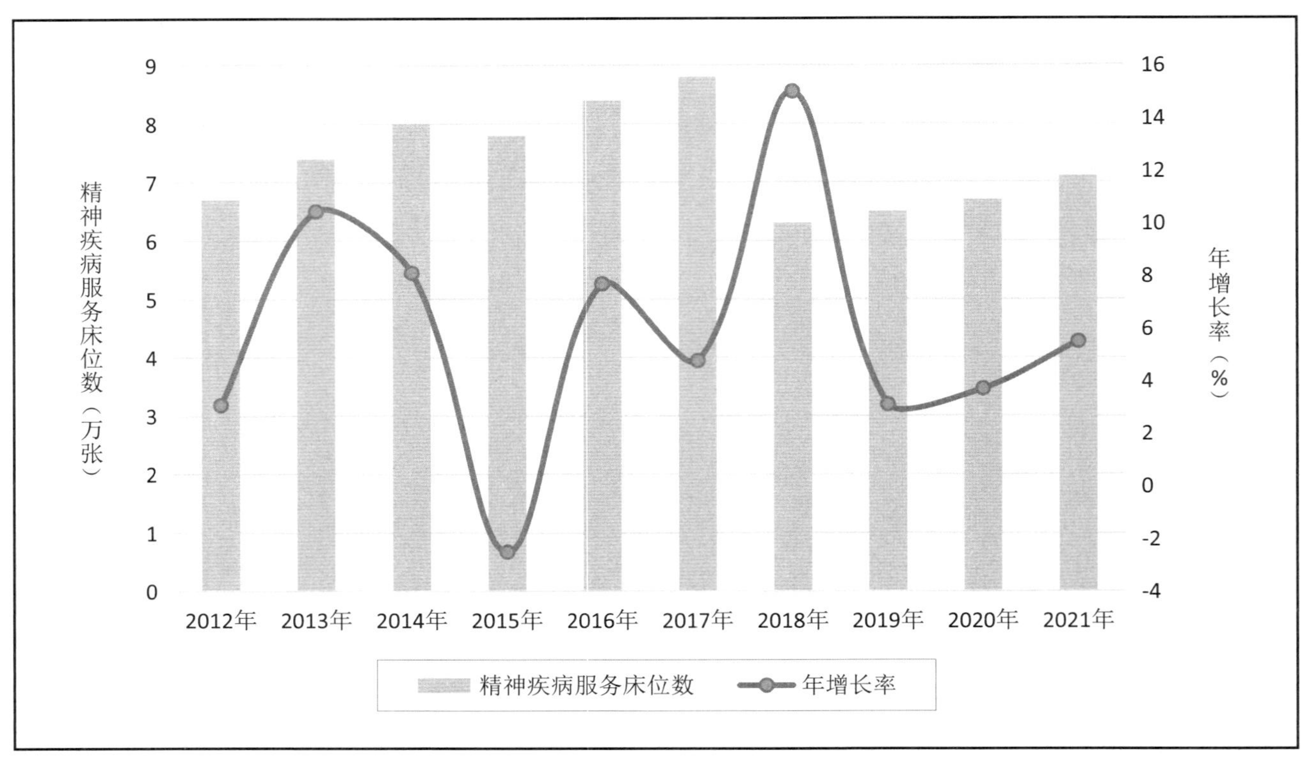

单位：万张、%

指标	2012年	2013年	2014年	2015年	2016年	2017年	2018年	2019年	2020年	2021年
精神疾病服务床位数	6.7	7.4	8.0	7.8	8.4	8.8	6.3	6.5	6.7	7.1
年增长率	3.1	10.4	8.1	-2.5	7.7	4.8	15.0	3.1	3.7	5.5

图2-4 儿童服务床位数

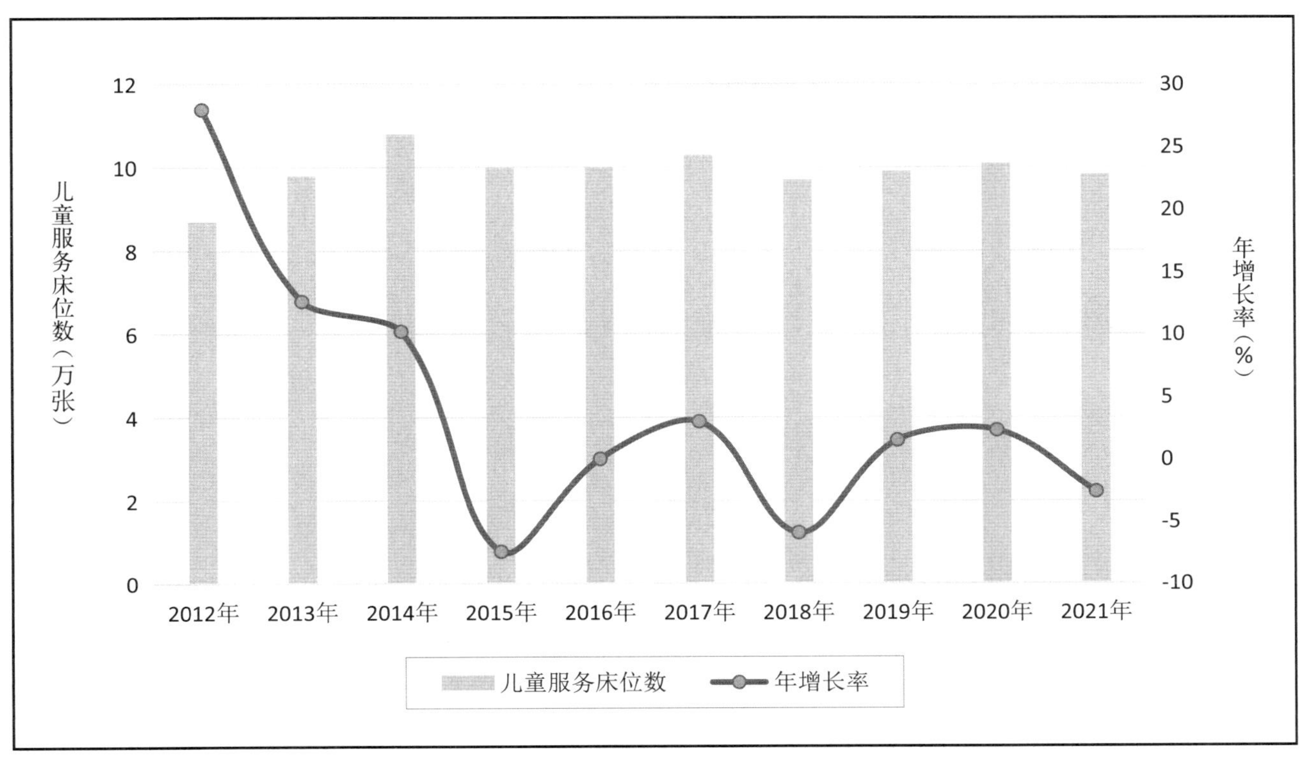

单位：万张、%

指标	2012年	2013年	2014年	2015年	2016年	2017年	2018年	2019年	2020年	2021年
儿童服务床位数	8.7	9.8	10.8	10.0	10.0	10.3	9.7	9.9	10.1	9.8
年增长率	27.9	12.6	10.2	-7.4	–	3.0	-5.9	1.5	2.3	-2.6

图2-5　老年人福利

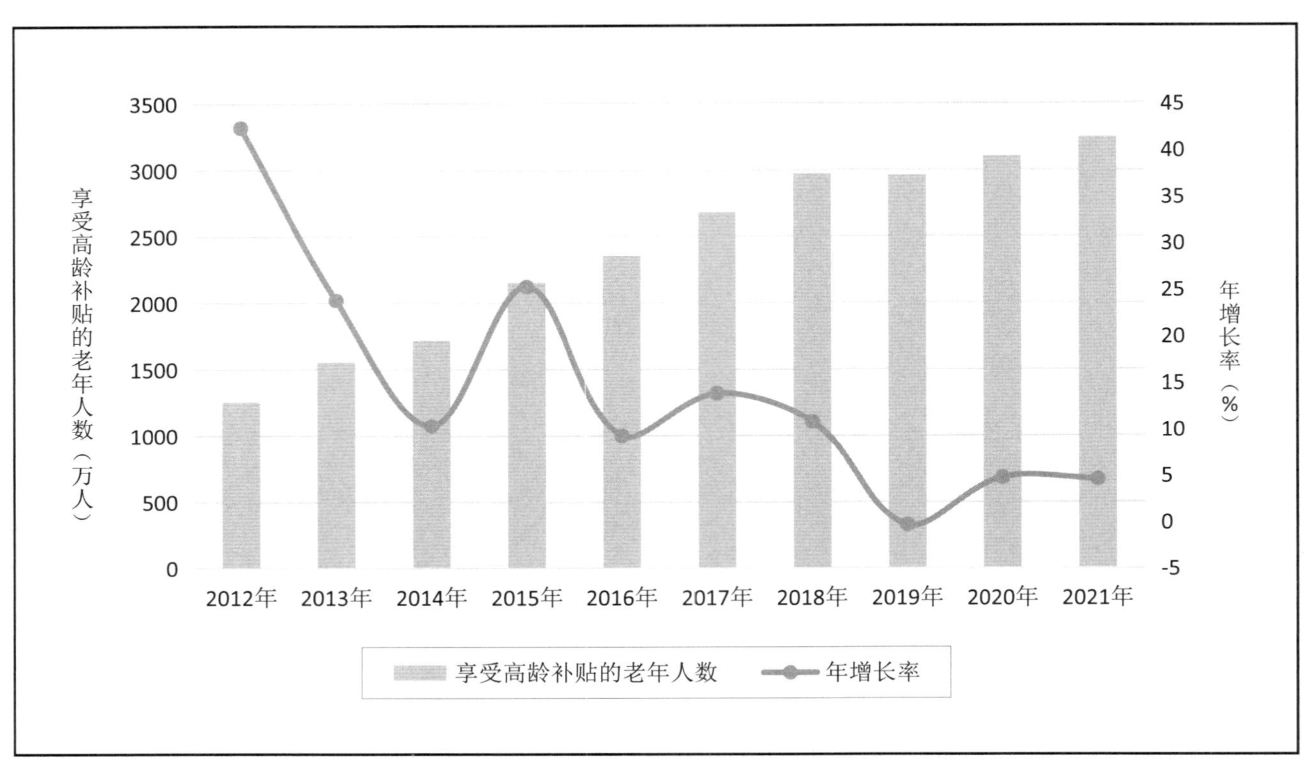

单位：万人、%

指标	2012年	2013年	2014年	2015年	2016年	2017年	2018年	2019年	2020年	2021年
享受高龄补贴的老年人数	1257.7	1557.9	1719.6	2155.1	2355.4	2682.2	2972.3	2963.0	3104.4	3246.6
年增长率	42.4	23.9	10.4	25.3	9.3	13.9	10.8	-0.3	4.8	4.6

图2-6 收养登记

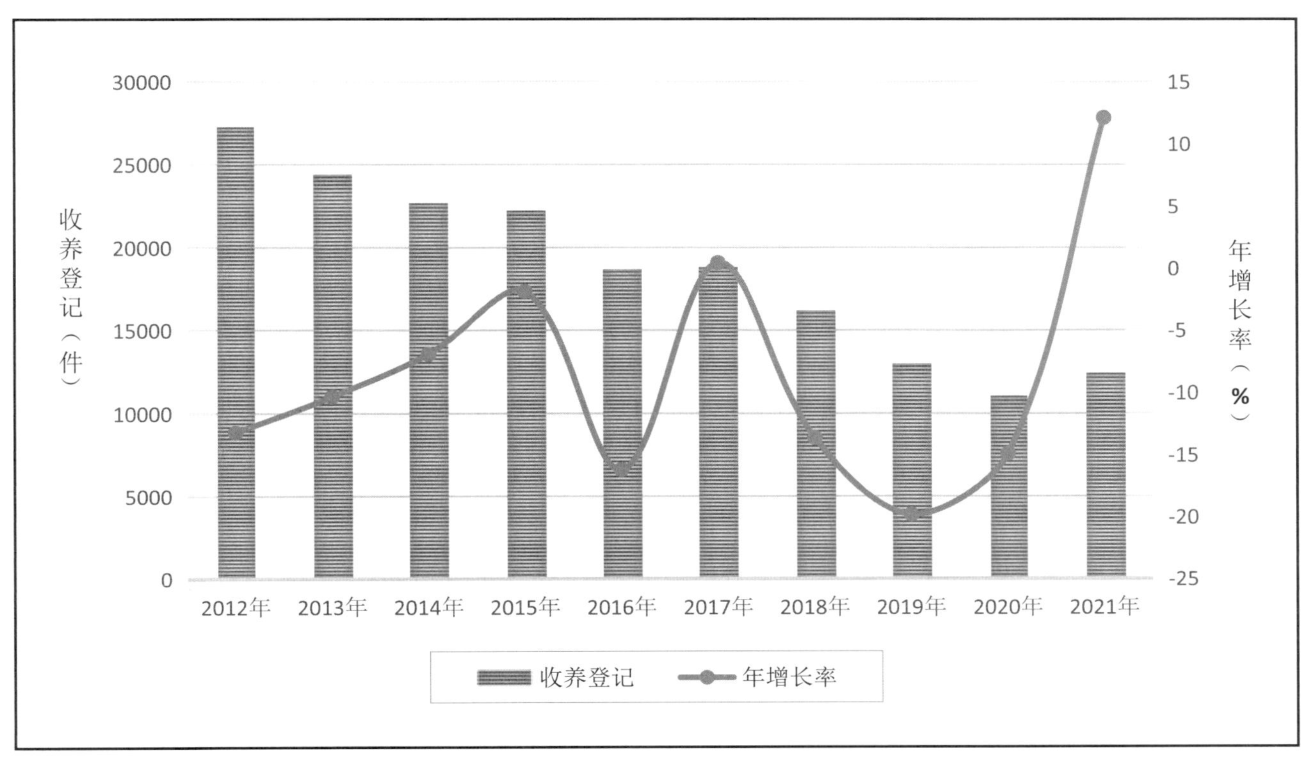

单位：件、%

指标	2012年	2013年	2014年	2015年	2016年	2017年	2018年	2019年	2020年	2021年
收养登记	27278	24460	22772	22348	18736	18820	16267	13044	11103	12447
年增长率	-13.2	-10.3	-6.9	-1.9	-16.2	0.4	-13.6	-19.8	-14.9	12.1

图2-7　城市最低生活保障人数

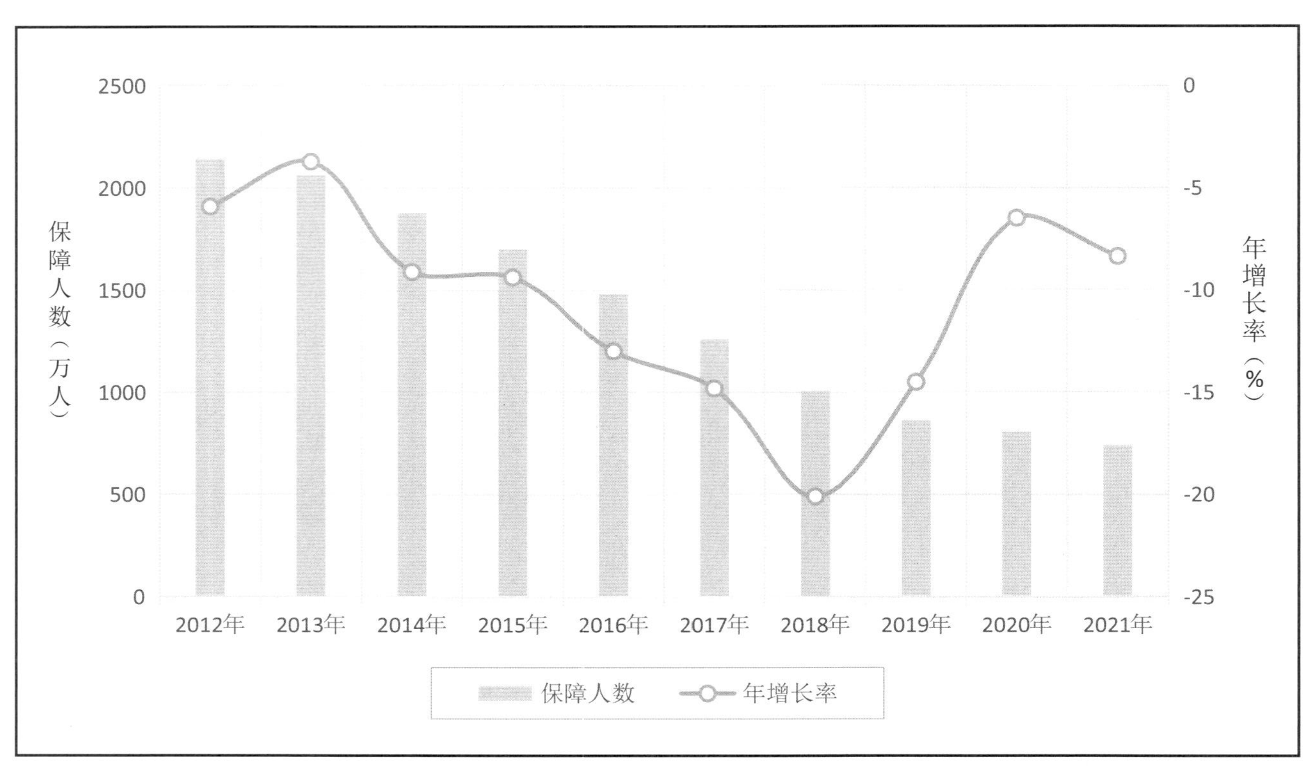

单位：万人、%

指标	2012年	2013年	2014年	2015年	2016年	2017年	2018年	2019年	2020年	2021年
保障人数	2143.5	2064.2	1877	1701.1	1480.2	1261.0	1007.0	860.9	805.1	737.8
年增长率	-5.9	-3.7	-9.1	-9.4	-13.0	-14.8	-20.1	-14.5	-6.5	-8.4

图2-8　城市最低生活保障平均标准

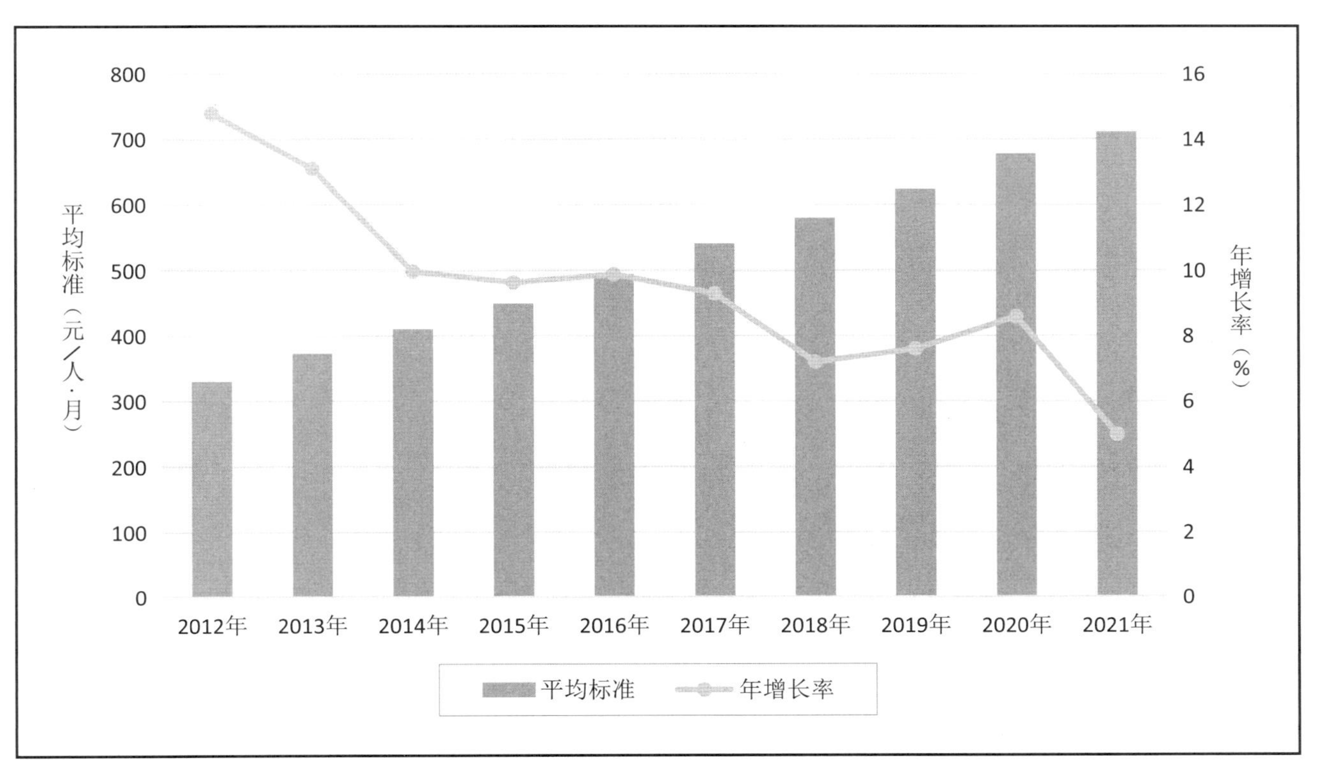

单位：元/人·月、%

指标	2012年	2013年	2014年	2015年	2016年	2017年	2018年	2019年	2020年	2021年
平均标准	330.1	373.3	410.5	450.1	494.6	540.6	579.7	624.0	677.6	711.4
年增长率	14.8	13.1	10.0	9.6	9.9	9.3	7.2	7.6	8.6	5.0

图2-9　分省份城市最低生活保障平均标准

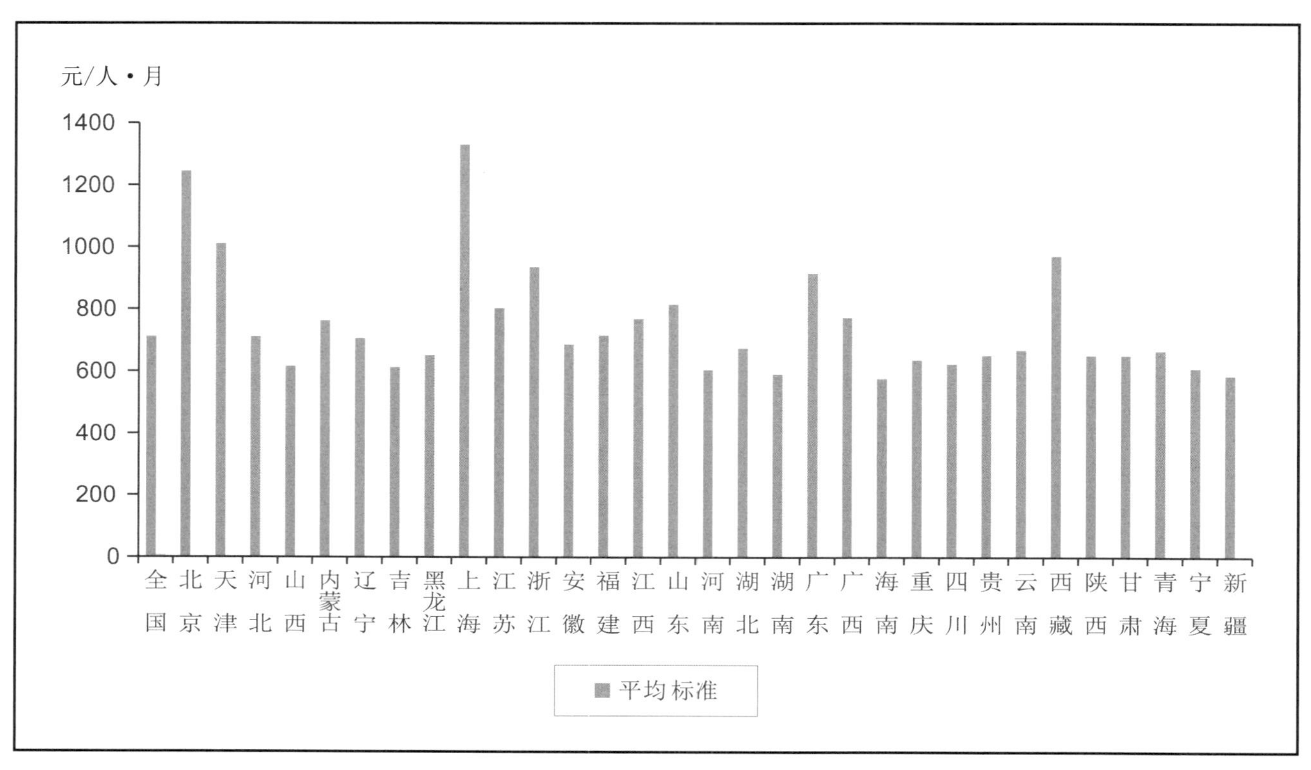

单位：元/人·月

地　区	平均标准	地　区	平均标准	地　区	平均标准	地　区	平均标准
全　国	**711.4**	黑龙江	650.2	河　南	604.6	贵　州	651.1
北　京	1245.0	上　海	1330.0	湖　北	674.2	云　南	667.9
天　津	1010.0	江　苏	803.2	湖　南	591.0	西　藏	970.9
河　北	710.6	浙　江	935.3	广　东	914.8	陕　西	651.1
山　西	615.0	安　徽	686.3	广　西	772.7	甘　肃	650.6
内蒙古	762.5	福　建	714.6	海　南	576.8	青　海	665.2
辽　宁	705.9	江　西	768.6	重　庆	636.0	宁　夏	609.2
吉　林	612.4	山　东	814.5	四　川	623.8	新　疆	586.0

图2–10 农村最低生活保障人数

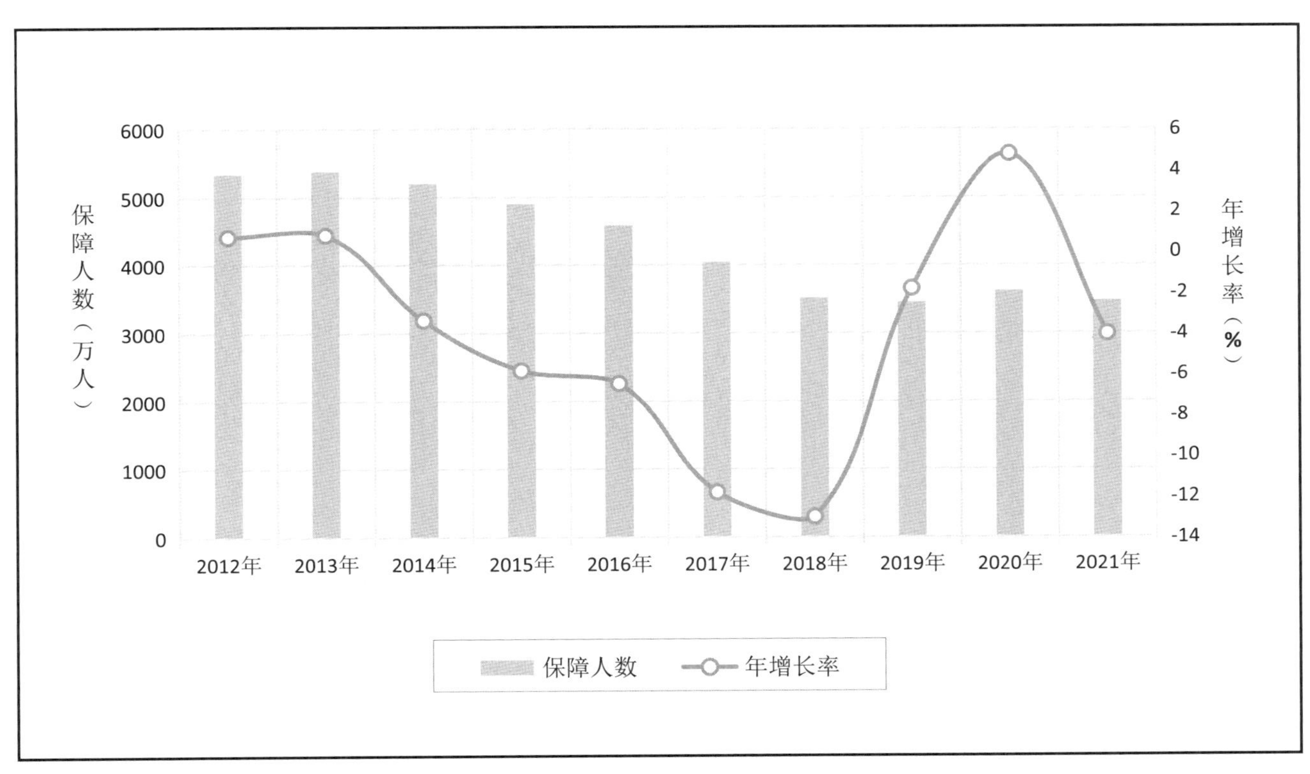

单位：万人、%

指标	2012年	2013年	2014年	2015年	2016年	2017年	2018年	2019年	2020年	2021年
保障人数	5344.5	5388.0	5207.2	4903.6	4586.5	4045.1	3519.1	3455.4	3620.8	3474.5
年增长率	0.7	0.8	-3.4	-5.8	-6.5	-11.8	-13.0	-1.8	4.8	-4.0

图2-11　农村最低生活保障平均标准

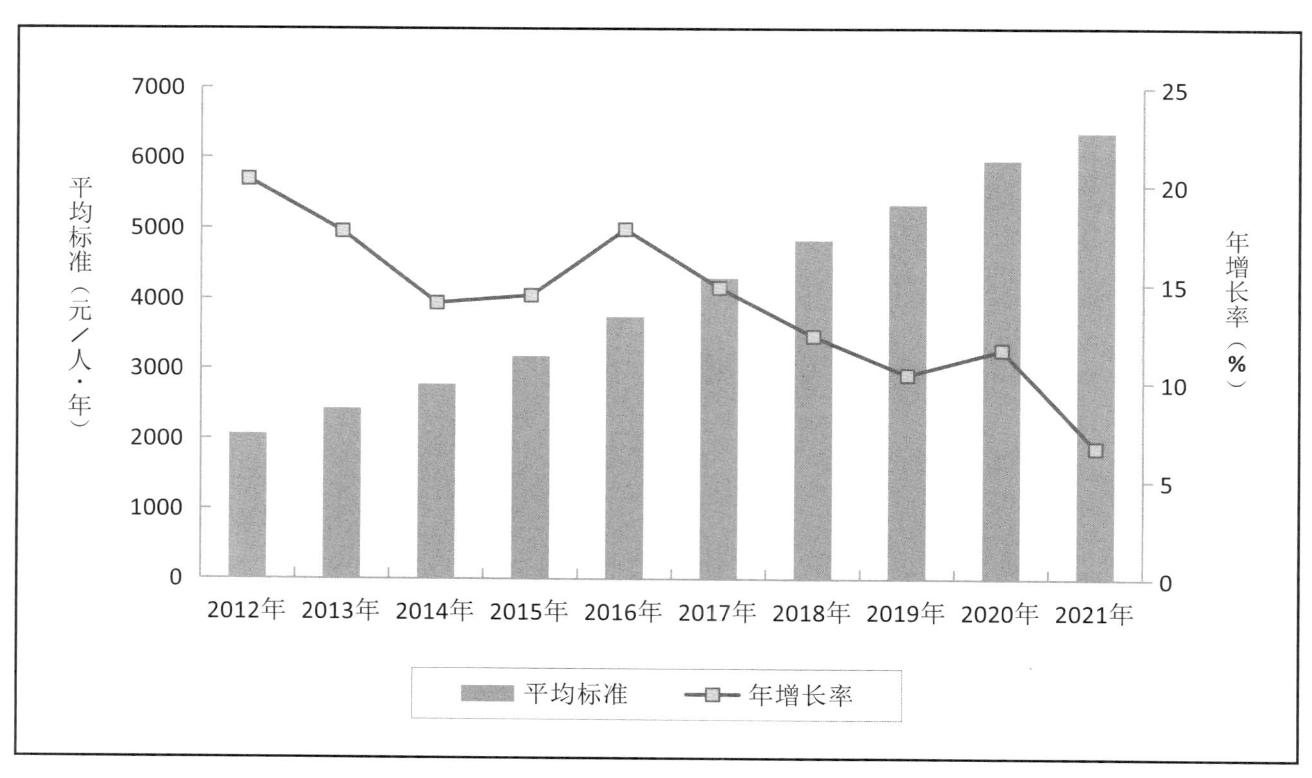

单位：元/人·年、%

指标	2012年	2013年	2014年	2015年	2016年	2017年	2018年	2019年	2020年	2021年
平均标准	2067.8	2433.9	2776.6	3178.2	3744.0	4300.7	4833.4	5335.5	5962.3	6362.2
年增长率	20.3	17.7	14.1	14.5	17.8	14.9	12.4	10.4	11.7	6.7

图2-12 分省份农村最低生活保障平均标准

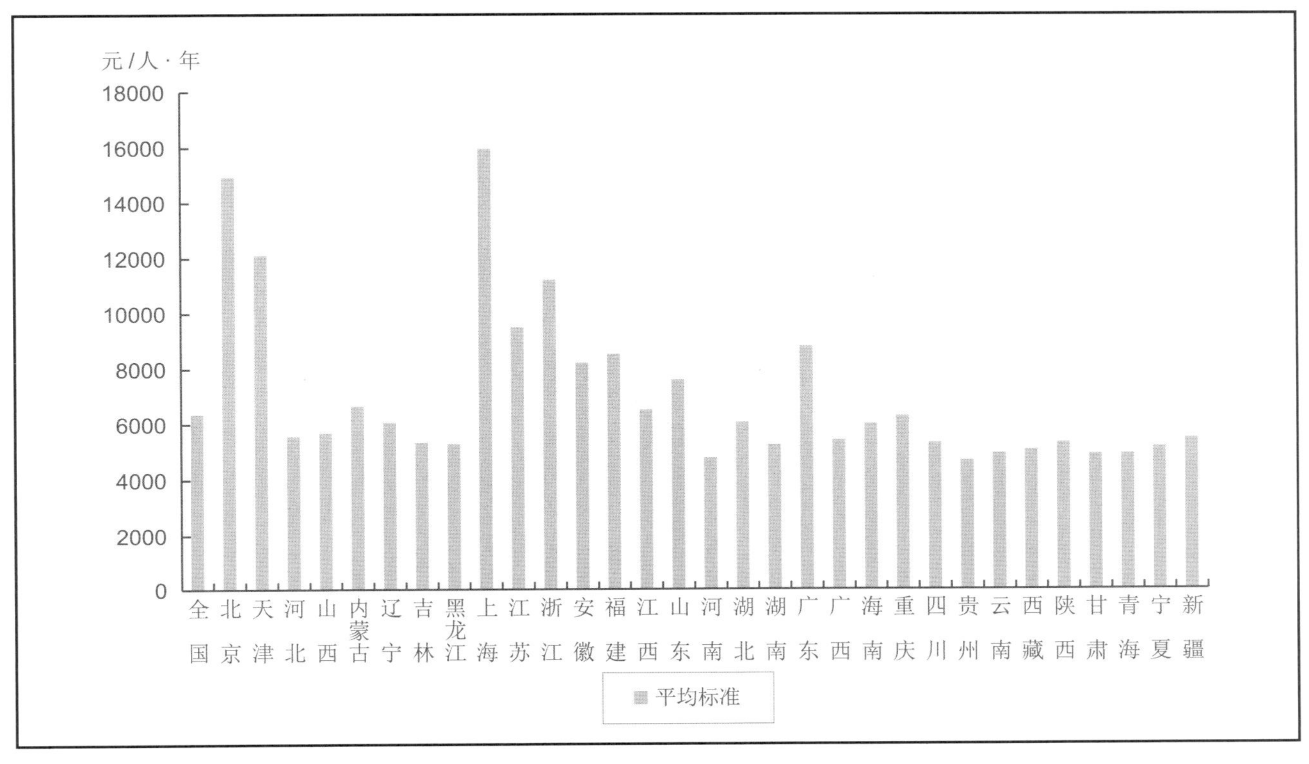

单位：元/人·年

地　区	平均标准	地　区	平均标准	地　区	平均标准	地　区	平均标准
全　国	**6362.2**	黑龙江	5292.3	河　南	4781.8	贵　州	4678.9
北　京	14940.0	上　海	15960.0	湖　北	6057.6	云　南	4935.8
天　津	12120.0	江　苏	9491.3	湖　南	5256.1	西　藏	5064.3
河　北	5561.0	浙　江	11223.5	广　东	8806.1	陕　西	5328.8
山　西	5682.2	安　徽	8219.0	广　西	5417.8	甘　肃	4908.7
内蒙古	6661.1	福　建	8535.4	海　南	6014.4	青　海	4923.9
辽　宁	6063.6	江　西	6519.1	重　庆	6291.4	宁　夏	5172.8
吉　林	5335.1	山　东	7607.1	四　川	5322.5	新　疆	5476.5

图2–13　农村特困人员人数

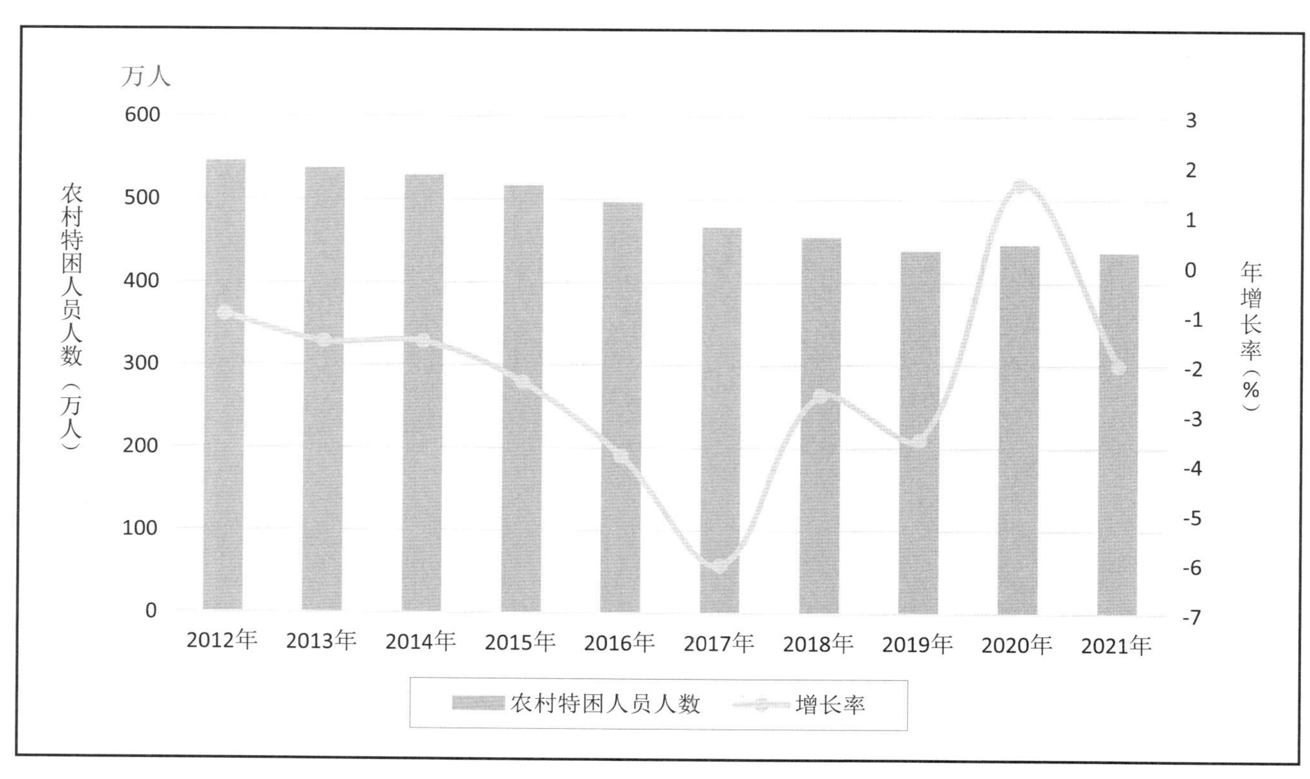

单位：万人、%

指标	2012年	2013年	2014年	2015年	2016年	2017年	2018年	2019年	2020年	2021年
农村特困人员人数	545.6	537.3	529.1	516.7	496.9	466.9	455.0	439.1	446.3	437.3
年增长率	-1.0	-1.5	-1.5	-2.3	-3.8	-6.0	-2.6	-3.5	1.6	-2.0

图2-14　分省份孤儿平均保障标准

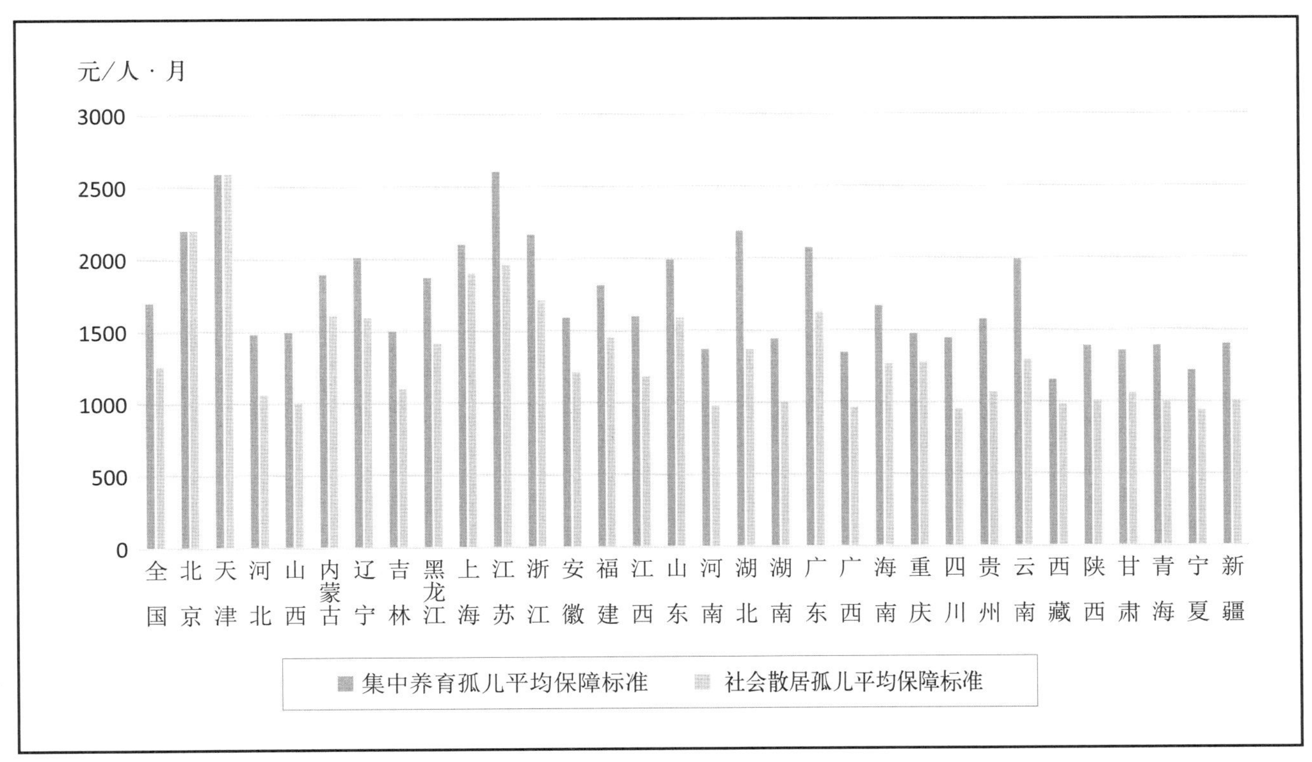

单位：元/人·月

地　区	集中养育孤儿平均保障标准	社会散居孤儿平均保障标准	地　区	集中养育孤儿平均保障标准	社会散居孤儿平均保障标准	地　区	集中养育孤儿平均保障标准	社会散居孤儿平均保障标准	地　区	集中养育孤儿平均保障标准	社会散居孤儿平均保障标准
全　国	**1697.4**	**1257.2**	黑龙江	1869.8	1418.0	河　南	1370.7	974.4	贵　州	1576.1	1067.6
北　京	2200.0	2200.0	上　海	2100.0	1900.0	湖　北	2189.6	1369.7	云　南	1991.5	1291.5
天　津	2590.0	2590.0	江　苏	2604.2	1959.0	湖　南	1441.6	1003.7	西　藏	1153.9	983.2
河　北	1481.6	1063.1	浙　江	2168.8	1712.9	广　东	2074.1	1627.0	陕　西	1389.8	1009.7
山　西	1494.0	1003.4	安　徽	1591.7	1212.3	广　西	1347.6	962.5	甘　肃	1355.7	1059.3
内蒙古	1893.0	1608.8	福　建	1814.9	1453.5	海　南	1668.2	1266.0	青　海	1391.2	1001.1
辽　宁	2011.5	1592.7	江　西	1599.8	1180.1	重　庆	1476.5	1277.6	宁　夏	1215.8	937.0
吉　林	1500.0	1100.0	山　东	1991.2	1589.8	四　川	1445.1	951.1	新　疆	1399.1	1004.3

图2-15　社会组织捐赠收入

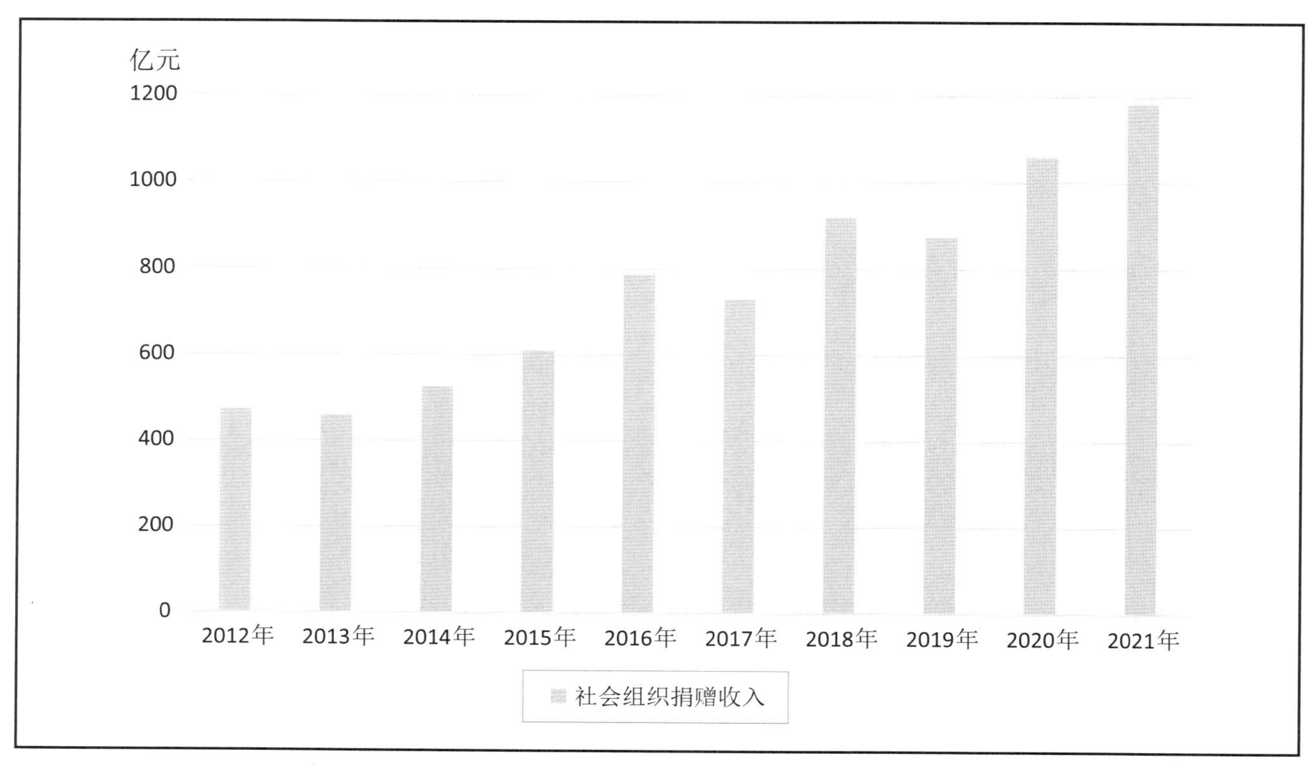

单位：亿元

指标	2012年	2013年	2014年	2015年	2016年	2017年	2018年	2019年	2020年	2021年
社会组织捐赠收入	470.8	458.8	524.8	610.3	786.7	729.2	919.7	873.2	1059.1	1192.5

图2-16　福利彩票

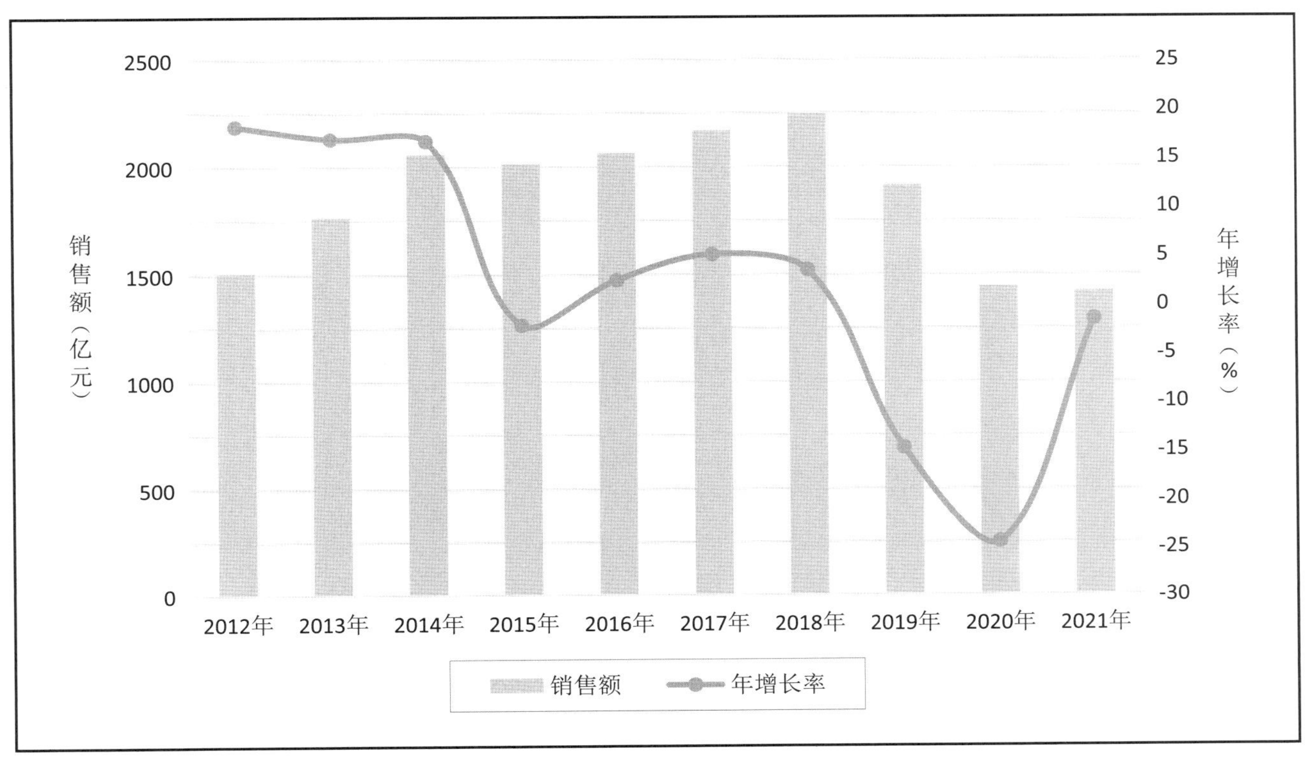

单位：亿元、%

指标	2012年	2013年	2014年	2015年	2016年	2017年	2018年	2019年	2020年	2021年
销售额	1510.3	1765.3	2059.7	2015.1	2064.9	2169.8	2245.6	1912.4	1444.9	1422.5
年增长率	18.2	16.9	16.7	-2.2	2.5	5.1	3.5	-14.8	-24.4	-1.5

图2-17　社区综合服务机构和设施

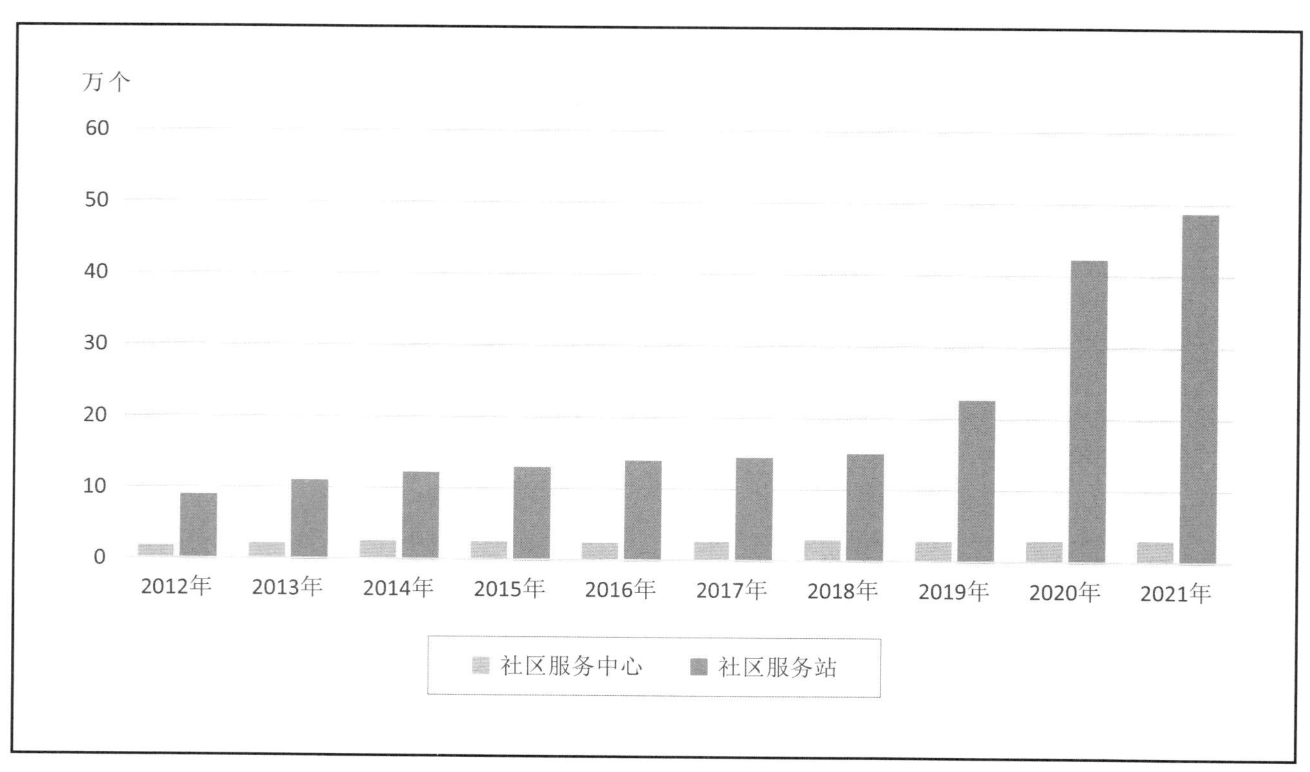

单位：万个

指标	2012年	2013年	2014年	2015年	2016年	2017年	2018年	2019年	2020年	2021年
社区综合服务机构和设施	20.0	25.2	25.1	27.3	27.5	28.2	28.7	35.9	51.1	56.7
#社区服务中心	1.6	2.0	2.4	2.4	2.3	2.5	2.8	2.7	2.8	2.9
社区服务站	8.8	10.8	12.0	12.8	13.8	14.3	14.9	22.5	42.1	48.6

注：2014年以后社区服务中心中含社区服务指导中心。

图2-18　社区综合服务设施覆盖率

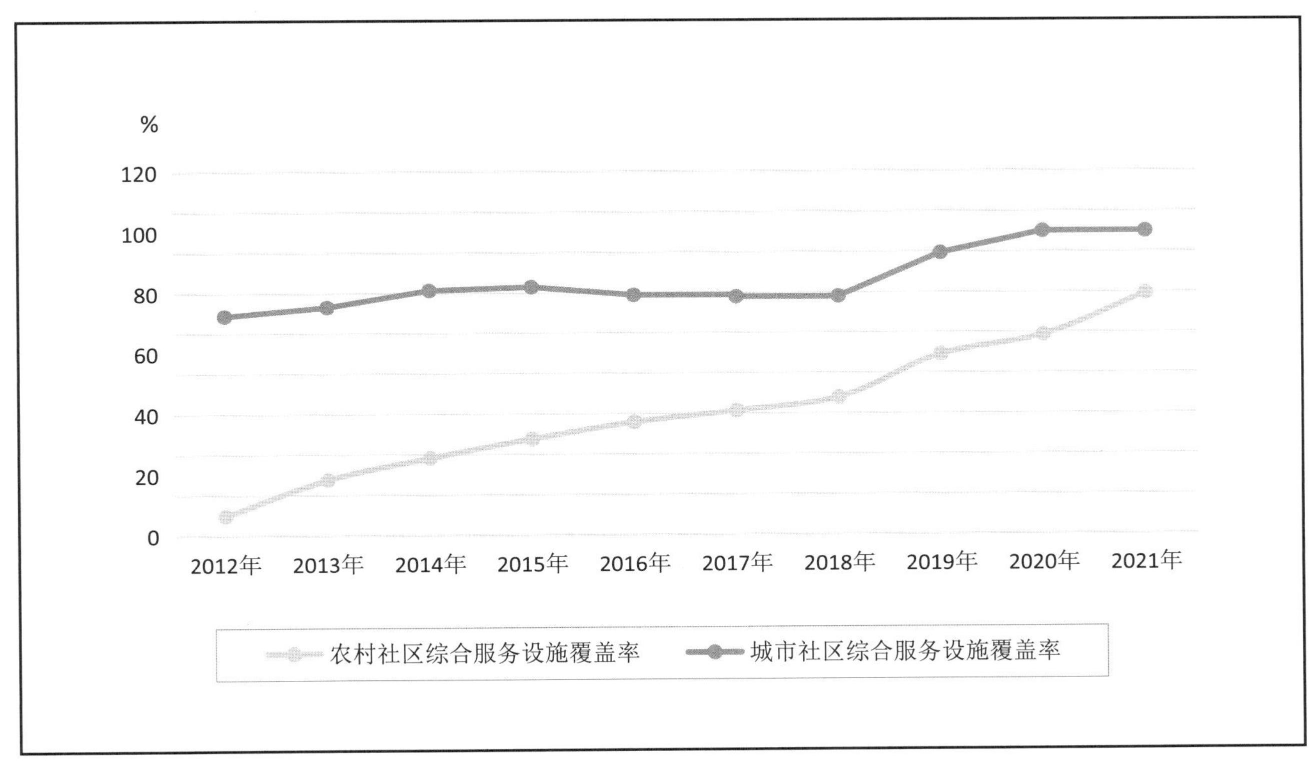

单位：%

指标	2012年	2013年	2014年	2015年	2016年	2017年	2018年	2019年	2020年	2021年
城市社区综合服务设施覆盖率	72.4	75.4	81.0	82.0	79.3	78.6	78.7	92.9	100.0	100.0
农村社区综合服务设施覆盖率	6.5	18.4	25.5	31.8	37.3	40.9	45.3	59.3	65.7	79.5

图3-1 社会组织

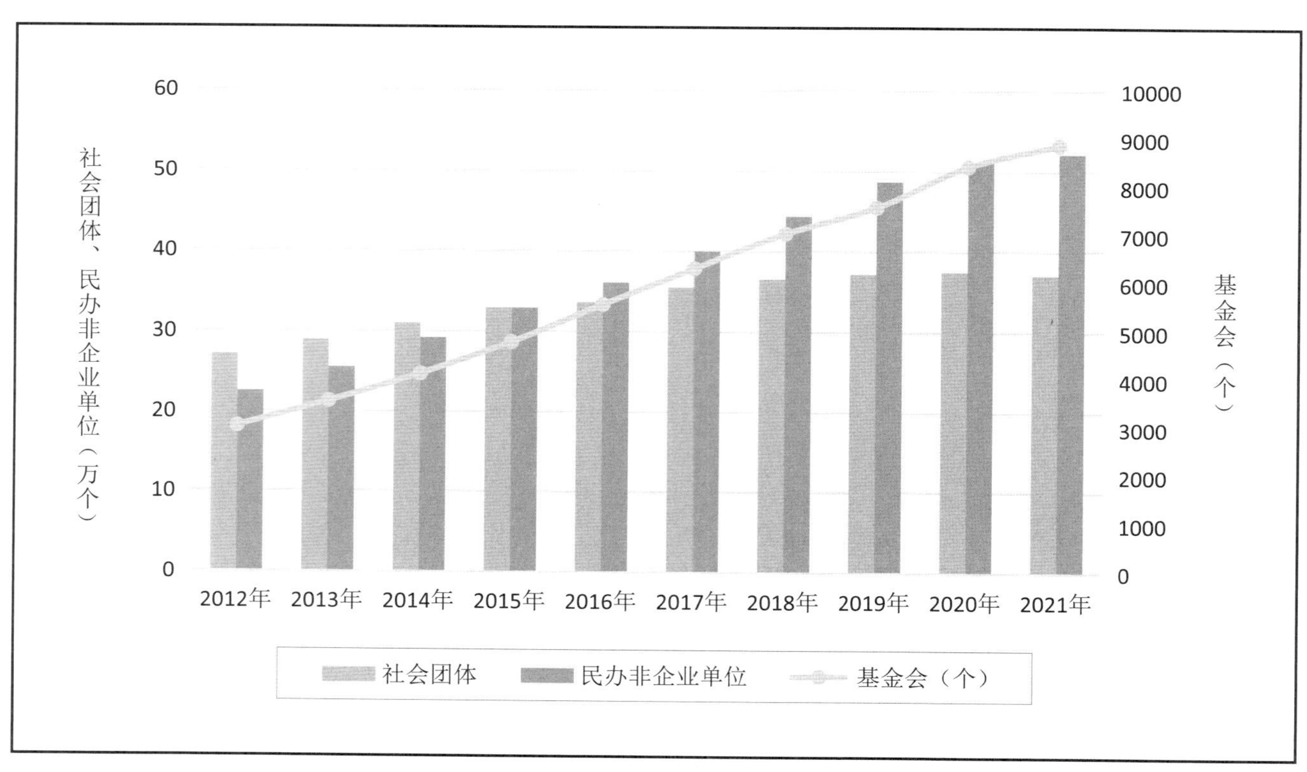

单位：万个、个

指标	2012年	2013年	2014年	2015年	2016年	2017年	2018年	2019年	2020年	2021年
社会组织	49.9	54.7	60.6	66.2	70.2	76.2	81.7	86.6	89.4	90.2
社会团体	27.1	28.9	31	32.9	33.6	35.5	36.6	37.2	37.5	37.1
基金会（个）	3029	3549	4117	4784	5559	6307	7034	7585	8432	8877
民办非企业单位	22.5	25.5	29.2	32.9	36.1	40.0	44.4	48.7	51.1	52.2

图3-2 自治组织

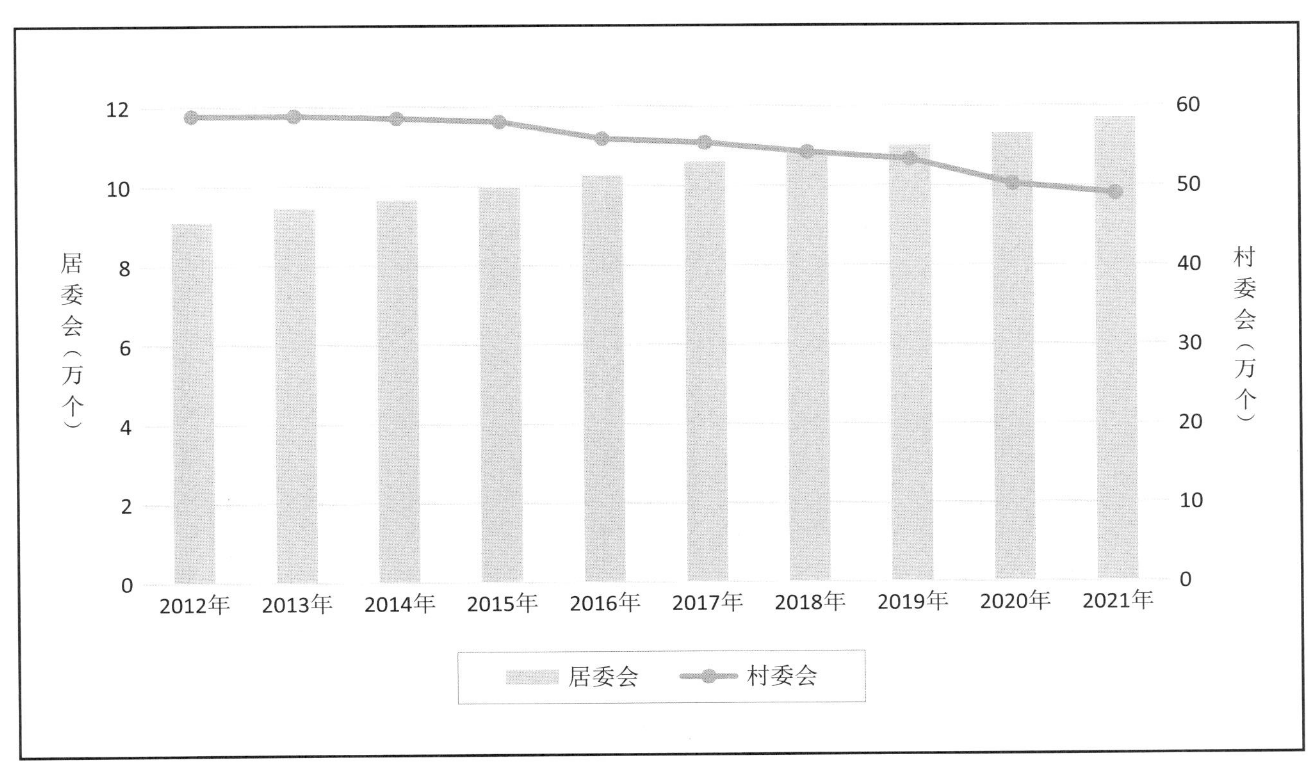

单位：万个

指标	2012年	2013年	2014年	2015年	2016年	2017年	2018年	2019年	2020年	2021年
自治组织	68.0	68.3	68.2	68.1	66.2	66.1	65.0	64.3	61.5	60.6
居委会	9.1	9.5	9.7	10.0	10.3	10.6	10.8	11.0	11.3	11.7
村委会	58.8	58.9	58.5	58.1	55.9	55.4	54.2	53.3	50.2	49.0

图3-3　结婚登记

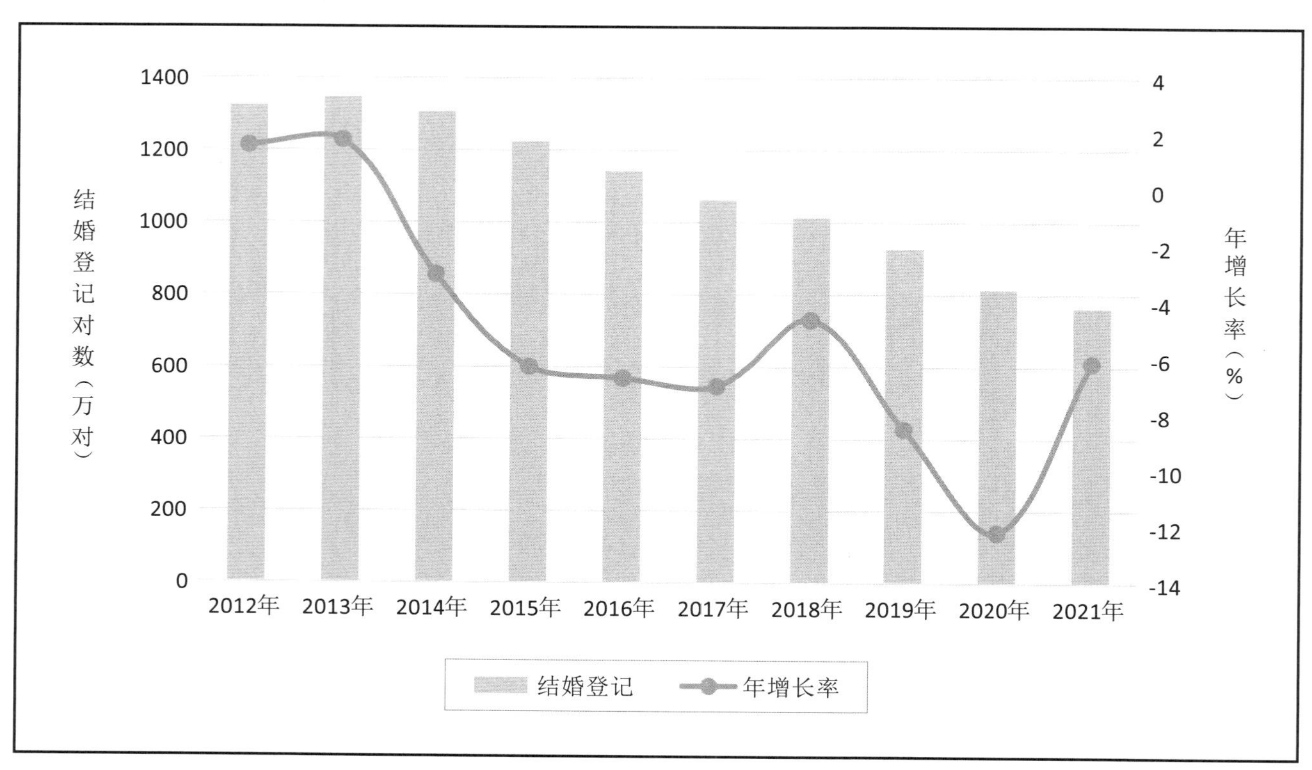

单位：万对、%

指标	2012年	2013年	2014年	2015年	2016年	2017年	2018年	2019年	2020年	2021年
结婚登记	1323.6	1346.9	1306.7	1224.7	1142.8	1063.1	1013.9	927.3	814.3	764.3
年增长率	1.6	1.8	-3.0	-6.3	-6.7	-7.0	-4.6	-8.5	-12.2	-6.1

图3-4　分年龄组结婚登记

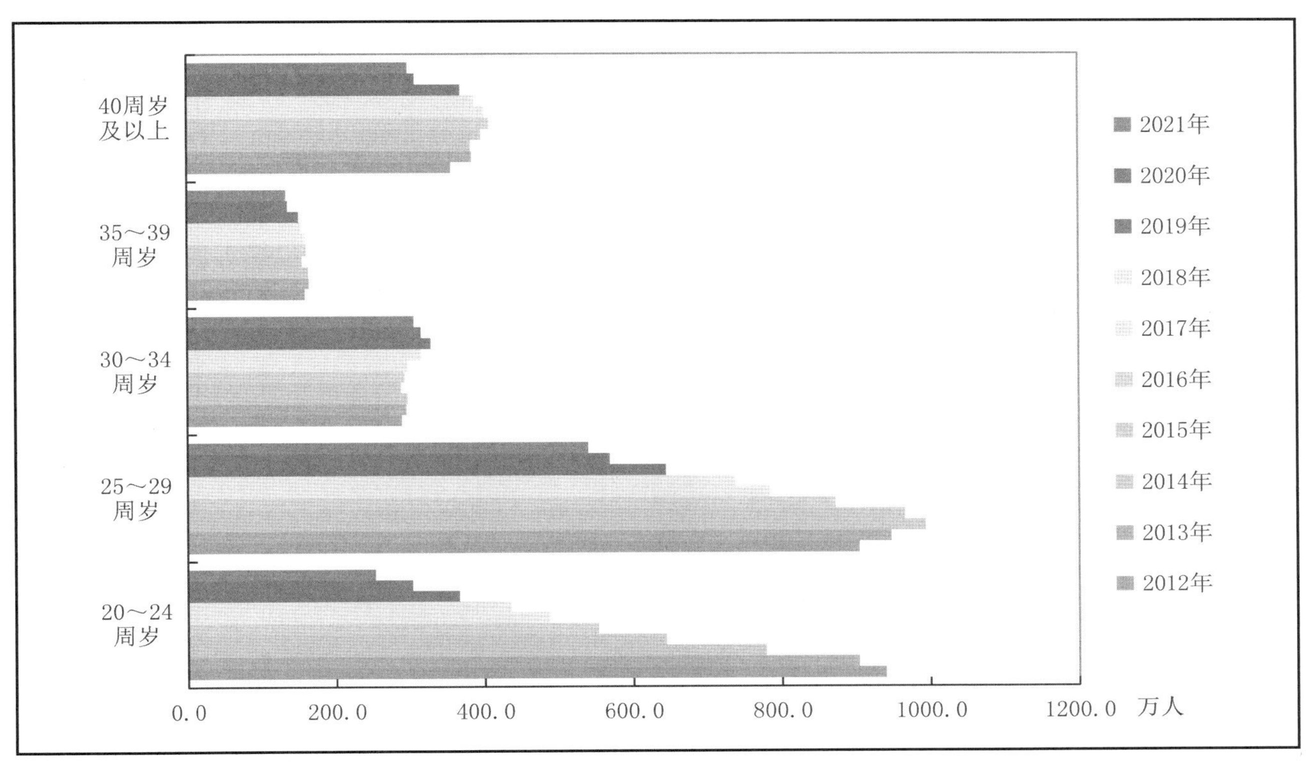

单位：万人

年份	20～24周岁	25～29周岁	30～34周岁	35～39周岁	40周岁及以上
2012	939.6	904.1	289.0	158.9	355.6
2013	903.4	947.5	295.1	164.3	383.5
2014	778.2	993.1	296.5	163.5	382.2
2015	643.9	965.7	288.1	155.3	396.4
2016	552.3	872.2	293.0	160.6	407.3
2017	486.6	783.5	296.7	158.7	400.7
2018	435.6	736.2	314.7	154.2	387.2
2019	365.4	644.2	328.0	150.5	368.5
2020	302.7	568.3	314.7	135.7	307.3
2021	252.9	539.3	305.2	133.2	297.9

图3-5　民政部门办理离婚和法院判决、调解离婚

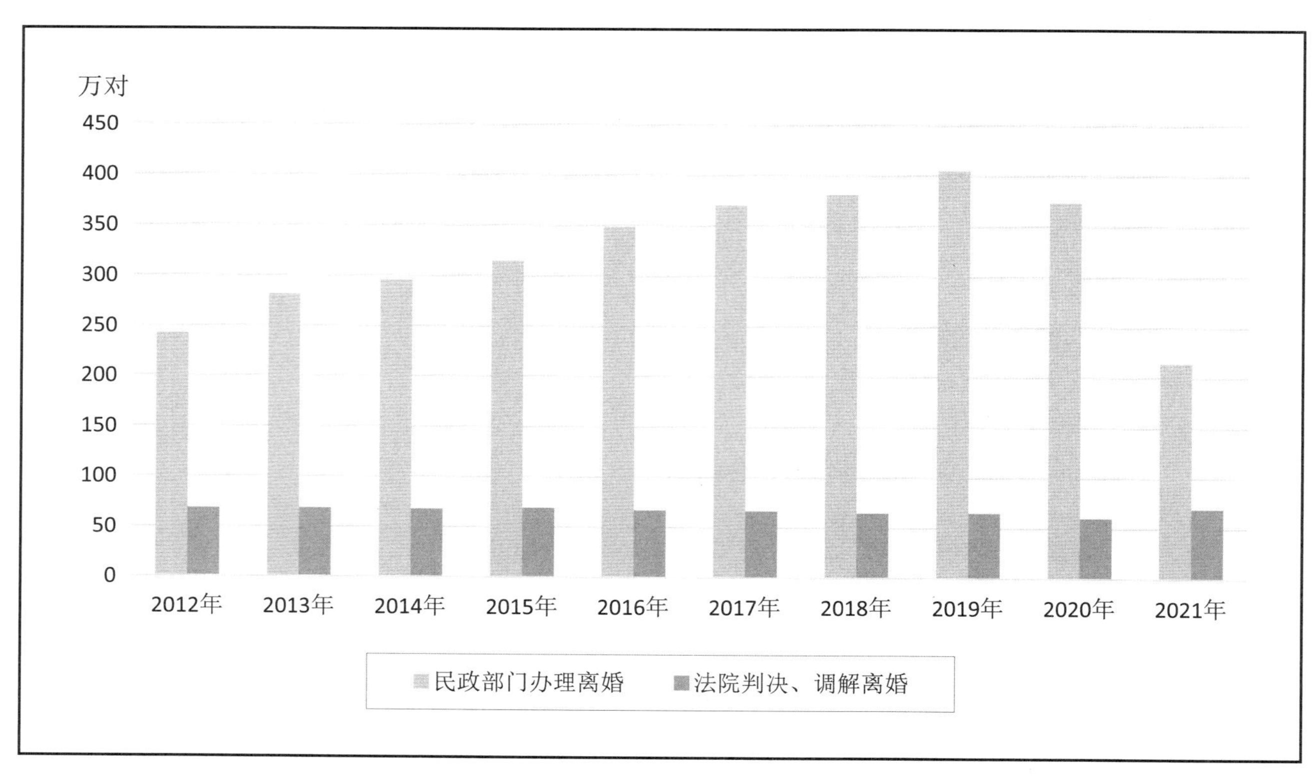

单位：万对

指标	2012年	2013年	2014年	2015年	2016年	2017年	2018年	2019年	2020年	2021年
离婚对数	310.4	350.0	363.6	384.1	415.8	437.3	446.1	470.1	433.9	283.9
民政部门办理离婚	242.3	281.5	295.7	314.9	348.6	370.4	381.2	404.7	373.6	214.1
法院判决、调解离婚	68.1	68.5	67.9	69.3	67.2	66.9	64.9	65.3	60.3	69.8

图3-6　结婚率和离婚率

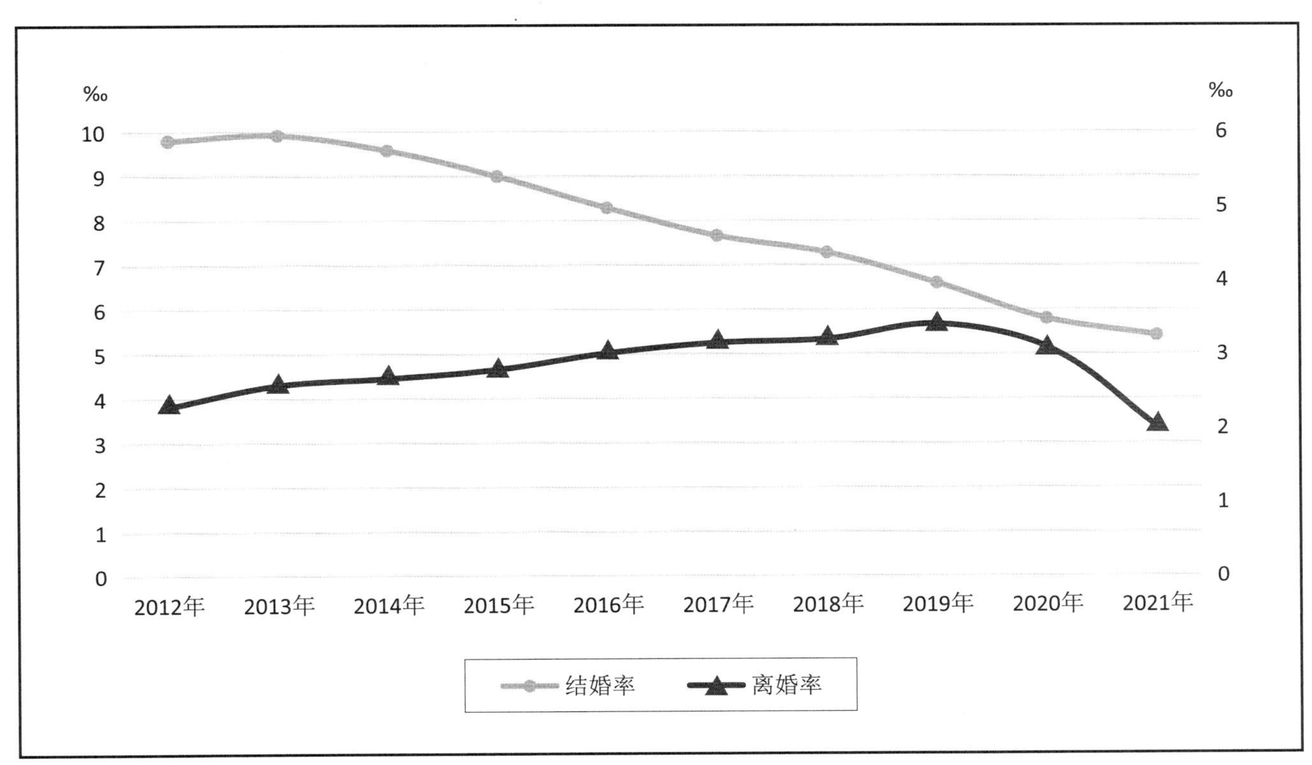

单位：‰

指标	2012年	2013年	2014年	2015年	2016年	2017年	2018年	2019年	2020年	2021年
结婚率	9.80	9.92	9.58	9.00	8.29	7.66	7.28	6.60	5.79	5.41
离婚率	2.29	2.58	2.67	2.79	3.01	3.15	3.20	3.40	3.09	2.01

注：结（离）婚率计算方法是当期结（离）婚对数除以当期人口平均数。

图3-7　火化遗体

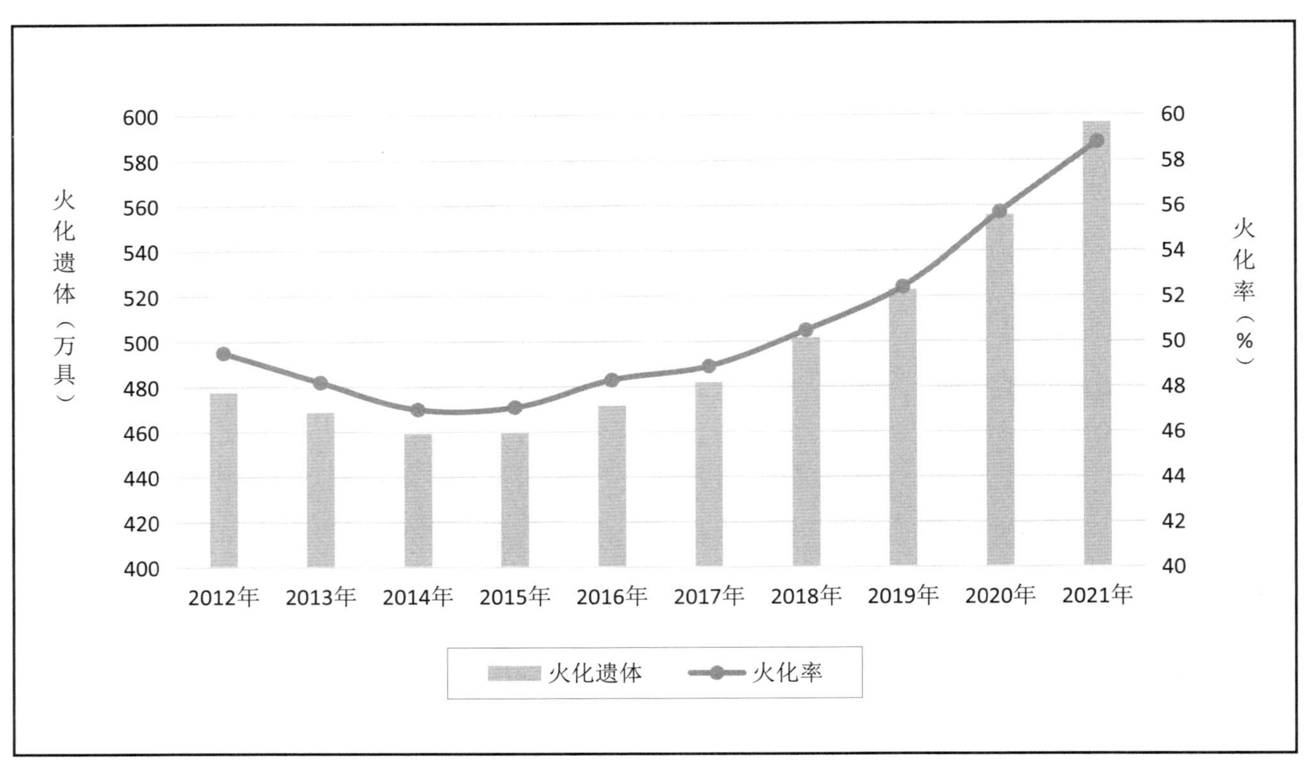

单位：万具、%

指标	2012年	2013年	2014年	2015年	2016年	2017年	2018年	2019年	2020年	2021年
火化遗体	477.7	468.9	459.3	459.5	471.8	482.0	501.7	522.7	555.8	596.6
火化率	49.5	48.2	47.0	47.1	48.3	48.9	50.5	52.4	55.7	58.8

第三部分

综合统计资料

A-1-1 “七五”—“十四五”时期民政事业发展速度

单位：%

指　标	“七五”时期平均增长速度	“八五”时期平均增长速度	“九五”时期平均增长速度	“十五”时期平均增长速度	“十一五”时期平均增长速度	“十二五”时期平均增长速度	“十三五”时期平均增长速度	“十四五”时期前一年平均增长速度
一、综合								
行政区划								
镇	5.7	7.7	3.0	-0.8	-0.1	1.1	0.6	0.8
乡	-11.6	-7.8	-4.7	-7.2	-1.8	-4.9	-4.9	-5.7
60周岁及以上老年人口					4.3	4.6	3.5	1.3
民政事业费支出	11.9	14.8	17.3	25.6	30.3	12.8	-0.5	-2.7
固定资产原价	20.8	22.5	53.1	9.9	16.3	4.4	-0.9	18.3
二、社会工作								
民政服务床位	9.7	4.6	3.0	7.7	13.8	14.6	3.0	-0.6
#养老床位				5.0	15.3	16.3	3.5	-0.6
精神疾病服务床位				10.0	8.8	6.7	-2.8	5.5
儿童服务床位				11.7	11.5	21.2	0.2	-2.6
收养登记				-2.0	-7.5	-8.9	-12.9	12.1
销售福利彩票		54.5	14.6	29.4	18.7	15.8	-6.4	-1.5
城市最低生活保障人数				40.9	0.7	-5.9	-13.9	-8.4
农村最低生活保障人数				28.3	47.9	-1.2	-5.9	-4.0
社区服务中心			8.0	5.6	8.2	13.7	3.0	3.8
三、成员组织和其他社会服务								
社会组织		75.5	-3.2	15.8	6.9	8.2	6.2	0.9
社会团体				5.6	7.5	6.1	2.7	-1.0
基金会					17.7	16.8	12.0	5.3
民办非企业单位				45.5	6.1	10.7	9.2	2.1
自治组织								
村委会	1.1	-6.9	-4.7	-3.0	-1.1	-0.5	-2.9	-2.5
居委会	4.1	2.5	-0.6	-5.9	1.7	2.8	2.5	3.1
婚姻服务								
结婚登记	2.7	-0.4	-0.2	-0.6	8.6	-0.3	-7.8	-6.1
离婚登记	11.7	5.7	2.8	8.0	8.5	7.5	2.5	-34.6
殡葬服务								
火化遗体	5.3	5.5	7.3	3.8	1.0	-0.6	3.9	7.3

注：乡包含民族乡、苏木、民族苏木。

A-1-2 2017—2021年民政事业发展主要指标

指 标	单 位	2017年	2018年	2019年	2020年	2021年
一、综合						
县级行政区划	个	**2851**	**2851**	**2846**	**2844**	**2843**
市辖区	个	962	970	965	973	977
县级市	个	363	375	387	388	394
县	个	1355	1335	1323	1312	1301
自治县	个	117	117	117	117	117
旗	个	49	49	49	49	49
自治旗	个	3	3	3	3	3
林区	个	1	1	1	1	1
特区	个	1	1	1	1	1
乡级行政区划	个	**39888**	**39945**	**38755**	**38741**	**38558**
镇	个	21116	21297	21013	21157	21322
乡	个	9394	9118	8101	7693	7197
民族乡	个	982	981	966	962	958
苏木	个	152	153	153	153	153
民族苏木	个	1	1	1	1	1
街道	个	8241	8393	8519	8773	8925
区公所	个	2	2	2	2	2
省级行政区域界线勘定						
联检省级行政区域界线数量	条	13	14	14	14	13
联检省级行政区域界线长度	公里	14450	11982	7874	14468	13629
民政事业基本情况						
民政部门登记和管理的机构和设施数	万个	182.1	187.6	201.5	229.3	238.0
职工人数	万人	1355.8	1470.0	1545.7	1644.8	1730.4
固定资产原价	亿元	5434.8	5736.2	6515.3	7278.0	8610.0
民政事业费支出	亿元	5932.7	4076.9	4279.2	4808.2	4679.0
社会福利	亿元	920.5	1064.8	1228.8	1327.3	1402.4
社会救助	亿元	2609.8	2224.0	2281.4	2711.9	2549.4
民政管理事务	亿元	501.0	500.3	497.7	501.2	493.8
行政事业单位养老支出	亿元	47.9	38.2	46.1	47.6	33.3
其他	亿元	175.0	249.6	225.2	220.3	200.1
#公益金支出	亿元	275.2	251.7	259.9	229.9	196.8
#基本建设投资	亿元	209.2	188.0	184.8	190.9	201.3
#预算内投资	亿元	77.8	71.9	72.6	75.0	60.5
预算内投资占民政事业费比重	%	1.3	1.8	1.7	1.6	1.3
#公益金投资	亿元	55.3	48.0	37.9	29.3	23.0
公益金投资占公益金支出比重	%	20.1	19.1	14.6	12.7	11.7
中央财政转移支付的民政事业费	亿元	2492.3	1484.8	1566.6	1704.2	1578.1
中央财政转移支付占民政事业费比重	%	42.0	36.4	36.6	35.4	33.7

A－1－2续表1

指　标	单 位	2017年	2018年	2019年	2020年	2021年
民政事业费占国家财政支出的比重	%	2.9	1.8	1.8	2.0	1.9
二、社会工作						
机构和设施数	万个	44.4	45.9	56.6	84.4	92.9
#养老机构和设施数	万个	15.5	16.8	20.4	32.9	35.8
机构和设施床位数	万张	786.2	755.9	803.6	848.2	842.8
#养老机构和设施床位数	万张	744.8	727.1	775.0	821.0	815.9
每千人口民政服务床位数	张/千人	5.7	5.4	5.7	6.0	6.0
#每千老年人口养老床位数	张/千人	30.9	29.1	30.5	31.1	30.5
机构和设施收养人数	万人	334.7	317.3	387.9	282.3	273.6
#养老机构和设施收养照料人数	万人	317.1	302.9	373.8	269.0	261.0
提供住宿的社会工作						
机构数*	万个	3.2	3.1	3.7	4.1	4.3
#养老机构数	万个	2.9	2.9	3.4	3.8	4.0
床位数	万张	419.6	408.1	467.4	515.4	530.5
#养老机构床位数	万张	383.3	379.4	438.8	488.2	503.6
不提供住宿的社会工作						
机构和设施数	万个	41.2	42.8	52.9	80.3	88.6
#社区综合服务机构和设施	万个	28.2	28.7	35.9	51.1	56.7
#社区服务中心	万个	2.5	2.8	2.7	2.8	2.9
其中：农村	万个	1.0	1.1	1.1	1.2	1.3
#社区服务站	万个	14.3	14.9	22.5	42.1	48.6
其中：农村	万个	7.5	8.1	14.0	31.8	37.6
城市社区综合服务设施覆盖率	%	78.6	78.7	92.9	100.0	100.0
农村社区综合服务设施覆盖率	%	40.9	45.3	59.3	65.7	79.5
#社区养老服务机构和设施数	万个	12.6	14.0	16.9	29.1	31.8
#社区养老服务机构和设施床位数	万张	338.5	347.8	336.2	332.8	312.3
老年人福利						
60周岁及以上老年人口	万人	24090	24949	25388	26402	26736
占全国总人口比重	%	17.3	17.9	18.1	18.7	18.9
老龄补贴人数	万人	3098.0	3571.9	3579.1	3853.7	3994.7
残疾人福利						
困难残疾人生活补贴人数	万人	1019.2	1005.8	1085.7	1214.0	1194.1
重度残疾人护理补贴人数	万人	1053.7	1193.0	1368.5	1475.1	1503.2
儿童福利						
孤儿	万人	41.0	30.5	23.3	19.3	17.3
事实无人抚养儿童	万人				25.4	31.4
家庭收养登记	万人	1.9	1.6	1.3	1.1	1.2
流浪儿童救助	万人次	9.4	7.6	6.2	3.1	2.4

注：机构数是指在市场监管部门、编制部门或民政部门办理了注册登记手续的民政服务机构。

A−1−2续表2

指　标	单 位	2017年	2018年	2019年	2020年	2021年
社会救助						
最低生活保障						
城市最低生活保障人数	万人	1261.0	1007.0	860.9	805.1	737.8
城市最低生活保障户数	万户	741.5	605.1	524.9	488.9	454.9
城市最低生活保障平均标准	元/人·月	540.6	579.7	624.0	677.6	711.4
农村最低生活保障人数	万人	4045.2	3519.1	3455.4	3620.8	3474.5
农村最低生活保障户数	万户	2249.3	1901.7	1892.3	1985.0	1945.0
农村最低生活保障平均标准	元/人·年	4300.7	4833.4	5335.5	5962.3	6362.2
特困人员救助供养						
农村特困人员救助供养	万人	466.9	455.0	439.1	446.3	437.3
城市特困人员救助供养	万人	25.4	27.7	29.5	31.2	32.8
临时救助						
临时救助	万人次	970.3	1108.0	993.2	1380.6	1198.6
流浪乞讨人员救助						
流浪乞讨人员救助	万人次	218.9	157.2	133.3	84.1	74.6
福利彩票						
销售福利彩票	亿元	2169.8	2245.6	1912.4	1444.9	1422.5
筹集公益金	亿元	621.4	643.6	557.3	444.6	443.6
慈善和社工						
持证社会工作者	万人	32.7	43.9	53.4	66.9	73.7
成员组织和其他社会服务						
社会组织	**万个**	**76.2**	**81.7**	**86.6**	**89.4**	**90.2**
社会团体	万个	35.5	36.6	37.2	37.5	37.1
基金会	个	6307	7034	7585	8432	8877
民办非企业单位	万个	40.0	44.4	48.7	51.1	52.2
社会组织捐赠收入	亿元	729.2	919.7	873.2	1059.1	1192.5
自治组织	**万个**	**66.1**	**65.0**	**64.3**	**61.5**	**60.6**
村委会	万个	55.4	54.2	53.3	50.2	49.0
居委会	万个	10.6	10.8	11.0	11.3	11.7
婚姻登记						
结婚登记	万对	1063.1	1013.9	927.3	814.3	764.3
#涉外及华侨、港澳台	万对	4.1	4.8	4.9	1.7	1.6
结婚率	‰	7.7	7.3	6.6	5.8	5.4
离婚登记	万对	437.4	446.1	470.1	433.9	283.9
#民政部门办理离婚登记	万对	370.4	381.2	404.7	373.6	214.1
离婚率	‰	3.2	3.2	3.4	3.1	2.0
殡葬服务						
火化遗体	万具	482.0	501.7	522.7	555.8	596.6
火化率	%	48.9	50.5	52.4	55.7	58.8

A-1-3 民政事业发展主要数据与上年比较

指 标	单 位	2021年	2020年	比上年增长(%)
一、综合				
县级行政区划	个	**2843**	**2844**	—
市辖区	个	977	973	0.4
县级市	个	394	388	1.5
县	个	1301	1312	-0.8
自治县	个	117	117	—
旗	个	49	49	—
自治旗	个	3	3	—
林区	个	1	1	—
特区	个	1	1	—
乡级行政区划				
镇	个	21322	21157	0.8
乡	个	7197	7693	-6.4
民族乡	个	958	962	-0.4
苏木	个	153	153	—
民族苏木	个	1	1	—
街道	个	8925	8773	1.7
区公所	个	2	2	—
省级行政区域界线勘定				
联检省级行政区域界线数量	条	13	14	-7.1
联检省级行政区域界线长度	公里	13629	14468	-5.8
民政事业基本情况				
民政部门登记和管理的机构和设施数	万个	238.0	229.3	3.8
职工人数	万人	1730.4	1644.8	5.2
固定资产原价	亿元	8610.0	7278.0	18.3
民政事业费支出	亿元	4679.0	4808.2	-2.7
社会福利	亿元	1402.4	1327.3	5.7
社会救助	亿元	2549.4	2711.9	-6.0
民政管理事务	亿元	493.8	501.2	-1.5
行政事业单位养老支出	亿元	33.3	47.6	-30.0
其他	亿元	200.1	220.3	-9.2
#公益金支出	亿元	196.8	229.9	-14.4
#基本建设投资	亿元	201.3	190.9	5.4
#预算内投资	亿元	60.5	75.0	-19.4
预算内投资占民政事业费比重	%	1.3	1.6	-0.3(百分点)
#公益金投资	亿元	23.0	29.3	-21.5
公益金投资占公益金支出比重	%	11.7	12.7	-1.1(百分点)
中央财政转移支付的民政事业费	亿元	1578.1	1704.2	-7.4

A−1−3续表1

指　标	单 位	2021年	2020年	比上年增长(%)
中央财政转移支付占民政事业费比重	%	33.7	35.4	-1.7(百分点)
民政事业费占国家财政支出的比重	%	1.9	2.0	-0.1(百分点)
二、社会工作				
机构和设施数	万个	92.9	84.4	10.0
#养老机构和设施数	万个	35.8	32.9	8.6
机构和设施床位数	万张	842.8	848.2	-0.6
#养老机构和设施床位数	万张	815.9	821.0	-0.6
每千人口民政服务床位数	张/千人	6.0	6.0	-0.7
#每千老年人口养老床位数	张/千人	30.5	31.1	-1.9
机构和设施收养人数	万人	273.6	282.3	-3.1
#养老机构和设施收养照料人数	万人	261.0	269.0	-3.0
提供住宿的社会工作				
机构数	万个	4.3	4.1	4.5
#养老机构数	万个	4.0	3.8	4.7
床位数	万张	530.5	515.4	2.9
#养老机构床位数	万张	503.6	488.2	3.1
不提供住宿的社会工作				
机构和设施数	万个	88.6	80.3	10.3
#社区综合服务机构和设施	万个	56.7	51.1	11.1
#社区服务中心	万个	2.9	2.8	3.8
其中：农村	万个	1.3	1.2	8.3
#社区服务站	万个	48.6	42.1	15.6
其中：农村	万个	37.6	31.8	18.4
城市社区综合服务设施覆盖率	%	100.0	100.0	—
农村社区综合服务设施覆盖率	%	79.5	65.7	13.8(百分点)
#社区养老服务机构和设施数	万个	31.8	29.1	9.1
#社区养老服务机构和设施床位数	万张	312.3	332.8	-6.1
老年人福利				
60周岁及以上老年人口	万人	26736	26402	1.3
占全国总人口比重	%	18.9	18.7	0.2(百分点)
老龄补贴人数	万人	3994.7	3853.7	3.7
残疾人福利				
困难残疾人生活补贴人数	万人	1194.1	1214.0	-1.6
重度残疾人护理补贴人数	万人	1503.2	1475.1	1.9
儿童福利				
孤儿	万人	17.3	19.3	-10.6
事实无人抚养儿童	万人	31.4	25.4	23.8
家庭收养登记	万人	1.2	1.1	12.1
流浪儿童救助	万人次	2.4	3.1	-22.2

A−1−3续表2

指　标	单　位	2021年	2020年	比上年增长(%)
社会救助				
最低生活保障				
城市最低生活保障人数	万人	737.8	805.1	-8.4
城市最低生活保障户数	万户	454.9	488.9	-6.9
城市最低生活保障平均标准	元/人·月	711.4	677.6	5.0
农村最低生活保障人数	万人	3474.5	3620.8	-4.0
农村最低生活保障户数	万户	1945.0	1985.0	-2.0
农村最低生活保障平均标准	元/人·年	6362.2	5962.3	6.7
特困人员救助供养				
农村特困人员救助供养	万人	437.3	446.3	-2.0
城市特困人员救助供养	万人	32.8	31.2	5.1
临时救助				
临时救助	万人次	1198.6	1380.6	-13.2
流浪乞讨人员救助				
流浪乞讨人员救助	万人次	74.6	84.1	-11.3
福利彩票				
销售福利彩票	亿元	1422.5	1444.9	-1.5
筹集公益金	亿元	443.6	444.6	-0.2
慈善和社工				
持证社会工作者	万人	73.7	66.9	10.3
成员组织和其他社会服务				
社会组织	**万个**	**90.2**	**89.4**	**0.9**
社会团体	万个	37.1	37.5	-1.0
基金会	个	8877	8432	5.3
民办非企业单位	万个	52.2	51.1	2.1
社会组织捐赠收入	亿元	1192.5	1059.1	12.6
自治组织	**万个**	**60.6**	**61.5**	**-1.5**
村委会	万个	49.0	50.2	-2.5
居委会	万个	11.7	11.3	3.1
婚姻登记				
结婚登记	万对	764.3	814.3	-6.1
#涉外及华侨、港澳台	万对	1.6	1.7	-7.9
结婚率	‰	5.4	5.8	-0.4(千分点)
离婚登记	万对	283.9	433.9	-34.6
#民政部门办理离婚登记	万对	214.1	373.6	-42.7
离婚率	‰	2.0	3.1	-1.1(千分点)
殡葬服务				
火化遗体	万具	596.6	555.8	7.3
火化率	%	58.8	55.7	3.1(百分点)

A-1-4　行政区划与上年比较

单位：个

指　标	2021年	2020年	比上年增长 (%)
地级行政区划合计	**333**	**333**	—
地级市	293	293	—
地区	7	7	—
自治州	30	30	—
盟	3	3	—
县级行政区划合计	**2843**	**2844**	—
市辖区	977	973	0.4
县级市	394	388	1.5
县	1301	1312	-0.8
自治县	117	117	—
旗	49	49	—
自治旗	3	3	—
特区	1	1	—
林区	1	1	—
乡级行政区划合计	**38558**	**38741**	**-0.5**
镇	21322	21157	0.8
乡	7197	7693	-6.4
民族乡	958	962	-0.4
苏木	153	153	—
民族苏木	1	1	—
街道	8925	8773	1.7
区公所	2	2	—

A-1-5 民政部门登记和管理的机构和设施与上年比较

单位：个

指　标	2021年	2020年	比上年增长（%）
合计	**2379951**	**2292778**	**3.8**
一、社会工作	**929025**	**844240**	**10.0**
提供住宿的社会工作	**42696**	**40852**	**4.5**
养老机构	39961	38158	4.7
社会福利院	1521	1524	-0.2
特困人员救助供养机构	17292	17153	0.8
其他各类养老机构	21148	19481	8.6
精神疾病服务机构	140	141	-0.7
社会福利医院	140	141	-0.7
儿童福利和救助保护机构	815	760	7.2
儿童福利机构	539	508	6.1
未成年人救助保护机构	276	252	9.5
其他提供住宿机构	1780	1793	-0.7
流浪乞讨人员救助管理机构	1562	1555	0.5
其他提供住宿的机构	218	238	-8.4
不提供住宿的社会工作	**886329**	**803388**	**10.3**
民政部门直属康复辅具机构	21	21	—
社会救助服务机构	881	890	-1.0
福利彩票发行管理机构	655	688	-4.8
社区综合服务机构和设施	567077	510510	11.1
社区养老服务机构和设施	317695	291279	9.1
二、成员组织和其他社会服务	**1513988**	**1514649**	**—**
成员组织	**1508546**	**1509363**	**-0.1**
社会组织	901870	894162	0.9
社会团体	371110	374771	-1.0
基金会	8877	8432	5.3
民办非企业单位	521883	510959	2.1
自治组织	606124	615146	-1.5
居委会	116551	113089	3.1
村委会	489573	502057	-2.5
宗教活动场所法人	552	55	—
其他社会服务	**5442**	**5286**	**3.0**
婚姻登记机构	1069	1085	-1.5
殡葬服务机构	4373	4201	4.1
殡仪馆	1774	1722	3.0
公墓	1673	1536	8.9
殡葬管理机构	815	865	-5.8
殡仪服务站	111	78	42.3
三、其他事业单位	**1356**	**1539**	**-11.9**
行政机关	**3280**	**3283**	**-0.1**

A-1-6 民政部门登记和管理的机构和设施职工与上年比较

单位：万人

指 标	2021年	2020年	比上年增长（%）
合计	**1730.4**	**1644.8**	**5.2**
一、社会工作	**396.4**	**355.9**	**11.4**
提供住宿的社会工作	**61.0**	**57.5**	**6.2**
养老机构	54.9	51.8	6.0
社会福利院	4.8	4.6	3.4
特困人员救助供养机构	12.9	12.3	4.9
其他各类养老机构	37.3	34.9	6.8
精神疾病服务机构	2.1	2.0	6.5
社会福利医院	2.1	2.0	6.5
儿童福利和救助保护机构	1.6	1.5	9.3
儿童福利机构	1.4	1.3	9.1
未成年人救助保护机构	0.3	0.2	9.9
其他提供住宿机构	2.3	2.1	7.9
流浪乞讨人员救助管理机构	1.7	1.7	1.8
其他提供住宿的机构	0.6	0.5	29.4
不提供住宿的社会工作	**335.4**	**298.4**	**12.4**
民政部门直属康复辅具机构	0.1	0.1	3.8
社会救助服务机构	0.8	0.8	3.1
福利彩票发行管理机构	0.9	1.0	-6.5
社区综合服务机构和设施	263.1	225.6	16.6
社区养老服务机构和设施	70.4	70.9	-0.7
二、成员组织和其他社会服务	**1384.6**	**1340.0**	**3.3**
成员组织	**1375.2**	**1330.8**	**3.3**
社会组织	1100.0	1061.9	3.6
社会团体	436.5	422.3	3.4
基金会	4.1	3.9	3.4
民办非企业单位	659.4	635.6	3.7
自治组织	274.5	268.9	2.1
居委会	65.7	61.6	6.6
村委会	208.9	207.3	0.8
宗教活动场所法人	0.7	—	—
其他社会服务	**9.4**	**9.3**	**1.5**
婚姻登记机构	0.7	0.7	1.3
殡葬服务机构	8.7	8.6	1.5
殡仪馆	4.7	4.6	2.3
公墓	3.1	3.2	-0.4
殡葬管理机构	0.8	0.8	-0.8
殡仪服务站	0.1	0.1	78.3
三、其他事业单位	**2.0**	**1.9**	**1.5**
行政机关	**8.6**	**8.5**	**1.3**

A-1-7 职工性别统计

指 标	职工总数（人）	女性	女性占比（%）	比上年增长（百分点）
合计	**17304210**	**6575882**	**38.0**	**1.9**
一、社会工作	**3964108**	**1565446**	**39.5**	**0.4**
提供住宿的社会工作	**610366**	**373860**	**61.3**	**2.7**
养老机构	549391	339923	61.9	2.9
社会福利院	47567	30585	64.3	1.0
特困人员救助供养机构	129049	67948	52.7	3.2
其他各类养老机构	372775	241390	64.8	2.9
精神疾病服务机构	21410	13821	64.6	1.8
社会福利医院	21410	13821	64.6	1.8
儿童福利和救助保护机构	16424	10743	65.4	0.7
儿童福利机构	13702	9542	69.6	0.8
未成年人救助保护机构	2722	1201	44.1	0.2
其他提供住宿机构	23141	9373	40.5	0.4
流浪乞讨人员救助管理机构	17029	6149	36.1	1.2
其他提供住宿的机构	6112	3224	52.7	-5.7
不提供住宿的社会工作	**3353742**	**1191586**	**35.5**	**0.2**
民政部门直属康复辅具机构	1236	447	36.2	2.7
社会救助服务机构	8326	3811	45.8	-0.3
福利彩票发行管理机构	9322	3930	42.2	-1.5
社区综合服务机构和设施	2630723	908937	34.6	—
社区养老服务机构和设施	704135	274461	39.0	1.4
二、成员组织和其他社会服务	**13846321**	**5255594**	**38.0**	**2.3**
成员组织	**13752349**	**5224745**	**38.0**	**2.3**
社会组织	11000059	4306618	39.2	2.2
社会团体	4365245	1003090	23.0	0.5
基金会	40514	11643	28.7	5.2
民办非企业单位	6594300	3291885	49.9	3.2
自治组织	2745299	918127	33.4	2.9
居委会	656784	357397	54.4	2.3
村委会	2088515	560730	26.8	2.6
宗教活动场所法人	6991	—	—	—
其他社会服务	**93882**	**30849**	**32.9**	**1.3**
婚姻登记机构	7044	4642	65.9	0.7
殡葬服务机构	86838	26207	30.2	1.3
殡仪馆	46818	12499	26.7	0.4
公墓	31427	11308	36.0	3.6
殡葬管理机构	7630	2078	27.2	-1.5
殡仪服务站	963	322	33.4	-2.5
三、其他事业单位	**19527**	**9215**	**47.2**	**1.3**
行政机关	**86285**	**31810**	**36.9**	**0.7**

A-1-8 民政部门登记和管理的机构和设施固定资产原价与上年比较

单位：亿元

指 标	2021年	2020年	比上年增长 (%)
合计	**8610.0**	**7278.0**	**18.3**
一、社会工作	**1918.0**	**1715.1**	**11.8**
提供住宿的社会工作	**1670.2**	**1478.5**	**13.0**
养老机构	1431.9	1283.6	11.5
社会福利院	278.0	218.2	27.4
特困人员救助供养机构	340.5	370.7	-8.1
其他各类养老机构	813.3	694.8	17.1
精神疾病服务机构	96.6	80.9	19.5
社会福利医院	96.6	80.9	19.5
儿童福利和救助保护机构	67.5	58.5	15.4
儿童福利机构	66.2	57.2	15.7
未成年人救助保护机构	1.3	1.3	2.5
其他提供住宿机构	74.3	55.5	33.7
流浪乞讨人员救助管理机构	48.2	41.0	17.5
其他提供住宿的机构	26.1	14.5	79.8
不提供住宿的社会工作	**247.8**	**236.5**	**4.7**
民政部门直属康复辅具机构	12.4	10.8	14.3
社会救助服务机构	4.9	3.5	40.4
福利彩票发行管理机构	168.0	157.1	6.9
社区综合服务机构和设施	41.7	42.0	-0.7
社区养老服务机构和设施	20.7	23.1	-10.1
二、成员组织和其他社会服务	**7140.8**	**6034.9**	**18.3**
成员组织	**6664.5**	**5616.3**	**18.7**
社会组织	5840.9	4793.1	21.9
社会团体	611.5	602.5	1.5
基金会	74.4	59.7	24.5
民办非企业单位	5155.1	4130.9	24.8
自治组织	823.6	823.2	—
居委会	168.9	288.2	-41.4
村委会	654.7	535.0	22.4
其他社会服务	**476.2**	**418.6**	**13.8**
婚姻登记机构	5.4	4.2	26.4
殡葬服务机构	470.9	414.3	13.6
殡仪馆	306.8	278.1	10.3
公墓	133.1	111.8	19.1
殡葬管理机构	28.2	21.9	28.9
殡仪服务站	2.8	2.6	7.9
三、其他事业单位	**118.9**	**86.1**	**38.1**
行政机关	**399.0**	**305.6**	**30.6**

A-1-9 民政基本建设投资与上年比较

单位：亿元、万平方米

指 标	2021年	2020年	比上年增长 (%)
计划总投资	**746.1**	**735.3**	**1.5**
本年计划投资	**167.2**	**157.4**	**6.2**
社会工作	91.4	94.0	-2.8
提供住宿的民政服务机构	88.1	88.8	-0.8
养老机构	76.0	76.9	-1.2
精神疾病服务机构	2.7	5.3	-48.4
儿童福利和救助保护机构	6.6	4.9	35.9
其他提供住宿机构	2.7	1.7	58.4
不提供住宿的民政服务机构	3.3	5.2	-36.8
其他社会服务机构	70.6	55.4	27.3
其他	5.2	7.9	-34.2
本年实际完成投资	**201.3**	**190.9**	**5.4**
按项目类别分			
社会工作	109.0	113.7	-4.2
提供住宿的民政服务机构	105.2	107.8	-2.4
养老机构	88.3	94.3	-6.4
精神疾病服务机构	2.9	6.4	-55.3
儿童福利和救助保护机构	10.5	4.9	113.9
其他提供住宿机构	3.6	2.2	63.5
不提供住宿的民政服务机构	3.8	5.9	-36.5
其他社会服务机构	80.8	65.3	23.7
其他	11.5	11.9	-3.3
按资金性质分			
国家预算内投资	60.5	75.0	-19.4
国内贷款	11.2	2.8	296.8
利用外资	0.9	0.4	154.4
彩票公益金	23.0	29.3	-21.5
其他	105.8	83.4	26.8
开工累计完成投资	**401.1**	**396.0**	**1.3**
本年完工项目规模	**1001.4**	**1051.3**	**-4.7**

A-1-10 民政事业费支出与上年比较

单位：亿元

指　标	2021年	2020年	比上年增长 (%)
民政事业费合计	**4679.0**	**4808.2**	**-2.7**
占国家财政支出比重（%）	1.9	2.0	-0.1
#中央转移支付的事业费	1578.1	1704.2	-7.4
占民政事业费的比重（%）	33.7	35.4	-1.7
#国家预算内基本建设投资	60.5	75.0	-19.4
#公益金支出	196.8	229.9	-14.4
按支出性质分			
社会福利	1402.4	1327.3	5.7
老年福利	386.2	385.7	0.1
养老服务	144.9	131.3	10.4
儿童福利	83.6	68.2	22.7
残疾人福利	350.3	319.3	9.7
社会救助	2549.4	2711.9	-6.0
最低生活保障	1833.0	1963.6	-6.6
特困人员救助供养	479.0	468.6	2.2
临时救助	164.7	195.3	-15.6
其他生活救助	72.6	84.4	-14.0
民政管理事务	493.8	501.2	-1.5
行政事业单位养老支出	33.3	47.6	-30.0
其他	200.1	220.3	-9.2
中央财政转移支付的民政事业费合计	**1578.1**	**1704.2**	**-7.4**
一般预算财政拨款	1476.2	1641.8	-10.1
彩票公益金	43.5	19.3	126.2
中央预算内基本建设投资	58.4	43.1	35.5
养老服务	40.0	28.0	42.9
社会福利	17.9	15.1	18.5
其他	0.5	—	—

A-1-11 民政事业费支出按用项分

单位：亿元

指 标	2021年	占全部%	2020年	2021年比2020年增加	2021年比2020年增长（%）
合计	**4679.0**	**100.0**	**4808.2**	**-129.2**	**-2.7**
社会福利	**1402.4**	**30.0**	**1327.3**	**75.2**	**5.7**
儿童福利	83.6	1.8	68.2	15.5	22.7
老年福利	386.2	8.3	385.7	0.5	0.1
养老服务	144.9	3.1	131.3	13.7	10.4
残疾人福利	350.3	7.5	319.3	31.0	9.7
殡葬	158.0	3.4	155.0	3.0	1.9
社会福利事业单位	201.2	4.3	202.9	-1.7	-0.8
其他社会福利支出	78.2	1.7	64.9	13.3	20.4
社会救助	**2549.4**	**54.5**	**2711.9**	**-162.5**	**-6.0**
最低生活保障	1833.0	39.2	1963.6	-130.5	-6.6
城市最低生活保障	484.1	10.3	537.3	-53.3	-9.9
农村最低生活保障	1349.0	28.8	1426.3	-77.3	-5.4
临时救助	164.7	3.5	195.3	-30.5	-15.6
临时救助	138.4	3.0	165.7	-27.3	-16.5
流浪乞讨人员救助	26.3	0.6	29.6	-3.3	-11.0
特困人员救助供养	479.0	10.2	468.6	10.4	2.2
城市特困人员	49.7	1.1	44.6	5.1	11.3
农村特困人员	429.4	9.2	424.0	5.4	1.3
其他社会救助	72.6	1.6	84.4	-11.8	-14.0
民政管理事务	**493.8**	**10.6**	**501.2**	**-7.4**	**-1.5**
行政运行	138.3	3.0	136.5	1.9	1.4
一般行政管理事务	29.2	0.6	32.1	-3.0	-9.2
机关服务	4.5	0.1	4.0	0.5	11.2
社会组织管理	11.7	0.2	10.5	1.2	11.3
行政区划和地名管理	7.8	0.2	9.7	-1.9	-20.0
基层政权建设和社区治理	157.2	3.4	159.6	-2.4	-1.5
其他民政管理事务支出	145.2	3.1	148.8	-3.6	-2.4
行政事业单位养老支出	**33.3**	**0.7**	**47.6**	**-14.3**	**-30.0**
其他	**200.1**	**4.3**	**220.3**	**-20.2**	**-9.2**

A-2-1　社会工作类机构财务状况与上年比较

单位：万元

指　标	2021年	2020年	比上年增长 (%)
执行企业会计制度单位填报			
存货	23693.6	17674.5	34.1
固定资产原价	2833654.7	2291016.5	23.7
累计折旧	196818.9	138419.1	42.2
其中：本年折旧	91274.3	40902.8	123.1
资产总计	2554942.5	1728049.0	47.9
负债合计	1439516.1	1084419.4	32.7
营业收入	437321.0	328124.9	33.3
营业成本	353765.4	271790.1	30.2
营业税金及附加	6516.7	7862.3	-17.1
销售费用	37948.6	28264.3	34.3
管理费用	175580.3	119809.5	46.5
其中：税金	1375.2	1375.8	0.0
差旅费	1603.5	1138.3	40.9
财务费用	103480.7	120630.5	-14.2
其中：利息支出	5682.6	6038.6	-5.9
资产减值损失	4817.0	1760.4	173.6
公允价值变动收益	4281.8	3680.7	16.3
投资收益	2516.2	635.4	296.0
营业利润	-68302.6	-75481.9	-9.5
营业外收入	24699.1	24127.1	2.4
其中：政府补助	17928.5	16090.0	11.4
应付职工薪酬	117523.2	90052.8	30.5
本年应交增值税	2592.6	5175.7	-49.9

A-2-1续表1

单位：万元

指　标	2021年	2020年	比上年增长 (%)
执行行政事业单位会计制度填报			
存货	94258.0	117101.5	-19.5
固定资产原价	10775858.3	9383643.0	14.8
资产总计	10071384.1	8706200.7	15.7
负债合计	2954701.5	2731348.3	8.2
本年收入合计	4758488.3	5581730.5	-14.7
其中：事业收入	1767564.8	1945186.7	-9.1
经营收入	168434.9	101856.9	65.4
本年支出合计	4685270.9	4857801.5	-3.6
其中：工资福利支出	1638461.3	1532086.9	6.9
商品和服务支出	1413579.7	1447145.3	-2.3
其中：取暖费	27235.2	26743.2	1.8
差旅费	12658.0	14742.8	-14.1
因公出国（境）费用	253.2	887.9	-71.5
劳务费	164014.4	155874.1	5.2
工会经费	15211.8	14447.0	5.3
福利费	15244.0	15975.0	-4.6
对个人和家庭的补助	714076.0	677457.3	5.4
其中：抚恤金	5955.0	5427.6	9.7
生活补助	144727.5	134826.0	7.3
救济费	300596.6	300299.6	0.1
助学金	2983.7	2896.8	3.0
奖励金	10217.3	12890.6	-20.7
生产补贴	244.5	550.9	-55.6
经营支出	61702.4	45882.7	34.5
销售税金	2515.1	2883.6	-12.8

A−2−1续表2

单位：万元

指　标	2021年	2020年	比上年增长 (%)
执行民间非营利组织单位会计制度填报			
存货	110635.2	80634.4	37.2
固定资产原价	5570287.3	5476036.1	1.7
资产总计	2821196.6	2324700.1	21.4
负债合计	1939179.3	1492589.0	29.9
本年收入合计	4009408.7	3066054.8	30.8
其中：捐赠收入	43227.5	46626.6	-7.3
会费收入	37393.7	35638.4	4.9
政府补助收入	164916.2	194052.9	-15.0
本年费用合计	1997390.3	2215262.6	-9.8
其中：业务活动成本	1138334.4	1070591.6	6.3
其中：人员费用	448213.7	415810.5	7.8
日常费用	346755.8	319853.8	8.4
固定资产折旧	85867.6	95529.6	-10.1
税费	7449.7	7147.4	4.2
管理费用	598445.9	575313.2	4.0
其中：人员费用	241853.4	237405.0	1.9
日常费用	156536.5	140870.9	11.1
固定资产折旧	55260.1	53176.2	3.9
税费	9964.1	3903.2	155.3
净资产变动额	175961.1	235955.8	-25.4

A-2-2 提供住宿的民政服务机构和社区养老情况与上年比较

指 标	机构和设施数（个）			职工人数（万人）		
	2021年	2020年	比上年增长(%)	2021年	2020年	比上年增长(%)
机构和设施合计	**360391**	**332131**	**8.5**	**131.5**	**128.4**	**2.4**
机构合计	**42696**	**40852**	**4.5**	**61.0**	**57.5**	**6.2**
养老机构和设施	**357656**	**329437**	**8.6**	**125.4**	**122.7**	**2.2**
机构养老	39961	38158	4.7	54.9	51.8	6.0
社会福利院	1521	1524	-0.2	4.8	4.6	3.4
特困人员救助供养机构	17292	17153	0.8	12.9	12.3	4.9
其他各类养老机构	21148	19481	8.6	37.3	34.9	6.8
社区养老	317695	291279	9.1	70.4	70.9	-0.7
未登记的特困人员救助供养机构	3394	3660	-7.3	1.8	2.0	-12.1
全托服务社区养老服务机构和设施	17063	20368	-16.2	8.9	9.9	-10.5
日间照料社区养老服务机构和设施	117843	109306	7.8	32.4	32.6	-0.5
互助型社区养老服务设施	147735	147485	0.2	23.7	24.7	-4.3
其他社区养老服务机构和设施	31660	10460	202.7	3.7	1.6	124.4
精神疾病服务机构	**140**	**141**	**-0.7**	**2.1**	**2.0**	**6.5**
社会福利医院	140	141	-0.7	2.1	2.0	6.5
儿童福利和救助保护机构	**815**	**760**	**7.2**	**1.6**	**1.5**	**9.3**
儿童福利院	539	508	6.1	1.4	1.3	9.1
未成年人救助保护机构	276	252	9.5	0.3	0.2	9.9
其他提供住宿机构	**1780**	**1793**	**-0.7**	**2.3**	**2.1**	**7.9**
流浪乞讨人员救助管理机构	1562	1555	0.5	1.7	1.7	1.8
其他提供住宿的机构	218	238	-8.4	0.6	0.5	29.4

A-2-2续表

指　标	床位数（万张）			收留抚养救助人数（万人）		
	2021年	2020年	比上年增长(%)	2021年	2020年	比上年增长(%)
机构和设施床位合计	**842.8**	**848.2**	**-0.6**	**273.6**	**282.3**	**-3.1**
机构合计	**530.5**	**515.4**	**2.9**	**238.1**	**235.6**	**1.1**
养老机构和设施	**815.9**	**821.0**	**-0.6**	**261.0**	**269.0**	**-3.0**
机构养老	503.6	488.2	3.1	225.5	222.4	1.4
社会福利院	38.1	37.7	0.9	18.3	18.6	-1.2
特困人员救助供养机构	178.8	174.8	2.3	81.0	83.4	-2.9
其他各类养老机构	286.7	275.7	4.0	126.1	120.4	4.8
社区养老	312.3	332.8	-6.1	35.5	46.7	-23.9
未登记的特困人员救助供养机构	20.1	21.9	-7.8	7.3	8.1	-10.3
全托服务社区养老服务机构和设施	51.6	68.5	-24.6	12.9	18.6	-30.6
日间照料社区养老服务机构和设施	107.7	109.9	-2.0	—	—	—
互助型社区养老服务设施	132.9	132.5	0.3	15.3	19.9	-23.2
其他社区养老服务机构和设施	—	—	—	—	—	—
精神疾病服务机构	**7.1**	**6.7**	**5.5**	**5.8**	**5.7**	**2.5**
社会福利医院	7.1	6.7	5.5	5.8	5.7	2.5
儿童福利和救助保护机构	**9.8**	**10.1**	**-2.6**	**4.4**	**4.6**	**-3.6**
儿童福利院	8.9	9.1	-2.0	4.4	4.4	-1.0
未成年人救助保护机构	0.9	1.0	-8.3	—	0.1	—
其他提供住宿机构	**10.0**	**10.4**	**-3.8**	**2.4**	**3.0**	**-20.3**
流浪乞讨人员救助管理机构	8.5	8.4	0.4	1.6	1.9	-19.3
其他提供住宿的机构	1.5	1.9	-22.3	0.8	1.0	-22.2

A-2-3　孤儿、家庭收养登记与上年比较

单位：人、件

指　标	2021年	2020年	比上年增长 (%)
孤儿	**172716**	**193281**	**-10.6**
集中养育孤儿	53302	58989	-9.6
社会散居孤儿	119414	134292	-11.1
事实无人抚养儿童	**314423**	**253886**	**23.8**
儿童关爱保护			
儿童督导员	52803	54896	-3.8
儿童主任	651480	667443	-2.4
家庭收养登记	**12447**	**11103**	**12.1**
中国公民收养登记	12445	11040	12.7
#港澳台及华侨收养登记	16	31	-48.4
被收养人合计（人）	12447	11103	12.1
#女性	7034	6561	7.2
#残疾儿童	115	151	-23.8
儿童福利机构抚养的孤儿	3386	1966	72.2
社会散居孤儿	1601	1513	5.8
继子女收养的未成年人	69	150	-54.0
三代以内同辈旁系血亲的子女	2822	1432	97.1
儿童福利机构抚养的未成年人	1184	3093	-61.7
非社会福利机构抚养的未成年人	2199	2035	8.1
生父母有特殊困难无力抚养的子女	1145	874	31.0
生父母均不具备完全民事行为能力且具有严重危害可能的子女	41	40	2.5

A-2-4　社会救助与上年比较

指　标	单位	2021年	2020年	比上年增长 (%)
社会救助总人数＊	**万人**	**5985.7**	**6400.2**	**-6.5**
城市最低生活保障	**万人**	**737.8**	**805.1**	**-8.4**
老年人	万人	139.8	148.1	-5.6
青壮年	万人	482.4	529.4	-8.9
在职人员	万人	6.7	8.9	-24.3
灵活就业	万人	142.8	155.9	-8.4
登记失业	万人	54.2	68.7	-21.0
无就业条件	万人	278.6	295.9	-5.9
未成年人	万人	115.6	127.5	-9.4
# 女性	万人	345.2	372.2	-7.2
# 残疾人	万人	147.6	146.2	1.0
# 重度残疾人	万人	73.9	69.1	7.0
城市最低生活保障户数	万户	454.9	488.9	-6.9
城市低保资金支出	亿元	484.1	537.3	-9.9
平均保障标准	元／人·月	711.4	677.6	5.0
农村最低生活保障	**万人**	**3474.5**	**3620.8**	**-4.0**
农村最低生活保障户数	万户	1945.0	1985.0	-2.0
农村低保支出	亿元	1349.0	1426.3	-5.4
平均保障标准	元／人·年	6362.2	5962.3	6.7
特困人员救助供养	**万人**	**470.1**	**477.4**	**-1.5**
农村特困人员	万人	437.3	446.3	-2.0
城市特困人员	万人	32.8	31.2	5.1
临时救助	**万人次**	**1198.6**	**1380.6**	**-13.2**
本地户籍	万人次	1192.4	1372.2	-13.1
非本地户籍	万人次	6.2	8.4	-26.1
流浪乞讨人员救助	**万人次**	**74.6**	**84.1**	**-11.3**
在站救助	万人次	49.1	59.0	-16.6
站外救助	万人次	25.5	25.1	1.4
# 未成年人	万人次	2.4	3.1	-22.2
其他生活救助（传统救济）	**万人**	**30.1**	**32.3**	**-6.8**

注：社会救助总人数是救助人数和人次数的合计。

A-2-5 分省份城市最低生活保障平均标准与上年比较

单位：元/人·月

地 区	2021年	2020年	比上年增长(%)
全 国	**711.4**	**677.6**	**5.0**
北 京	1245.0	1170.0	6.4
天 津	1010.0	1010.0	0.0
河 北	710.6	705.3	0.8
山 西	615.0	592.6	3.8
内蒙古	762.5	726.2	5.0
辽 宁	705.9	669.2	5.5
吉 林	612.4	546.5	12.1
黑龙江	650.2	613.2	6.0
上 海	1330.0	1240.0	7.3
江 苏	803.2	765.6	4.9
浙 江	935.3	882.3	6.0
安 徽	686.3	641.1	7.0
福 建	714.6	686.3	4.1
江 西	768.6	708.2	8.5
山 东	814.5	733.1	11.1
河 南	604.6	583.9	3.5
湖 北	674.2	666.0	1.2
湖 南	591.0	588.0	0.5
广 东	914.8	874.2	4.6
广 西	772.7	754.2	2.4
海 南	576.8	562.8	2.5
重 庆	636.0	620.0	2.6
四 川	623.8	613.5	1.7
贵 州	651.1	645.1	0.9
云 南	667.9	644.7	3.6
西 藏	970.9	871.2	11.4
陕 西	651.1	633.4	2.8
甘 肃	650.6	577.6	12.7
青 海	665.2	637.5	4.3
宁 夏	609.2	605.6	0.6
新 疆	586.0	513.5	14.1

A-2-6 分省份农村最低生活保障平均标准与上年比较

单位：元/人·年

地 区	2021年	2020年	比上年增长 (%)
全 国	**6362.2**	**5962.3**	**6.7**
北 京	14940.0	14040.0	6.4
天 津	12120.0	12120.0	0.0
河 北	5561.0	5496.1	1.2
山 西	5682.2	5312.5	7.0
内蒙古	6661.1	6249.0	6.6
辽 宁	6063.6	5517.4	9.9
吉 林	5335.1	4371.7	22.0
黑龙江	5292.3	4655.0	13.7
上 海	15960.0	14880.0	7.3
江 苏	9491.3	9030.5	5.1
浙 江	11223.5	10551.5	6.4
安 徽	8219.0	7613.6	8.0
福 建	8535.4	8171.6	4.5
江 西	6519.1	5706.6	14.2
山 东	7607.1	6698.6	13.6
河 南	4781.8	4555.6	5.0
湖 北	6057.6	5967.7	1.5
湖 南	5256.1	5007.6	5.0
广 东	8806.1	8337.3	5.6
广 西	5417.8	5328.4	1.7
海 南	6014.4	5236.8	14.8
重 庆	6291.4	6035.7	4.2
四 川	5322.5	5215.0	2.1
贵 州	4678.9	4620.3	1.3
云 南	4935.8	4591.6	7.5
西 藏	5064.3	4545.0	11.4
陕 西	5328.8	5111.2	4.3
甘 肃	4908.7	4506.5	8.9
青 海	4923.9	4688.8	5.0
宁 夏	5172.8	4660.0	11.0
新 疆	5476.5	4757.6	15.1

A-2-7 分省份孤儿平均保障标准与上年比较

单位：元/人·月

地 区	集中养育平均保障标准			社会散居平均保障标准		
	2021年	2020年	比上年增长(%)	2021年	2020年	比上年增长(%)
全 国	**1697.4**	**1611.3**	**5.3**	**1257.2**	**1184.3**	**6.2**
北 京	2200.0	2200.0	—	2200.0	2200.0	—
天 津	2590.0	2590.0	—	2590.0	2590.0	—
河 北	1481.6	1454.1	1.9	1063.1	1058.2	0.5
山 西	1494.0	1395.1	7.1	1003.4	1004.5	-0.1
内蒙古	1893.0	1865.5	1.5	1608.8	1582.3	1.7
辽 宁	2011.5	1850.3	8.7	1592.7	1439.5	10.6
吉 林	1500.0	1500.0	—	1100.0	1100.0	—
黑龙江	1869.8	1551.1	20.5	1418.0	1184.4	19.7
上 海	2100.0	2100.0	—	1900.0	1900.0	—
江 苏	2604.2	2416.8	7.8	1959.0	1790.7	9.4
浙 江	2168.8	2078.6	4.3	1712.9	1655.2	3.5
安 徽	1591.7	1506.1	5.7	1212.3	1093.8	10.8
福 建	1814.9	1676.8	8.2	1453.5	1219.8	19.2
江 西	1599.8	1415.6	13.0	1180.1	973.9	21.2
山 东	1991.2	1768.0	12.6	1589.8	1413.8	12.4
河 南	1370.7	1334.8	2.7	974.4	958.9	1.6
湖 北	2189.6	2155.6	1.6	1369.7	1348.5	1.6
湖 南	1441.6	1435.7	0.4	1003.7	997.5	0.6
广 东	2074.1	2000.7	3.7	1627.0	1516.0	7.3
广 西	1347.6	1263.0	6.7	962.5	886.6	8.6
海 南	1668.2	1456.8	14.5	1266.0	1050.0	20.6
重 庆	1476.5	1454.5	1.5	1277.6	1257.0	1.6
四 川	1445.1	1434.7	0.7	951.1	935.1	1.7
贵 州	1576.1	1547.8	1.8	1067.6	1051.3	1.5
云 南	1991.5	1991.5	—	1291.5	1296.8	-0.4
西 藏	1153.9	1257.9	-8.3	983.2	1049.2	-6.3
陕 西	1389.8	1340.7	3.7	1009.7	992.1	1.8
甘 肃	1355.7	1317.1	2.9	1059.3	1036.7	2.2
青 海	1391.2	1126.3	23.5	1001.1	792.4	26.3
宁 夏	1215.8	1141.1	6.5	937.0	877.4	6.8
新 疆	1399.1	1112.9	25.7	1004.3	834.1	20.4

A-2-8 社区服务与上年比较

指 标	单位	2021年	2020年	比上年增长(%)
社区服务				
社区综合服务机构和设施	个	**567077**	**510510**	**11.1**
社区服务指导中心	个	490	503	-2.6
社区服务中心	个	28892	27835	3.8
社区服务站	个	485964	420552	15.6
社区专项服务机构和设施	个	51731	61620	-16.0
社区养老服务机构和设施	个	**317695**	**291279**	**9.1**
未登记的特困人员救助供养机构	个	3394	3660	-7.3
全托服务社区养老服务机构和设施	个	17063	20368	-16.2
日间照料社区养老服务机构和设施	个	117843	109306	7.8
互助型社区养老服务设施	个	147735	147485	0.2
其他社区养老服务机构和设施	个	31660	10460	202.7
城市社区综合服务设施覆盖率	%	100.0	100.0	–
农村社区综合服务设施覆盖率	%	79.5	65.7	13.8(百分点)
社区养老床位数	张	**3123254**	**3327530**	**-6.1**
日间照料床位	张	2188316	2220533	-1.5
全托服务床位	张	934938	1106997	-15.5
社会捐赠接收工作站、点数	个	**14459**	**14609**	**-1.0**
社会捐赠接收工作站数	个	10425	9954	4.7
慈善超市数	个	4034	4655	-13.3

A-3-1 社会组织与上年比较

单位：个、亿元

指 标	2021年	2020年	比上年增长(%)
社会组织合计	**901870**	**894162**	**0.9**
社会组织捐赠收入	1192.5	1059.1	12.6
社会团体	**371110**	**374771**	**-1.0**
按活动区域分			
全国性	1972	1979	-0.4
省级	32105	31769	1.1
地级	90690	90033	0.7
县级	246343	250990	-1.9
基金会	**8877**	**8432**	**5.3**
按性质分			
具有公开募捐资格的基金会	2189	2136	2.5
不具有公开募捐资格的基金会	6688	6296	6.2
民办非企业单位	**521883**	**510959**	**2.1**
按性质分			
法人	466525	448291	4.1
合伙	6681	8181	-18.3
个体	48677	54487	-10.7

注：由于社会组织年检工作滞后于年报汇总工作，社会组织捐赠数据为2020年数据。

A-3-2 基层群众性自治组织与上年比较

单位：个、人

指　标	2021年	2020年	比上年增长 (%)
城市			
社区居委会	116551	113089	3.1
居民小组	1352311	1236279	9.4
居民委员会成员人数	656784	615863	6.6
#女性	357397	320670	11.5
居委会选举情况			
当年完成选举的居委会数	83084	11201	641.8
当年完成选举的居委会选民登记总数	163088582	33789961	382.7
#本届登记选民数	135480803	18673025	625.5
参加投票人数	99078676	14430939	586.6
农村			
村民委员会	489573	502057	-2.5
村民小组	3949785	3761016	5.0
村民委员会成员人数	2088515	2072957	0.8
#女性	560730	501661	11.8
村委会选举情况			
当年完成选举的村委会数	367931	49369	645.3
当年完成选举的村委会选民登记总数	504565484	75292876	570.1
#本届登记选民数	455224294	56950536	699.3
参加投票人数	393012862	50532203	677.7

A-3-3 其他社会服务与上年比较

指 标	单位	2021年	2020年	比上年增长 (%)
婚姻服务				
婚姻登记机构	个	1069	1085	-1.5
办理婚姻登记业务的处数	处	4372	4791	-8.7
结婚登记	对	7643017	8143332	-6.1
内地居民登记结婚对数	对	7627020	8125962	-6.1
初婚人数	人	11578043	12285987	-5.8
再婚人数	人	3707991	4000677	-7.3
#女性	人	2053962	2189834	-6.2
恢复结婚	对	495607	554869	-10.7
涉外及华侨、港澳台居民登记结婚	对	15997	17370	-7.9
结婚率	‰	5.4	5.8	-0.4(千分点)
离婚登记	对	2839266	4338998	-34.6
民政部门办理离婚对数	对	2141205	3736487	-42.7
内地居民办理离婚	对	2138974	3732362	-42.7
涉外及华侨、港澳台居民登记离婚	对	2231	4125	-45.9
各级法院判决、调解离婚件数	件	698061	602511	15.9
离婚率	‰	2.0	3.1	-1.1(千分点)
殡葬服务				
殡葬服务机构	个	4373	4201	4.1
火化炉数	台	7043	6619	6.4
全年遗体火化数	具	5966456	5558154	7.3
火化率	%	58.8	55.7	5.6(百分点)
穴位数	个	23696646	21281553	11.3
安葬数	具	17357020	15671962	10.8

A-3-4　其他社会服务机构财务状况与上年比较

单位：万元

指　标	2021年	2020年	比上年增长（%）
执行企业会计制度单位填报			
存货	811375.8	424324.8	91.2
固定资产原价	1705034.9	1447725.3	17.8
累计折旧	493371.9	367378.1	34.3
其中：本年折旧	80122.0	79787.7	0.4
资产总计	5592067.5	3643791.7	53.5
负债合计	3189534.3	2303698.5	38.5
营业收入	2042199.8	1388651.0	47.1
营业成本	745471.2	509893.0	46.2
营业税金及附加	14212.3	6726.7	111.3
销售费用	160578.1	123654.7	29.9
管理费用	364930.6	273883.9	33.2
其中：税金	16528.1	7279.6	127.0
差旅费	3454.6	1708.1	102.2
财务费用	50257.1	14917.0	236.9
其中：利息支出	14575.7	6674.8	118.4
资产减值损失	783.2	10854.8	-92.8
公允价值变动收益	155.2	141.2	9.9
投资收益	36499.0	26667.3	36.9
营业利润	537105.6	385275.9	39.4
营业外收入	84732.9	75599.1	12.1
其中：政府补助	6889.3	4983.3	38.2
应付职工薪酬	178432.4	132205.2	35.0
本年应交增值税	11513.6	6001.7	91.8

A-3-4续表1

单位：万元

指　标	2021年	2020年	比上年增长(%)
执行事业单位会计制度填报			
存货	90171.5	82131.4	9.8
固定资产原价	2950342.4	2632541.1	12.1
资产总计	3630698.3	2986281.9	21.6
负债合计	604856.1	543857.4	11.2
本年收入合计	1870260.4	1898431.9	-1.5
其中：事业收入	834150.0	838014.6	-0.5
经营收入	444076.3	356101.2	24.7
本年支出合计	1742311.8	1696883.0	2.7
其中：工资福利支出	538521.5	512253.6	5.1
商品和服务支出	609737.3	579537.5	5.2
其中：取暖费	4736.8	4848.9	-2.3
差旅费	4341.1	4128.9	5.1
因公出国（境）费用	2.7	54.7	-95.1
劳务费	61258.1	52683.7	16.3
工会经费	5111.6	4935.3	3.6
福利费	7352.6	6566.1	12.0
对个人和家庭的补助	52473.2	57948.8	-9.4
其中：抚恤金	1190.5	915.6	30.0
生活补助	8490.1	7008.7	21.1
救济费	1763.8	5627.6	-68.7
助学金	84.3	51.4	64.0
奖励金	2206.3	2871.0	-23.2
生产补贴	105.8	91.1	16.1
经营支出	224576.4	199711.1	12.5
销售税金	2887.0	1934.1	49.3

A–3–4续表2

单位：万元

指　标	2021年	2020年	比上年增长 (%)
执行民间非营利组织单位会计制度填报			
存货	8705.1	10799.8	-19.4
固定资产原价	107000.7	105415.1	1.5
资产总计	113092.1	107401.1	5.3
负债合计	47002.2	38956.6	20.7
本年收入合计	46077.2	37642.7	22.4
其中：捐赠收入	20.7	538.8	-96.2
会费收入	714.4	761.8	-6.2
政府补助收入	2404.1	1552.9	54.8
本年费用合计	29005.8	36800.7	-21.2
其中：业务活动成本	13295.9	21094.0	-37.0
其中：人员费用	3225.6	5898.3	-45.3
日常费用	2912.6	5917.2	-50.8
固定资产折旧	1900.9	2374.6	-19.9
税费	130.9	173.9	-24.7
管理费用	11577.0	11876.0	-2.5
其中：人员费用	2540.5	2396.8	6.0
日常费用	1325.6	1297.8	2.1
固定资产折旧	682.7	786.2	-13.2
税费	5749.8	5753.3	-0.1
净资产变动额	2434.5	2052.8	18.6

第四部分

历年统计资料

B-1-1　县级及以上行政区划

单位：个

年份	省级	地级（不含地级市）	县级（不含县级市、市辖区）	市	#地级	#县级	市辖区	县级合计
1978	30	212	2153	193	98	92	408	2653
1979	30	211	2153	216	104	109	428	2690
1980	30	211	2151	223	107	113	511	2775
1981	30	208	2144	233	108	122	514	2780
1982	30	210	2140	245	112	130	527	2797
1983	30	178	2091	289	144	142	552	2785
1984	30	175	2069	300	147	150	595	2814
1985	30	165	2046	324	162	159	621	2826
1986	30	159	2017	353	166	184	629	2830
1987	30	156	1986	381	170	208	632	2826
1988	31	151	1936	434	183	248	647	2831
1989	31	151	1919	450	185	262	648	2829
1990	31	151	1903	467	185	279	651	2833
1991	31	151	1894	479	187	289	650	2833
1992	31	148	1848	517	191	323	662	2833
1993	31	139	1795	570	196	371	669	2835
1994	31	127	1735	622	206	413	697	2845
1995	31	124	1716	640	210	427	706	2849
1996	31	117	1696	666	218	445	717	2858
1997	33	110	1693	668	222	442	727	2862
1998	33	104	1689	668	227	437	737	2863
1999	34	95	1682	667	236	427	749	2858
2000	34	74	1674	663	259	400	787	2861
2001	34	67	1660	662	265	393	808	2861
2002	34	57	1649	660	275	381	830	2860
2003	34	51	1642	660	282	374	845	2861
2004	34	50	1636	661	283	374	852	2862
2005	34	50	1636	661	283	374	852	2862
2006	34	50	1635	656	283	369	856	2860
2007	34	50	1635	655	283	368	856	2859
2008	34	50	1635	655	283	368	856	2859
2009	34	50	1636	654	283	367	855	2858
2010	34	50	1633	657	283	370	853	2856
2011	34	48	1627	657	284	369	857	2853
2012	34	48	1624	657	285	368	860	2852
2013	34	47	1613	658	286	368	872	2853
2014	34	45	1596	653	288	361	897	2854
2015	34	43	1568	656	291	361	921	2850
2016	34	41	1537	657	293	360	954	2851
2017	34	40	1526	661	294	363	962	2851
2018	34	40	1506	672	293	375	970	2851
2019	34	40	1494	684	293	387	965	2846
2020	34	40	1483	685	293	388	973	2844
2021	34	40	1472	691	293	394	977	2843

B-1-2 乡级行政区划

单位：个

年份	乡级	镇	乡		街道	区公所
				民族乡		
1978	6195	2173				4022
1979	10424	2361			4444	3619
1980						
1981	11434	2678			4965	3791
1982						
1983	49695	2968	35514		5304	5909
1984	106439	7186	85290		5844	8119
1985	104900	9140	82450	3144	5402	7908
1986	83954	10718	61353	2936	5718	6165
1987	81025	11103	58739	3020	5680	5503
1988	65345	11481	45195	1571	5099	3570
1989	65419	11873	44624	1755	5420	3502
1990	65188	12084	44397	1980	5269	3438
1991	63391	12455	42654	1403	5186	3096
1992	54830	14539	33827	1348	5233	1231
1993	54863	15805	32445	1351	5470	1143
1994	54605	16702	31463	1322	5372	1068
1995	53360	17532	29502	1330	5596	730
1996	51336	18171	27056	1383	5565	544
1997	50967	18925	25966	1545	5678	398
1998	50999	19216	25712	1517	5732	339
1999	50750	19756	24745	1222	5904	345
2000	51024	20312	24555	1356	5902	255
2001	46369	20358	20012	1165	5972	27
2002	44822	20600	18640	1162	5516	66
2003	44067	20226	18064	1149	5751	26
2004	43275	19892	17534	1127	5829	20
2005	41636	19522	15951	1093	6152	11
2006	41040	19369	15306	1089	6355	10
2007	40813	19249	15120	1094	6434	10
2008	40828	19234	15067	1097	6524	3
2009	40858	19322	14848	1098	6686	2
2010	40906	19410	14571	1096	6923	2
2011	40466	19683	13587	1086	7194	2
2012	40446	19881	13281	1064	7282	2
2013	40497	20117	12812	1035	7566	2
2014	40381	20401	12282	1020	7696	2
2015	39789	20515	11315	991	7957	2
2016	39862	20883	10872	989	8105	2
2017	39888	21116	10529	982	8241	2
2018	39945	21297	10253	981	8393	2
2019	38755	21013	9221	966	8519	2
2020	38741	21157	8809	962	8773	2
2021	38558	21322	8309	958	8925	2

注：乡包括民族乡、苏木、民族苏木。

B-1-3 全国人口情况

单位：万人、%

年份	总人口			65周岁及以上老年人口	65周岁及以上人口比重	60周岁及以上老年人口	60周岁及以上人口比重
		城镇	乡村				
1978	96259	17245	79014				
1979	97542	18495	79047				
1980	98705	19140	79565				
1981	100072	20171	79901				
1982	101654	21480	80174	4991	4.9		
1983	103008	22274	80734				
1984	104357	24017	80340				
1985	105851	25094	80757				
1986	107507	26366	81141				
1987	109300	27674	81626	5968	5.4		
1988	111026	28661	82365				
1989	112704	29540	83164				
1990	114333	30195	84138	6368	5.6		
1991	115823	31203	84260				
1992	117171	32175	84996				
1993	118517	33173	85344				
1994	119850	34169	85681				
1995	121121	35174	85947	7510	6.2		
1996	122389	37304	85085	7833	6.4		
1997	123626	39449	84177	8085	6.5		
1998	124761	41608	83153	8359	6.7		
1999	125786	43748	82038	8679	6.9		
2000	126743	45906	80837	8821	7.0		
2001	127627	48064	79563	9062	7.1		
2002	128453	50212	78241	9377	7.3		
2003	129227	52376	76851	9692	7.5		
2004	129988	54283	75705	9857	7.6		
2005	130756	56212	74544	10055	7.7	14408	11.0
2006	131448	57706	73742	10419	7.9	14901	11.3
2007	132129	59379	72750	10636	8.1	15340	11.6
2008	132802	60667	72135	10956	8.3	15989	12.0
2009	133450	62186	71288	11309	8.5	16714	12.5
2010	134091	66558	67415	11883	8.9	17765	13.3
2011	134735	69079	65656	12288	9.1	18499	13.7
2012	135404	71182	64222	12714	9.4	19390	14.3
2013	136072	73111	62961	13161	9.7	20243	14.9
2014	136782	74916	61866	13755	10.1	21242	15.5
2015	137462	77116	60346	14386	10.5	22200	16.1
2016	138271	79298	58973	15003	10.8	23086	16.7
2017	139008	81347	57661	15831	11.4	24090	17.3
2018	139538	83137	56401	16658	11.9	24949	17.9
2019	140005	84843	55162	17603	12.6	25388	18.1
2020	141178	90199	50979	19064	13.5	26402	18.7
2021	141260	91425	49835	20056	14.2	26736	18.9

注：本表资料来源于国家统计局。

B-1-4 民政部门登记和管理的机构和设施（按登记类型分类）

单位：万个

年份	合计	事业单位及设施合计		企业性质机构	社会组织		自治组织	行政机关
			事业单位			社会服务类		
1978	1.1	1.1		0.1				
1979	1.3	1.2		0.1				
1980	1.4	1.3		0.1				
1981	1.5	1.3		0.2				
1982	1.7	1.6		0.2				
1983	40.2	1.9		0.6			37.7	
1984	103.6	2.6		0.7			100.3	
1985	107.7	3.3		1.5			103.0	
1986	101.2	3.9		2.0			95.3	
1987	100.1	4.2		2.8			93.2	
1988	106.7	4.3		4.0	0.4		97.8	
1989	111.8	4.4		4.2	0.5		102.8	
1990	119.8	4.5		4.2	1.1		110.0	
1991	129.2	4.7		4.4	8.3		111.9	
1992	136.1	4.8		5.0	15.5		110.8	
1993	139.7	5.3		5.7	16.8		112.0	
1994	140.3	5.2		6.0	17.4		111.7	
1995	133.7	5.2		6.0	18.1		104.4	
1996	133.9	5.3		5.9	18.5		104.2	
1997	131.4	5.3		5.6	18.1		102.4	
1998	122.2	5.4		5.1	16.6		95.2	
1999	115.7	5.4		4.5	14.3		91.6	
2000	109.5	6.1		4.1	15.3		84.0	
2001	109.8	5.7		3.8	21.1		79.2	0.6
2002	110.5	5.8		3.6	24.5		76.7	0.5
2003	109.9	5.8		3.4	26.7		74.0	0.4
2004	111.1	6.7		3.2	28.9		72.2	0.4
2005	112.6	6.6		3.1	32.0		70.9	0.4
2006	115.7	6.7		3.0	35.4		70.5	0.4
2007	117.7	7.0		2.5	38.7		69.5	0.3
2008	119.2	6.6		2.4	41.4		68.8	0.4
2009	125.9	12.1		2.3	43.1		68.4	0.3
2010	126.6	11.6		2.2	44.6	6.3	68.2	0.3
2011	129.4	13.1		2.2	46.2	6.6	67.9	0.3
2012	146.2	26.3		2.0	49.9	7.5	68.0	0.3
2013	156.2	31.4	2.6	1.8	54.7	8.0	68.3	0.3
2014	166.5	36.0	2.9	1.7	60.6	8.8	68.2	0.3
2015	176.5	40.7	3.1	1.5	66.2	9.9	68.1	0.3
2016	174.5	37.9	3.1	0.1	70.2	10.4	66.2	0.3
2017	182.1	39.7	2.9	0.1	76.2	11.3	66.1	0.3
2018	187.6	40.7	2.3	0.2	81.7	12.5	65.0	0.3
2019	201.4	50.2	2.5	0.3	86.6		64.3	0.3
2020	229.3	77.8	2.5	0.6	89.4		61.5	0.3
2021	238.0	86.4	2.5	0.8	90.2	13.7	60.6	0.3

B−1−5　民政部门登记和管理的机构和设施（按国民经济行业分类）

单位：万个

年份	合计	社会工作	成员组织	社会组织	自治组织	其他社会服务机构	其他事业单位	行政机关
1978	1.1	0.8				0.3		
1979	1.3	1.0				0.3		
1980	1.4	1.1				0.3		
1981	1.5	1.2				0.3		
1982	1.7	1.4				0.3		
1983	40.2	2.2	37.7		37.7	0.3		
1984	103.6	3.0	100.3		100.3	0.3		
1985	107.7	4.5	103.0		103.0	0.3		
1986	101.2	5.6	95.3		95.3	0.3		
1987	100.1	6.6	93.2		93.2	0.3		
1988	106.7	8.1	98.3	0.4	97.8	0.3		
1989	111.8	8.3	103.3	0.5	102.8	0.3		
1990	119.8	8.4	111.1	1.1	110.0	0.3		
1991	129.2	8.7	120.2	8.3	111.9	0.3		
1992	136.1	9.5	126.3	15.5	110.8	0.3		
1993	139.7	10.7	128.7	16.8	112.0	0.3		
1994	140.3	10.9	129.1	17.4	111.7	0.3		
1995	133.6	10.9	122.4	18.1	104.4	0.3		
1996	133.9	10.9	122.7	18.5	104.2	0.3		
1997	131.4	10.6	120.5	18.1	102.4	0.3		
1998	122.2	10.2	111.8	16.6	95.2	0.3		
1999	115.7	9.5	105.9	14.3	91.6	0.3		
2000	109.5	9.8	99.3	15.3	84.0	0.3		
2001	109.8	9.2	100.3	21.1	79.2	0.3		0.6
2002	110.5	9.1	101.2	24.5	76.7	0.3		0.5
2003	109.9	8.9	100.7	26.7	74.0	0.3		0.4
2004	111.1	9.6	101.1	28.9	72.2	0.3		0.4
2005	112.6	9.5	102.9	32.0	70.9	0.3		0.4
2006	115.7	9.2	105.9	35.4	70.5	0.5		0.4
2007	117.7	9.0	108.2	38.7	69.5	0.5		0.3
2008	119.2	8.4	110.2	41.4	68.8	0.6		0.4
2009	125.9	13.8	111.5	43.1	68.4	0.6		0.3
2010	126.6	13.2	112.8	44.6	68.2	0.6		0.3
2011	129.4	14.6	114.1	46.2	67.9	0.7		0.3
2012	146.2	27.5	117.9	49.9	68.0	0.6	0.2	0.3
2013	156.1	32.3	123.0	54.7	68.3	0.6	0.2	0.3
2014	166.8	37.1	128.8	60.6	68.2	0.7	0.2	0.3
2015	176.5	41.3	134.3	66.2	68.1	0.7	0.2	0.3
2016	174.5	42.3	136.4	70.2	66.2	0.6	0.2	0.3
2017	182.1	44.4	142.2	76.2	66.1	0.5	0.2	0.3
2018	187.6	45.9	146.7	81.7	65.0	0.5	0.2	0.3
2019	201.4	56.6	150.9	86.6	64.3	0.5	0.2	0.3
2020	229.3	84.4	150.9	89.4	61.5	0.5	0.2	0.3
2021	238.0	92.9	150.9	90.2	60.6	0.5	0.1	0.3

注：自2012年起，社会工作中包含其他社区服务机构和设施。

B-1-6 民政部门登记和管理的机构和设施职工

单位：万人

年份	合计							行政机关	乡、镇、街道民政助理员
		社会工作	成员组织			其他社会服务机构	其他事业单位		
				社会组织	自治组织				
1978	19.7	19.7							
1979	21.9	21.9							
1980	25.3	25.3							
1981	27.8	27.8							
1982	29.1	29.1							
1983	41.5	41.5							
1984	48.0	48.0							
1985	497.9	83.4	414.5		414.5				
1986	506.2	104.1	402.1		402.1				
1987	529.1	132.2	396.9		396.9				
1988	569.6	166.9	402.7		402.7				
1989	587.5	171.5	416.0		416.0				
1990	631.8	179.3	452.5		452.5				
1991	661.2	192.7	468.5		468.5				
1992	691.3	213.9	477.4		477.4				
1993	733.9	230.0	503.9		503.9				
1994	749.6	243.1	506.5		506.5				
1995	694.2	245.7	448.5		448.5				
1996	676.0	229.2	446.8		446.8				
1997	666.8	238.2	428.6		428.6			14.3	
1998	634.4	225.0	409.4		409.4			14.8	
1999	615.1	213.7	401.4		401.4			14.8	5.9
2000	566.8	203.4	363.4		363.4			13.5	5.7
2001	565.2	202.4	362.8		362.8			12.1	4.6
2002	526.2	192.4	333.8		333.8			11.2	4.1
2003	551.8	193.0	358.8		358.8			10.8	3.7
2004	532.4	197.8	334.6		334.6			11.3	3.9
2005	500.6	189.5	311.1		311.1			8.4	5.5
2006	895.5	183.0	712.5	425.2	287.3			8.3	4.6
2007	930.0	190.4	739.6	456.9	282.7			8.4	4.7
2008	958.7	206.9	751.8	475.8	276.0			8.7	4.5
2009	1029.3	207.5	821.8	544.7	277.1			8.8	4.7
2010	1129.5	234.0	895.5	618.2	277.3			8.9	5.0
2011	1120.8	235.7	876.6	599.3	277.3	8.5		9.0	4.9
2012	1144.7	241.4	892.5	613.3	279.2	8.6	2.2	9.3	5.2
2013	1197.6	269.2	917.3	636.6	280.7	9.1	2.0	9.4	5.2
2014	1250.9	277.3	962.5	682.3	280.2	9.3	1.9	9.5	5.4
2015	1308.9	281.9	1015.7	734.8	280.9	9.5	1.8	9.5	5.3
2016	1239.3	185.7	1043.0	763.7	279.3	9.0	1.6	9.6	5.3
2017	1355.8	199.8	1145.5	864.7	280.8	9.0	1.6	9.8	5.6
2018	1470.0	200.1	1259.7	980.4	279.4	8.7	1.5	9.5	5.8
2019	1545.7	248.4	1286.8	1009.2	277.6	8.6	1.8	8.6	5.8
2020	1644.8	355.9	1330.8	1061.9	268.9	9.3	1.9	8.5	5.7
2021	1730.4	396.4	1375.2	1100.0	274.5	9.4	2.0	8.6	5.7

注：合计数不含行政机关人员和民政助理员。

B-1-7 社会工作师和助理社会工作师

单位：人

年份	社会工作师		助理社会工作师	
	报考人数	考试通过人数	报考人数	考试通过人数
2008	77698	4192	60139	20648
2009	46015	4227	38204	6611
2010	25547	2664	46047	5428
2011	25500	2338	54515	8068
2012	34245	6104	92621	23846
2013	48287	11658	121937	27300
2014	62881	7427	144813	28431
2015	79535	13155	196965	34274
2016	88974	17772	210267	64638
2017	106810	13972	225941	25251
2018	130428	23843	293789	89087
2019	167447	21285	386066	73220
2020	175264	32323	427482	101880
2021	237063	16348	572794	52870

B-1-8 民政服务对象及民政从业人员性别情况

年份	城市最低生活保障人数（万人）	女	农村最低生活保障人数（万人）	女	农村特困人员人数（万人）	女	本年在站救助人次数（人次）	女
1996	84.9							
1997	87.9							
1998	184.1							
1999	256.9							
2000	402.6							
2001	1170.7		304.6					
2002	2064.7		407.8					
2003	2246.8		367.1				634528	
2004	2205.0		488.0				820254	
2005	2234.2	592.4	825.0	235.1			1196305	209632
2006	2240.1	787.5	1593.1	455.1			1295506	221164
2007	2272.1	922.5	3566.3	1169.2	531.3	137.5	1544492	281987
2008	2334.8	947.7	4305.5	1337.0	548.6	127.5	1573484	269609
2009	2345.6	961.4	4760.0	1502.4	553.4	123.9	1680532	281387
2010	2310.5	943.4	5214.0	1673.4	556.3	120.7	1719008	314866
2011	2276.8	920.2	5305.7	1700.6	551.0	115.6	2409701	373103
2012	2143.5	889.9	5344.5	1814.5	545.6	109.4	2765761	383262
2013	2064.2	867.0	5388.0	1866.5	537.3	102.0	3479536	609333
2014	1877.0	792.4	5207.2	1826.4	529.1	94.1	2953359	568551
2015	1701.1	727.1	4903.6	1795.0	516.7	87.2	3233912	608786
2016	1480.2	643.6	4586.5	1774.2	496.9	76.2	2886925	467503
2017	1261.0	561.4	4045.2	1649.2	466.9	61.5	1665633	257040
2018	1007.0	451.6	3519.1	1476.5	455.0	57.0	1220283	169045
2019	860.9	386.3	3455.4	1502.8	439.1	47.0	1000958	130783
2020	805.1	372.2	3620.8	1673.4	446.3	49.1	589501	73984
2021	737.8	345.2	3474.5	1627.8	437.3	45.4	491355	59991

B-1-8续表

年份	社会团体负责人数（万人）	女	基金会负责人数（人）	女	民办非企业单位负责人数（万人）	女	居委会主任数（万人）	女	村委会主任数（万人）	女
1996										
1997										
1998										
1999	47.6	6.0			0.9	0.2				
2000	45.4	6.1			3.2	0.7				
2001	43.3	5.7			10.1	3.6				
2002	45.5	6.1			14.4	5.1				
2003	51.8	6.2			16.6	5.8				
2004	56.0	6.6			19.1	6.5				
2005	64.0	6.9	2940	450	23.1	7.0				
2006	36.4	7.0	3014	738	20.9	6.5				
2007	39.2	7.9	3113	925	25.9	7.4	8.2	3.7	61.1	9.1
2008	49.5	10.2	3231	600	30.6	8.9	7.8	3.4	57.6	5.9
2009	49.4	9.4	3856	637	31.1	9.6	7.8	3.4	56.3	6.2
2010	56.9	9.1	4797	1019	35.7	10.1	8.1	3.5	56.3	5.9
2011	59.4	8.2	6257	1388	33.6	11.0	8.0	3.5	54.5	6.1
2012	61.6	9.1	6896	1167	35.9	11.9	9.1	3.8	58.7	6.9
2013	61.0	10.0	7331	1429	37.7	12.6	9.4	3.9	58.7	7.0
2014	63.9	10.7	8952	1687	41.3	13.9	9.6	3.9	58.4	7.2
2015	66.3	12.2	12491	2852	48.4	16.0	9.9	4.1	57.9	6.7
2016	73.8	12.7	11902	2504	51.6	18.0	10.3	4.1	55.8	5.9
2017	76.3	14.1	13640	3259	56.8	20.2	10.5	4.2	55.2	5.9
2018	83.0	16.4	15758	3110	69.1	25.9	10.6	4.2	53.9	6.0
2019	86.4	14.9	17781	2980	78.5	29.3	10.8	4.3	53.0	6.3
2020	83.1	14.2	19988	3892	82.5	30.8	11.1	4.3	50.0	4.9
2021	95.0	14.7	23507	6296	87.9	34.0	11.6	4.8	48.8	5.4

B-1-9　民政部门登记和管理的机构固定资产原价

单位：亿元

年份	合计	社会工作	成员组织			其他社会服务	其他事业单位	行政机关
				社会组织	自治组织			
1980								
1981								
1982								
1983	13.0	13.0						
1984	14.9	14.9						
1985	20.1	20.1						
1986	24.2	24.2						
1987	28.7	28.7						
1988	40.8	40.8						
1989	44.1	44.1						
1990	51.7	51.7						
1991	63.6	63.6						
1992	75.6	75.6						
1993	100.3	100.3						
1994	119.0	119.0						
1995	142.6	142.6						
1996	168.1	168.1						
1997	211.5	211.5						
1998	962.4	962.4						
1999	1017.3	1017.3						
2000	1199.3	1199.3						
2001	1317.0	1317.0						
2002	1394.9	1394.9						
2003	1644.3	1644.3						
2004	1755.6	1755.6						62.8
2005	3032.9	1858.0	1174.9		1174.9			64.9
2006	3972.4	2103.0	1869.4	423.0	1446.4			94.3
2007	3840.2	1934.3	1905.9	682.0	1223.9			132.8
2008	4592.8	2186.8	2273.1	805.8	1467.3			132.9
2009	5198.0	2326.4	2752.4	1030.0	1722.4			119.2
2010	6589.3	2671.9	3795.6	1864.1	1931.5			121.8
2011	6676.7	2790.4	3684.2	1885.0	1799.2	231.0		284.2
2012	6675.4	2898.9	3477.7	1425.4	2052.3	251.8	47.0	344.1
2013	6810.2	3030.7	3465.7	1496.6	1969.1	267.0	46.8	185.4
2014	7212.9	3273.0	3609.3	1560.6	2048.6	283.8	46.8	169.3
2015	8183.1	2892.2	4950.4	2311.1	2639.3	292.0	48.5	251.5
2016	5393.6	1238.6	3807.3	2740.0	1067.3	293.3	54.4	192.4
2017	5434.8	1422.9	3635.7	2802.2	833.5	318.4	57.6	224.3
2018	5736.2	1206.6	4129.3	3542.3	587.0	345.9	54.5	247.8
2019	6515.3	1555.0	4525.7	3889.1	636.6	358.1	76.5	285.8
2020	7278.0	1715.1	5616.3	4793.1	823.2	418.6	86.1	305.6
2021	8610.0	1918.0	6664.5	5840.9	823.6	476.2	118.9	399.0

B-1-10 历年国家财政支出和民政事业费支出情况

单位：亿元

年份	国家财政支出	民政事业费支出	占国家财政支出%	年份	国家财政支出	民政事业费支出	占国家财政支出%
1950	68.04	1.32	1.94	1987	2262.18	35.93	1.59
1951	122.32	1.37	1.12	1988	2491.21	39.56	1.59
1952	175.78	2.83	1.61	1989	2823.78	46.65	1.65
1953	220.50	3.55	1.61	1990	3083.59	51.94	1.68
1954	280.93	6.04	2.15	**“八五”时期**	**24387.46**	**386.59**	**1.59**
1955	474.29	4.98	1.05	1991	3386.62	62.54	1.85
“一五”时期	**1367.89**	**25.99**	**1.90**	1992	3742.20	63.71	1.70
1956	536.79	5.69	1.06	1993	4642.30	69.87	1.51
1957	303.43	5.31	1.75	1994	5792.62	87.02	1.50
1958	408.75	3.27	0.80	1995	6823.72	103.45	1.52
1959	553.09	4.48	0.81	**“九五”时期**	**57043.46**	**840.90**	**1.47**
1960	652.25	7.24	1.11	1996	7937.55	121.15	1.53
“二五”时期	**3760.99**	**53.03**	**1.41**	1997	9233.56	133.52	1.45
1961	367.66	9.89	2.69	1998	10798.18	161.84	1.50
1962	305.33	7.45	2.44	1999	13187.67	194.70	1.48
1963	339.15	8.75	2.58	2000	15886.50	229.69	1.45
1964	398.77	16.15	4.05	**“十五”时期**	**127800.69**	**2471.74**	**1.93**
1965	467.10	10.79	2.31	2001	18902.58	284.75	1.51
“三五”时期	**2523.24**	**35.83**	**1.42**	2002	22053.15	392.27	1.78
1966	540.49	8.81	1.63	2003	24649.95	498.92	2.02
1967	441.40	8.21	1.86	2004	28486.89	577.39	2.03
1968	359.62	5.61	1.56	2005	33930.28	718.41	2.12
1969	525.20	6.67	1.27	**“十一五”时期**	**318970.83**	**9156.70**	**2.87**
1970	646.53	6.53	1.01	2006	40422.73	915.35	2.26
“四五”时期	**3924.37**	**46.70**	**1.19**	2007	49781.35	1215.49	2.44
1971	734.41	6.83	0.93	2008	62592.66	2146.45	3.43
1972	768.87	8.15	1.06	2009	76299.93	2181.90	2.86
1973	810.57	9.97	1.23	2010	89874.16	2697.51	3.00
1974	792.98	9.04	1.14	**“十二五”时期**	**703076.19**	**20529.88**	**2.92**
1975	820.00	12.71	1.55	2011	109247.79	3229.14	2.96
“五五”时期	**5198.77**	**84.22**	**1.62**	2012	125952.97	3683.74	2.92
1976	804.48	16.17	2.01	2013	140212.10	4276.50	3.05
1977	842.27	18.53	2.20	2014	151785.56	4414.10	2.91
1978	1122.09	13.71	1.22	2015	175877.77	4926.40	2.80
1979	1281.79	18.33	1.43	**“十三五”时期**	**1096208.82**	**24537.21**	**2.24**
1980	1228.83	17.48	1.42	2016	187755.21	5440.15	2.90
“六五”时期	**7483.18**	**113.85**	**1.52**	2017	203085.49	5932.68	2.92
1981	1138.41	19.23	1.69	2018	220906.07	4076.93	1.85
1982	1229.98	19.19	1.56	2019	238874.02	4279.24	1.79
1983	1409.52	21.61	1.53	2020	245588.03	4808.21	1.96
1984	1701.02	24.24	1.43	**“十四五”时期**	**246322.00**	**4679.01**	**1.90**
1985	2004.25	29.58	1.48	2021	246322.00	4679.01	1.90
“七五”时期	**12865.67**	**208.49**	**1.62**				
1986	2204.91	34.41	1.56				

B-1-11 按用项分民政事业费支出

单位：亿元

年份	民政事业费总支出	抚恤	离休费	社会福利及其他社会救济费	最低生活保障事业费	自然灾害救济费	退休费	其他民政事业费
1978	13.7	2.8		4.4		4.2	2.3	
1979	18.4	3.5		5.2		6.8	2.9	
1980	17.5	4.4		5.2		4.5	3.4	
“六五”时期	**114.2**	**27.3**	**0.9**	**32.1**		**35.2**	**16.8**	**1.7**
1981	19.2	4.4		5.1		6.3	3.4	
1982	19.6	4.8		5.1		6.0	3.5	
1983	21.6	5.3		6.5		6.4	3.4	
1984	24.2	6.1	0.2	8.0		6.9	3.0	
1985	29.6	6.7	0.7	7.4		9.6	3.5	1.7
“七五”时期	**208.4**	**59.2**	**11.4**	**46.7**		**56.4**	**22.0**	**12.8**
1986	34.4	8.4	1.2	8.3		10.7	3.8	1.9
1987	35.9	9.6	1.8	8.6		9.9	4.1	2.0
1988	39.6	11.0	2.3	9.0		10.4	4.3	2.5
1989	46.6	14.0	2.9	10.0		12.3	4.6	2.9
1990	51.9	16.2	3.2	10.8		13.1	5.2	3.5
“八五”时期	**386.6**	**107.8**	**23.2**	**75.6**		**94.1**	**45.5**	**40.5**
1991	62.5	16.8	3.6	11.7		20.9	5.4	4.2
1992	63.7	18.0	4.2	12.4		17.1	6.6	5.4
1993	69.9	20.1	3.6	14.5		14.9	8.3	8.4
1994	87.0	24.4	5.5	17.3		17.7	12.1	10.1
1995	103.5	28.5	6.3	19.7		23.5	13.1	12.4

年份	民政事业费总支出	抚恤	军队离退休、退职费	社会福利及其他社会救济费	最低生活保障事业费	自然灾害救济费	地方离、退休人员费	其他民政事业费
“九五”时期	**840.9**	**220.6**	**76.9**	**201.8**	**48.7**	**171.5**	**58.0**	**112.2**
1996	121.2	31.9	6.2	22.8	3.0	30.8	13.9	15.5
1997	133.5	36.1	12.4	27.1	2.9	28.7	10.3	19.0
1998	161.8	39.4	15.2	34.0	7.1	41.2	10.9	21.3
1999	194.7	49.7	18.4	52.5	13.8	35.6	11.2	27.2
2000	229.7	63.5	24.7	65.4	21.9	35.2	11.7	29.2

B-1-11续表

单位：亿元

年份	民政事业费总支出	抚恤	退役安置	社会福利	社会救助	城市低保及其他城市社会救济	农村低保及其他农村社会救济	医疗救助	自然灾害生活救助	离退休人员经费	其他
“十五”时期	**2471.8**	**479.8**	**302.7**	**206.8**	**924.3**	**660.0**	**176.5**	**11.0**	**247.6**	**66.9**	**242.6**
2001	284.8	69.5	31.2	30.1	90.6	49.6	10.9		41.0	13.0	8.4
2002	392.3	74.7	49.5	29.2	138.3	108.7	14.2		40.0	13.2	47.3
2003	498.9	87.9	59.0	39.8	192.2	153.1	23.8		52.9	13.1	54.0
2004	577.4	104.1	74.1	52.1	223.6	172.7	47.7	3.2	51.1	13.9	58.5
2005	718.4	143.6	88.9	55.6	279.6	191.9	79.9	7.8	62.6	13.7	74.4
“十一五”时期	**9156.8**	**1316.2**	**956.0**	**490.0**	**3673.6**	**1941.7**	**1710.7**	**436.1**	**1205.0**	**125.7**	**975.4**
2006	915.4	178.8	115.7	65.3	372.0	224.2	126.6	21.2	79.0	14.0	90.6
2007	1215.5	210.8	165.0	87.6	509.7	277.4	189.8	42.5	79.8	24.8	137.8
2008	2146.5	253.6	180.6	103.1	806.7	393.4	326.8	86.5	609.8	26.5	166.2
2009	2181.9	310.3	225.7	124.1	1098.1	482.1	487.9	128.1	199.2	30.0	194.5
2010	2697.5	362.7	269.0	109.9	1302.0	564.6	579.6	157.8	237.2	30.4	386.3

年份	民政事业费总支出	抚恤	退役安置	社会福利	社会救助	城乡低保	其他社会救助	医疗救助	自然灾害生活救助	民政管理事务	行政事业单位养老支出	其他
“十二五”时期	**20520.0**	**2887.1**	**2149.2**	**1993.1**	**10349.7**	**7586.3**	**1471.4**	**1292.0**	**743.7**	**1496.1**	**212.2**	**688.9**
2011	3229.2	428.3	302.3	232.2	1766.3	1327.6	222.4	216.3	128.7	220.8	35.3	115.3
2012	3683.8	517.0	372.1	319.5	1866.1	1392.3	243.2	230.6	163.4	248.5	39.0	158.2
2013	4276.5	618.4	435.3	397.6	2172.4	1623.6	291.4	257.4	178.7	296.7	43.6	133.8
2014	4404.1	636.6	456.8	481.0	2197.5	1592.0	321.5	284.0	124.4	330.5	44.2	133.1
2015	4926.4	686.8	582.7	562.8	2347.4	1650.8	392.9	303.7	148.5	399.6	50.1	148.5
“十三五”时期	**24537.2**	**1597.1**	**1349.0**	**5294.8**	**12319.9**	**8637.1**	**2974.2**	**708.5**	**284.1**	**2441.9**	**228.2**	**1022.3**
2016	5440.2	769.8	625.6	753.4	2492.8	1702.4	458.0	332.3	156.1	441.7	48.4	152.2
2017	5932.7	827.3	723.4	920.5	2609.8	1692.3	541.3	376.2	128.0	501.0	47.9	175.0
2018	4076.9			1064.8	2224.0	1632.1	591.9			500.3	38.2	249.6
2019	4279.2			1228.8	2281.4	1646.7	634.7			497.7	46.1	225.2
2020	4808.2			1327.3	2711.9	1963.6	748.3			501.2	47.6	220.3
“十四五”时期	**4679.0**			**1402.4**	**2549.4**	**1833.0**	**716.4**			**493.8**	**33.3**	**200.1**
2021	4679.0			1402.4	2549.4	1833.0	716.4			493.8	33.3	200.1

注：2018年民政机构改革，抚恤、退役安置、医疗救助、救灾等职能从民政部门转出。

B-1-12 中央转移支付民政事业费

单位：万元

年份	合计	中央级民政事业费	中央专项转移支付	抚恤、退休、救济费	救灾	社会福利救济事业费	其他
1978	11	11					
1979	44	44					
1980	103	103					
“六五”时期	**335594**	**1108**	**334486**	**63306**	**270745**	**220**	**215**
1981	138	138					
1982	74120	78	74042	14247	59795		
1983	74368	163	74205	14205	60000		
1984	78872	286	78586	18586	60000		

年份	合计	中央级民政事业费	中央专项转移支付	抚恤	安置	救灾	社会福利救济事业费	其他
1985	108096	443	107653	9698	6570	90950	220	215
“七五”时期	**778310**	**9267**	**769043**	**148718**	**105230**	**512500**		
1986	132802	2526	130276	16396	9285	102000		
1987	133877	2742	131135	21726	19409	90000		
1988	158355	1297	157058	24110	21948	111000		
1989	174374	1185	173189	43206	26483	103500		
1990	178902	1517	177385	43280	28105	106000		
“八五”时期	**1488090**	**15897**	**1472193**	**328272**	**315101**	**828820**		
1991	309432	1792	307640	49010	34210	224420		
1992	209360	3217	206143	52156	40587	113400		
1993	238083	3108	234975	60494	53481	121000		
1994	353831	4077	349754	79084	90670	180000		
1995	377384	3703	373681	87528	96153	190000		
“九五”时期	**2943934**	**104302**	**2839632**	**749824**	**773058**	**1122750**	**190000**	**4000**
1996	426354	6371	419983	102394	102589	215000		
1997	455309	5954	449355	110430	114925	220000		4000
1998	568049	50783	517266	120000	149516	247750		

B-1-12续表

单位：亿元

年份	合计	中央级民政事业费	中央专项转移支付	抚恤	安置	福利	低保	临时救助	流浪乞讨救助	医疗救助	救灾	其他
1999	62.8	1.2	61.6	18.0	17.6		4.0				22.0	
2000	86.6	2.9	83.7	23.7	23.0		15.0				22.0	
“十五”时期	**1004.3**	**11.9**	**992.4**	**212.1**	**217.3**		**373.1**			**12.0**	**170.1**	**7.9**
2001	109.6	1.4	108.2	26.3	28.7		23.0				30.2	
2002	140.2	1.8	138.4	31.6	37.0		45.5				24.3	
2003	213.6	1.8	211.8	37.1	39.2		92.0			3.0	40.5	0.1
2004	227.7	3.9	223.8	40.7	47.4		100.6			3.0	32.0	0.1
2005	313.2	2.9	310.3	76.4	65.0		112.0			6.0	43.1	7.7
“十一五”时期	**4745.9**	**87.0**	**4658.9**	**767.6**	**699.9**		**1941.6**			**319.6**	**856.1**	**74.2**
2006	406.8	2.8	404.0	111.7	73.9		136.0			14.3	49.4	18.7
2007	507.7	3.3	504.4	110.9	117.4		189.9			36.3	49.9	0.1
2008	1207.7	26.6	1181.1	142.1	142.9		363.1			54.5	478.4	0.1
2009	1232.5	5.5	1227.0	187.3	160.2		620.0			84.5	174.7	0.3
2010	1391.2	48.8	1342.4	215.6	205.5		632.6			130.0	103.7	55.0
“十二五”时期	**10189.2**	**61.5**	**10127.7**	**1668.5**	**1390.9**	**258.0**	**5312.0**	**73.0**		**785.6**	**489.5**	**150.2**
2011	1817.4	9.4	1808.0	277.4	206.4	25.2	1004.7			150.0	84.0	60.3
2012	1804.6	10.0	1794.6	333.3	265.4	42.0	870.5			150.0	112.7	20.7
2013	2163.5	13.7	2149.7	369.8	277.4	54.4	1168.8			156.7	101.9	20.8
2014	2117.8	12.8	2105.0	338.0	288.8	63.4	1101.3	32.0		165.0	96.3	20.2
2015	2285.9	15.6	2270.3	350.0	352.9	73.0	1166.7	41.0		163.9	94.6	28.2
“十三五”时期	**13030.4**	**141.5**	**12888.9**	**803.6**	**833.7**	**79.1**	**10133.5**		**20.0**	**355.8**	**137.9**	**516.6**
2016	2500.6	16.6	2484.0	390.9	384.7	79.1	1341.5		20.0	177.9	54.0	27.3
2017	2519.1	26.9	2492.3	412.7	449.0		1326.6			177.9	83.9	42.2
2018	1498.5	12.9	1485.6				1399.5					86.1
2019	1578.8	12.1	1566.6				1471.7					94.9
2020	1715.8	11.6	1704.2				1641.8					62.3
“十四五”时期	**1608.8**	**30.7**	**1578.1**				**1476.2**					**101.9**
2021	1608.8	30.7	1578.1				1476.2					101.9

注：1．自2017年开始，孤儿、低保、五保、临时救助资金合并为城乡困难群众救助补助资金打捆下达地方。

2．“其他”包括部本级公益金补助地方、中央预算内投资以及其他民政事业支出。

B-1-13 彩票公益金支出

单位：亿元

年份	合计	抚恤	退役安置	社会福利	低保及其他社会救济	医疗救助	自然灾害生活救助	其他
“十一五”时期	**485.3**	**17.6**	**6.0**	**204.9**	**26.2**	**48.8**		**175.6**
2006	52.6	2.6	1.0	24.1	3.3			21.6
2007	77.6	3.0	0.9	35.5	4.3			33.9
2008	119.2	3.7	1.3	44.9	7.2	17.5		38.5
2009	113.4	3.4	1.2	49.3	5.9	15.5		38.0
2010	122.5	4.9	1.6	51.1	5.5	15.8		43.6
“十二五”时期	**1002.6**	**30.5**	**2.6**	**596.4**	**42.7**	**90.4**	**8.8**	**206.7**
2011	127.9	4.8	0.4	61.4	7.4	16.3	0.8	36.6
2012	159.0	5.4	0.5	92.2	7.3	16.8	1.3	35.6
2013	195.5	7.5	0.6	117.1	8.7	17.5	2.6	41.5
2014	231.3	5.9	0.9	143.6	10.0	19.1	2.2	49.4
2015	288.9	6.9	0.2	182.1	9.3	20.7	1.9	43.6
“十三五”时期	**1285.0**	**13.3**	**1.4**	**864.3**	**53.5**	**40.1**	**6.2**	**306.2**
2016	268.3	7.1	0.8	172.9	10.4	19.6	2.7	54.7
2017	275.2	6.2	0.6	173.6	14.9	20.5	3.5	55.9
2018	251.7			171.5	9.1			71.1
2019	259.9			185.6	8.6			65.8
2020	229.9			160.7	10.5			58.7
“十四五”时期	**196.8**			**146.6**	**5.2**			**45.0**
2021	196.8			146.6	5.2			45.0

B-1-14　中央彩票公益金安排情况

单位：亿元

年份	合计	中央级	转移支付						
				养老	残疾人	儿童	社会公益	医疗救助	居家和社区养老服务改革试点
“十五”时期	**14.9**		**14.9**	**0.7**		**2.1**	**0.2**	**12.0**	
2001									
2002									
2003	3.0		3.0					3.0	
2004	5.9		5.9	0.7		2.1	0.2	3.0	
2005	6.0		6.0					6.0	
“十一五”时期	**112.3**	**2.5**	**109.8**	**21.6**		**16.4**	**1.8**	**70.0**	
2006	14.0	0.1	13.9	1.6		3.2	0.1	9.0	
2007	17.0	0.9	16.1	1.5		1.2	0.3	13.0	
2008	28.1	0.1	28.0	4.8		6.7	0.6	16.0	
2009	26.6	0.1	26.5	7.8		2.1	0.7	16.0	
2010	26.5	1.3	25.2	5.9		3.2	0.1	16.0	
“十二五”时期	**220.8**	**8.2**	**212.6**	**75.8**	**25.3**	**22.9**	**8.6**	**80.0**	
2011	30.0	1.3	28.7	7.9		3.5	1.4	16.0	
2012	36.0	2.3	33.7	10.7	1.0	4.4	1.7	16.0	
2013	48.7	1.8	46.9	22.2	2.0	5.1	1.7	16.0	
2014	36.0	1.1	34.9	10.2	3.0	4.0	1.7	16.0	
2015	70.1	1.7	68.4	24.9	19.4	6.0	2.1	16.0	
“十三五”时期	**216.8**	**3.9**	**213.0**	**68.1**	**20.0**	**28.8**	**10.1**	**36.0**	**49.9**
2016	54.4	1.8	52.6	13.1	3.0	6.0	2.5	18.0	10.0
2017	54.4	0.8	53.6	13.2	4.9	4.9	2.6	18.0	10.0
2018	39.8	0.9	39.0	14.8	5.6	6.8	1.7		10.0
2019	48.7	0.2	48.5	22.2	5.4	8.2	2.8		10.0
2020	19.5	0.2	19.3	4.8	1.1	2.9	0.5		9.9
“十四五”时期	**43.6**	**0.1**	**43.5**	**15.3**	**4.1**	**4.1**	**9.0**		**11.0**
2021	43.6	0.1	43.5	15.3	4.1	4.1	9.0		11.0

B-1-15 民政事业基本建设投资（按投资来源分）

单位：亿元、个、万平方米

年份	计划总投资	本年完成投资						本年完工项目个数
			国家投资	国内贷款	自筹	彩票公益金	其他	
1989	5.8	2.0	0.7	0.1	0.8		0.2	
1990	6.9	2.4	0.8	0.1	1.0		0.3	
“八五”时期	**63.4**	**27.6**	**10.3**	**1.2**	**13.4**		**2.8**	
1991	7.0	3.0	1.0	0.1	1.5		0.3	
1992	7.3	3.2	1.0	0.1	1.9		0.4	
1993	12.8	5.6	1.4	0.2	3.4		0.7	
1994	15.5	6.2	2.3	0.5	2.9		0.6	
1995	20.9	9.6	4.6	0.3	3.8		0.9	
“九五”时期	**237.9**	**89.8**	**21.3**	**5.9**	**54.3**	**6.8**	**8.3**	**2793**
1996	29.8	10.1	2.1	0.4	6.4		1.1	
1997	35.7	13.8	2.7	0.8	8.6		1.6	
1998	41.0	16.6	2.8	0.8	11.1		1.9	
1999	63.2	24.7	6.0	2.3	14.6	3.5	1.8	1456
2000	68.2	24.7	7.7	1.6	13.6	3.3	1.9	1337
“十五”时期	**376.9**	**151.7**	**47.9**	**8.8**	**78.4**	**21.0**	**16.6**	**22117**
2001	77.5	30.8	10.4	2.2	15.1	3.6	3.1	1360
2002	88.7	30.1	9.5	1.4	15.9	3.3	3.3	3659
2003	87.3	30.0	9.9	1.7	15.1	3.5	3.3	3867
2004	89.7	29.2	8.9	2.4	14.4	4.7	3.5	8982
2005	33.8	31.6	9.1	1.0	17.9	5.8	3.5	4249
“十一五”时期	**485.6**	**487.8**	**210.7**	**12.4**	**148.8**	**96.8**	**82.3**	**62453**
2006	34.8	33.5	9.9	0.9	19.9	8.4	2.5	3626
2007	47.6	47.7	14.5	3.0	26.9	13.0	2.9	2446
2008	63.5	66.6	26.6	1.9	34.6	16.5	3.2	3906
2009	166.5	157.0	70.6	3.7	67.4	26.6	15.3	6457

年份	本年计划总投资	本年完成投资						本年完工项目个数（规模）
			国家投资	国内贷款	利用外资	彩票公益金	其他	
2010	173.2	183.0	89.1	2.9	0.2	32.3	58.5	46018
“十二五”时期	**1234.7**	**1268.1**	**499.9**	**19.6**	**5.8**	**288.3**	**454.5**	**38309**
2011	217.3	218.5	78.5	6.2	0.5	53.4	79.9	4533
2012	222.3	234.7	104.2	3.8	1.1	51	74.6	6095
2013	311.9	292.8	120.1	1.4	1.7	64.7	104.8	15328
2014	266	282.2	104.3	3.5	1.7	57.5	115.3	11355
2015	217.2	239.9	92.8	4.7	0.8	61.7	79.9	1048
“十三五”时期	**860.5**	**1018.7**	**381.7**	**16.8**	**0.9**	**238.9**	**380.4**	**5017**
2016	208.9	245.8	84.4	2.7	—	68.4	90.3	1243
2017	180.3	209.2	77.8	5.2	0.1	55.3	70.9	1154
2018	157.9	188.0	71.9	2.7	0.3	48.0	65.1	669
2019	156.0	184.8	72.6	3.4	0.1	37.9	70.7	900
2020	157.4	190.9	75.0	2.8	0.4	29.3	83.4	1051
“十四五”时期	**167.2**	**201.3**	**60.5**	**11.2**	**0.9**	**23.0**	**105.8**	**1001.4**
2021	167.2	201.3	60.5	11.2	0.9	23.0	105.8	1001.4

注：自2015年起，本年完工项目个数指标更改为本年完工项目规模，单位为万平方米。

B-1-16 国家预算内基本建设投资（按项目分）

单位：亿元

年份	国家预算内基本建设投资	优抚安置单位	社区服务设施	收养性福利机构	殡葬	救助	其他
1989	0.7						0.7
1990	0.8			0.2	0.1		0.5
“八五”时期	**10.3**	**4.2**		**1.4**	**1.1**	**0.2**	**3.4**
1991	1.0	0.1		0.2	0.1		0.6
1992	1.0			0.2			0.8
1993	1.4			0.2	0.4		0.8
1994	2.3	1.2		0.3	0.3		0.5
1995	4.6	2.9		0.5	0.3	0.2	0.7
“九五”时期	**21.3**	**2.0**	**1.6**	**6.6**	**6.5**		**4.6**
1996	2.1	0.1		0.5	0.5		1.0
1997	2.7			0.7	1.1		0.9
1998	2.8	0.2		1.8	0.8		
1999	6.0	0.9	0.6	1.5	1.7		1.3
2000	7.7	0.8	1.0	2.1	2.4		1.4
“十五”时期	**47.9**	**5.0**	**9.4**	**14.3**	**9.2**		**10.0**
2001	10.4	0.7	1.5	3.1	2.1		3.0
2002	9.5	0.7	2.1	2.8	1.9		2.0
2003	9.9	1.2	2.4	3.3	1.5		1.5
2004	9.0	1.1	2.3	2.5	1.1		2.0
2005	9.1	1.3	1.1	2.6	2.6		1.5
“十一五”时期	**210.8**	**27.8**	**31.5**	**85.2**	**19.2**	**8.1**	**39.0**
2006	9.9	1.8	0.8	3.9	1.4	0.3	1.6
2007	14.5	2.5	0.9	6.5	2.4	0.4	1.8
2008	26.6	8.2	1.9	8.5	3.7	1.1	3.2
2009	70.6	7.4	14.0	30.1	5.7	2.5	11.0
2010	89.2	7.9	13.9	36.2	6.0	3.8	21.4
“十二五”时期	**499.9**	**20.8**	**29.4**	**277.3**	**12.9**	**63.5**	**95.9**
2011	78.5	9.5	11.1	31.1	5.8	3.8	17.2
2012	104.2	11.3	18.3	45.1	7.1	6.1	16.2

年份	国家预算内基本建设投资	提供住宿的民政服务机构	养老机构	精神疾病服务机构	儿童福利和救助保护机构	不提供住宿的民政服务机构	其他
2013	120.1	76.2	66.5	3.2	4.6	22.2	21.7
2014	104.3	66.4	58.1	2.7	4.5	16.2	21.7
2015	92.8	58.5	51.6	2.2	4.0	15.2	19.1
“十三五”时期	**381.7**	**251.3**	**209.8**	**13.7**	**20.9**	**27.1**	**103.3**
2016	84.4	54.0	46.7	2.3	4.1	10.0	20.4
2017	77.8	50.7	40.4	3.7	5.9	10.5	16.6
2018	71.9	53.7	46.3	2.7	4.0	3.3	14.9
2019	72.6	47.6	38.2	1.7	4.1	1.7	23.3
2020	75.0	45.3	38.2	3.3	2.8	1.6	28.1
“十四五”时期	**60.5**	**36.3**	**29.3**	**1.7**	**3.8**	**0.8**	**23.4**
2021	60.5	36.3	29.3	1.7	3.8	0.8	23.4

B-1-17 中央预算内

年份	项目合计（个）	投资合计	本级情况				养老	
			本级项目数	本级投资	地方项目小计	补助地方投资小计	项目数	资金额
1990		0.1		0.1				
“八五”时期		**0.2**		**0.2**				
1991		0.2		0.2				
“十五”时期	**24**	**0.8**	**24**	**0.8**				
2001	3	0.3	3	0.3				
2002	10	0.2	10	0.2				
2003	6	0.1	6	0.1				
2004	3	0.1	3	0.1				
2005	2	0.1	2	0.1				
“十一五”时期	**2088**	**35.9**	**18**	**5.5**	**2070**	**30.37**	**189**	**5.0**
2006	2	0.2	2	0.2				
2007	218	2.8	5	0.8	213	2.0		
2008	575	6.8	3	2.1	572	4.7		
2009	774	13.0	4	1.3	770	11.7	63	2.0
2010	519	13.1	4	1.1	515	12.0	126	3
“十二五”时期	**1874**	**143.2**	**51**	**6.9**	–	**136.3**	**1364**	**108.0**
2011	433	26.0	4	0.7	429	25.3	338	9
2012	699	33.3	7	0.31	692	33.0	669	31
2013	742	17.2	7	0.21	735	17.0	357	15

年份	建设规模	投资合计	本级情况				养老	
			建设规模	本级投资	建设规模	补助地方投资小计	建设规模	资金额
2014	385.5	30.3	7.6	1.3	377.9	29.0	330.0	25.0
2015	368.4	36.4	25.4	4.4	343.0	32.0	302.0	28.0
“十三五”时期	–	**227.9**	–	**15.4**	–	**212.5**	–	**148.0**
2016	329.5	39.3	32.2	1.3	297.3	38.0	206.4	28.0

年份	建设规模	投资合计	本级情况				养老	
			建设规模	本级投资	建设规模	补助地方投资小计	建设规模	资金额
2017	–	44.2	–	2.2	–	42.0	–	30.0
2018	–	47.6	–	4.6	–	43.0	–	31.0
2019	–	52.7	–	6.3	–	46.4	–	32.0
2020	–	44.1	–	1.0	–	43.1	–	28.0
“十四五”时期	–	–	–	**2.1**	–	–	–	**40.0**
2021	–	–	–	2.1	–	–	–	40.0

基本建设投资

单位：亿元、个、万平方米

补助地方情况									
精神卫生		儿童		流浪		社区		烈建	
项目数	资金额	项目数	资金额	项目数	资金额	项目数	资金额	项目数	资金额
26	**4.4**	**134**	**5.0**	**254**	**5.0**	**1334**	**6.0**	**133**	**5.0**
		15	0.5	28	0.8	170	0.7		
		32	1.3	65	1.4	475	2.0		
		33	1.3	78	1.4	463	2.0	133	5.0
26	4.37	54	1.9	83	1.4	226	1.3		
131	**20.3**		**0.0**		**4.0**	**401**	**4.0**		
91	16.3								
						23	2		
						378	2		

补助地方情况					
儿童和精神病人		社会事务		社区	
建设规模	资金额	建设规模	资金额	建设规模	资金额
22.3	2.0			25.6	2.0
17.5	2.0			23.5	2.0
–	–	–	–	–	–
44.7	5.0	46.2	5.0		

补助地方情况	
社会福利	
建设规模	资金额
–	12.0
–	12.0
–	14.4
–	15.1
–	**18.4**
–	18.4

B-2-1 提供住宿的民政服务机构

单位：个

年份	合计	养老机构	精神疾病服务机构	儿童福利和救助保护机构	其他提供住宿机构	救助管理站
1978	8571	8365	139	67		
1979	8988	8801	135	52		
1980	9669	9460	150	59		
1981	10031	9813	155	63		
1982	12275	12046	165	64		
1983	15807	15582	165	60		
1984	22796	22566	167	63		
1985	29100	28852	161	59	28	
1986	35008	34750	166	58	34	
1987	37372	37109	170	60	33	
1988	39030	38767	173	62	28	
1989	39743	39472	180	64	27	
1990	40583	40340	181	62		
1991	42264	42013	188	63		
1992	43319	43063	189	67		
1993	43681	43375	190	67	49	
1994	43240	42911	188	73	68	
1995	43074	42735	190	77	72	
1996	42829	42518	155	84	72	
1997	42385	42027	192	91	75	
1998	42131	41755	195	105	76	
1999	40430	40030	191	110	99	
2000	40491	39321	201	126	843	
2001	38785	38106	200	160	319	
2002	38200	37591	200	178	231	
2003	37294	36224	205	192	1587	
2004	38593	37880	211	208	1320	
2005	42487	40641	226	224	1396	
2006	43187	40964	219	249	1755	
2007	44958	42713	234	269	1742	
2008	41099	38674	244	290	1891	
2009	43944	39671	266	419	3588	
2010	44482	39904	251	480	3847	
2011	45973	42828	251	638	2256	1547
2012	48078	44304	257	724	2793	1770
2013	45977	42475	261	803	2438	1891
2014	36810	33044	254	890	2622	1949
2015	31187	27753	242	753	2439	1766
2016	31912	28592	244	705	2371	1736
2017	31929	28770	242	663	2254	1623
2018	31291	28671	145	651	1824	1534
2019	37021	34369	138	686	1828	1545
2020	40852	38158	141	760	1793	1555
2021	42696	39961	140	815	1780	1562

B-2-2　提供住宿的民政服务机构床位

单位：万张、张/千人

年份	合计	养老床位	精神疾病服务床位	儿童福利和救助保护床位	其他提供住宿床位	救助管理站	每千人口拥有民政服务床位数	每千老年人口拥有养老床位数
1978	16.3	15.7	0.6				0.2	
1979	22.6	20.1	2.1	0.4			0.2	
1980	24.2	21.3	2.4	0.5			0.2	
1981	25.3	22.2	2.5	0.6			0.3	
1982	28.2	24.8	2.8	0.6			0.3	
1983	32.4	29.0	2.8	0.6			0.3	
1984	42.5	39.0	2.9	0.6			0.4	
1985	49.1	45.7	2.9	0.5	0.2		0.5	
1986	58.7	55.0	3.1	0.6	0.3		0.5	
1987	64.9	61.0	3.3	0.6	0.3		0.6	
1988	69.5	65.5	3.4	0.6	0.2		0.6	
1989	73.8	69.5	3.6	0.7	0.2		0.7	
1990	78.0	73.5	3.7	0.8			0.7	
1991	82.8	78.3	3.8	0.7			0.7	
1992	89.8	85.2	3.8	0.8			0.8	
1993	92.7	87.8	4.0	0.9	0.4		0.8	
1994	95.5	90.6	4.0	0.9	0.5		0.8	
1995	97.6	92.5	4.0	1.1	0.6		0.8	
1996	100.8	95.6	4.0	1.2	0.6		0.8	
1997	103.1	97.8	4.0	1.3	0.6		0.8	
1998	105.8	100.2	4.1	1.5	0.6		0.8	
1999	108.9	102.4	4.1	1.6	0.8		0.9	
2000	113.0	104.5	4.1	1.8	2.6		0.9	
2001	140.7	114.6	4.2	2.3	19.6		1.1	
2002	141.5	114.9	4.3	2.5	19.8		1.1	
2003	142.9	120.6	4.5	2.7	15.1		1.1	
2004	157.2	139.5	4.5	3.0	10.2		1.2	
2005	180.7	158.1	4.4	3.2	15.0		1.4	11.0
2006	204.5	179.6	4.4	3.2	17.3		1.6	12.1
2007	269.6	242.9	4.7	3.4	18.6		2.0	15.8
2008	300.3	267.4	5.4	4.3	23.2		2.3	16.7
2009	326.5	293.5	5.9	4.8	22.3		2.5	17.6
2010	349.6	316.1	6.1	5.5	21.9		2.6	17.8
2011	396.4	369.2	6.5	6.8	13.9	7.1	2.9	20.0
2012	449.3	416.5	6.7	8.7	17.4	9.0	3.3	21.5
2013	462.4	429.5	7.4	9.8	15.7	9.7	3.9	24.4
2014	426.0	390.2	8.0	10.8	17.0	9.9	4.5	27.2
2015	393.2	358.2	7.9	10.0	17.1	10.3	5.3	30.3
2016	414.0	378.8	8.4	10.0	16.7	10.2	5.5	31.6
2017	419.6	383.5	8.8	10.3	17.1	10.1	5.7	30.9
2018	408.1	379.4	6.3	9.7	12.7	10.2	5.4	29.1
2019	467.4	438.8	6.5	9.9	12.2	9.6	5.7	30.5
2020	515.4	488.2	6.7	10.1	10.4	8.4	6.0	31.1
2021	530.5	503.6	7.1	9.8	10.0	8.5	6.0	30.5

B-2-3　提供住宿的民政服务机构收养人员情况

单位：万人

年份	合计	养老机构	精神疾病服务机构	儿童福利和救助保护机构	其他提供住宿机构
1978	16.3	14.0	1.9	0.4	
1979	18.6	16.3	1.9	0.4	
1980	19.1	16.7	2.0	0.4	
1981	19.7	17.0	2.2	0.5	
1982	22.5	19.7	2.3	0.5	
1983	25.9	23.0	2.4	0.5	
1984	34.1	31.0	2.6	0.5	
1985	40.8	37.5	2.6	0.5	0.2
1986	47.4	43.9	2.8	0.5	0.2
1987	51.8	48.2	2.9	0.5	0.2
1988	54.8	51.1	3.0	0.6	0.1
1989	56.9	53.0	3.1	0.6	0.2
1990	59.9	56.1	3.2	0.6	
1991	64.6	60.8	3.2	0.6	
1992	69.6	65.6	3.3	0.7	
1993	72.4	68.0	3.4	0.7	0.3
1994	73.6	69.2	3.3	0.8	0.3
1995	74.7	70.1	3.2	1.0	0.4
1996	76.9	72.3	3.1	1.1	0.4
1997	78.5	73.7	3.2	1.2	0.4
1998	80.0	74.9	3.2	1.4	0.5
1999	82.7	77.6	3.2	1.4	0.5
2000	85.4	78.6	3.2	1.8	1.8
2001	88.5	82.0	3.3	2.1	1.1
2002	91.6	85.0	3.4	2.2	1.0
2003	96.5	89.1	3.5	2.5	1.4
2004	110.9	103.9	3.6	2.8	0.6
2005	123.6	116.2	3.7	2.9	0.8
2006	147.0	138.5	3.8	3.2	1.5
2007	200.0	191.3	4.1	3.0	1.6
2008	240.0	211.5	4.5	3.4	20.6
2009	256.0	227.5	5.0	3.7	19.8
2010	278.2	247.0	5.3	4.2	21.7
2011	293.4	279.7	5.5	4.6	3.6
2012	309.5	293.6	5.8	5.4	4.7
2013	322.5	307.4	6.0	5.6	3.5
2014	337.0	320.4	6.5	5.9	4.2
2015	231.7	214.8	6.4	5.6	4.9
2016	236.3	219.8	6.9	5.5	4.2
2017	228.8	211.1	7.4	5.9	4.4
2018	211.9	197.6	5.4	4.9	4.0
2019	231.6	217.5	5.5	4.8	3.8
2020	235.6	222.4	5.7	4.6	3.0
2021	238.1	225.5	5.8	4.4	2.4

B-2-4 按城乡分类的提供住宿的民政服务机构情况

年份	单位数（个）	城市	农村	床位数（万张）	城市	农村	收养人数（万人）	城市	农村
1978	8571	728	7843	16.3	0.1	16.2	16.3	5.7	10.6
1979	8988	1518	7470	22.6	6.4	16.2	18.6	8.0	10.6
1980	9669	1407	8262	24.2	7.1	17.1	19.1	7.9	11.2
1981	10031	1487	8544	25.3	7.4	17.9	19.7	8.2	11.5
1982	12275	1689	10586	28.2	7.6	20.6	22.5	8.7	13.8
1983	15807	1760	14047	32.4	7.7	24.7	25.9	9.0	16.9
1984	22796	1925	20871	42.5	8.5	34.0	34.1	10.0	24.1
1985	29100	5478	23622	49.1	18.2	30.9	40.8	14.6	26.2
1986	35008	8330	26678	58.7	23.6	35.1	47.4	18.9	28.5
1987	37372	9358	28014	64.9	25.8	39.1	51.8	20.5	31.3
1988	39030	10498	28532	69.5	28.4	41.1	54.8	22.3	32.5
1989	39743	10118	29625	73.8	28.7	45.1	56.9	22.3	34.6
1990	40583	12697	27886	78.0	34.5	43.5	59.9	26.8	33.1
1991	42264	13197	29067	82.8	36.7	46.1	64.6	28.5	36.1
1992	43319	16847	26472	89.8	44.6	45.2	69.6	34.5	35.1
1993	43681	17400	26281	92.7	47.0	45.7	72.4	37.2	35.2
1994	43240	18035	25205	95.5	50.0	45.5	73.6	39.1	34.5

年份	单位数（个）	国有社会福利院	社会办敬老院	床位数（万张）	国有社会福利院	社会办敬老院	收养人数（万人）	国有社会福利院	社会办敬老院
1995	43074	11184	31890	97.6	18.6	79.0	74.7	14.4	60.3
1996	42829	11216	31613	100.8	19.2	81.6	76.9	14.8	62.1
1997	42385	10417	31968	103.1	19.9	83.2	78.5	15.4	63.1
1998	42131	9895	32236	105.8	21.0	84.8	80.0	16.1	63.9
1999	40430	3086	37344	108.9	23.6	85.3	82.7	17.9	64.8

B-2-4 续表

年份	单位数（个）	城市	农村	床位数（万张）	城市	农村	收养人数（万人）	城市	农村
2000	40491	14915	25576	113	57.4	55.6	85.4	42.6	42.8
2001	38785	12135	26650	140.7	72.3	68.4	88.5	39.6	48.9
2002	38200	12503	25697	141.5	75.3	66.2	91.6	42.2	49.4
2003	37294	12951	24343	142.9	75.3	67.6	96.5	46.1	50.4
2004	38593	12151	26442	157.2	79.7	77.5	110.9	51.5	59.4
2005	42487	12806	29681	180.7	91.2	89.5	123.6	55.7	67.9
2006	43187	11814	31373	204.5	90.9	113.6	147.0	55.0	92.0
2007	44958	10274	34684	269.6	89.8	179.8	200.0	43.9	149.3
2008	41099	10731	30368	300.3	107.2	193.1	240.0	79.5	160.5
2009	43944	12658	31286	326.5	117.7	208.8	256.0	83.0	173.0
2010	44482	13010	31472	349.6	124.7	224.9	278.2	95.7	182.5
2011	45973	13833	32140	396.4	154.5	241.9	293.4	100.9	192.5
2012	48078	15291	32787	449.3	188.3	261.1	309.5	109.5	200.0
2013	45977	15730	30247	462.4	189.6	272.8	322.5	121.3	201.2
2014	36810	16549	20261	426.0	206.4	219.6	334.0	127.6	206.4
2015	31187	15600	15587	393.2	216.1	177.1	231.7	116.5	115.2
2016	31912	16514	15398	414.0	234.1	179.9	236.3	123.1	113.2
2017	31929	16923	15006	419.6	242.9	176.7	228.8	127.3	101.3
2018	31291	17406	13885	408.1	253.9	154.2	211.9	124.9	87.0
2019	37021	21089	15932	467.4	302.9	164.5	231.6	143.9	87.7
2020	40852	23699	17153	515.4	340.6	174.8	235.6	152.2	83.4
2021	42696	25404	17292	530.5	351.6	178.8	238.1	157.1	81.0

B-2-5 老年人和残疾人福利

单位：万人

年份	老年人福利				残疾人福利	
	高龄补贴老年人数	护理补贴老年人数	养老服务补贴老年人数	老龄综合补贴老年人数	困难残疾人生活补贴人数	重度残疾人护理补贴人数
2006	233.5					
2007	247.1					
2008	349.3					
2009	430.9					
2010	576.4					
2011	883.1					
2012	1257.7					
2013	1557.9	11.7	101.9			
2014	1719.6	20.0	154.7			
2015	2155.1	26.5	257.9			
2016	2355.4	40.5	282.9		521.3	500.0
2017	2682.2	61.3	354.4		1019.2	1053.7
2018	2972.3	74.8	521.7	3.0	1005.8	1193.0
2019	2963.0	66.3	516.3	33.5	1085.7	1368.5
2020	3104.4	81.3	535.0	132.9	1214.0	1475.1
2021	3246.6	90.3	573.6	84.2	1194.1	1503.2

B-2-6 孤儿和家庭收养登记

单位：人、元/人·月、件

年份	孤儿数	集中养育孤儿	社会散居孤儿	集中养育孤儿平均保障标准	社会散居孤儿平均保障标准	收养登记总数
2008	67921					42550
2009	127599					44260
2010	252110					34529
2011	509695	77144	432551			31424
2012	570075	95251	474824			27278
2013	548845	93899	454946			24460
2014	525179	93522	431657			22772
2015	502105	91712	410393			22348
2016	460450	87502	372948			18736
2017	409840	86025	323815			18820
2018	305110	69760	235350	1344.0	924.0	16267
2019	233117	64482	168635	1499.2	1073.5	13044
2020	193281	58989	134292	1611.3	1184.3	11103
2021	172716	53302	119414	1697.4	1257.2	12447

B-2-7 城市社会救济和城市最低生活保障

单位：万人

年份	城市居民传统救济总人数	城市居民传统定救人数	城市精减退职老职工人数		
				40%救济对象人数	定量救济人数
1980	32.9	22.9	10.0		
1981	31.5	21.5	10.0		
1982	34.7	21.4	13.3		
1983	47.1	22.6	24.5		
1984	207.4	160.6	46.8	25.3	
1985	30.0	18.2	11.8	6.4	5.4
1986	49.0	35.6	13.4	7.1	6.3
1987	29.8	16.2	13.6	7.2	6.4
1988	32.9	17.6	15.3	7.7	7.6
1989	30.5	16.2	14.3	7.1	7.2
1990	41.8	16.4	25.4	16.4	9.0
1991	33.7	16.1	17.6	8.5	9.0
1992	39.5	19.2	20.3	9.7	10.6
1993	24.6	13.8	10.8	5.0	5.8
1994	23.0	12.4	10.6	4.9	5.7
1995	109.0	55.2	53.8	23.9	29.9
1996	120.1	66.5	53.6	23.6	30.0

注：1984年的精减退职老职工人数含农村的数据。

B-2-7续表

单位：万人

年份	城市最低生活保障人数	在职人员	下岗人员	退休人员	失业人员	“三无”人员	其他人员
1996	84.9						
1997	87.9						
1998	184.1						
1999	256.9						
2000	402.6						
2001	1170.7						
2002	2064.7	186.8	554.5	90.8	358.3	91.9	783.1
2003	2246.8	179.3	518.4	90.7	409.0	99.9	949.3
2004	2205.0	141.0	468.9	73.1	423.1	95.4	1003.5
2005	2234.2	114.1	430.7	61.3	410.1	95.8	1122.1
2006	2240.1	97.6	350.0	53.2	420.8	93.1	1225.3

年份	城市最低生活保障人数	残疾人	“三无”人员	老年人	成年人				未成年人	城市特困人员
					在职人员	灵活就业	登记失业	无就业条件		
2007	2272.1	161.0	125.8	298.4	93.9	343.8	627.2	364.3	544.6	
2008	2334.8	169.1	106.9	316.7	82.2	381.7	564.3	402.2	587.7	
2009	2345.6	181.0	94.1	333.5	79.0	432.2	510.2	410.9	579.8	
2010	2310.5	180.7	89.3	338.6	68.2	432.4	492.8	420.0	558.5	
2011	2276.8	184.1	80.3	346.9	61.5	429.7	472.5	426.7	539.5	
2012	2143.5	174.5	64.9	339.3	49.6	459.3	400.4	422.1	472.8	
2013	2064.2	169.2	58.0	330.3	45.1	462.1	365.5	416.8	444.5	
2014	1877.0	161.1	50.0	315.8	37.5	425.8	312.5	398.7	386.7	
2015	1701.1	165.7	43.8	293.5	31.1	377.3	264.1	394.0	341.0	
2016	1480.2	156.5		258.0	22.7	304.4	252.9	370.9	271.4	9.1
2017	1261.0	159.9		219.0	18.6	265.0	153.5	399.6	205.4	25.4
2018	1007.0	145.5		180.4	14.0	219.2	109.2	320.6	163.6	27.7
2019	860.9	139.4		158.6	10.2	171.8	81.0	300.3	138.9	29.5
2020	805.1	146.2		148.1	8.9	155.9	68.7	295.9	127.5	31.2
2021	737.8	147.6		139.8	6.7	142.8	54.2	278.6	115.6	32.8

注：1.1984年的精减退职老职工人数含农村的数据。

2.2016年开始，城市低保中的“三无”人员纳入特困人员救助供养保障。

B-2-8 农村社会救济和农村最低生活保障

单位：万人、万户

年份	农村社会救济总人数	农村定期定量救济人数	农村精减退职老职工人数		
				40%救济对象人数	定量救济人数
1980	4651.8	4641.8	10.0		
1981	4265.1	4255.1	10.0		
1982	4270.7	4257.4	13.3		
1983	3526.7	3502.2	24.5		
1984	3842.7	3795.9	46.8	25.3	
1985	116.7	75.1	41.6	18.1	23.5
1986	103.0	63.1	39.9	18.1	21.7
1987	92.2	53.2	39.0	17.7	21.3
1988	93.0	54.1	38.9	17.6	21.4
1989	75.7	35.0	40.7	18.3	22.3
1990	100.2	46.7	53.5	23.6	29.9
1991	97.0	43.8	53.2	23.5	29.8
1992	97.5	45.6	51.9	23.3	28.6
1993	80.1	36.3	43.8	19.5	24.3
1994	82.1	38.5	43.6	19.2	24.3
1995	98.3	55.2	43.1	19.0	24.1
1996	109.2	66.5	42.7	18.6	24.1
1997	104.5	51.4	53.1	23.2	29.8
1998	120.5	65.6	54.9	24.9	30.0
1999	107.1	55.6	51.5	22.5	28.7
2000	112.2	62.5	49.7	22.1	27.6
2001	130.5	80.7	49.8	21.3	27.8
2002	138.7	90.0	48.7	20.9	27.8

注：1984年以前的“农村社会救济总人数”含应保未保的农村救济人数。

B-2-8续表

单位：万人、万户

年份	农村困难群众救助总人数	农村最低生活保障人数	农村特困户救助人数	农村困难群众救助总户数	农村最低生活保障户数	困难户	其他	农村特困户救助户数	困难户	其他	农村特困供养户数	农村传统救济人数
2001	385.3	304.6	80.7									
2002	497.8	407.8	90.0	156.7	156.7							
2003	1160.5	367.1	793.4	632.8	146.5	114.5	32.0	282.1	192.7	89.3	204.2	
2004	1402.1	488.0	914.1	780.8	197.9	165.2	33.6	317.1	260.4	56.6	265.8	
2005	1891.8	825.0	1066.8	1061.0	356.5	298.8	57.7	354.8	290.4	64.4	349.7	
2006	2987.8	1593.1	775.8	1606.3	777.2			325.8			503.3	115.6

年份	农村救助总人数	农村最低生活保障人数	农村特困人员集中供养人数	农村特困人员分散供养人数	传统救济人数
2007	4172.6	3566.3	138.0	393.3	75.0
2008	4926.3	4305.5	155.6	393.0	72.2
2009	5375.6	4760.0	171.8	381.6	62.2
2010	5829.8	5214.0	177.4	378.9	59.5
2011	5925.4	5305.7	184.5	366.5	68.7
2012	5969.7	5344.5	185.3	360.3	79.6
2013	5998.3	5388.0	183.5	353.8	73.0
2014	5810.8	5207.2	174.3	354.8	74.5
2015	5484.1	4903.6	162.3	354.4	63.8
2016	5143.6	4586.5	139.7	357.2	60.2
2017	4573.8	4045.2	99.6	367.2	61.8
2018	4030.9	3519.1	86.2	368.8	56.8
2019	3931.9	3455.4	75.0	364.1	37.4
2020	4099.4	3620.8	73.9	372.4	32.3
2021	3941.9	3474.5	69.2	368.1	30.1

注：1984年以前的“农村社会救济总人数”含应保未保的农村救济人数。

B-2-9 最低生活保障平均标准

年份	城市最低生活保障平均标准（元/人·月）	农村最低生活保障平均标准（元/人·年）
2004	152.0	
2005	156.0	
2006	169.6	850.8
2007	182.4	840.0
2008	205.3	987.6
2009	227.8	1210.1
2010	251.2	1404.0
2011	287.6	1718.4
2012	330.1	2067.8
2013	373.3	2433.9
2014	410.5	2776.6
2015	451.1	3177.6
2016	494.6	3744.0
2017	540.6	4300.7
2018	579.7	4833.4
2019	624.0	5335.5
2020	677.6	5962.3
2021	711.4	6362.2

B-2-10 流浪乞讨人员救助

年份	救助站（个）	未成年人救助保护机构（个）	流浪乞讨人员救助总数（人次）	未成年人救助总数（人次）	救助类单位床位总数（张）	未成年人救助保护机构床位（张）
1978	783					
1979	845					
1980	665					
1981	598					
1982	610					
1983	615					
1984	628					
1985	636					
1986	647					
1987	639					
1988	644					
1989	669					
1990	666					
1991	691					
1992	692					
1993	719					
1994	712					
1995	722					
1996	720					
1997	728					
1998	742					
1999	800					
2000	857					
2001	838					
2002	861					
2003	864		634528	60257		
2004	977		820254	104455	47086	
2005	1079	40	1196305	120487	45603	1849
2006	1189	50	1295506	129337	45661	1133
2007	1261	90	1544492	159989	46800	3621
2008	1334	88	1573484	155794	50642	3543
2009	1372	116	1680532	167283	51049	3670
2010	1448	145	1719008	146329	55562	5221
2011	1547	241	2409701	178705	71109	8165
2012	1770	261	2765761	152070	99901	10038
2013	1891	274	3484727	183802	108360	11499
2014	1949	345	3474544	128033	110806	11584
2015	1766	275	3752106	166723	113402	10682
2016	1736	240	3338221	167029	112944	10473
2017	1623	194	2188572	93783	109683	8411
2018	1534	176	1572077	76380	109683	7681
2019	1545	202	1333365	61919	104524	8334
2020	1555	252	840816	31268	94102	9924
2021	1562	276	746077	24331	93643	9096

B-2-11 福利彩票

年份	福利彩票发行管理单位（个）	福利彩票销售额（亿元）	筹集公益金（亿元）	公益金支出（亿元）
“七五”时期		**14.2**	**4.6**	
1986				
1987		0.2	0.1	
1988		3.8	1.2	
1989		3.8	1.3	
1990		6.5	2.0	
“八五”时期		**115.2**	**34.3**	
1991		7.7	2.5	
1992		13.8	4.1	
1993		18.4	5.5	
1994		18.0	5.3	
1995		57.3	16.9	
“九五”时期		**358.7**	**103.4**	**72.7**
1996		64.8	19.1	
1997		36.4	10.1	
1998		63.2	19.6	14.1
1999	1169	104.4	30.4	19.9
2000	1253	89.9	24.2	38.7
“十五”时期		**1145.2**	**393.6**	**161.9**
2001	1185	139.6	41.9	19.7
2002	1121	168.0	58.8	25.5
2003	1145	200.1	70.0	30.6
2004	1128	226.4	79.2	33.8
2005	1113	411.2	143.7	52.3
“十一五”时期		**3455.4**	**1130.2**	**484.0**
2006	989	495.7	171.5	52.6
2007	985	631.6	215.7	77.6
2008	999	604.0	199.0	119.2
2009	988	756.1	246.3	113.4
2010	993	968.0	297.7	121.2
“十二五”时期		**8628.4**	**2488.2**	**1002.6**
2011	974	1278.0	382.0	127.9
2012	955	1510.3	446.1	159.0
2013	940	1765.3	510.7	195.5
2014	893	2059.7	585.7	231.3
2015	861	2015.1	563.7	288.9
“十三五”时期		**9837.6**	**2858.9**	**1284.7**
2016	788	2064.9	592.0	268.3
2017	729	2169.8	621.4	275.2
2018	700	2245.6	643.6	251.4
2019	702	1912.4	557.3	259.9
2020	688	1444.9	444.6	229.9
“十四五”时期		**1422.5**	**443.6**	**196.8**
2021	655	1422.5	443.6	196.8

B-2-12 社区服务机构和设施

单位：个

年份	合计	社区服务中心	其他社区服务机构	便民利民网点
1988	69699		69699	
1989	71357		71357	
1990	84757		84757	
1991	89918		89918	
1992	112171		112171	
1993	92946	3711	89235	169503
1994	98679	4034	94645	204229
1995	115175	4380	110795	234024
1996	132309	5055	127254	259201
1997	138366	5113	133253	307226
1998	154196	6154	148042	345075
1999	164962	7623	157339	405740
2000	187888	6444	181444	451567
2001	201758	6179	195579	539544
2002	206743	7898	198845	622986
2003	203945	7520	196425	668418
2004	205926	7804	198122	703760
2005	203275	8479	194796	664764
2006	160007	8565	151442	457896

B-2-12续表

单位：个

年份	社区服务机构和设施合计	社区指导中心	社区服务中心	社区服务站	其他社区服务机构	便民利民网点
2007	134852		9319	50116	75417	892656
2008	146322		9873	30021	106428	748684
2009	146341		10003	53170	83168	692625
2010	152941		12720	44237	95984	539136
2011	160352		14391	56156	89805	452868
2012	200162	809	15497	87931	95925	397222
2013	251939	890	19014	108377	123658	358518

年份	社区服务机构和设施合计	社区指导中心	社区服务中心	社区服务站	社区养老照料机构和设施	社区互助型的养老设施	未登记的特困人员供养机构	其他社区服务机构和设施
2014	310652	918	23088	120188	18927	40357		107174
2015	360956	863	24138	128083	26067	62027		119778
2016	386186	809	23493	137533	34924	76374		113053
2017	407453	619	25015	142823	43212	82648		113136
2018	426524	569	27635	148779	44558	91057	3991	109935
2019	527757	548	27489	224986	63618	101276	4312	105528

年份	合计	社区综合服务机构和设施	社区指导中心	社区服务中心	社区服务站	社区专项服务机构和设施	社区养老服务机构和设施	未登记的特困人员救助供养机构	全托服务社区养老服务机构和设施	日间照料社区养老服务机构和设施	互助型社区养老服务设施	其他社区养老服务机构和设施
2020	801789	510510	503	27835	420552	61620	291279	3660	20368	109306	147485	10460
2021	884772	567077	490	28892	485964	51731	317695	3394	17063	117843	147735	31660

B-3-1 社会组织

单位：个、亿元

年份	社会组织合计	社会团体	基金会	民办非企业单位	社会组织捐赠收入合计
1988	4446	4446			
1989	4544	4544			
1990	10855	10855			
1991	82814	82814			
1992	154502	154502			
1993	167506	167506			
1994	174060	174060			
1995	180583	180583			
1996	184821	184821			
1997	181318	181318			
1998	165600	165600			
1999	142665	136764		5901	2.0
2000	153322	130668		22654	3.9
2001	210939	128805		82134	4.1
2002	244509	133297		111212	7.9
2003	266612	141167	954	124491	11.9
2004	289432	153359	892	135181	16.9
2005	319762	171150	975	147637	29.0
2006	354393	191946	1144	161303	40.1
2007	386916	211661	1340	173915	81.9
2008	413660	229681	1597	182382	265.2
2009	431069	238747	1843	190479	417.2
2010	445631	245256	2200	198175	417.0
2011	461971	254969	2614	204388	393.5
2012	499268	271131	3029	225108	470.8
2013	547245	289026	3549	254670	458.8
2014	606048	309736	4117	292195	524.9
2015	662425	328500	4784	329141	610.3
2016	702405	335932	5559	360914	786.7
2017	761539	354794	6307	400438	729.2
2018	817360	366234	7034	444092	919.7
2019	866335	371638	7585	487112	873.2
2020	894162	374771	8432	510959	1059.1
2021	901870	371110	8877	521883	1192.5

注：2001年以前的基金会含在社会团体内。

B-3-2 自治组织

年份	自治组织合计（万个）	居民委员会（个）	居民小组（万个）	居民委员会成员（万人）	村民委员会（万个）	村民小组（万个）	村民委员会成员（万人）
1979		46810					
1980							
1981		57169					
1982							
1983	37.7	65519			31.2		
1984	100.3	75609			92.7		
1985	103.0	80943		34.9	94.9		379.6
1986	95.3	86824		36.2	86.6		365.9
1987	93.2	86799		37.0	84.5		359.9
1988	97.8	95684		36.1	88.3		366.6
1989	102.8	93691		36.6	93.4		379.4
1990	110.0	98814		43.1	100.1		409.4
1991	111.9	100347		44.1	101.9		424.4
1992	110.8	104136		46.5	100.4		430.9
1993	112.0	107173		47.9	101.3		456.0
1994	111.7	110112		48.0	100.7		458.5
1995	104.4	111860		48.0	93.2		400.5
1996	104.2	113690		49.3	92.8		397.5
1997	102.4	117915	108.3	49.8	90.6	535.8	378.8
1998	95.2	119042	117.2	50.8	83.3	537.1	358.6
1999	91.6	114815	124.7	50.1	80.1	555.7	351.3
2000	84.0	108424	127.2	48.4	73.2	553.4	315.0
2001	79.2	91893	125.9	46.4	70.0	541.9	316.4
2002	76.7	86087	124.4	39.6	68.1	528.6	294.2
2003	74.1	77431	122.2	39.7	66.3	519.2	319.1
2004	72.2	77884	129.6	42.5	64.4	507.9	292.1
2005	70.9	79947	123.3	45.4	62.9	490.5	265.7
2006	70.4	80717	123.5	44.3	62.4	453.3	243.0
2007	69.5	82006	122.3	41.6	61.3	466.9	241.1
2008	68.8	83413	128.7	42.2	60.4	480.9	233.9
2009	68.4	84689	129.5	43.1	59.9	480.5	234.0
2010	68.2	87057	130.7	43.9	59.5	479.1	233.4
2011	67.9	89480	134.0	45.4	59.0	476.4	231.9
2012	68.0	91153	133.5	46.9	58.8	469.4	232.3
2013	68.3	94620	135.7	48.4	58.9	466.4	232.3
2014	68.2	96693	135.8	49.7	58.5	470.4	230.5
2015	68.1	96679	134.7	51.2	58.1	469.2	229.7
2016	66.2	103292	142.0	54.0	55.9	447.8	225.3
2017	66.1	106491	137.1	56.5	55.4	439.7	224.3
2018	65.0	107869	156.3	57.9	54.2	449.1	221.5
2019	64.3	109620	145.6	59.6	53.3	419.3	218.0
2020	61.5	113089	123.6	61.6	50.2	376.1	207.3
2021	60.6	116551	135.2	65.7	49.0	395.0	208.9

B-3-3 结婚登记

年份	结婚登记（万对）	内地居民登记结婚（万对）	涉外及华侨、港澳台登记结婚（万对）	结婚登记人数（万人）	初婚人数（万人）	再婚人数（万人）	#女（万人）	#恢复结婚（万对）	结婚率（‰）
1978	597.8	597.8							6.2
1979	637.1	636.3	0.8						6.7
1980	720.9	719.8	1.1						7.3
1981	1041.7	1040.3	1.4						10.4
1982	836.9	835.5	1.4						8.3
1983	765.4	764.2	1.3						7.5
1984	784.8	783.4	1.4						7.5
1985	831.3	829.1	2.2						7.9
1986	884.0	882.3	1.7						8.2
1987	926.7	924.7	2.0						8.6
1988	899.2	897.2	2.0						8.3
1989	937.2	935.2	2.0						8.4
1990	951.1	948.7	2.4						8.2
1991	953.6	951.0	2.6						8.3
1992	957.5	954.5	3.0						8.3
1993	915.4	912.2	3.3						7.8
1994	932.4	929.0	3.4						7.8
1995	934.1	929.7	4.4						7.7
1996	938.7	934.0	4.7	1877.4	1781.7	86.2	41.1	4.8	7.7
1997	914.1	909.1	5.1	1828.3	1726.0	92.2	46.3	6.3	7.4
1998	891.7	886.7	5.0	1783.4	1675.4	97.9	49.8	6.9	7.2
1999	885.3	879.9	5.4	1770.6	1659.4	100.5	50.0	5.8	7.1

注：$结婚率=\frac{登记结婚对数}{（当年期初人口数+当年期末人口数）/2}\times 1000‰$

B-3-3续表

年份	结婚登记（万对）	内地居民登记结婚（万对）	涉外及华侨、港澳台登记结婚（万对）	结婚登记人数（万人）	初婚人数（万人）	再婚人数（万人）	#女（万人）	#恢复结婚（万对）	结婚率（‰）
2000	848.5	842.0	6.5	1697.0	1581.4	102.6	50.8	5.6	6.7
2001	805.0	797.1	7.9	1610.0	1481.7	112.5	58.0	6.3	6.3
2002	786.0	778.8	7.3	1572.0	1440.3	117.2	60.2	6.8	6.1
2003	811.4	803.5	7.8	1622.8	1483.9	123.3	60.7	6.8	6.3
2004	867.2	860.8	6.4	1734.4	1569.6	152.0	77.1	8.5	6.7
2005	823.1	816.6	6.4	1646.2	1483.0	163.1	74.3	11.5	6.3
2006	945.0	938.2	6.8	1890.0	1705.6	184.4	86.7	10.7	7.2
2007	991.4	986.3	5.1	1982.8	1779.7	203.1	97.3	13.9	7.5
2008	1098.3	1093.2	5.1	2196.6	1972.5	224.1	108.0	16.2	8.3
2009	1212.4	1207.5	4.9	2424.8	2168.8	256.0	124.7	18.1	9.1
2010	1241.0	1236.1	4.9	2482.0	2200.9	281.1	138.8	19.0	9.3
2011	1302.4	1297.5	4.9	2604.8	2309.9	294.9	146.5	21.0	9.7
2012	1323.6	1318.3	5.3	2647.2	2361.2	286.0	145.8	23.0	9.8
2013	1346.9	1341.4	5.5	2693.8	2386.0	307.9	156.5	30.0	9.9
2014	1306.7	1302.0	4.7	2613.5	2286.8	326.7	168.7	34.8	9.6
2015	1224.7	1220.6	4.1	2449.4	2109.0	340.4	177.2	39.9	9.0
2016	1142.8	1138.6	4.2	2285.6	1913.3	372.4	195.0	47.4	8.3
2017	1063.1	1059.0	4.1	2126.2	1746.3	379.9	201.4	52.3	7.7
2018	1013.9	1009.1	4.8	2027.9	1598.7	429.2	230.6	56.3	7.3
2019	927.3	922.4	4.9	1854.7	1398.7	455.9	246.8	61.9	6.6
2020	814.3	812.6	1.7	1628.7	1228.6	400.1	219.0	55.5	5.8
2021	764.3	762.7	1.6	1528.6	1157.8	370.8	205.4	49.6	5.4

B-3-4　离婚登记

年份	离婚总数（万对）	民政部门登记离婚数（万对）		法院部门判决、调解离婚数（万件）	离婚率（‰）
		内地居民登记离婚数（万对）	涉外及华侨、港澳台登记离婚（对）		
1978	28.5	17.0	17.0		11.5	0.2
1979	31.9	19.3	19.3	82	12.6	0.3
1980	34.1	18.0	18.0	330	16.1	0.4
1981	38.9	18.7	18.7	46	20.2	0.4
1982	42.8	21.1	21.1	116	21.7	0.4
1983	41.8	19.7	19.7	126	22.1	0.4
1984	45.4	19.9	19.9	110	25.5	0.4
1985	45.8	19.6	19.6	108	26.2	0.4
1986	50.6	21.4	21.4	205	29.2	0.5
1987	58.1	23.6	23.6	220	34.5	0.6
1988	65.5	26.4	26.4	310	39.1	0.6
1989	75.3	28.8	28.7	518	46.5	0.7
1990	80.0	30.1	30.0	602	49.9	0.7
1991	83.1	30.1	30.0	588	53.0	0.7
1992	85.0	31.6	31.5	833	53.4	0.7
1993	91.0	33.6	33.5	968	57.4	0.8
1994	98.2	35.5	35.4	737	62.7	0.8
1995	105.6	36.8	36.7	813	68.8	0.9
1996	113.4	39.4	39.3	1175	74.0	0.9
1997	119.9	44.0	43.9	1385	75.9	1.0
1998	119.2	46.6	46.5	948	72.6	1.0
1999	120.2	47.8	47.7	975	72.4	1.0

注：$离婚率=\frac{离婚对数}{（当年期初人口数+当年期末人口数）/2}\times 1000‰$

B-3-4续表

年份	离婚总数（万对）	民政部门登记离婚数（万对）			法院部门判决、调解离婚数（万件）	离婚率（‰）
			内地居民登记离婚数（万对）	涉外及华侨、港澳台登记离婚（对）		
2000	121.3	48.9	48.8	1075	72.4	1.0
2001	125.0	52.8	52.5	2856	72.2	1.0
2002	117.7	57.3	56.8	5221	60.4	0.9
2003	133.0	69.0	68.7	3333	64.0	1.1
2004	166.5	104.6	104.0	5830	61.9	1.3
2005	178.5	118.4	117.5	8267	60.1	1.4
2006	191.3	129.1	128.3	8414	62.2	1.5
2007	209.8	145.7	144.8	8852	64.1	1.6
2008	226.9	161.0	160.0	9470	65.9	1.7
2009	246.8	180.2	179.6	5608	66.6	1.9
2010	267.8	201.0	200.4	5783	66.8	2.0
2011	287.4	220.7	220.2	5761	66.7	2.1
2012	310.4	242.3	241.7	6161	68.1	2.3
2013	350.0	281.5	280.9	6538	68.5	2.6
2014	363.9	295.7	295.1	6714	67.9	2.7
2015	384.3	314.9	314.3	6237	69.3	2.8
2016	415.8	348.6	348.0	6315	67.2	3.0
2017	437.4	370.4	369.8	6307	66.9	3.2
2018	446.1	381.2	380.5	7567	64.9	3.2
2019	470.1	404.7	404.0	7104	65.3	3.4
2020	433.9	373.6	373.2	4125	60.3	3.1
2021	283.9	214.1	213.9	2231	69.8	2.0

B-3-5 殡葬服务

年份	殡仪馆（个）	公墓（个）	殡仪服务站（个）	殡葬管理机构（个）	火化炉（台）	火化遗体（万具）
1978					*1712*	*117.5*
1979					*2300*	*102.1*
1980					*2510*	*98.7*
1981					*2586*	*85.4*
1982					*2622*	*96.2*
1983					*2622*	*108.0*
1984					*2686*	*128.2*
1985	*9*	*24*		*122*	*2729*	*155.2*
1986	*5*	*25*		*143*	*2745*	*155.5*
1987	*6*	*29*		*195*	*2752*	*162.0*
1988	*14*	*37*		*219*	*2729*	*180.9*
1989	*17*	*50*		*217*	*2768*	*182.3*
1990	1260	73		211	2795	201.3
1991	1283	84		234	2714	215.6
1992	1288	88		228	2852	242.6
1993	1264	136		296	2891	247.6
1994	1272	163		284	2882	257.1
1995	1281	209		302	2927	262.7
1996	1283	256		313	3005	282.7
1997	1289	359		340	2959	295.0
1998	1310	425		374	3157	319.7
1999	1318	624		402	3340	336.4
2000	1363	692		466	3565	373.7
2001	1415	757		540	4299	386.7
2002	1486	854		542	3945	415.2
2003	1515	855		599	4159	434.9
2004	1549	937		633	4792	436.9
2005	1594	1009		681	5037	450.2
2006	1635	1109		805	5649	430.2
2007	1708	1162		799	4838	442.1
2008	1692	1209		853	4789	453.4
2009	1729	1266		901	5123	454.2
2010	1724	1308		919	5229	474.1
2011	1745	1406		952	5209	468.1
2012	1782	1597		978	5539	477.7
2013	1784	1535		1063	5743	468.9
2014	1801	1617		1141	5908	459.3
2015	1821	1582		1127	6063	459.5
2016	1775	1386		1005	6206	471.8
2017	1760	1420		952	6361	482.0
2018	1730	1367		946	6444	501.7
2019	1677	1443	50	890	6400	522.7
2020	1722	1536	78	865	6619	555.8
2021	1774	1673	111	815	7043	596.6

注：1．斜体数据经过修正。

2．1989年以前部分数据统计不完全。

第五部分

当年分省统计资料

C-1-1 省级行政区划

单位：个

地　区	省级合计	直辖市	省	自治区	特别行政区
全　国	**34**	**4**	**23**	**5**	**2**
北　京	1	1			
天　津	1	1			
河　北	1		1		
山　西	1		1		
内蒙古	1			1	
辽　宁	1		1		
吉　林	1		1		
黑龙江	1		1		
上　海	1	1			
江　苏	1		1		
浙　江	1		1		
安　徽	1		1		
福　建	1		1		
江　西	1		1		
山　东	1		1		
河　南	1		1		
湖　北	1		1		
湖　南	1		1		
广　东	1		1		
广　西	1			1	
海　南	1		1		
重　庆	1	1			
四　川	1		1		
贵　州	1		1		
云　南	1		1		
西　藏	1			1	
陕　西	1		1		
甘　肃	1		1		
青　海	1		1		
宁　夏	1			1	
新　疆	1			1	
香　港	1				1
澳　门	1				1
台　湾	1		1		

C-1-2 地级与县级行政区划

单位：个

地 区	地级合计	地级市	地区	自治州	盟	县级合计	市辖区	县级市	县	自治县	旗	自治旗	特区	林区
全 国	**333**	**293**	**7**	**30**	**3**	**2843**	**977**	**394**	**1301**	**117**	**49**	**3**	**1**	**1**
北 京						16	16							
天 津						16	16							
河 北	11	11				167	49	21	91	6				
山 西	11	11				117	26	11	80					
内蒙古	12	9			3	103	23	11	17		49	3		
辽 宁	14	14				100	59	16	17	8				
吉 林	9	8		1		60	21	20	16	3				
黑龙江	13	12	1			121	54	21	45	1				
上 海						16	16							
江 苏	13	13				95	55	21	19					
浙 江	11	11				90	37	20	32	1				
安 徽	16	16				104	45	9	50					
福 建	9	9				84	31	11	42					
江 西	11	11				100	27	12	61					
山 东	16	16				136	58	26	52					
河 南	17	17				157	54	21	82					
湖 北	13	12		1		103	39	26	35	2				1
湖 南	14	13		1		122	36	19	60	7				
广 东	21	21				122	65	20	34	3				
广 西	14	14				111	41	10	48	12				
海 南	4	4				25	10	5	4	6				
重 庆						38	26		8	4				
四 川	21	18		3		183	55	19	105	4				
贵 州	9	6		3		88	16	10	50	11			1	
云 南	16	8		8		129	17	18	65	29				
西 藏	7	6	1			74	8		66					
陕 西	10	10				107	31	7	69					
甘 肃	14	12		2		86	17	5	57	7				
青 海	8	2		6		44	7	5	25	7				
宁 夏	5	5				22	9	2	11					
新 疆	14	4	5	5		107	13	28	60	6				

C-1-3 乡级行政区划

单位：个

地区	乡级合计	镇	乡合计	乡	民族乡	苏木	民族苏木	街道	区公所
全国	**38558**	**21322**	**8309**	**7197**	**958**	**153**	**1**	**8925**	**2**
北京	343	143	35	30	5			165	
天津	252	125	3	2	1			124	
河北	2254	1287	656	617	39			310	1
山西	1278	631	430	430				217	
内蒙古	1025	509	270	99	17	153	1	246	
辽宁	1354	640	201	147	54			513	
吉林	958	426	181	153	28			351	
黑龙江	1316	565	336	284	52			415	
上海	215	106	2	2				107	
江苏	1237	699	19	18	1			519	
浙江	1364	618	258	244	14			488	
安徽	1512	997	239	230	9			276	
福建	1102	655	252	233	19			195	
江西	1570	834	562	554	8			174	
山东	1825	1072	57	57				696	
河南	2457	1178	606	594	12			673	
湖北	1255	761	161	151	10			333	
湖南	1943	1133	389	306	83			421	
广东	1609	1112	11	4	7			486	
广西	1253	806	312	253	59			135	
海南	218	175	21	21				22	
重庆	1031	625	161	147	14			245	
四川	3101	2016	626	543	83			459	
贵州	1509	831	314	122	192			364	
云南	1418	665	539	399	140			214	
西藏	699	142	534	525	9			23	
陕西	1316	973	17	17				326	
甘肃	1356	892	337	305	32			127	
青海	404	140	222	194	28			42	
宁夏	242	103	90	90				49	
新疆	1142	463	468	426	42			210	1

C-1-4 民政部门

地 区	单位数	年末职工人数	#女性	受教育程度	
				大学专科	大学本科及以上
全 国	**3280**	**86285**	**31810**	**28339**	**46221**
中央级	1	309	97	1	308
北 京	18	1266	564	101	1102
天 津	17	527	203	103	380
河 北	184	6358	2498	2113	2435
山 西	129	1472	412	457	819
内蒙古	118	2973	1110	1010	1670
辽 宁	116	2231	783	588	1468
吉 林	70	898	238	171	598
黑龙江	139	2345	927	856	1243
上 海	18	646	337	25	592
江 苏	115	3178	1016	747	2179
浙 江	103	2826	1020	596	1944
安 徽	121	2304	746	696	1426
福 建	95	1674	534	538	859
江 西	115	3168	932	1240	1115
山 东	170	5016	1794	1513	3083
河 南	178	6359	2372	2447	2726
湖 北	120	3527	1264	1315	1686
湖 南	142	5933	2179	2400	2652
广 东	150	4346	1707	1181	2853
广 西	126	2018	772	655	1194
海 南	23	683	220	239	308
重 庆	40	1013	441	261	680
四 川	212	5215	1978	1912	2698
贵 州	100	3752	1418	1365	2027
云 南	148	4063	1547	1373	2176
西 藏	82	1195	582	322	656
陕 西	118	3197	1039	1246	1503
甘 肃	103	3269	1129	1091	1585
青 海	54	905	332	284	428
宁 夏	28	773	346	249	458
新 疆	127	2846	1273	1244	1370

行政机构

单位：个、人

职业资格水平		年龄结构			
助理社会工作师	社会工作师	35岁及以下	36岁至45岁	46岁至55岁	56岁及以上
2617	**2763**	**20120**	**30066**	**27820**	**8279**
		57	167	57	28
42	28	297	422	427	120
15		85	201	168	73
105	110	1414	2350	2021	573
13	18	193	408	668	203
60	68	749	1007	954	263
10	25	385	760	811	275
6		131	292	353	122
40	53	619	757	845	124
10	20	161	221	188	76
353	274	600	982	1195	401
171	186	557	945	979	345
157	141	462	724	831	287
50	151	350	417	653	254
52		592	1207	1030	339
225	389	1138	1846	1578	454
187	178	1673	2238	1968	480
104	123	687	985	1282	573
230	266	1250	2177	1855	651
153	177	1145	1410	1428	363
14	29	384	512	879	243
22	6	178	253	200	52
65	54	258	234	347	174
104	109	1239	1892	1612	472
80	76	1038	1471	996	247
136	60	821	1493	1364	385
18	6	621	417	147	10
33	39	849	1130	937	281
120	86	989	1255	808	217
12	5	227	405	226	47
13	27	189	288	236	60
17	11	782	1200	777	87

C-1-4续表

地区	职工按行政层级分				乡、镇、街道民政助理员
	中央级	省级	地级	县级	
全国	**309**	**3610**	**11401**	**70965**	**57101**
中央级	309				
北京		298		968	641
天津		122		405	348
河北		111	565	5682	4096
山西		74	245	1153	1491
内蒙古		82	390	2501	1539
辽宁		84	554	1593	1379
吉林		97	225	576	958
黑龙江		121	426	1798	1308
上海		221		425	399
江苏		126	548	2504	1737
浙江		110	352	2364	2188
安徽		106	424	1774	2104
福建		97	251	1326	1650
江西		80	328	2760	2078
山东		101	619	4296	3373
河南		127	708	5524	3475
湖北		107	462	2958	1835
湖南		146	592	5195	3342
广东		139	935	3272	2519
广西		79	356	1583	2187
海南		76	106	501	275
重庆		169		844	2339
四川		127	631	4457	3598
贵州		84	447	3221	2200
云南		121	499	3443	2557
西藏		91	242	862	638
陕西		99	321	2777	2282
甘肃		124	579	2566	2230
青海		74	159	672	501
宁夏		96	105	572	305
新疆		121	332	2393	1529

单位：人、万元

行政单位会计制度财务指标		
固定资产原价	本年收入合计	本年支出合计
3990429.3	**12692862.0**	**12949601.2**
26164.7	24130.2	25141.1
175224.6	735623.0	737745.5
22671.8	249608.8	291695.8
137427.5	526743.9	555055.0
98483.3	426304.3	449832.0
234271.0	260795.3	267226.6
66526.2	326753.5	343805.1
42153.5	48271.8	44084.1
98117.3	85333.9	97203.6
151643.0	1141817.1	1146230.2
140966.6	746259.6	742672.6
125572.9	986820.4	968916.9
86253.3	414025.6	432243.8
145717.9	288884.3	317973.9
52162.2	171169.0	178983.7
139621.9	455456.2	460008.1
102015.5	286718.2	285192.6
121710.5	317427.8	320716.9
127527.5	530710.7	552194.8
354125.3	1014779.8	1019988.9
150794.6	587667.2	617261.1
46569.0	106545.6	127076.8
64291.7	145977.0	142524.9
138856.2	484609.1	493053.6
186908.9	593592.1	587656.6
230007.7	641351.7	634930.4
119909.1	104109.3	126134.7
138441.1	288767.4	294061.1
60943.2	122432.4	127630.9
104611.5	148275.0	138883.8
95257.2	119654.4	134006.8
205482.6	312247.4	289469.3

C-1-5 民政部门登记和管理

地区	机构和设施数	按登记类型分				
		市场监管部门登记	编制部门登记	民政部门登记	自治组织	设施和多牌子机构
全国	**2379951**	**7602**	**25136**	**902422**	**606124**	**838667**
中央级	2298		19	2279		
北京	29408	122	476	12892	7206	8712
天津	18021	45	55	6367	5311	6243
河北	171792	396	594	36845	53411	80546
山西	68839	93	360	18544	21892	27950
内蒙古	36584	58	477	17306	13655	5088
辽宁	68594	136	334	26893	16101	25130
吉林	42349	551	758	13439	11363	16238
黑龙江	46003	510	441	20313	12208	12531
上海	39731	90	239	17371	6132	15899
江苏	138864	543	1354	89247	21303	26417
浙江	147048	431	855	72825	24951	47986
安徽	79282	417	461	35616	17941	24847
福建	89257	256	586	35436	17185	35794
江西	95220	128	1853	28300	21180	43759
山东	208466	523	813	63697	61461	81972
河南	164991	868	2405	49917	52034	59767
湖北	105111	226	1733	31600	26577	44975
湖南	131187	267	2393	38384	29286	60857
广东	152741	360	1853	71836	26443	52249
广西	63365	133	556	29493	16460	16723
海南	15496	14	67	8830	3197	3388
重庆	48005	562	599	18581	11228	17035
四川	107492	404	2291	45535	34358	24904
贵州	63535	120	984	14742	17858	29831
云南	56835	144	1054	23037	14748	17852
西藏	6369		74	660	5561	74
陕西	65367	64	642	31216	20009	13436
甘肃	54193	45	282	21645	17400	14821
青海	17137	9	51	6232	4666	6179
宁夏	11610	37	88	5070	2860	3555
新疆	34761	50	389	8274	12139	13909

的机构和设施总表

单位：个、人

按行业分类分				年末职工人数	#女性
*社会工作	*成员组织	*其他社会服务	其他事业单位		
929025	**1508546**	**5442**	**1356**	**17304210**	**6575882**
4	2279		15	50844	21911
10432	20098	60	38	311397	182619
6756	11678	27	11	125458	62984
82959	90256	217	29	1207517	366040
28883	40436	88	35	427418	160524
6010	30961	160	18	261637	94417
27643	42994	459	58	442667	210857
17996	24802	190	5	175116	60871
15259	32521	168	17	238748	88578
21484	23503	90	37	407113	91370
50673	110550	291	50	1007906	284552
57476	97776	315	138	1029524	498650
27877	53557	171	22	655545	253348
38062	52621	204	54	476922	163505
45777	49480	139	187	769024	238001
85911	125158	297	38	1596937	671585
64030	101951	390	113	1156614	447084
47366	58177	230	59	598451	250322
63964	67670	231	83	880509	341757
55507	98279	305	31	1362892	621360
17568	45953	158	50	452516	205608
3683	12027	19	4	103749	35914
19023	29809	152	26	377966	195153
29208	79893	309	121	817211	330981
31044	32600	139	28	401392	128441
18985	37785	211	25	524562	145678
151	6221	3		49073	11135
14825	51225	155	30	559422	157790
15540	39045	86	14	333818	67264
6562	10898	16	4	127495	32580
3749	7930	52	4	60775	25345
14618	20413	110	12	313992	129658

注：“成员组织”中的一些机构，也隶属于行业分类中的“社会工作”类和“其他社会服务”类行业，在计算“机构和设施数”时，对其进行了剔重处理。

C-1-5续表1

地　区	受教育程度		按登记类型分			
	大学专科人数	大学本科及以上人数	市场监管部门登记	编制部门登记	民政部门登记	设施和多牌子机构
全　国	**3412401**	**2751097**	**129164**	**322272**	**11007050**	**5843367**
中央级	6733	43445		1449	49395	
北　京	114799	130566	4126	10054	216468	80749
天　津	21410	43023	1061	2071	70285	52041
河　北	162099	105076	4773	12561	757606	432577
山　西	73494	68583	1132	6205	243317	176764
内蒙古	55816	31712	823	7371	172016	81427
辽　宁	112237	101694	2239	9189	249044	179838
吉　林	27010	10977	5450	10329	83785	75552
黑龙江	38163	21536	2725	9742	112780	113501
上　海	110097	48529	4449	8398	322075	72191
江　苏	146932	130712	12093	21094	754995	219724
浙　江	261509	250048	8729	13536	688264	318995
安　徽	184267	128321	4893	7012	454327	189313
福　建	72979	51304	4660	5620	251038	215604
江　西	105600	72196	1714	12927	501336	253047
山　东	357704	340462	8466	13919	1029110	545442
河　南	222578	166611	9256	25913	618862	502583
湖　北	120945	79177	4404	18934	315446	259667
湖　南	174067	115782	5445	19973	548354	306737
广　东	314346	296697	11467	25894	996581	328950
广　西	74619	39804	3241	11502	298839	138934
海　南	15529	10664	472	964	66681	35632
重　庆	112005	89722	8487	6602	222579	140298
四　川	169292	138367	7175	21941	560827	227268
贵　州	73351	45469	3935	7247	176041	214169
云　南	66242	60381	3790	7765	358962	154045
西　藏	4105	5141		1296	14708	33069
陕　西	75606	46082	1660	9310	413279	135173
甘　肃	39594	21100	939	4627	221727	106525
青　海	18222	8764	126	892	84112	42365
宁　夏	12123	7588	857	1841	32391	25686
新　疆	68928	41564	577	6094	121820	185501

单位：人

职业资格水平		年龄结构			
助理社会工作师人数	社会工作师人数	35岁及以下人数	36岁至45岁人数	46岁至55岁人数	56岁及以上人数
250023	**182111**	**5904622**	**5719673**	**3968500**	**1704424**
16	53	10347	15547	15233	9717
8941	4926	114991	85248	87296	23862
5552	2450	37093	48376	31817	8150
5868	13469	569344	316009	220995	101146
9533	4235	146046	134652	98830	47827
2510	1864	90905	88141	59958	22500
20831	8318	144109	154395	101670	42493
3660	2941	41740	88510	34961	9905
4059	2472	66575	94580	58686	18907
4276	9579	118140	150467	99925	38571
15503	8939	339967	383254	207716	76969
32068	19345	315196	290200	267925	156203
6900	3994	218455	267083	135805	34184
5894	4353	148236	162208	120985	45493
5565	1653	218698	304048	167834	78444
27470	27937	485453	472448	411990	226974
7291	5748	424666	355886	247042	129020
8484	3244	196943	207868	143522	49738
8059	5804	298505	284206	211107	86691
32832	24900	580459	410878	268272	103270
1527	1460	141493	158637	101254	51091
1744	229	31753	41561	22080	8355
10298	6021	147657	106024	88476	35689
7582	5624	275438	286331	160374	95068
2808	1140	143405	140089	92702	25196
1149	468	150241	172346	138911	63025
131	113	15227	16848	11021	4116
3550	3420	162661	172940	175329	48358
1456	1165	93809	127063	78363	32106
1202	877	39736	46960	22698	16516
1055	1034	19797	21155	14935	4888
2209	4336	117537	115715	70788	9952

C-1-5续表2

地　区	企业会计制度财务指标			
	固定资产原价	营业收入	费用合计	营业利润
全　国	**4576277.0**	**2497872.4**	**900711.6**	**472491.6**
中央级	33730.1	19424.5	11093.6	1680.6
北　京	108185.9	115070.5	82936.7	607.8
天　津	24616.4	13366.8	8201.9	668.2
河　北	122415.1	30674.2	16102.0	-4297.2
山　西	47118.1	18072.7	7383.1	853.9
内蒙古	28174.3	8345.8	3593.3	615.8
辽　宁	67207.5	24250.4	9206.9	1460.5
吉　林	53939.1	6981.9	2651.6	1499.6
黑龙江	55117.5	16338.7	7291.3	17367.8
上　海	362743.8	839910.2	140673.1	329385.1
江　苏	304158.9	128433.6	52663.7	43048.6
浙　江	145351.1	144079.7	50519.7	14813.8
安　徽	223518.3	29542.3	8914.8	5091.5
福　建	193182.8	138218.5	30480.8	21621.8
江　西	55953.1	27851.1	10542.8	412.2
山　东	413445.1	42000.5	21936.7	-947.5
河　南	224949.2	33541.2	14156.8	1074.6
湖　北	99941.3	51955.6	14838.9	9280.5
湖　南	206383.8	45097.7	20473.1	2827.0
广　东	357093.0	225210.1	155608.6	9338.7
广　西	133314.7	65177.2	20601.7	9000.6
海　南	29237.2	11489.5	3294.6	27.9
重　庆	273692.7	94123.0	41740.4	-381.9
四　川	228799.1	124287.5	43938.4	2955.0
贵　州	216349.5	140460.3	83835.2	1130.5
云　南	347289.7	30643.3	13018.2	875.9
西　藏	17889.2	31.4	18.7	
陕　西	69669.3	34385.2	14715.8	1116.4
甘　肃	37667.3	28182.0	3890.0	1178.9
青　海	54469.0			
宁　夏	22877.7	8357.0	5566.7	167.0
新　疆	17797.2	2370.0	822.5	18.0

单位：万元

事业单位会计制度财务指标			民间非营利组织会计制度财务指标		
固定资产原价	本年收入合计	本年支出合计	固定资产原价	本年收入合计	本年费用合计
15154748.0	**7117611.9**	**6877381.9**	**66368606.0**	**84514580.6**	**65258501.6**
420435.4	169810.3	193536.1	1698690.2	7606467.7	6411725.6
579850.9	562175.6	554700.9	2056866.4	5861447.5	6659309.5
189803.1	103034.4	97077.5	377914.4	657074.5	1022564.1
484170.6	216312.5	210043.5	2546215.9	2348649.8	2013401.2
292899.4	117767.7	119456.3	2462479.3	535474.6	676262.3
312557.9	117911.6	107951.7	200295.4	132587.1	159766.0
461757.2	196444.9	212545.2	2017023.0	1599651.6	985602.5
305902.9	134978.9	122732.0	35543.9	33939.4	40528.9
510845.7	173820.2	180721.4	182809.0	65025.6	120938.1
301578.5	344234.4	302736.1	3476331.1	7920004.2	7370870.6
1094621.9	518263.1	498021.3	2347045.5	5300363.7	4242057.3
519132.2	390411.1	386207.5	4578787.5	5963606.1	5553114.0
284693.0	135292.5	145486.1	2451673.8	928501.5	812878.7
203564.4	154302.1	143208.3	1062108.0	864659.7	823732.9
646720.0	119211.8	116581.3	468465.0	787910.6	614802.7
874722.5	367237.6	354847.4	9170342.7	1421991.9	6083664.4
518788.4	168795.8	176270.0	4816468.8	1974433.1	1653908.0
932362.0	346268.2	309332.7	962340.3	1266803.9	1240647.8
720015.2	321331.2	284888.9	1062776.0	1172378.6	1160503.3
1580366.6	1010737.5	918887.7	10031591.9	30190468.6	9651825.3
366458.2	179339.6	180494.2	1175486.6	1258127.6	1321643.4
134909.0	27064.7	40169.7	115488.3	33195.4	69097.8
355562.1	184435.6	186757.3	4123250.0	2015487.6	1881414.7
760873.7	392914.2	388966.4	4994547.3	2709135.3	2577501.8
348338.6	118037.6	103236.6	543917.7	625564.0	537761.1
444555.4	113737.8	109867.9	667091.6	383452.9	423538.1
85037.5	12062.7	13905.4	26443.6	14001.7	13445.2
565989.8	183064.3	180753.6	1328224.0	457723.1	582210.4
292899.5	82550.0	73027.8	184690.6	101317.0	119277.8
42218.9	14852.9	15191.1	69087.6	35938.1	27033.9
166181.7	31949.2	33713.8	166038.1	177761.7	170494.1
356935.8	109261.9	116066.2	968572.5	71436.5	236980.1

C-1-6 分省份民政事业

地 区	人均民政事业费支出（元/人）	民政事业费占财政支出比重（%）	每万人拥有民政服务机构和设施（个/万人）	每万人拥有民政服务机构和设施职工（人/万人）
全 国	**331.2**	**1.9**	**6.6**	**28.7**
北 京	741.5	2.3	4.8	33.4
天 津	463.6	2.0	4.9	27.2
河 北	213.1	1.8	11.2	36.8
山 西	335.2	2.3	8.3	27.6
内蒙古	531.1	2.4	2.6	15.2
辽 宁	284.2	2.0	6.6	30.7
吉 林	364.7	2.3	7.7	25.7
黑龙江	314.0	1.9	4.9	24.5
上 海	688.8	2.0	8.7	48.1
江 苏	314.1	1.8	6.0	30.8
浙 江	301.4	1.8	8.8	42.5
安 徽	355.1	2.9	4.6	21.9
福 建	251.3	2.0	9.1	39.0
江 西	337.9	2.3	10.2	38.2
山 东	250.0	2.2	8.5	34.8
河 南	221.2	2.1	6.5	32.7
湖 北	347.0	2.5	8.2	30.9
湖 南	270.8	2.1	9.7	32.8
广 东	255.6	1.8	4.4	19.6
广 西	323.7	2.8	3.5	13.2
海 南	243.5	1.3	3.6	21.5
重 庆	361.5	2.4	6.0	32.1
四 川	332.8	2.5	3.5	14.4
贵 州	391.8	2.7	8.1	36.1
云 南	399.4	2.8	4.1	19.2
西 藏	693.7	1.3	0.4	5.9
陕 西	366.1	2.4	3.8	16.8
甘 肃	545.7	3.4	6.3	17.5
青 海	791.8	2.5	11.1	40.8
宁 夏	537.4	2.7	5.2	21.4
新 疆	457.5	2.2	5.7	48.6

孤儿集中养育标准占当地人均消费支出比重（%）	孤儿社会散居标准占当地人均消费支出比重（%）	城市低保标准占当地城镇居民人均消费支出比重（%）	农村低保标准占当地农村居民人均消费支出比重（%）	农村低保标准占城市低保标准比例（%）
84.5	**62.6**	**28.2**	**40.0**	**74.5**
60.5	60.5	31.9	63.4	100.0
93.6	93.6	33.6	62.8	100.0
89.1	63.9	35.2	36.1	65.2
104.3	70.0	33.6	49.8	77.0
100.3	85.2	33.6	42.5	72.8
101.3	80.2	29.8	41.5	71.6
91.8	67.3	30.1	39.8	72.6
108.7	82.5	31.9	34.8	67.8
51.6	46.6	31.1	58.7	100.0
99.4	74.7	26.4	44.9	98.5
71.0	56.1	26.6	44.2	100.0
87.2	66.4	31.1	47.9	99.8
76.6	61.3	25.3	44.2	99.5
94.6	69.8	37.5	41.6	70.7
104.7	83.6	33.3	53.2	77.8
89.4	63.6	31.3	34.0	65.9
110.2	68.9	28.4	34.3	74.9
75.9	52.8	25.1	31.0	74.1
78.8	61.8	30.0	44.0	80.2
89.4	63.9	41.1	38.2	58.4
90.0	68.3	25.1	38.8	86.9
72.0	62.3	25.6	39.1	82.4
80.6	53.0	27.8	32.4	71.1
105.3	71.3	30.8	37.3	59.9
126.8	82.2	29.2	39.8	61.6
90.2	76.9	41.4	47.9	43.5
86.2	62.6	31.5	40.5	68.2
93.2	72.8	30.3	43.8	62.9
87.8	63.2	32.6	37.0	61.7
72.9	56.2	28.8	38.2	70.8
88.5	63.6	27.3	42.7	77.9

注：人口数、居民人均消费支出数据使用国家统计局发布数据。

C-1-6续表

地　区	每千名老年人拥有养老床位数（张/千人）	老龄补贴人数占老年人比例（%）	城市社区综合服务设施覆盖率（%）	农村社区综合服务设施覆盖率（%）
全　国	**30.5**	**14.9**	**100.0**	**79.5**
北　京	28.3	20.7	100.0	100.0
天　津	23.3	1.7	97.8	81.4
河　北	30.4	10.0	100.0	90.3
山　西	25.2	3.6	100.0	92.6
内蒙古	44.2	15.7	69.3	5.3
辽　宁	22.6	2.7	100.0	92.1
吉　林	27.8	2.6	100.0	100.0
黑龙江	28.5	3.2	100.0	76.5
上　海	28.7	70.7	69.8	84.5
江　苏	39.3	26.8	95.8	60.1
浙　江	33.4	10.4	100.0	95.0
安　徽	38.7	21.9	100.0	88.4
福　建	40.9	17.8	100.0	100.0
江　西	34.0	14.8	100.0	99.9
山　东	30.2	3.1	100.0	100.0
河　南	25.1	12.7	100.0	89.0
湖　北	39.0	12.5	100.0	88.1
湖　南	33.4	6.0	100.0	100.0
广　东	28.3	19.2	100.0	100.0
广　西	30.1	14.9	77.4	16.4
海　南	8.5	15.5	100.0	93.6
重　庆	28.8	7.6	100.0	91.5
四　川	25.2	20.7	76.4	18.6
贵　州	28.1	13.9	100.0	100.0
云　南	17.9	15.8	97.7	97.7
西　藏	35.6	4.2	6.0	0.1
陕　西	26.6	39.1	78.0	8.4
甘　肃	36.4	2.8	100.0	23.4
青　海	24.6	79.4	100.0	85.7
宁　夏	33.2	4.6	77.3	69.4
新　疆	28.8	16.6	100.0	88.0

残疾人两项补贴对象人数占持证残疾人数比例（%）	人均福利彩票销售额（元/人）	每万人口拥有持证社会工作者（人/万人）	火化率（%）
70.9	**100.7**	**5.2**	**58.8**
38.4	163.6	17.9	92.4
49	107.7	9.6	95.1
66.4	62.8	1.6	50.7
61.1	72.2	2.7	12.8
78.2	127.5	3.6	47.8
62.5	126.3	5.3	93.4
71.3	107.6	5.8	67.1
63.4	85.1	3.1	76.4
49.7	174.3	13.1	100
77.2	95.5	10	98.2
65.2	177.8	17.2	87.7
87.8	72.6	3	64.8
86.1	95.4	6.3	82.4
75.9	63.5	1.9	81.5
68.3	88.9	4.4	95.6
73.1	50.1	1.4	50.4
74.1	93.2	4.4	55.3
74.2	77.7	2.5	22.8
84.8	127.6	9.6	83
77.6	67.9	1.4	30.2
78.7	43.8	1.4	8.8
55.3	102.2	4.9	29.6
66.1	88.7	3.8	33.4
56.4	72.6	1	43.5
67	144.2	1.8	53.5
100	193.4	0.5	4.3
77.1	140.9	4.8	24.9
71	90.8	2.1	11.5
84.6	172.8	1.6	20.2
91.3	178.2	4.2	9.1
67.3	202.3	1.7	19

注：残疾人两项补贴人数占比、老龄补贴人数占比均采用简单加总数据计算，暂无法区分一人同时享受两种或多种补贴情况，数据仅供参考分析。

C-1-7 社会工作者

地区	累计考试合格人数合计	高级社会工作师			
		累计考试合格人数	当年考试通过人数	当年报考人数	当年实考人数
全国	**737331**	**1176**	**394**	**8585**	**5659**
北京	39181	55	26	725	549
天津	13208	4		177	126
河北	12246	25	8	231	150
山西	9437	16	5	136	93
内蒙古	8587	19	6	280	199
辽宁	22342	11	2	277	164
吉林	13835	8	2	145	124
黑龙江	9690	13			
上海	32629	60	12	334	166
江苏	85050	81	29	651	403
浙江	112644	79	24	1227	662
安徽	18309	26	9	216	131
福建	26545	65	35	409	263
江西	8796	4	1	70	47
山东	44891	132	40	784	539
河南	14262	43	15	210	150
湖北	25871	30	11	185	135
湖南	16745	21	4	144	93
广东	121647	334	103	1261	913
广西	7302	5	2	97	62
海南	1453	4	1	21	19
重庆	15846	29	16	148	91
四川	32134	51	21	262	194
贵州	3662	5	3	55	42
云南	8407	16	4	134	81
西藏	169			1	1
陕西	18954	27	10	222	143
甘肃	5170	8	4	48	36
青海	961	1		12	7
宁夏	3076	3	1	56	40
新疆	4282	1		67	36

职业资格水平

单位：人

社会工作师				助理社会工作师			
累计考试合格人数	当年考试通过人数	当年报考人数	当年实考人数	累计考试合格人数	当年考试通过人数	当年报考人数	当年实考人数
176691	**16348**	**237063**	**181895**	**559464**	**52870**	**572794**	**441452**
10306	824	10320	8535	28820	1966	18433	15604
3126	230	2690	2239	10078	481	3433	2729
3883	443	5603	4567	8338	1068	10742	8922
2882	264	3661	2829	6539	863	8363	6447
3426	374	6966	5886	5142	651	9100	7650
6168	300	4776	3831	16163	792	9481	7491
2939	180	3814	3353	10888	808	11760	10392
2542				7135			
8743	545	11249	6280	23826	1242	17708	9742
19204	1362	18124	14160	65765	4379	49930	37496
25200	3151	45332	33681	87365	11883	129940	97780
4722	500	6670	4980	13561	1209	14643	10954
7161	767	10712	7646	19319	2611	25920	18205
1864	278	3970	2875	6928	1197	14327	10952
14891	1812	21680	17181	29868	4130	34021	27559
3797	362	5052	3770	10422	1231	9780	7685
4958	603	9208	7570	20883	2890	31201	25882
4100	377	4883	3826	12624	890	9662	7576
23550	1749	23890	19808	97763	6572	60403	49228
1604	165	3096	2351	5693	611	7898	6194
259	37	825	620	1190	165	2894	2186
3501	287	3951	2998	12316	1266	13932	10728
6621	788	11275	9074	25462	2557	33770	27655
701	80	1954	1279	2956	331	4234	2959
1821	257	6071	4435	6570	1256	16560	12756
30	12	366	283	139	30	884	724
5287	335	3625	2782	13640	839	5397	4207
1235	127	2663	1918	3927	423	5370	3891
204	17	541	402	756	61	1831	1440
746	58	1787	1476	2327	265	4284	3445
1220	64	2309	1260	3061	203	6893	2973

C-1-8 1952—2021年民政

地 区	1952年	1953年	1954年	1955年	1956年	1957年	1958年
全 国	**28265**	**35484**	**60390**	**49842**	**56906**	**53119**	**32693**
中央级	6	443	20619	8736	270	85	82
北 京	198	237	276	247	584	302	376
天 津	208	315	131	157	217	240	194
河 北	2849	4558	4764	4526	9681	6640	2494
山 西	1253	1398	1531	1373	2096	1953	2279
内蒙古	912	370	306	364	625	417	505
辽 宁	611	1434	1392	1298	1638	1339	1098
吉 林	346	595	880	856	1331	1610	1126
黑龙江	640	831	912	952	1442	1336	948
上 海	550	306	411	729	1121	1073	464
江 苏	1980	1993	2051	3003	4052	5051	2617
浙 江	398	426	505	757	1430	988	672
安 徽	2051	4061	3382	3453	4748	4306	1642
福 建	828	732	789	933	1473	866	823
江 西	1519	1040	1368	2253	1889	1802	1717
山 东	2624	3993	5082	3975	3664	5261	3795
河 南	1440	2745	2307	2494	4360	5539	2990
湖 北	2719	1058	2765	2664	1306	1505	1210
湖 南	1255	1089	3381	2205	2259	2177	1344
广 东	1762	1454	1270	1407	2725	2729	1223
广 西	516	645	735	700	1414	1589	582
海 南							
重 庆							
四 川	1583	2035	2052	2646	3570	2606	1982
贵 州	368	686	633	567	618	494	331
云 南	630	695	875	740	908	599	514
西 藏			43	207	91		2
陕 西	519	1023	984	1135	1794	1250	588
甘 肃	390	1074	675	1171	1083	871	539
青 海	52	134	140	154	281	237	164
宁 夏							92
新 疆	58	114	131	140	236	254	300

事业费支出情况

单位：万元

1959年	1960年	1961年	1962年	1963年	1964年	1965年
44786	**72444**	**98912**	**74475**	**87533**	**161510**	**107869**
192	262	39			31	2325
751	824	658	542	638	816	1047
4148	5070	10807	5780	15681	31433	18545
1656	2659	2896	2556	2640	2361	2899
873	525	785	1468	1124	1360	1440
1249	4475	4392	3933	3467	3382	2942
764	1055	1271	1660	2138	2235	1798
782	991	1485	2151	2362	2796	2611
475	471	422	539	874	1074	1220
2956	4843	4107	4873	7282	11070	5506
874	857	1414	1597	1166	1152	1351
3169	3161	4704	3530	5431	10567	3347
4141	2823	2798	1493	1687	1394	1463
1691	2179	3224	3168	2273	3081	1989
4494	8141	11332	6963	7201	11079	15807
2672	10271	11417	8107	10099	48554	17841
2466	4428	4569	3767	3468	3319	2790
967	1690	4299	2697	2834	4522	2482
2982	4608	3475	2830	3146	3056	2664
903	997	2687	1505	2125	4006	1983
2583	6315	9758	5918	4227	4495	5179
613	750	2390	1429	1792	1808	1726
675	880	1692	773	1250	1494	1596
1	25	48	117		133	192
1109	1113	1530	1422	1640	1918	3137
681	1778	4522	2464	2988	2310	1611
447	576	1028	1005		465	695
239	428	303	365		378	284
233	249	860	1823		1212	1399

C－1－8续表1

地　区	1966年	1967年	1968年	1969年	1970年	1971年	1972年
全　国	**88112**	**81887**	**56154**	**66683**	**65349**	**68269**	**81549**
中央级	454	534	308	11			
北　京	914	939	868	820	895	974	1192
天　津		473	439	572	405	407	546
河　北	12395	6983	4443	5333	2054	3591	5482
山　西	4447	2692	2478	2579	4777	4563	4025
内蒙古	2182	2401	1194	842	891	649	1020
辽　宁	2572	2781	2473	3542	2867	3922	4574
吉　林	1704	1745	1579	1890	1837	1968	1753
黑龙江	2548	2169	1775	2355	2247	2317	2768
上　海	1472	1654	1410	1359	1442	1554	1676
江　苏	7298	5400	3756	3839	4191	4969	7368
浙　江	1142	1366	1486	1481	1496	1517	2399
安　徽	4119	6861	4025	4246	5547	3365	4639
福　建	1673	1738	1727	1922	1463	1481	1721
江　西	2145	2318	1637	1924	2047	2357	2357
山　东	9458	9844	5878	7622	6442	9034	8801
河　南	9303	8611	4105	6983	4947	4699	4799
湖　北	2579	3177	2651	3509	4197	3116	3462
湖　南	2141	2562	1848	2019	1668	1602	2272
广　东	2454	2644	2046	2639	2734	2410	2800
广　西	1997	2541	1641	1607	1555	1827	1713
海　南							
重　庆							
四　川	4774	4067	3374	3439	3678	4518	5615
贵　州	1730	1926	1224	1314	1646	1535	2116
云　南	1772	1412	807	1018	2460	1454	1746
西　藏	374			96	100	104	173
陕　西	3623	1874	1477	1733	1778	2099	2415
甘　肃	1161	1963	671	989	952	968	2206
青　海	409	185	190	246	207	291	366
宁　夏	272	287	200	238	242	354	810
新　疆	1000	740	444	516	584	651	727

单位：万元

1973年	1974年	1975年	1976年	1977年	1978年	1979年
99675	**90406**	**127082**	**161690**	**185288**	**137135**	**183279**
8	10				11	44
1506	1284	1461	1742	3068	1990	2238
762	937	881	933	13670	1061	1482
8727	5925	5960	7041	36568	11605	9140
4696	3587	3420	4111	4813	5437	8154
1914	1575	1559	2502	1873	2040	5922
5590	3902	18731	14705	7427	6103	5607
2174	2500	2448	2834	3677	3869	3477
3701	3884	3701	4176	5463	5545	5149
1885	2088	2263	2469	2581	2777	3290
6988	7258	8001	7719	8031	9208	10019
2103	1973	1984	2424	2641	2853	3475
4625	3981	5828	15690	6300	6756	13263
2142	2150	1991	2432	2826	2730	3272
4039	3220	2964	3606	3981	3953	8610
8110	8601	10417	9746	10599	12292	15169
5474	4190	24152	40056	21437	14140	19495
4747	3487	4471	5463	5160	6149	9597
3321	2580	2942	3442	3550	4380	6747
4041	5051	3836	4884	5546	5435	8146
1597	1669	1653	1963	2355	2073	4019
6780	5936	6061	9037	12602	8511	12722
3574	1955	2352	2748	3296	2740	4767
1509	2245	2242	3428	3783	2948	3478
228	195	206	289	270	379	1366
3435	2986	2579	3174	4575	4834	5780
3421	4183	2603	2240	5485	4030	5204
311	342	521	407	514	696	853
1369	1813	600	1150	1780	1090	1040
896	909	1255	1279	1417	1500	1754

C-1-8续表2

地　区	1980年	1981年	1982年	1983年	1984年	1985年	1986年
全　国	**174769**	**192267**	**191874**	**216116**	**242371**	**295841**	**344064**
中央级	103	138	78	163	286	443	2526
北　京	2802	3167	3416	4063	4904	5719	7287
天　津	1474	1670	1669	2194	3101	3583	4113
河　北	11165	13597	10179	9692	12427	16654	16581
山　西	6749	7893	7854	7015	7924	10683	10193
内蒙古	5714	6218	5135	7379	7909	9030	11684
辽　宁	6671	8073	10591	11727	11741	18341	22112
吉　林	4482	4970	4951	6300	5952	8391	13570
黑龙江	5370	6562	8005	9546	8782	10119	13791
上　海	3375	3381	3215	3170	3540	4467	5503
江　苏	11269	12914	11991	14750	16403	16254	20586
浙　江	3703	3897	4070	4808	6480	8174	10211
安　徽	9385	9550	7521	12093	14059	14340	13524
福　建	3625	4268	4773	5506	5601	8298	7657
江　西	6289	5309	6183	7093	8360	8364	9768
山　东	16327	14126	18998	17811	17413	22757	22496
河　南	12007	10921	12862	15216	13710	18456	20939
湖　北	9265	12458	7956	10798	10760	11860	14581
湖　南	7026	8924	7546	10428	10373	12357	15013
广　东	8337	7767	9550	9035	12337	14516	15526
广　西	3213	3674	3897	4779	6382	9438	9634
海　南							
重　庆							
四　川	12063	15429	14542	13943	17823	20667	24973
贵　州	4123	4718	4354	5211	5833	9182	8657
云　南	4172	4599	4231	5251	7025	10137	13752
西　藏	1704	1208	1151	1357	1821	1391	1789
陕　西	5390	8198	6271	5820	6313	7545	8586
甘　肃	4801	4338	5778	4902	8983	6541	7655
青　海	862	915	1068	1270	1674	1918	2134
宁　夏	1385	1118	1819	2329	1497	1826	1990
新　疆	1918	2267	2220	2467	2958	4395	4768

单位：万元

1987年	1988年	1989年	1990年	1991年	1992年	1993年
359278	**395646**	**466492**	**519383**	**625359**	**637097**	**698708**
2742	1297	1185	1517	1792	3217	3108
8906	11355	12805	14738	16249	19073	26105
4531	5209	5861	6585	7176	8173	9218
20578	24272	26484	32162	30785	33344	38161
11833	13977	15845	15976	17378	19264	19515
10867	11254	10975	13510	13449	14250	15314
18104	19595	22233	26318	26380	29561	32903
14016	10692	11439	14155	14619	16553	18461
13686	14205	15127	15982	18411	19734	19377
5603	3965	4741	5364	6270	7742	10368
21208	23816	27647	33150	50604	48290	47590
12353	16113	18710	21111	22094	22124	26924
12942	14854	16444	19755	80611	39002	26982
9238	10332	11213	13935	15070	18423	20141
11546	13240	15076	15791	16915	21249	21410
29017	31890	39382	44965	46744	52525	62616
22760	21784	26566	24275	27675	31304	34498
14846	17804	20704	21092	23318	23677	28918
15167	19110	22384	24981	23436	24712	29096
17076	16675	20206	21863	25022	29602	43983
9054	9757	11955	11313	12728	14317	16760
	2338	3659	3366	3843	4270	4630
25524	28123	32186	36228	39004	42563	49037
9092	9408	11568	12079	11043	11761	15154
12712	14934	31640	33901	38725	41026	30502
1828	1795	2116	2909	3499	2647	2598
9299	10602	12277	13688	13412	16805	20107
7238	8346	7681	8813	9124	11256	12186
1837	1750	1802	2086	2036	2387	2965
1780	2609	1805	2000	2206	2456	2464
4896	4549	4776	5775	5741	5790	7617

C−1−8续表3

地　区	1994年	1995年	1996年	1997年	1998年	1999年	2000年
全　国	**870194**	**1034502**	**1211500**	**1335202**	**1618445**	**1946843**	**2296954**
中央级	4077	3703	6371	5954	50783	11856	29338
北　京	36146	44073	54012	61184	74406	97748	150746
天　津	11970	15023	17254	19738	20952	20611	30547
河　北	48303	58804	74364	71151	79064	88202	113381
山　西	22995	31008	37882	37150	39519	45466	56815
内蒙古	18378	20470	26012	26773	35484	35659	44674
辽　宁	44239	60067	59580	65370	74946	85394	131675
吉　林	24648	30876	31416	33928	52337	53311	51153
黑龙江	26195	28798	30459	33020	55977	60566	61753
上　海	15557	19773	23984	30860	37336	54151	87021
江　苏	59349	69907	80163	93383	108862	121349	159691
浙　江	40044	43610	50852	60657	65733	88269	97755
安　徽	26883	37348	43979	50559	56473	72895	72568
福　建	25502	31904	34498	46134	49421	50996	67797
江　西	23815	30354	33883	35962	47177	45334	49521
山　东	71995	76826	88009	101613	112960	131746	159315
河　南	44163	52458	59353	64155	68311	80338	102698
湖　北	39148	40291	50385	58511	85285	75622	113381
湖　南	35093	42680	53778	48234	54533	73272	80343
广　东	53653	64806	75354	88748	96993	112133	144461
广　西	30480	28730	36280	28944	30995	31950	35135
海　南	6163	7210	8828	8274	9472	10818	13568
重　庆				25048	35054	51123	55934
四　川	59629	70257	77059	63016	72283	89492	105249
贵　州	15641	20528	26419	27866	27126	30834	36085
云　南	31529	36916	46048	52043	53384	63169	78944
西　藏	5304	4466	5228	6987	11749	6824	9920
陕　西	20404	26336	32108	31702	25791	43230	54365
甘　肃	13897	17748	21484	20366	20554	26371	35251
青　海	3454	4342	6473	8088	8669	23784	16159
宁　夏	3244	3458	4279	4397	5442	8651	13775
新　疆	8297	11732	15706	25387	22690	55676	56940

单位：万元

2001年	2002年	2003年	2004年	2005年	2006年	2007年
2847548	**3922695**	**4989171.8**	**5773906.5**	**7184146**	**9153527**	**12154874**
13965	18467	18027.2	39289.8	37423	27907	32841
196540	233429	303795.3	327957.0	370918	450229	575756
41580	58202	62682.2	71091.4	92462	121917	149046
125698	153525	185640.8	216769.6	283480	356510	488387
71776	105897	124002.5	147569.6	192257	236469	339210
55328	70606	99367.7	126236.7	141727	187147	283105
180547	227704	279736.9	304551.2	368476	437608	575209
76026	118392	166702.2	182133.4	218688	284676	341920
80658	177852	167487.2	193823.3	222865	376619	478896
121538	167719	222539.6	228764.3	282196	316864	406118
170800	205763	256062.6	309196.0	419996	502744	632560
124023	159432	189645.4	294720.4	354320	415110	508925
89476	138918	208605.9	195411.9	250782	312519	490974
68897	85353	94060.8	139539.3	157015	226313	247500
57966	92013	149217.2	176371.5	225667	340990	434664
180470	233918	283989.3	311522.3	408419	526836	715079
117574	159157	221712.8	251438.9	337872	425038	598726
122382	167653	229233.9	270653.4	345556	440298	514067
104818	158443	210815.4	252891.5	326694	422998	521304
198362	278022	341821.0	386221.4	483430	635940	720130
49819	82929	109901.0	113722.5	156841	175928	247212
15372	18032	24304.1	27949.8	38103	49003	65929
70571	117114	125112.4	145713.0	174682	216847	307697
139493	194774	244374.4	302566.3	376043	500440	734868
51264	67973	82093.5	102696.6	151257	181266	264299
98782	115945	150814.0	183854.7	202346	228950	420914
14979	15358	17912.7	23199.7	22574	30224	38363
72136	103474	147038.8	149120.1	186935	244342	365358
42851	58315	75346.0	91876.1	111530	149598	226791
19790	24812	36616.0	39139.1	47402	51844	81455
21289	28724	30448.1	34071.3	35346	57593	79705
52768	104762	130065.0	133844.4	160847	222762	267867

C-1-8续表4

地　区	2008年	2009年	2010年	2011年	2012年	2013年	2014年
全　国	**21464484**	**21819430.2**	**26975149.0**	**32291356.0**	**36837379.4**	**42765370.8**	**44041244.2**
中央级	263213	55240.2	488035.9	93505.4	100110.8	137419.9	128646.0
北　京	575302	745435.4	982144.3	1031493.0	1260515.9	1555734.8	1600353.6
天　津	196893	244982.6	313824.7	375011.5	444250.9	552118.0	591814.0
河　北	678036	843485.2	969269.1	1244217.3	1438698.1	1672465.7	1653297.9
山　西	457567	562518.4	634004.6	876097.5	936468.5	1130400.3	1144649.5
内蒙古	420111	575897.9	768526.2	968084.5	1127395.6	1236610.0	1409253.2
辽　宁	724799	887386.5	1066504.6	1347428.2	1567755.2	1672890.8	1694087.8
吉　林	470519	642777.6	750632.3	801698.3	765275.0	986245.5	942015.8
黑龙江	643011	800947.6	854398.8	1050480.9	1152380.1	1589618.1	1373441.2
上　海	515828	557187.9	572521.7	662862.5	727872.8	832211.6	857287.8
江　苏	811832	996449.2	1265312.3	1711513.8	1970955.5	2335259.9	2460508.3
浙　江	610800	704117.9	884859.5	1061597.3	1253870.2	1428845.7	1502557.1
安　徽	659432	804010.6	971558.4	1263090.4	1421837.3	1601142.2	1699609.2
福　建	282403	322487.9	422187.8	503195.6	614533.8	729824.6	775607.4
江　西	596019	693704.1	847650.9	986614.7	1075144.7	1224409.1	1472214.2
山　东	885720	1122739.0	1437374.8	1691804.7	2183629.3	2502270.9	2706751.9
河　南	785189	1035342.8	1230796.6	1586875.1	1740800.2	2097496.0	2054924.0
湖　北	748412	897367.7	1082788.8	1408483.1	1531263.7	1849392.5	1852790.6
湖　南	771404	997685.9	1165255.4	1545645.5	2003252.4	1996276.3	2085354.4
广　东	834465	1021108.9	1154286.9	1480652.6	1668953.2	1981669.0	2237116.3
广　西	410162	492763.3	731162.4	971372.9	1173997.1	1292515.6	1391271.4
海　南	96527	142315.6	190264.1	223849.3	240254.6	254400.4	287775.5
重　庆	435014	514479.6	674873.3	783120.4	907587.4	999446.7	1027739.5
四　川	4848630	2289514.1	2408738.2	2168767.6	2375722.4	2880631.2	2917857.6
贵　州	443051	560108.4	728242.8	1116447.6	1248670.9	1341494.8	1391678.3
云　南	687354	930167.6	1224026.2	1432131.1	1730472.3	1845730.7	1979476.0
西　藏	69982	82169.4	85017.8	130279.7	155073.7	156074.8	136789.5
陕　西	849627	867024.3	1139380.6	1356364.3	1424205.1	1838401.7	1679000.3
甘　肃	1063855	577204.8	740624.8	1000902.5	1051754.7	1299304.5	1214834.5
青　海	123508	189659.7	330701.5	359785.5	341516.9	377594.3	381598.0
宁　夏	110375	143479.2	161335.6	195226.4	220055.6	266258.2	264662.5
新　疆	395446	519670.9	698848.1	862756.8	983105.5	1101217.0	1126280.9

单位：万元

2015年	2016年	2017年	2018年	2019年	2020年	2021年
49264448.4	**54401503.4**	**59326813.1**	**40769320.0**	**42792437.9**	**48082138.5**	**46790091.8**
155949.2	165749.1	269330.6	128747.8	121352.7	115741.3	244602.0
2220633.5	2558934.6	2830370.7	1410839.6	1638311.6	1712782.0	1623058.1
769084.9	895069.9	976094.3	723647.0	697325.4	658421.3	636545.0
1805161.2	2115331.3	2491031.8	1267321.2	1451118.4	1832081.1	1587262.2
1201392.7	1291517.7	1427974.2	965414.8	1068424.9	1146730.5	1166474.6
1410121.9	1400524.5	1530138.7	1229044.8	1242620.6	1329014.9	1274615.7
1844543.3	1845473.1	2000385.4	1345926.0	1136119.9	1200285.6	1202052.6
1057440.4	1041251.7	1229440.2	833078.7	865328.9	866067.3	866096.2
1504605.0	1526756.7	1621673.2	1016669.9	939507.0	996573.0	981255.1
966471.0	1532275.2	1774025.0	1440387.9	1639409.9	1729957.3	1714316.5
2605552.1	2872252.8	3252262.8	2541719.9	2511988.2	2692853.3	2671536.5
1674651.1	1899440.0	2100207.6	1423390.2	1610842.0	1914409.0	1971280.5
1812233.9	1970515.8	2205766.4	1654232.3	1907107.4	2151662.1	2170879.9
903162.9	1041706.7	1038592.5	812950.4	896362.5	1035956.8	1052031.8
1571857.7	1717261.4	1868755.5	1436320.2	1434244.3	1474742.5	1526123.8
2871388.9	3048812.9	3394553.1	1570595.4	1691002.8	2147801.8	2542677.2
2292633.2	2469598.6	2606924.3	1762338.9	1979422.4	2324396.7	2186332.6
2269799.1	2423266.1	2564107.9	1776866.8	1849894.4	2270361.0	2022914.8
2305544.2	2716411.4	2759086.8	1707022.3	1730690.3	1803685.7	1793504.6
2595187.3	3056715.3	3723480.8	2631089.6	2826465.3	3112302.8	3242658.5
1492923.0	1577969.5	1785362.3	1301233.1	1437469.5	2056114.3	1630503.9
296623.7	300733.3	299638.3	299986.6	259235.4	256183.2	248377.8
1146517.8	1299701.7	1563300.9	1091804.0	1071546.9	1166173.6	1161259.1
3152459.5	3486433.8	3663630.9	2489797.5	2512033.7	2927582.6	2786479.7
1472311.4	1602657.5	1734040.9	1363187.2	1445052.1	1767795.9	1509244.3
2310934.8	2348845.7	2404442.3	1799879.2	1865562.9	2150926.9	1873080.7
175034.3	235821.1	273337.7	221186.6	201015.4	235165.5	253883.5
1847868.8	2020674.1	2099088.3	1385599.4	1483555.2	1530428.6	1447753.1
1367615.6	1631306.1	1490098.4	1254450.3	1283731.0	1357819.5	1358773.4
462567.9	492304.9	577580.9	404933.9	459092.4	491604.4	470326.4
409809.1	420877.6	426405.6	375733.0	386732.1	390738.4	389597.8
1292369.0	1395313.3	1345684.8	1103925.5	1149872.4	1235779.6	1184593.9

C-1-9 民政事业费中央

地 区	合计	困难群众救助补助资金
全 国	**15781202**	**14762063**
北 京	14041	11198
天 津	45589	43238
河 北	644003	599975
山 西	472681	437680
内蒙古	501689	469305
辽 宁	402781	373765
吉 林	386415	353711
黑龙江	575048	525751
上 海	19653	14896
江 苏	169103	153815
浙 江	96193	86283
安 徽	712278	674203
福 建	177097	157416
江 西	662477	621654
山 东	455557	432783
河 南	857963	805903
湖 北	792982	747722
湖 南	796355	760340
广 东	243299	223526
广 西	861906	823489
海 南	107793	102711
重 庆	328204	303827
四 川	1149532	1051408
贵 州	895202	846660
云 南	1018432	960367
西 藏	151522	131019
陕 西	576932	544017
甘 肃	1094114	1046329
青 海	341491	309198
宁 夏	219318	204054
新 疆	970374	915870
兵 团	41178	29950

专项拨款对账单简表

单位：万元

彩票公益金	中央预算内投资
435435	**583704**
2843	
1584	767
14925	29103
10788	24213
7383	25001
12102	16914
8886	23818
14306	34991
4757	
11621	3667
6400	3510
21531	16544
8346	11335
14026	26797
18212	4562
26474	25586
23645	21615
21279	14736
18513	1260
17670	20747
3882	1200
6358	18019
41972	56152
11630	36912
16461	41604
20503	
11085	21830
16901	30884
4868	27425
6163	9101
29215	25289
1106	10122

C－1－10 民政事业费中央

地 区	困难群众救助补助资金合计	财社〔2021〕26号	财社〔2020〕191号等
		财政部 民政部关于下达2021年中央财政困难群众救助补助资金预算的通知	财政部 民政部关于提前下达新疆生产建设兵团2021年中央财政困难群众救助补助资金预算的通知
全 国	**14762063**	**14732113**	**29950**
北 京	11198	11198	
天 津	43238	43238	
河 北	599975	599975	
山 西	437680	437680	
内蒙古	469305	469305	
辽 宁	373765	373765	
吉 林	353711	353711	
黑龙江	525751	525751	
上 海	14896	14896	
江 苏	153815	153815	
浙 江	86283	86283	
安 徽	674203	674203	
福 建	157416	157416	
江 西	621654	621654	
山 东	432783	432783	
河 南	805903	805903	
湖 北	747722	747722	
湖 南	760340	760340	
广 东	223526	223526	
广 西	823489	823489	
海 南	102711	102711	
重 庆	303827	303827	
四 川	1051408	1051408	
贵 州	846660	846660	
云 南	960367	960367	
西 藏	131019	131019	
陕 西	544017	544017	
甘 肃	1046329	1046329	
青 海	309198	309198	
宁 夏	204054	204054	
新 疆	915870	915870	
兵 团	29950		29950

专项拨款对账单明细表

单位：万元

彩票公益金合计	中央集中彩票公益金	财社〔2021〕53号 财政部 民政部关于下达2021年中央集中彩票公益金支持社会福利事业专项资金预算的通知	财社〔2020〕185号 财政部 民政部关于提前下达新疆生产建设兵团2021年中央集中彩票公益金支持社会福利事业专项资金预算的通知
435435	**258582**	**257950**	**632**
2843	2574	2574	
1584	1212	1212	
14925	11159	11159	
10788	7404	7404	
7383	5255	5255	
12102	7787	7787	
8886	6324	6324	
14306	6391	6391	
4757	4134	4134	
11621	8292	8292	
6400	4525	4525	
21531	11529	11529	
8346	3897	3897	
14026	8603	8603	
18212	13927	13927	
26474	17156	17156	
23645	10272	10272	
21279	14110	14110	
18513	9658	9658	
17670	12071	12071	
3882	1687	1687	
6358	5586	5586	
41972	19941	19941	
11630	9601	9601	
16461	10866	10866	
20503	6524	6524	
11085	7787	7787	
16901	10430	10430	
4868	2737	2737	
6163	1662	1662	
29215	14849	14849	
1106	632		632

C−1−10续表

地　区	中央专项彩票公益金	财社〔2021〕55号 财政部 民政部关于下达2021年中央专项彩票公益金支持居家和社区基本养老服务提升行动项目资金预算的通知	财社〔2021〕57号 财政部 民政部关于下达新疆生产建设兵团2021年中央专项彩票公益金支持居家和社区基本养老服务提升行动项目资金预算的通知	财社〔2021〕20号 财政部关于下达2021年中央专项彩票公益金支持地方社会公益事业发展资金预算的通知
全　国	**110000**	**109526**	**474**	**66853**
北　京	269	269		
天　津	372	372		
河　北	3766	3766		
山　西	3384	3384		
内蒙古	2128	2128		
辽　宁	4315	4315		
吉　林	2562	2562		
黑龙江	1630	1630		6285
上　海	623	623		
江　苏	3329	3329		
浙　江	1875	1875		
安　徽	5977	5977		4025
福　建	4449	4449		
江　西	5423	5423		
山　东	4285	4285		
河　南	9318	9318		
湖　北	5767	5767		7606
湖　南	7169	7169		
广　东	5355	5355		3500
广　西	3900	3900		1699
海　南	995	995		1200
重　庆	772	772		
四　川	9025	9025		13006
贵　州	2029	2029		
云　南	5595	5595		
西　藏	265	265		13714
陕　西	3298	3298		
甘　肃	6471	6471		
青　海	2131	2131		
宁　夏	1469	1469		3032
新　疆	1580	1580		12786
兵　团	474		474	

单位：万元

预算内投资合计	发改投资〔2021〕1207号 国家发展改革委关于下达积极应对人口老龄化工程和托育建设2021年中央预算内投资计划的通知	发改投资〔2021〕841号 国家发展改革委关于下达社会服务设施兜底线工程2021年中央预算内投资计划的通知	发改投资〔2021〕1641号 国家发展改革委关于下达河南郑州等地特大暴雨洪涝灾害灾后恢复重建2021年中央预算内投资计划的通知
583704	**400000**	**178709**	**4995**
767	767		
29103	21728	7375	
24213	16800	7413	
25001	15694	9307	
16914	10720	6194	
23818	18131	5687	
34991	23099	11892	
3667		3667	
3510	3510		
16544	9606	6938	
11335	8504	2831	
26797	20391	6406	
4562	4034	528	
25586	11835	8756	4995
21615	14785	6830	
14736	8640	6096	
1260	1260		
20747	16855	3892	
1200		1200	
18019	13296	4723	
56152	44644	11508	
36912	30362	6550	
41604	25884	15720	
21830	13310	8520	
30884	20218	10666	
27425	17715	9710	
9101	4791	4310	
25289	16939	8350	
10122	6482	3640	

C-1-11 民政事业费预算

地　区	本年预算指标合计	上年结转预算指标	本级财政安排预算指标	本年上级下达预算指标
全　国	**47981585.3**	**1815852.1**	**46277316.0**	**57703335.2**
中央级	306787.5	105188.9	15982800.6	
北　京	1551355.0	67165.9	1497808.2	241029.9
天　津	620597.4	35509.4	539499.0	89193.4
河　北	1628292.2	62087.5	922201.7	2383320.5
山　西	1162431.7	139298.0	552190.5	1712755.5
内蒙古	1358613.4	90212.8	767102.6	2202078.2
辽　宁	1289331.0	42179.7	846646.4	1400822.6
吉　林	886318.4		499903.4	843449.0
黑龙江	1007739.7	16386.8	416720.8	1824829.0
上　海	1689363.6	11918.0	1657792.6	36542.0
江　苏	2628183.7	41892.1	2417188.6	1328654.6
浙　江	2045312.4	66987.3	1886429.3	524146.2
安　徽	2169931.7	21871.5	1436245.9	1774339.4
福　建	1092908.0	44306.1	872511.2	1088622.0
江　西	1527303.1	7843.1	856983.0	2691104.9
山　东	2575964.2	53479.3	2068195.5	2609146.0
河　南	2259823.5	31390.3	1371760.5	3674827.2
湖　北	2229568.4	172062.1	1280305.2	2798761.1
湖　南	1741203.8	26653.5	918195.3	3066598.1
广　东	3150657.6	62939.1	2845455.1	2792803.0
广　西	1685785.5	99945.6	732058.5	2455760.5
海　南	291840.0	42308.2	141738.8	246720.5
重　庆	1207343.8	59648.3	832884.4	990766.3
四　川	2818240.6	118504.5	1552815.1	4207118.6
贵　州	1651571.0	103443.5	652974.1	3086124.9
云　南	1929638.9	36660.9	875951.1	3748325.0
西　藏	340717.6	92043.3	97152.3	334515.8
陕　西	1510201.3	43262.3	899368.0	2375370.2
甘　肃	1417128.6	23483.1	317914.6	2398444.0
青　海	529839.5	27144.9	161203.6	1109033.2
宁　夏	431526.2	51352.0	161470.2	516875.4
新　疆	1246066.0	18684.1	215849.9	3151258.2

指标来源情况表

单位：万元

本年下达所属地方预算指标	划转平级其他部门预算指标	一般公共预算财政拨款	上年结转预算指标	本级财政安排预算指标
57703335.2	**111582.8**	**43442237.2**	**1267445.3**	**42226063.7**
15781202.0		99233.8	37218.1	14824078.7
226988.9	27660.1	1218359.1	54009.8	1180196.7
43604.4		520884.7	17960.6	459686.0
1739317.5		1496261.3	39156.3	857130.0
1240074.5	1737.8	1058422.6	120323.2	493552.7
1700389.2	391.0	1250723.4	59217.8	722222.6
998041.6	2276.1	1158878.4	28722.2	760662.0
457034.0		837569.2		483858.2
1249781.0	415.9	923120.6	10483.9	387029.9
16889.0		1563976.8	8975.1	1540105.7
1159551.6		2497465.8	37611.9	2302707.9
427953.2	4297.2	1691604.4	30259.4	1575382.5
1062061.4	463.7	2053302.9	3481.4	1369103.2
911525.0	1006.3	969477.6	26292.4	786465.5
2028627.9		1438533.7	4231.6	812648.1
2153589.0	1267.6	2359483.7	36470.2	1890721.0
2816864.2	1290.3	1958056.5	17783.8	1134369.7
2005779.1	15780.9	2021888.0	164895.0	1124870.9
2270243.1		1635851.7	23942.3	842615.1
2549504.0	1035.6	2926569.5	57219.4	2645826.2
1593854.5	8124.6	1530973.3	61621.9	649288.5
138927.5		268445.8	35344.0	130299.5
662562.3	13392.9	1089237.9	43017.2	745233.9
3057586.6	2611.0	2608608.5	72443.3	1478191.0
2190922.9	48.6	1506920.9	72307.0	590827.9
2729893.0	1405.1	1798388.8	29384.0	809533.0
182993.8		278929.2	53521.8	94388.4
1798438.2	9361.0	1340213.2	33203.3	769398.0
1304330.0	18383.1	1332637.3	14477.1	289771.3
767542.2		468895.7	24950.9	134746.8
297557.4	614.0	385994.3	37029.9	145514.6
2139706.2	20.0	1153328.6	11890.5	195638.2

C-1-11续表1

地 区	本年上级下达预算指标	本年下达所属地方预算指标	划转平级其他部门预算指标	彩票公益金预算指标
全 国	**53620197.4**	**53579516.3**	**91952.9**	**2408955.8**
中央级		14762063.0		1251.4
北 京	183204.2	172006.2	27045.4	67159.2
天 津	85218.7	41980.6		43541.2
河 北	2200558.4	1600583.4		83814.4
山 西	1590697.2	1145069.5	1081.0	55807.4
内蒙古	2053941.5	1584636.5	22.0	74063.2
辽 宁	1270244.1	898583.9	2166.0	71654.5
吉 林	778069.0	424358.0		24931.2
黑龙江	1673604.1	1147852.8	144.5	26783.4
上 海	27256.0	12360.0		104803.9
江 苏	1272364.1	1115218.1		99592.8
浙 江	439075.3	352792.2	320.6	206397.3
安 徽	1665765.7	984994.5	52.9	83009.5
福 建	979577.1	822161.1	696.3	71657.8
江 西	2541660.3	1920006.3		52250.0
山 东	2412268.5	1979485.5	490.5	144644.6
河 南	3157444.1	2351541.1		90946.3
湖 北	2647770.3	1900048.3	15599.9	121840.8
湖 南	2875905.5	2106611.2		74199.1
广 东	2712958.6	2489432.6	2.1	140407.4
广 西	2319873.5	1496384.6	3426.0	94195.6
海 南	232029.3	129227.0		15542.9
重 庆	938197.0	624641.7	12568.5	61927.8
四 川	3914555.2	2854396.6	2184.4	129425.8
贵 州	2901675.9	2057846.3	43.6	74383.2
云 南	3519145.6	2558778.6	895.2	81058.0
西 藏	285641.0	154622.0		61788.4
陕 西	2197333.4	1653317.1	6404.4	101815.4
甘 肃	2298426.5	1251862.0	18175.6	39771.7
青 海	1009518.9	700320.9		20410.6
宁 夏	477669.4	273605.6	614.0	36044.6
新 疆	2958549.0	2012729.1	20.0	53836.4

单位：万元

上年结转 预算指标	本级财政安排 预算指标	本年上级下达 预算指标	本年下达所属地方 预算指标	划转平级其他部门 预算指标
347505.9	**2084392.9**	**2317632.1**	**2326857.7**	**13717.4**
749.4	435937.0		435435.0	
8048.6	56882.3	57825.7	54982.7	614.7
9085.9	32871.4	2440.7	856.8	
13712.5	55176.9	95453.1	80528.1	
9254.0	39944.9	56799.3	49534.0	656.8
28197.6	38851.6	80518.7	73135.7	369.0
11112.1	46445.7	70880.5	56673.7	110.1
	16045.2	17744.0	8858.0	
812.0	11996.1	55272.4	41025.7	271.4
2268.5	97778.4	9286.0	4529.0	
4280.2	83355.6	52441.1	40484.1	
32499.4	171474.6	78050.9	71651.0	3976.6
4836.6	56710.1	81985.7	60522.9	
5866.2	57755.6	79429.9	71083.9	310.0
2130.5	36093.5	71573.6	57547.6	
16012.1	111197.6	183049.5	164837.5	777.1
3142.6	61583.3	161742.4	135268.4	253.6
3695.2	94536.6	105875.8	82230.8	36.0
2743.9	56996.5	151951.8	137493.1	
5042.1	117885.8	76064.4	57551.4	1033.5
30323.3	46580.8	84018.0	66347.9	378.6
4743.7	7008.5	12291.2	8500.5	
10053.4	46589.1	26011.3	19901.6	824.4
29076.8	58915.3	159793.3	117933.0	426.6
24802.9	38455.3	76382.6	65252.6	5.0
6403.2	58703.7	114820.4	98359.4	509.9
38521.5	2763.9	48874.8	28371.8	
9240.3	84446.0	116241.0	105155.3	2956.6
7966.3	15347.4	38249.5	21584.0	207.5
2194.0	13348.6	32487.3	27619.3	
13972.2	15919.2	21004.0	14850.8	
6718.9	16796.4	99073.2	68752.1	

C-1-11续表2

地　区	预算内投资资金预算指标	上年结转预算指标	本级财政安排预算指标	本年上级下达预算指标	本年下达所属地方预算指标	划转平级其他部门预算指标
全　国	**666678.3**	**44596.6**	**659286.3**	**1476940.3**	**1509824.9**	**4320.0**
中央级			583704.0		583704.0	
北　京						
天　津	767.0			1534.0	767.0	
河　北	31765.0	2362.0	300.0	87309.0	58206.0	
山　西	25412.7	2759.3	2940.4	65184.0	45471.0	
内蒙古	27022.9	2021.9		67618.0	42617.0	
辽　宁	33175.5	1104.6	15156.9	59348.0	42434.0	
吉　林	23818.0			47636.0	23818.0	
黑龙江	38006.4	1571.0	1444.4	95893.5	60902.5	
上　海	285.3		285.3			
江　苏	3923.6		3923.6	3667.0	3667.0	
浙　江	8475.0	445.0	4520.0	7020.0	3510.0	
安　徽	20859.0	10815.0		26588.0	16544.0	
福　建	11335.0			29257.0	17922.0	
江　西	27526.3		729.3	77871.0	51074.0	
山　东	13602.0	240.0	8800.0	13828.0	9266.0	
河　南	25586.0			70604.4	45018.4	
湖　北	34087.8	468.0	12004.8	45115.0	23500.0	
湖　南	12274.6	900.0	58.6	36818.0	25502.0	
广　东	3519.8		2259.8	3780.0	2520.0	
广　西	19742.3	3315.3		51869.0	31122.0	4320.0
海　南	1200.0			2400.0	1200.0	
重　庆	15099.3	6560.3		26558.0	18019.0	
四　川	53454.5	5936.2	14.3	132761.0	85257.0	
贵　州	48639.1	5440.0	2956.7	108066.4	67824.0	
云　南	44684.0		3080.0	114359.0	72755.0	
西　藏						
陕　西	25830.0		4000.0	61223.0	39393.0	
甘　肃	31542.0	658.0		61768.0	30884.0	
青　海	40533.2		13108.2	67027.0	39602.0	
宁　夏	9101.0			18202.0	9101.0	
新　疆	35411.0			93636.0	58225.0	

单位：万元

其他民政事业费预算指标	上年结转预算指标	本级财政安排预算指标	本年上级下达预算指标	本年下达所属地方预算指标	划转平级其他部门预算指标
1463714.0	**156304.3**	**1307573.1**	**288565.4**	**287136.3**	**1592.5**
206302.3	67221.4	139080.9			
265836.7	5107.5	260729.2			
55404.5	8462.9	46941.6			
16451.5	6856.7	9594.8			
22789.0	6961.5	15752.5	75.0		
6803.9	775.5	6028.4			
25622.6	1240.8	24381.8	350.0	350.0	
19829.3	3519.9	16250.4	59.0		
20297.6	674.4	19623.2			
27201.5		27201.5	182.4	182.4	
138835.7	3783.5	135052.2			
12760.3	2738.5	10432.6			410.8
40437.6	12147.5	28290.1	358.0	358.0	
8993.1	1481.0	7512.1			
58233.9	757.0	57476.9			
185234.7	10463.9	175807.5	285036.3	285036.3	1036.7
51751.8	3003.9	48892.9			145.0
18878.4	-932.7	18525.1	1922.8	636.8	
80160.9	677.6	79483.3			
40874.3	4685.1	36189.2			
6651.3	2220.5	4430.8			
41078.8	17.4	41061.4			
26751.8	11048.2	15694.5	9.1		
21627.8	893.6	20734.2			
5508.1	873.7	4634.4			
42342.7	818.7	41524.0	572.8	572.8	
13177.6	381.7	12795.9			
386.3	349.9	36.4			
3490.0	74.7	3415.3			

C-1-12 民政事业费预

地 区	预算指标合计			
	2021年	2020年	增长（%）	2021年
全 国	**46285174.9**	**45879250.9**	**0.9**	**15982800.6**
中央级	201598.6	134041.2	50.4	201598.6
北 京	1511849.2	1330559.0	13.6	14041.0
天 津	585088.0	576271.5	1.5	45589.0
河 北	1566204.7	1804213.6	-13.2	644003.0
山 西	1024871.5	1063528.3	-3.6	472681.0
内蒙古	1268791.6	1284354.6	-1.2	501689.0
辽 宁	1249427.4	1257300.4	-0.6	402781.0
吉 林	886318.4	881657.3	0.5	386415.0
黑龙江	991768.8	1002214.3	-1.0	575048.0
上 海	1677445.6	1684254.6	-0.4	19653.0
江 苏	2586291.6	2547659.5	1.5	169103.0
浙 江	1982622.3	1802562.4	10.0	96193.0
安 徽	2148523.9	2127050.9	1.0	712278.0
福 建	1049608.2	1012493.2	3.7	177097.0
江 西	1519460.0	1515024.5	0.3	662477.0
山 东	2523752.5	2033657.0	24.1	455557.0
河 南	2229600.5	2202271.0	1.2	857963.0
湖 北	2073287.2	2205857.1	-6.0	792982.0
湖 南	1714550.3	1731130.3	-1.0	796355.0
广 东	3088754.1	2956454.2	4.5	243299.0
广 西	1593964.5	1530945.9	4.1	861906.0
海 南	243638.8	378366.7	-35.6	107793.0
重 庆	1161088.4	1077505.4	7.8	328204.0
四 川	2716222.0	2800285.4	-3.0	1149532.0
贵 州	1548176.1	1602185.4	-3.4	895202.0
云 南	1894383.1	2136884.1	-11.3	1018432.0
西 藏	248674.3	263387.8	-5.6	151522.0
陕 西	1476300.0	1521816.3	-3.0	576932.0
甘 肃	1412028.6	1374734.4	2.7	1094114.0
青 海	502694.6	480928.7	4.5	341491.0
宁 夏	380788.2	349141.3	9.1	219318.0
新 疆	1227401.9	1210514.6	1.4	1011552.0

算与上年比较

单位：万元

中央安排预算指标		地方安排预算指标		
2020年	增长（%）	2021年	2020年	增长（%）
17175842.2	**-6.9**	**30302374.3**	**28703408.7**	**5.6**
134041.2	50.4			
20371.0	-31.1	1497808.2	1310188.0	14.3
60107.0	-24.2	539499.0	516164.5	4.5
729766.0	-11.8	922201.7	1074447.6	-14.2
593170.0	-20.3	552190.5	470358.3	17.4
512706.0	-2.1	767102.6	771648.6	-0.6
488034.0	-17.5	846646.4	769266.4	10.1
452133.0	-14.5	499903.4	429524.3	16.4
613480.0	-6.3	416720.8	388734.3	7.2
25159.0	-21.9	1657792.6	1659095.6	-0.1
204026.0	-17.1	2417188.6	2343633.5	3.1
129147.0	-25.5	1886429.3	1673415.4	12.7
791911.0	-10.1	1436245.9	1335139.9	7.6
198774.0	-10.9	872511.2	813719.2	7.2
717020.0	-7.6	856983.0	798004.5	7.4
579793.0	-21.4	2068195.5	1453864.0	42.3
920391.0	-6.8	1371637.5	1281880.0	7.0
920246.0	-13.8	1280305.2	1285611.1	-0.4
873403.0	-8.8	918195.3	857727.3	7.0
297438.0	-18.2	2845455.1	2659016.2	7.0
898963.0	-4.1	732058.5	631982.9	15.8
140411.0	-23.2	135845.8	237955.7	-42.9
399959.0	-17.9	832884.4	677546.4	22.9
1249423.0	-8.0	1566690.0	1550862.4	1.0
923509.0	-3.1	652974.1	678676.4	-3.8
1067452.0	-4.6	875951.1	1069432.1	-18.1
155137.0	-2.3	97152.3	108250.8	-10.3
642953.0	-10.3	899368.0	878863.3	2.3
1009125.0	8.4	317914.6	365609.4	-13.0
299357.0	14.1	161203.6	181571.7	-11.2
213570.0	2.7	161470.2	135571.3	19.1
914867.0	10.6	215849.9	295647.6	-27.0

C-1-13 民政事业费预算

地　区	全国预算安排合计	中央安排合计	全省安排合计	省级	市级
全　国	**46285174.9**	**15982800.6**	**30302374.3**	**8254160.8**	**4614109.3**
中央级	201598.6	201598.6			
北　京	1511849.2	14041.0	1497808.2	369735.7	
天　津	585088.0	45589.0	539499.0	101728.6	
河　北	1566204.7	644003.0	922201.7	212010.3	132042.3
山　西	1024871.5	472681.0	552190.5	139524.3	162260.9
内蒙古	1268791.6	501689.0	767102.6	311641.2	156132.6
辽　宁	1249427.4	402781.0	846646.4	142690.3	164833.4
吉　林	886318.4	386415.0	499903.4	93983.8	58970.6
黑龙江	991768.8	575048.0	416720.8	82410.4	56927.9
上　海	1677445.6	19653.0	1657792.6	154928.8	
江　苏	2586291.6	169103.0	2417188.6	355603.0	437697.9
浙　江	1982622.3	96193.0	1886429.3	345151.0	216296.3
安　徽	2148523.9	712278.0	1436245.9	143533.4	233840.0
福　建	1049608.2	177097.0	872511.2	266916.2	153807.4
江　西	1519460.0	662477.0	856983.0	352641.7	88730.3
山　东	2523752.5	455557.0	2068195.5	483924.6	466044.2
河　南	2229600.5	857963.0	1371637.5	591224.9	140033.0
湖　北	2073287.2	792982.0	1280305.2	451556.5	237818.5
湖　南	1714550.3	796355.0	918195.3	334852.7	126065.2
广　东	3088754.1	243299.0	2845455.1	959178.3	658416.8
广　西	1593964.5	861906.0	732058.5	316463.0	118357.7
海　南	243638.8	107793.0	135845.8	20311.5	22794.5
重　庆	1161088.4	328204.0	832884.4	423637.9	
四　川	2716222.0	1149532.0	1566690.0	351675.4	241585.0
贵　州	1548176.1	895202.0	652974.1	199481.2	127428.5
云　南	1894383.1	1018432.0	875951.1	307691.0	177192.0
西　藏	248674.3	151522.0	97152.3	5557.1	23302.3
陕　西	1476300.0	576932.0	899368.0	262039.8	289526.4
甘　肃	1412028.6	1094114.0	317914.6	210618.0	53555.9
青　海	502694.6	341491.0	161203.6	91749.0	1695.9
宁　夏	380788.2	219318.0	161470.2	98771.9	11808.1
新　疆	1227401.9	1011552.0	215849.9	72929.3	56945.7

指标各级安排情况表

单位：万元

县级及以下	一般公共预算财政拨款	中央安排	全省安排	省级
17434104.2	**42235403.7**	**14824078.7**	**27411325.0**	**7146110.0**
	62015.7	62015.7		
1128072.5	1191394.7	11198.0	1180196.7	314735.5
437770.4	502924.0	43238.0	459686.0	46771.8
578149.1	1457105.0	599975.0	857130.0	188918.9
250405.3	931232.7	437680.0	493552.7	114635.4
299328.8	1191527.6	469305.0	722222.6	272789.6
539122.7	1134427.0	373765.0	760662.0	98936.5
346949.0	837569.2	353711.0	483858.2	88483.8
277382.5	912780.9	525751.0	387029.9	73954.5
1502863.8	1555001.7	14896.0	1540105.7	129556.8
1623887.7	2456522.9	153815.0	2302707.9	353603.0
1324982.0	1661665.5	86283.0	1575382.5	262406.7
1058872.5	2043306.2	674203.0	1369103.2	123361.8
451787.6	943881.5	157416.0	786465.5	227962.6
415611.0	1434302.1	621654.0	812648.1	335906.7
1118226.7	2323504.0	432783.0	1890721.0	437364.6
640379.6	1940149.7	805903.0	1134246.7	371553.9
590930.2	1872592.9	747722.0	1124870.9	416354.0
457277.4	1602955.1	760340.0	842615.1	271353.3
1227860.0	2869352.2	223526.0	2645826.2	952006.3
297237.8	1472777.5	823489.0	649288.5	277363.0
92739.8	229367.5	102711.0	126656.5	17338.5
409246.5	1049060.9	303827.0	745233.9	363224.3
973429.6	2542705.0	1051408.0	1491297.0	333799.6
326064.4	1437487.9	846660.0	590827.9	158242.3
391068.1	1769900.0	960367.0	809533.0	276390.7
68292.9	225407.4	131019.0	94388.4	5557.1
347801.8	1313415.0	544017.0	769398.0	206459.8
53740.7	1336100.3	1046329.0	289771.3	205533.0
67758.7	443944.8	309198.0	134746.8	71954.0
50890.2	349568.6	204054.0	145514.6	83022.7
85974.9	1141458.2	945820.0	195638.2	66569.3

C-1-13续表1

地　区	市级	县级及以下	彩票公益金	中央安排
全　国	**3864070.9**	**16401144.1**	**2085161.8**	**435937.0**
中央级			502.0	502.0
北　京		865461.2	59725.3	2843.0
天　津		412914.2	34455.4	1584.0
河　北	109093.3	559117.8	70101.9	14925.0
山　西	139207.0	239710.3	50732.9	10788.0
内蒙古	154046.1	295386.9	46234.6	7383.0
辽　宁	127751.9	533973.6	58547.7	12102.0
吉　林	53961.5	341412.9	24931.2	8886.0
黑龙江	48867.7	264207.7	26302.1	14306.0
上　海		1410548.9	102535.4	4757.0
江　苏	388768.9	1560336.0	94976.6	11621.0
浙　江	122091.1	1190884.7	177874.6	6400.0
安　徽	206726.6	1039014.8	78241.1	21531.0
福　建	127286.1	431216.8	66101.6	8346.0
江　西	72727.7	404013.7	50119.5	14026.0
山　东	376111.6	1077244.8	129409.6	18212.0
河　南	126008.7	636684.1	88057.3	26474.0
湖　北	202826.8	505690.1	118181.6	23645.0
湖　南	123590.7	447671.1	78275.5	21279.0
广　东	527967.4	1165852.5	136398.8	18513.0
广　西	109337.0	262588.5	64250.8	17670.0
海　南	20216.9	89101.1	10890.5	3882.0
重　庆		382009.6	52947.1	6358.0
四　川	201232.1	956265.3	101656.2	41972.0
贵　州	125227.0	307358.6	50085.3	11630.0
云　南	150750.5	382391.8	75164.7	16461.0
西　藏	22502.9	66328.4	23266.9	20503.0
陕　西	229864.9	333073.3	95531.0	11085.0
甘　肃	40148.1	44090.2	32248.4	16901.0
青　海	1443.1	61349.7	18216.6	4868.0
宁　夏	11771.7	50720.2	22082.2	6163.0
新　疆	44543.6	84525.3	47117.4	30321.0

单位：万元

全省安排	省级	市级	县级及以下
1649224.8	**723385.8**	**447113.5**	**478725.5**
56882.3	52200.0		4682.3
32871.4	9107.2		23764.2
55176.9	23091.4	18034.4	14051.1
39944.9	15572.0	21350.8	3022.1
38851.6	38851.6		
46445.7	17070.8	24225.8	5149.1
16045.2	5500.0	5009.1	5536.1
11996.1	8455.9	1862.7	1677.5
97778.4	7211.3		90567.1
83355.6	2000.0	37991.1	43364.5
171474.6	68000.0	36339.0	67135.6
56710.1	20171.6	18852.1	17686.4
57755.6	25361.5	19811.6	12582.5
36093.5	16735.0	16002.6	3355.9
111197.6	46260.0	50693.8	14243.8
61583.3	55745.0	5366.2	472.1
94536.6	29050.5	17139.9	48346.2
56996.5	55798.2	943.1	255.2
117885.8	7172.0	64750.2	45963.6
46580.8	39100.0	2901.8	4579.0
7008.5	2973.0	774.5	3261.0
46589.1	22460.6		24128.5
59684.2	17875.8	32213.2	9595.2
38455.3	29546.4	2201.5	6707.4
58703.7	31300.3	23361.5	4041.9
2763.9		799.4	1964.5
84446.0	37541.5	32608.2	14296.3
15347.4	5085.0	4464.6	5797.8
13348.6	12040.0	252.8	1055.8
15919.2	15749.2		170.0
16796.4	6360.0	9163.6	1272.8

C-1-13续表2

地　区	预算内投资资金	中央安排	全省安排	省级	市级	县级及以下
全　国	**659286.3**	**583704.0**	**75582.3**	**25298.0**	**18161.2**	**32123.1**
中央级						
北　京						
天　津	767.0	767.0				
河　北	29403.0	29103.0	300.0			300.0
山　西	27153.4	24213.0	2940.4	133.0		2807.4
内蒙古	25001.0	25001.0				
辽　宁	32070.9	16914.0	15156.9	15110.0	46.9	
吉　林	23818.0	23818.0				
黑龙江	36435.4	34991.0	1444.4			1444.4
上　海	285.3		285.3			285.3
江　苏	7590.6	3667.0	3923.6			3923.6
浙　江	8030.0	3510.0	4520.0		4520.0	
安　徽	16544.0	16544.0				
福　建	11335.0	11335.0				
江　西	27526.3	26797.0	729.3			729.3
山　东	13362.0	4562.0	8800.0	300.0	8500.0	
河　南	25586.0	25586.0				
湖　北	33619.8	21615.0	12004.8			12004.8
湖　南	14794.6	14736.0	58.6			58.6
广　东	3519.8	1260.0	2259.8			2259.8
广　西	20747.0	20747.0				
海　南	1200.0	1200.0				
重　庆	18019.0	18019.0				
四　川	56166.3	56152.0	14.3		14.3	
贵　州	39868.7	36912.0	2956.7			2956.7
云　南	44684.0	41604.0	3080.0		3080.0	
西　藏						
陕　西	25830.0	21830.0	4000.0	2000.0	2000.0	
甘　肃	30884.0	30884.0				
青　海	40533.2	27425.0	13108.2	7755.0		5353.2
宁　夏	9101.0	9101.0				
新　疆	35411.0	35411.0				

单位：万元

其他民政事业费支出	中央安排	全省安排	省级	市级
1305323.1	**139080.9**	**1166242.2**	**359367.0**	**284763.7**
139080.9	139080.9			
260729.2		260729.2	2800.2	
46941.6		46941.6	45849.6	
9594.8		9594.8		4914.6
15752.5		15752.5	9183.9	1703.1
6028.4		6028.4		2086.5
24381.8		24381.8	11573.0	12808.8
16250.4		16250.4		6197.5
19623.2		19623.2	18160.7	
27201.5		27201.5		10937.9
135052.2		135052.2	14744.3	53346.2
10432.6		10432.6		8261.3
28290.1		28290.1	13592.1	6709.7
7512.1		7512.1		
57476.9		57476.9		30738.8
175807.5		175807.5	163926.0	8658.1
48892.9		48892.9	6152.0	17851.8
18525.1		18525.1	7701.2	1531.4
79483.3		79483.3		65699.2
36189.2		36189.2		6118.9
2180.8		2180.8		1803.1
41061.4		41061.4	37953.0	
15694.5		15694.5		8125.4
20734.2		20734.2	11692.5	
4634.4		4634.4		
41524.0		41524.0	16038.5	25053.3
12795.9		12795.9		8943.2
36.4		36.4		36.4
3415.3		3415.3		3238.5

C-1-14 民政事业费

地　区	民政事业费实际支出	社会福利	儿童福利	集中养育孤儿生活补助	社会散居孤儿生活补助	事实无人抚养儿童基本生活保障支出
全　国	**46790091.8**	**14024144.9**	**836366.9**	**139353.6**	**184687.0**	**338093.2**
中央级	244602.0					
北　京	1623058.1	952025.9	9150.3	3044.6	534.7	2441.7
天　津	636545.0	181081.5	11985.0	2082.6	269.1	1644.2
河　北	1587262.2	460728.8	20472.0	3162.0	5448.0	9969.4
山　西	1166474.6	259651.9	16107.0	4793.6	3415.5	6173.5
内蒙古	1274615.7	287321.2	11366.8	1947.0	3092.1	4301.2
辽　宁	1202052.6	220604.8	16980.6	6976.5	4735.3	4378.0
吉　林	866096.2	182777.4	8156.0	2694.6	3110.5	1811.4
黑龙江	981255.1	170988.9	8776.2	1852.7	3678.6	2736.1
上　海	1714316.5	1009278.3	9886.6	2991.9	581.9	1505.6
江　苏	2671536.5	1393919.7	71122.3	7478.4	9745.1	21372.7
浙　江	1971280.5	780482.0	54365.7	4713.7	3403.1	13433.6
安　徽	2170879.9	500782.8	39442.2	3415.5	6350.8	26995.9
福　建	1052031.8	369976.6	22788.5	3520.7	3209.3	14798.1
江　西	1526123.8	359321.4	22166.2	2584.1	4747.2	11920.5
山　东	2542677.2	813955.3	66545.4	4687.1	12240.0	31583.5
河　南	2186332.6	658009.4	51498.1	8098.3	15499.4	20791.3
湖　北	2022914.8	566814.6	26569.6	4082.6	6950.9	12825.8
湖　南	1793504.6	441084.8	43440.9	6055.8	13485.1	19640.3
广　东	3242658.5	1314674.0	77904.2	20490.2	12659.7	38192.1
广　西	1630503.9	379405.8	29439.3	2742.4	8546.2	12583.6
海　南	248377.8	71587.4	7567.9	589.6	1113.9	1690.1
重　庆	1161259.1	250817.7	10061.8	1572.9	3656.5	3119.3
四　川	2786479.7	806472.7	43429.3	5702.7	18281.5	12588.3
贵　州	1509244.3	269950.6	38590.0	3432.9	11186.2	18664.4
云　南	1873080.7	382585.2	41795.2	4919.4	14060.4	18687.5
西　藏	253883.5	42637.0	9007.0	6232.1	545.7	534.9
陕　西	1447753.1	315311.6	16937.3	4604.5	3609.4	5464.4
甘　肃	1358773.4	204862.2	21496.1	2239.0	6710.7	11534.6
青　海	470326.4	100260.2	4249.5	914.5	1331.1	1050.5
宁　夏	389597.8	83369.7	6664.6	527.8	1755.8	3871.1
新　疆	1184593.9	193405.5	18405.3	11203.9	733.3	1789.6

支出情况

单位：万元

其他儿童福利	老年福利	高龄补贴	护理补贴	养老服务补贴	综合补贴	其他老年福利支出
174233.1	**3862144.6**	**2502235.4**	**237527.5**	**361567.4**	**107306.7**	**653507.6**
3129.3	304943.3	110744.3	151703.4	14349.2		28146.4
7989.1	40155.9	827.7			10244.4	29083.8
1892.6	118966.2	67873.9	7270.1	15830.6	433.3	27558.3
1724.4	35685.1	12239.3	3498.4	176.3	214.4	19556.7
2026.5	84870.2	73503.0		616.4	1002.4	9748.4
890.8	47347.2	31334.3	3220.6	7138.9		5653.4
539.5	21971.6	15813.2	1111.6	3453.8		1593.0
508.8	32853.0	25213.6	2390.3	589.6	20.1	4639.4
4807.2	735948.8	636132.8	2202.5	44506.8		53106.7
32526.1	351382.8	219040.1	20142.9	67851.0	1227.9	43120.9
32815.3	157316.7	47837.4	800.7	45564.0	668.8	62445.8
2680.0	144116.1	76985.2	6254.6	41802.4	821.1	18252.8
1260.4	73179.0	31011.1	786.0	14765.9	186.3	26429.7
2914.4	124923.1	83259.3	10565.6	8333.3	253.2	22511.7
18034.8	125993.4				86357.3	39636.1
7109.1	212774.0	167161.2	3505.9	852.0	229.0	41025.9
2710.3	137737.3	110088.8	4663.5	8148.9		14836.1
4259.7	95131.6	57826.2		9102.1		28203.3
6562.2	281347.5	221685.5	3531.6	22687.8	371.1	33071.5
5567.1	98867.1	80386.1	126.8	537.9		17816.3
4174.3	29694.5	25039.8	1464.3	164.3	1769.5	1256.6
1713.1	54126.9	23523.7	7475.5	13152.3	466.2	9509.2
6856.8	202067.1	154366.6	256.7	13668.0	390.2	33385.6
5306.5	82718.2	53274.4	598.6	570.1		28275.1
4127.9	90006.8	66991.8	966.2	7074.7		14974.1
1694.3	2415.5	489.1	484.5			1441.9
3259.0	22213.3	14327.3	321.4	527.2		7037.4
1011.8	26698.7	411.6	2511.8	10401.9	2586.8	10786.6
953.4	59535.6	39642.7	1295.2	9400.1	64.7	9132.9
509.9	22105.8	17093.9	348.1	278.9		4384.9
4678.5	45052.3	38111.5	30.7	23.0		6887.1

C−1−14续表1

地 区	养老服务	养老机构建设补助资金	养老机构运营补助资金	其他养老服务支出	残疾人福利	困难残疾人生活补贴
全 国	**1449464.5**	**592186.1**	**431851.1**	**425427.3**	**3502791.0**	**1633751.3**
中央级						
北 京	63912.7	3242.2	43240.7	17429.8	107598.5	76300.8
天 津	13941.4	3266.6	3938.9	6735.9	48136.2	14263.3
河 北	43377.4	15818.0	20730.6	6828.8	108640.3	51609.8
山 西	41769.9	17874.2	7475.1	16420.6	59884.5	19846.5
内蒙古	23179.5	8614.1	8511.4	6054.0	79250.6	40386.1
辽 宁	28964.8	9936.3	13441.3	5587.2	58596.3	24646.1
吉 林	15998.3	6835.6	4758.5	4404.2	57946.4	27004.7
黑龙江	12828.0	1997.0	5165.8	5665.2	70698.4	29335.1
上 海	68428.3	23618.0	25151.0	19659.3	4429.5	
江 苏	93032.2	35691.1	26327.3	31013.8	552853.7	428026.8
浙 江	196783.0	80850.3	66413.0	49519.7	7683.1	1057.4
安 徽	70546.3	20496.5	22393.3	27656.5	131227.6	66692.0
福 建	55115.8	21579.9	18713.2	14822.7	108237.7	50787.2
江 西	46611.7	24090.0	12717.0	9804.7	80138.5	38409.2
山 东	115348.7	39786.6	38601.1	36961.0	313189.4	115363.8
河 南	54452.4	23509.3	10352.9	20590.2	205774.2	72354.4
湖 北	69991.8	26459.2	17129.5	26403.1	134855.1	46543.6
湖 南	37761.2	16899.5	13159.1	7702.6	140808.6	60169.1
广 东	57028.1	16595.4	19085.8	21346.9	433583.5	100194.1
广 西	18946.2	8502.3	2315.1	8128.8	105953.0	44754.4
海 南	1327.7	344.6	374.6	608.5	23911.1	4073.2
重 庆	39405.1	28883.5	5362.2	5159.4	48499.9	18909.1
四 川	109726.9	61925.1	11846.9	35954.9	197564.0	100069.3
贵 州	13789.8	6878.5	1589.3	5322.0	39403.1	12102.3
云 南	34414.6	20102.5	6531.3	7780.8	89229.8	45821.9
西 藏	3136.8	1834.6	701.6	600.6	17639.7	9129.3
陕 西	61040.2	35915.9	15341.3	9783.0	96287.6	52690.4
甘 肃	27993.2	18593.3	3737.3	5662.6	75436.3	33582.4
青 海	6261.5	3158.8	1291.8	1810.9	18137.5	8844.6
宁 夏	9009.4	2753.2	1249.6	5006.6	31065.5	15825.9
新 疆	15341.6	6134.0	4204.6	5003.0	56131.4	24958.5

单位：万元

重度残疾人护理补贴	康复辅具	其他残疾人福利	殡葬	殡仪馆（火葬场）经费	其他殡葬类单位经费
1691675.3	**24875.1**	**152489.3**	**1579881.4**	**1146016.3**	**433865.1**
17708.9	4615.8	8973.0	60821.7	45677.4	15144.3
31413.8	661.0	1798.1	41482.4	16279.3	25203.1
55777.0	394.7	858.8	86001.2	77260.5	8740.7
39313.5		724.5	44724.0	32073.3	12650.7
36325.5	614.7	1924.3	23734.9	19694.8	4040.1
27181.8		6768.4	36335.9	28149.8	8186.1
30732.5		209.2	28040.4	26589.8	1450.6
40662.5		700.8	16667.6	12071.6	4596.0
	90.0	4339.5	49912.5	49132.4	780.1
109913.9	1904.0	13009.0	120363.4	101183.6	19179.8
2162.0		4463.7	154056.0	111306.4	42749.6
62033.5	768.3	1733.8	71307.1	49632.3	21674.8
55917.1	556.3	977.1	41429.9	20202.6	21227.3
35313.7		6415.6	39487.4	22491.6	16995.8
193924.2	273.8	3627.6	99304.5	66264.1	33040.4
89019.3	1891.8	42508.7	39211.8	31328.9	7882.9
85203.1	6.8	3101.6	85376.0	61768.6	23607.4
75015.0	3452.3	2172.2	47934.8	32453.2	15481.6
314055.9	29.1	19304.4	186845.8	111343.9	75501.9
55898.2	2208.7	3091.7	43048.4	36221.2	6827.2
19210.6	72.9	554.4	818.0	0.3	817.7
25054.1	1969.8	2566.9	31074.1	25060.1	6014.0
87797.3	3174.0	6523.4	75674.8	61276.0	14398.8
26528.8	63.3	708.7	27014.4	19197.5	7816.9
41357.3	100.0	1950.6	44040.4	25738.1	18302.3
5734.1	85.9	2690.4	709.0	97.7	611.3
40378.1	507.6	2711.5	32436.1	28401.1	4035.0
37775.2	706.1	3372.6	23953.2	22634.5	1318.7
8017.6	419.5	855.8	4525.6	4013.6	512.0
14943.0		296.6	1407.2	1241.8	165.4
27307.8	308.7	3556.4	22142.9	7230.3	14912.6

C-1-14续表2

地区	社会福利事业单位	社会福利院经费	儿童福利院经费	社会福利医院经费
全国	**2011808.9**	**738996.6**	**236742.9**	**380017.5**
中央级				
北京	109951.6	46789.7	26407.7	9529.7
天津	21716.6	2604.4	703.5	13817.7
河北	61472.8	11736.1	1889.4	4231.5
山西	45893.7	18599.2	1468.6	16426.6
内蒙古	43062.7	15290.8	4055.0	14844.3
辽宁	26612.6	11465.9	1880.0	
吉林	48484.6	17908.1	1707.9	15104.6
黑龙江	27837.4	6559.3	4914.6	7604.2
上海	123065.0	54166.9	13462.7	28432.7
江苏	169566.0	82605.3	15719.3	47024.5
浙江	161721.6	65601.9	18236.9	13926.8
安徽	35177.9	13874.9	5569.1	202.5
福建	57914.3	24318.5	4634.0	19238.4
江西	28598.3	11782.8	1660.7	441.7
山东	45921.7	17443.9	11388.4	
河南	63109.5	16212.2	7923.3	7007.2
湖北	98024.4	53545.3	9932.6	2118.9
湖南	65860.2	23436.3	8089.9	17853.4
广东	243112.2	71167.1	20221.6	18598.7
广西	73420.2	18723.2	8311.3	29446.7
海南	6150.5	5271.8	315.5	
重庆	56866.2	20707.5	8005.0	19184.2
四川	152354.2	39274.8	11773.3	61290.9
贵州	52942.4	12696.1	6569.7	18381.3
云南	52209.8	15436.4	6925.8	4658.0
西藏	9337.4	4022.9	4701.8	
陕西	66159.0	29884.7	16321.0	975.1
甘肃	19050.3	7091.9	4721.1	2364.8
青海	7136.3	5520.7	486.0	170.4
宁夏	11678.3	7162.5	3127.7	
新疆	27401.2	8095.5	5619.5	7142.7

单位：万元

补贴安置农场经费	流浪乞讨人员救助管理机构经费	未成年人救助保护机构经费	其他社会福利单位	其他社会福利支出
11661.5	**192520.4**	**14960.8**	**436909.2**	**781687.6**
	5696.3	109.7	21418.5	295647.8
	1336.5		3254.5	3664.0
	8315.9	152.0	35147.9	21798.9
	2308.9	147.5	6942.9	15587.7
	3909.3	132.5	4830.8	21856.5
	2526.4	5.8	10734.5	5767.4
	3869.5		9894.5	2180.1
3155.8	1967.3	270.4	3365.8	1328.3
	15807.3	10.0	11185.4	17607.6
	8715.1	284.2	15217.6	35599.3
139.2	18131.1	780.5	44905.2	48555.9
235.6	4447.5	2835.9	8012.4	8965.6
779.0	2488.9	59.9	6395.6	11311.4
	3738.1	409.7	10565.3	17396.2
	4847.0	40.0	12202.4	47652.2
82.0	10892.5	468.9	20523.4	31189.4
	7736.3	541.9	24149.4	14260.4
90.0	7880.5	815.0	7695.1	10147.5
	37577.6	3379.3	92167.9	34852.7
	7657.2	150.7	9131.1	9731.6
	16.1	13.5	533.6	2117.7
	3729.8	414.8	4824.9	10783.7
652.0	10962.9	1078.3	27322.0	25656.4
3690.4	3402.6	397.2	7805.1	15492.7
2715.0	5224.3	57.0	17193.3	30888.6
	591.8		20.9	391.6
	6104.9	715.0	12158.3	20238.1
122.5	863.6	273.3	3613.1	10234.4
	69.2	15.0	875.0	414.2
	404.1	984.0		1438.9
	1301.9	418.8	4822.8	8930.8

C-1-14续表3

地区	社会救助	最低生活保障	城市最低生活保障	城市最低生活保障金	城市最低生活保障对象价格临时补贴
全国	**25494058.1**	**18330474.0**	**4840526.4**	**4706196.5**	**122824.5**
中央级					
北京	244753.7	166844.9	111123.8	106953.0	4159.5
天津	232650.8	166794.9	99264.1	93245.0	2799.5
河北	919740.2	642822.2	95159.7	92718.5	2289.2
山西	748330.9	567167.7	138694.7	135845.8	2833.9
内蒙古	861966.2	709549.2	200372.2	198532.7	1839.5
辽宁	678668.4	505117.1	232162.1	220054.1	11425.0
吉林	547680.6	450113.2	250647.3	239377.6	11269.7
黑龙江	705939.2	576290.0	324086.7	315122.0	6481.8
上海	533557.2	254334.8	216520.6	209159.8	7360.8
江苏	823226.3	485382.6	85817.3	81679.7	3862.2
浙江	707241.1	554325.7	64504.4	58162.3	6187.0
安徽	1495019.8	1130260.9	210046.0	208085.7	1475.9
福建	462391.4	294642.9	45134.4	42976.1	2158.3
江西	1011951.0	838703.3	205252.1	203814.9	1437.2
山东	1349626.9	843197.7	95217.9	84805.7	9245.7
河南	1277471.3	855558.3	147392.7	146486.0	906.7
湖北	1138090.0	745785.3	183074.4	165243.0	17660.6
湖南	1097078.8	692366.1	218789.9	215375.8	3285.1
广东	1186537.8	794510.6	145288.8	143410.0	1613.2
广西	1021582.0	774161.7	146899.5	145813.8	625.4
海南	117175.4	79681.7	21540.1	21445.0	95.1
重庆	752492.3	491473.5	173006.6	167513.7	5480.9
四川	1681381.6	1225301.1	245657.0	245008.7	644.9
贵州	1103482.6	926920.6	305716.5	301407.1	3447.1
云南	1246400.6	1024005.9	240348.2	240259.5	69.7
西藏	90986.3	57996.8	18522.7	18427.3	95.4
陕西	923329.2	708648.3	140242.8	130618.0	9620.4
甘肃	1058860.3	659335.5	214215.7	213219.3	823.4
青海	313621.1	225330.5	66485.1	65380.9	1104.2
宁夏	236886.6	204825.1	51393.6	49597.1	1796.5
新疆	925938.5	679025.9	147949.5	146458.4	730.7

单位：万元

农村最低生活保障	农村最低生活保障金	农村最低生活保障对象价格临时补贴	临时救助合计	临时救助	流浪乞讨人员救助
13489947.6	**13181768.9**	**263706.7**	**1647352.8**	**1384285.9**	**263066.9**
55721.1	54078.5	1642.6	13843.9	3132.0	10711.9
67530.8	59758.8	1683.8	32297.4	28837.5	3459.9
547662.5	538530.3	8602.9	39241.4	28935.9	10305.5
428473.0	418150.6	9356.2	47343.9	39759.2	7584.7
509177.0	506877.9	2299.1	33953.7	30895.4	3058.3
272955.0	261738.5	9088.5	19073.8	16507.1	2566.7
199465.9	186882.7	12583.2	20175.4	17045.4	3130.0
252203.3	247928.9	1474.3	22260.1	20596.4	1663.7
37814.2	35702.3	2111.9	9451.0	1647.5	7803.5
399565.3	389597.6	7956.3	44897.9	23481.4	21416.5
489821.3	451959.8	28422.9	37981.8	27453.2	10528.6
920214.9	917360.0	1539.7	32551.1	23030.7	9520.4
249508.5	245094.7	4199.9	47081.2	37105.1	9976.1
633451.2	630616.4	2834.8	31804.9	23677.0	8127.9
747979.8	680888.5	58972.5	40485.6	29615.3	10870.3
708165.6	705622.1	1543.5	41717.2	28647.0	13070.2
562710.9	513409.8	49301.1	58126.0	42443.4	15682.6
473576.2	470628.7	758.4	90165.6	72149.7	18015.9
649221.8	644700.6	4096.2	62772.7	24600.9	38171.8
627262.2	623229.8	1585.6	27635.2	18342.7	9292.5
58141.6	57469.1	672.5	9358.3	5542.9	3815.4
318466.9	311412.1	7044.2	43533.6	38838.8	4694.8
979644.1	977180.0	2438.5	58095.0	44741.8	13353.2
621204.1	611417.6	5455.9	43013.2	38815.2	4198.0
783657.7	783366.1	226.8	68767.0	62528.2	6238.8
39474.1	39449.6	24.5	12899.8	12639.8	260.0
568405.5	543084.2	24992.9	84000.1	77481.3	6518.8
445119.8	444811.2	308.6	286694.0	282079.2	4614.8
158845.4	156272.8	2572.6	54860.3	54197.7	662.6
153431.5	145304.6	8126.9	19907.0	19299.9	607.1
531076.4	529245.1	1789.9	213364.7	210218.3	3146.4

C−1−14续表4

地　区	特困人员救助供养	城市特困人员救助供养	城市特困人员救助供养金	城市特困人员价格临时补贴	农村特困人员救助供养
全　国	**4790440.9**	**496881.5**	**474365.5**	**22516.0**	**4293559.4**
中央级					
北　京	22984.4	5388.9	5331.2	57.7	17595.5
天　津	26814.7	5484.4	5124.5	359.9	21330.3
河　北	226342.3	6229.3	6163.9	65.4	220113.0
山　西	126558.9	3705.8	3668.0	37.8	122853.1
内蒙古	106806.0	23234.8	21892.6	1342.2	83571.2
辽　宁	142110.1	17608.1	17116.3	491.8	124502.0
吉　林	77392.0	11438.7	11238.9	199.8	65953.3
黑龙江	105690.7	23267.0	23073.6	193.4	82423.7
上　海	12415.7	8103.6	8013.1	90.5	4312.1
江　苏	245633.8	11386.9	11192.1	194.8	234246.9
浙　江	64759.6	6069.2	5696.3	372.9	58690.4
安　徽	317512.5	14333.3	14254.6	78.7	303179.2
福　建	109337.0	13595.0	13448.0	147.0	95742.0
江　西	132233.0	13563.7	13231.5	332.2	118669.3
山　东	450930.2	9761.8	9140.7	621.1	441168.4
河　南	352955.9	10832.3	10793.6	38.7	342123.6
湖　北	308829.2	21811.6	20618.9	1192.7	287017.6
湖　南	302692.6	21153.3	21037.0	116.3	281539.3
广　东	311751.7	33853.1	33497.3	355.8	277898.6
广　西	178487.5	21426.3	17910.7	3515.6	157061.2
海　南	24745.4	3873.3	3873.3		20872.1
重　庆	197444.6	90906.0	89387.5	1518.5	106538.6
四　川	370084.6	50840.6	50629.6	211.0	319244.0
贵　州	129592.4	11389.4	10662.2	727.2	118203.0
云　南	142902.2	26675.4	18459.4	8216.0	116226.8
西　藏	18372.1	1291.0	1213.3	77.7	17081.1
陕　西	126284.1	6259.3	5914.0	345.3	120024.8
甘　肃	94543.4	7144.3	6405.4	738.9	87399.1
青　海	28213.3	6481.8	6026.7	455.1	21731.5
宁　夏	10430.4	1462.2	1388.0	74.2	8968.2
新　疆	25590.6	8311.1	7963.3	347.8	17279.5

单位：万元

农村特困人员救助供养金	农村特困人员价格临时补贴	其他社会救助	其他城市生活救助（含传统救济）	其他农村生活救助（含传统救济）
4202688.9	**90870.5**	**725790.4**	**404506.9**	**321283.5**
17348.5	247.0	41080.5	39595.9	1484.6
20578.3	752.0	6743.8	2023.1	4720.7
217253.5	2859.5	11334.3	1588.4	9745.9
121057.7	1795.4	7260.4	1494.0	5766.4
83176.3	394.9	11657.3	6617.6	5039.7
120001.3	4500.7	12367.4	8831.3	3536.1
64234.1	1719.2			
82109.7	314.0	1698.4	1223.9	474.5
4300.8	11.3	257355.7	249995.5	7360.2
231249.0	2997.9	47312.0	19436.6	27875.4
57261.0	1429.4	50174.0	10880.3	39293.7
302224.8	954.4	14695.3	3351.3	11344.0
95295.1	446.9	11330.3	2546.0	8784.3
117929.4	739.9	9209.8	4357.0	4852.8
405070.1	36098.3	15013.4	4401.4	10612.0
341497.9	625.7	27239.9	2237.1	25002.8
265912.3	21105.3	25349.5	8776.9	16572.6
281126.2	413.1	11854.5	730.4	11124.1
276996.5	902.1	17502.8	6958.4	10544.4
156285.6	775.6	41297.6	991.5	40306.1
20478.2	393.9	3390.0	3131.5	258.5
104727.1	1811.5	20040.6	6799.0	13241.6
319149.3	94.7	27900.9	5375.7	22525.2
117845.3	357.7	3956.4	731.5	3224.9
115530.6	696.2	10725.5	2627.6	8097.9
17020.1	61.0	1717.6	265.7	1451.9
113047.9	6976.9	4396.7	1895.4	2501.3
87373.7	25.4	18287.4	5274.1	13013.3
21421.2	310.3	5217.0	498.6	4718.4
8517.0	451.2	1724.1	20.7	1703.4
16670.4	609.1	7957.3	1850.5	6106.8

C−1−14续表5

地　区	民政管理事务	行政运行	一般行政管理事务	机关服务	社会组织管理
全　国	**4937653.5**	**1383395.9**	**291630.3**	**45000.7**	**116758.2**
中央级	44969.0	8110.1	10358.5	2769.5	5521.2
北　京	215356.1	63025.7	44143.1	2034.2	9831.2
天　津	199033.4	20568.1	1652.6		849.4
河　北	174458.7	85311.3	13016.8	1878.7	1856.3
山　西	98993.0	24110.7	5432.8	1324.4	221.2
内蒙古	82579.3	30028.5	5723.6	2047.9	982.5
辽　宁	248412.7	26231.2	6415.0	1455.3	417.6
吉　林	92545.3	20781.7	6532.7	2382.4	910.4
黑龙江	75269.9	20937.5	4168.0	393.0	408.2
上　海	124058.3	23912.5	1249.9		8932.3
江　苏	303166.9	90221.3	16366.6	499.6	8867.8
浙　江	388461.4	91680.0	8980.1	3836.5	19210.7
安　徽	126289.3	35756.1	8945.5	2629.4	4488.6
福　建	112939.2	31489.2	3470.9	540.0	1325.1
江　西	127414.8	40609.9	6961.2	450.8	926.4
山　东	285403.2	83196.6	9881.3	710.0	5204.9
河　南	141590.2	57280.5	12820.0	5112.3	1820.3
湖　北	261406.6	61899.6	12943.6	1738.8	7215.1
湖　南	198469.8	68083.2	17568.6	1159.7	3650.8
广　东	472576.1	116344.6	27449.4	2347.0	20953.0
广　西	96804.1	37375.7	5396.1	1046.7	693.1
海　南	40036.5	6434.7	6359.9	241.9	919.8
重　庆	137972.2	29016.0	2671.0	762.5	1235.7
四　川	220761.6	77655.2	18279.3	4233.9	5736.5
贵　州	104763.0	55590.2	4744.2	21.6	350.5
云　南	171260.1	50243.5	6145.6	1889.0	1792.3
西　藏	59118.4	19965.9	8708.9	147.8	89.7
陕　西	167597.3	33340.3	4619.4	732.2	1071.0
甘　肃	49863.0	25933.3	3567.2	1208.6	150.5
青　海	27781.6	9890.4	1159.2	214.5	616.8
宁　夏	35978.3	12820.0	2652.9	0.1	204.2
新　疆	52324.2	25552.4	3246.4	1192.4	305.1

单位：万元

行政区划和地名管理	基层政权建设和社区治理	其他民政管理事务	行政事业单位养老支出	其他
77671.2	**1571532.9**	**1451664.3**	**333069.3**	**2001166.0**
676.8	491.0	17041.9	6042.3	193590.7
309.6	10602.5	85409.8	22996.8	187925.6
253.8	148522.1	27187.4	5215.1	18564.2
4063.8	22316.7	46015.1	15684.3	16650.2
2842.1	35002.4	30059.4	5563.9	53934.9
2205.8	7257.2	34333.8	8046.9	34702.1
3680.1	154934.4	55279.1	8767.7	45599.0
731.4	37956.1	23250.6	4990.6	38102.3
992.4	22035.6	26335.2	12068.1	16989.0
117.9	11392.9	78452.8	6642.6	40780.1
2168.5	118936.8	66106.3	22895.1	128328.5
6164.2	135603.9	122986.0	17448.7	77647.3
2315.2	25476.7	46677.8	8970.8	39817.2
2081.9	32809.1	41223.0	14268.0	92456.6
2871.9	43055.6	32539.0	4096.8	23339.8
3781.4	137617.8	45011.2	12756.3	80935.5
3022.0	16806.0	44729.1	14333.4	94928.3
6026.0	117922.7	53660.8	9882.4	46721.2
2628.2	63238.0	42141.3	4510.4	52360.8
6893.8	142874.8	155713.5	46843.3	222027.3
2346.5	17580.7	32365.3	8408.4	124303.6
1083.3	7407.6	17589.3	1299.0	18279.5
2248.3	71010.5	31028.2	11857.3	8119.6
10266.6	30255.0	74335.1	22872.9	54990.9
1633.7	17356.0	25066.8	5905.7	25142.4
1701.9	33761.2	75726.6	12390.9	60443.9
39.8	1570.0	28596.3	1863.0	59278.8
2069.2	95188.9	30576.3	4130.5	37384.5
1216.5	2198.7	15588.2	4235.2	40952.7
201.3	4859.6	10839.8	1692.2	26971.3
608.7	4461.4	15231.0	3139.1	30224.1
428.6	1031.0	20568.3	3251.6	9674.1

C-1-15 民政事业费

地 区	集中养育孤儿支出水平	社会散居孤儿支出水平	困难残疾人生活补贴支出水平	重度残疾人护理补贴支出水平
全 国	**26462.9**	**15466.1**	**1368.2**	**1125.4**
北 京	31615.8	18961.0	6500.1	1828.9
天 津	50426.2	17140.1	3044.0	2284.5
河 北	19410.7	14752.2	944.1	759.2
山 西	21089.3	12996.6	800.7	1048.4
内蒙古	27117.0	23914.2	1259.7	1238.2
辽 宁	35181.5	23759.7	877.6	675.3
吉 林	19043.1	14889.9	942.2	931.3
黑龙江	24506.6	17181.7	931.8	1113.3
上 海	27223.8	52900.0		
江 苏	35011.2	28222.1	6368.1	1707.0
浙 江	34231.7	29799.5	34.5	36.1
安 徽	20020.5	16017.2	742.7	742.1
福 建	36483.9	21640.6	1463.0	1392.6
江 西	20109.7	15279.1	775.9	780.4
山 东	26141.1	19990.2	1936.9	1606.8
河 南	20980.1	11773.2	747.9	747.6
湖 北	33965.1	17965.6	923.8	1174.9
湖 南	32384.0	12908.1	960.3	899.4
广 东	33845.7	18077.5	2337.2	2882.3
广 西	17761.7	10548.3	946.6	897.9
海 南	29188.1	21755.9	824.0	1772.9
重 庆	24809.2	17698.5	903.8	854.4
四 川	25424.4	11561.1	1227.0	816.3
贵 州	23593.8	14118.6	341.9	700.0
云 南	32492.7	20020.5	861.4	884.3
西 藏	16460.9	6316.0	1021.9	1776.1
陕 西	23600.7	13412.9	759.8	1075.2
甘 肃	16073.2	14336.0	1249.8	1039.0
青 海	25473.5	14806.5	1111.6	1126.5
宁 夏	20457.4	37922.3	1443.8	1465.4
新 疆	29298.9	31337.6	1384.3	1297.6

注：表中支出水平是按照民政事业费支出项目与民政对象、民政机构简单算术平均计算。

支出水平

单位：元/人·年、元/个·年

康复辅具机构（站）补助水平	补贴火化人员水平	殡葬类单位补助水平	社会福利院补助水平	儿童福利院补助水平
3491142.9	**1920.8**	**759593.1**	**3831289.3**	**3571539.9**
23585000.0	4187.6	3028860.0	51680555.6	26419888.9
6092000.0	1991.1	8240130.4	11632000.0	40000.0
	2696.5	446586.6	3313920.0	1197666.7
	9806.3	440000.0	7408090.9	1377900.0
6127000.0	2278.2	305434.1	2240823.5	4856142.9
	799.6	158624.4	1889431.8	1033533.3
	2054.5	117800.0	2019283.3	1090142.9
	576.4	167179.7	1258530.6	2845466.7
	3511.8	105418.9	24079550.0	40652666.7
	1791.8	547248.9	14076181.8	10155733.3
	3305.8	1072834.0	6328300.0	3272069.0
98000.0	1567.0	942985.7	2063818.2	1788250.0
	935.8	719254.7	2488658.2	2615733.3
	910.7	746705.4	821102.3	1859625.0
	927.1	1279500.0	4330846.2	6404846.2
2678000.0	852.3	196654.4	1447678.6	3619500.0
34000.0	2454.1	1269391.9	3374966.1	4428681.8
7068000.0	2592.5	915906.7	2343379.3	648571.4
221000.0	2195.3	2828408.9	6492959.2	4664536.6
1042000.0	3505.7	640368.9	1683579.6	3296090.9
	0.6	391000.0	6885000.0	2655000.0
	3276.6	480729.0	6623357.1	14944000.0
5618000.0	2505.9	466419.1	2362025.0	1654892.9
547000.0	1593.6	240803.2	1018339.0	1522375.0
1000000.0	1260.4	703333.3	2301823.5	2335833.3
	1124.3	37666.7	20114500.0	5224222.2
5076000.0	3898.4	214771.7	4801225.8	10338428.6
3296000.0	9514.7	165701.3	1032177.8	2178733.3
1418000.0	4855.0	10000.0	4577583.3	33333.3
	3091.4	35191.5	17656250.0	3908375.0
352000.0	2621.1	2032455.9	873533.3	676319.2

C-1-15续表

地　区	社会福利医院补助水平	城市最低生活保障支出水平	农村最低生活保障支出水平	城市特困人员供养支出水平
全　国	**23812521.4**	**6378.8**	**3793.9**	**15170.9**
北　京	95297000.0	15100.4	13919.5	39106.7
天　津	132261000.0	13916.3	9866.7	32509.8
河　北	22266000.0	5905.9	3540.8	12807.0
山　西	37979500.0	5700.1	4331.6	11734.6
内蒙古	22987000.0	7005.1	3882.4	19882.6
辽　宁		7127.4	3841.3	16358.3
吉　林	17477750.0	6832.8	3449.3	13020.7
黑龙江	8210285.7	6432.5	3058.8	18458.6
上　海	94775666.7	15337.6	10536.6	32182.7
江　苏	37723181.8	8175.2	6244.6	13399.5
浙　江	44779000.0	9755.2	8479.2	23325.1
安　徽	675000.0	6570.5	5185.0	12873.5
福　建	15107666.7	6612.5	5064.3	22059.1
江　西	949000.0	6563.9	4422.9	13478.8
山　东		7791.4	5045.9	19954.6
河　南	18671000.0	4094.0	2440.5	10924.1
湖　北	10094500.0	5840.3	3728.4	19014.6
湖　南	14370333.3	5522.3	3239.9	12496.0
广　东	44652000.0	9560.3	5063.3	21204.6
广　西	48028666.7	4239.2	2565.0	13690.9
海　南		6309.4	3900.7	26712.4
重　庆	38368400.0	6999.6	5316.5	11105.1
四　川	29744222.2	4162.2	2717.7	13501.0
贵　州	11307166.7	4960.0	3245.7	15115.3
云　南	7755000.0	6128.7	3466.3	28239.9
西　藏		7847.4	3020.0	33707.6
陕　西	9751000.0	7026.6	4684.4	12813.3
甘　肃	11477500.0	6532.5	3095.8	15242.8
青　海	844000.0	11068.8	5445.8	36724.1
宁　夏		6490.4	3892.5	11405.6
新　疆	4428571.4	5681.8	4018.6	14219.2

单位：元/人·年、元/个·年

农村特困人员供养支出水平	流浪乞讨人员救助单位补助水平	救助流浪乞讨人员每次支出水平	临时救助支出水平
9817.4	**1431267.1**	**3526.0**	**1154.9**
33155.3	5100904.8	4896.4	3460.8
20571.2	3844333.3	19782.2	4514.0
8711.5	2192659.6	3349.1	1235.1
9496.2	1330649.1	1520.2	1299.4
9921.7	695068.2	1864.4	1673.9
9804.1	466672.7	1018.2	1040.9
8653.5	652083.3	2890.1	1010.0
8994.8	291877.2	1486.9	1046.8
22412.2	4107105.3	9833.0	892.5
11851.2	2185357.1	9348.1	1151.8
17723.2	1332734.2	3625.6	2399.7
9186.2	1613627.1	3123.7	2256.6
15744.2	2267295.5	8396.0	1843.2
9593.5	1250446.2	4814.0	1604.0
13400.7	1552900.0	6276.2	2482.3
7062.3	1156654.9	3908.4	1320.3
12211.2	1400232.1	5980.5	2234.4
7977.3	1464707.3	1879.8	986.1
13749.7	3706000.0	7226.6	2528.1
6705.9	1055965.9	3488.0	320.3
9256.3	7630800.0	17837.3	1242.1
10901.1	1268864.9	3422.9	3113.9
7641.2	699120.4	2050.7	1123.7
13539.2	874583.3	2651.4	1647.9
9983.8	799846.2	1994.8	923.4
13747.4	650000.0	778.7	5161.0
9633.7	804790.1	2028.3	1081.2
9492.6	1281888.9	2926.7	1642.1
14430.9	1325200.0	903.1	2215.4
10543.4	607100.0	2709.1	1223.1
10160.8	983250.0	1764.4	582.8

C-1-16 民政事业费

地 区	收入合计	上年结余	本年收入合计	本年实际支出
全 国	**48897285.9**	**2576160.9**	**46321125.0**	**46790091.8**
中央级	306787.5	105188.9	201598.6	244602.0
北 京	1675916.2	85545.6	1590370.6	1623058.1
天 津	661116.8	66973.4	594143.4	636545.0
河 北	1637157.5	105008.5	1532149.0	1587262.2
山 西	1241408.6	176667.9	1064740.7	1166474.6
内蒙古	1332488.3	59217.4	1273270.9	1274615.7
辽 宁	1230917.2	48578.7	1182338.5	1202052.6
吉 林	866096.2		866096.2	866096.2
黑龙江	1014013.5	36226.8	977786.7	981255.1
上 海	1806289.0	93997.3	1712291.7	1714316.5
江 苏	2748756.3	86900.6	2661855.7	2671536.5
浙 江	2039686.7	75279.4	1964407.3	1971280.5
安 徽	2188483.7	22384.3	2166099.4	2170879.9
福 建	1145784.2	109205.5	1036578.7	1052031.8
江 西	1530049.2	20241.5	1509807.7	1526123.8
山 东	2606944.8	63637.3	2543307.5	2542677.2
河 南	2273875.7	85875.1	2188000.6	2186332.6
湖 北	2205599.7	176346.2	2029253.5	2022914.8
湖 南	1807819.0	25533.2	1782285.8	1793504.6
广 东	3347460.4	133473.9	3213986.5	3242658.5
广 西	1738065.3	127708.4	1610356.9	1630503.9
海 南	289186.9	46407.8	242779.1	248377.8
重 庆	1212267.1	56393.0	1155874.1	1161259.1
四 川	2904929.9	130644.7	2774285.2	2786479.7
贵 州	1704812.0	186982.9	1517829.1	1509244.3
云 南	1950054.8	106025.6	1844029.2	1873080.7
西 藏	344184.1	115100.9	229083.2	253883.5
陕 西	1471563.5	28434.4	1443129.1	1447753.1
甘 肃	1395652.4	32316.9	1363335.5	1358773.4
青 海	517930.4	39628.7	478301.7	470326.4
宁 夏	476690.2	113532.7	363157.5	389597.8
新 疆	1225298.8	16703.4	1208595.4	1184593.9

收支简表

单位：万元

收支结余	用事业基金弥补收支差额	结余分配	年末净结余
2107194.1	**24086.9**	**45985.5**	**2085295.5**
62185.5	2048.2	3150.4	61083.3
52858.1	16337.7	4661.2	64534.6
24571.8		5616.2	18955.6
49895.3			49895.3
74934.0	105.2	209.4	74829.8
57872.6	26.8		57899.4
28864.6			28864.6
32758.4			32758.4
91972.5	42.7	2875.6	89139.6
77219.8			77219.8
68406.2	564.2	2887.4	66083.0
17603.8			17603.8
93752.4	-46.3	906.4	92799.7
3925.4			3925.4
64267.6		44.5	64223.1
87543.1			87543.1
182684.9		1585.0	181099.9
14314.4		133.3	14181.1
104801.9	3702.8	8226.9	100277.8
107561.4	146.9	1784.1	105924.2
40809.1			40809.1
51008.0	998.6	3101.4	48905.2
118450.2		5487.1	112963.1
195567.7	160.1	8.9	195718.9
76974.1		46.1	76928.0
90300.6			90300.6
23810.4		1955.6	21854.8
36879.0		3306.0	33573.0
47604.0			47604.0
87092.4			87092.4
40704.9			40704.9

C-1-17 民政事业费

地 区	上年结余合计	社会福利	社会救助	民政管理事务	行政事业单位养老支出	其他款项用于民政支出
全 国	**2576160.9**	**955721.2**	**870848.8**	**290001.4**	**10764.9**	**448824.6**
中央级	105188.9			15714.4	3854.2	85620.3
北 京	85545.6	38778.8	13704.5	12371.9	359.7	20330.7
天 津	66973.4	19364.2	14844.2	25697.4	225.0	6842.6
河 北	105008.5	67427.4	29098.6	7014.5	64.7	1403.3
山 西	176667.9	24050.4	137868.2	3865.7	27.2	10856.4
内蒙古	59217.4	29828.0	13190.9	10286.9	119.4	5792.2
辽 宁	48578.7	16087.5	21310.7	6682.2	408.4	4089.9
吉 林						
黑龙江	36226.8	8202.4	23675.0	3742.3	5.6	601.5
上 海	93997.3	60525.5	13128.0	13086.0	357.3	6900.5
江 苏	86900.6	55959.1	3489.3	7687.1	4.6	19760.5
浙 江	75279.4	47499.9	9982.0	11072.5	322.6	6402.4
安 徽	22384.3	14348.6	5096.7	441.9	0.2	2496.9
福 建	109205.5	59970.6	22347.2	17477.2	1377.4	8033.1
江 西	20241.5	5218.5	7890.4	4288.1	100.2	2744.3
山 东	63637.3	33317.4	16973.0	11832.9		1514.0
河 南	85875.1	43626.7	26805.5	6341.1	459.5	8642.3
湖 北	176346.2	7665.9	160906.2	5691.6	4.3	2078.2
湖 南	25533.2	14230.3	3330.6	7611.3	0.2	360.8
广 东	133473.9	32358.4	38801.2	11424.7	343.5	50546.1
广 西	127708.4	57140.8	31694.9	10469.7	287.7	28115.3
海 南	46407.8	13383.8	18873.2	4639.8	178.2	9332.8
重 庆	56393.0	22880.5	26418.3	6347.4	369.0	377.8
四 川	130644.7	75102.1	24127.7	14434.4	579.6	16400.9
贵 州	186982.9	89691.7	67283.3	19088.2	169.2	10750.5
云 南	106025.6	42264.6	14547.9	22448.2	204.2	26560.7
西 藏	115100.9	10027.3	28076.5	10627.7	316.5	66052.9
陕 西	28434.4	10308.8	11187.6	5763.2	69.5	1105.3
甘 肃	32316.9	13653.1	7458.0	1555.4	28.3	9622.1
青 海	39628.7	14558.9	20661.0	1385.4	70.0	2953.4
宁 夏	113532.7	22148.2	48370.2	10183.8	458.7	32371.8
新 疆	16703.4	6101.8	9708.0	728.5		165.1

收支明细表

单位：万元

本年收入合计	社会福利	社会救助	民政管理事务	行政事业单位养老支出	其他款项用于民政支出
46321125.0	**13916279.9**	**25233456.0**	**4887221.9**	**336158.9**	**1948008.3**
201598.6			43044.4	5354.0	153200.2
1590370.6	946738.0	239550.8	210836.9	23095.7	170149.2
594143.4	172194.0	220855.1	180243.0	5101.3	15750.0
1532149.0	427071.5	899175.3	173003.0	16605.8	16293.4
1064740.7	255274.0	654175.3	97099.2	5518.4	52673.8
1273270.9	283485.5	862914.6	84978.5	7785.0	34107.3
1182338.5	211665.8	665018.2	248138.0	8386.0	49130.5
866096.2	182777.4	547680.6	92545.3	4990.6	38102.3
977786.7	182007.2	691835.9	73543.0	13832.3	16568.3
1712291.7	1006850.6	538278.9	123729.1	6702.9	36730.2
2661855.7	1380582.4	823212.2	300822.3	22911.1	134327.7
1964407.3	783480.6	703012.2	384473.3	19269.8	74171.4
2166099.4	497733.9	1494384.2	126478.4	8970.8	38532.1
1036578.7	355994.3	454760.6	114352.1	14101.7	97370.0
1509807.7	352624.9	1004704.0	124289.6	3996.6	24192.6
2543307.5	822496.6	1344285.0	283582.2	12782.6	80161.1
2188000.6	667330.4	1263782.5	140946.9	14400.0	101540.8
2029253.5	561274.4	1140064.0	260426.9	9881.6	57606.6
1782285.8	428508.6	1095044.3	195756.2	4635.0	58341.7
3213986.5	1285323.6	1184820.0	486439.4	46877.0	210526.5
1610356.9	371281.3	1008623.6	93794.5	8390.3	128267.2
242779.1	72342.1	109518.3	41634.3	1323.7	17960.7
1155874.1	261697.5	733492.4	140321.5	11884.0	8478.7
2774285.2	813973.8	1666635.6	214291.5	22334.4	57049.9
1517829.1	272879.3	1103180.4	103086.4	5982.0	32701.0
1844029.2	377292.1	1240096.1	161257.2	12477.9	52905.9
229083.2	45114.7	91564.6	59332.9	2220.0	30851.0
1443129.1	313336.7	918622.9	166661.1	4132.4	40376.0
1363335.5	201966.9	1062975.1	49146.2	4228.1	45019.2
478301.7	107961.7	309525.4	26814.0	1686.6	32314.0
363157.5	75328.1	227222.6	33311.2	3049.7	24245.9
1208595.4	199692.0	934445.3	52843.4	3251.6	18363.1

C−1−17续表

地　区	本年支出合计	社会福利	社会救助	民政管理事务	行政事业单位养老支出	其他款项用于民政支出
全　国	**46790091.8**	**14024144.9**	**25494058.1**	**4937653.5**	**333069.3**	**2001166.0**
中央级	244602.0			44969.0	6042.3	193590.7
北　京	1623058.1	952025.9	244753.7	215356.1	22996.8	187925.6
天　津	636545.0	181081.5	232650.8	199033.4	5215.1	18564.2
河　北	1587262.2	460728.8	919740.2	174458.7	15684.3	16650.2
山　西	1166474.6	259651.9	748330.9	98993.0	5563.9	53934.9
内蒙古	1274615.7	287321.2	861966.2	82579.3	8046.9	34702.1
辽　宁	1202052.6	220604.8	678668.4	248412.7	8767.7	45599.0
吉　林	866096.2	182777.4	547680.6	92545.3	4990.6	38102.3
黑龙江	981255.1	170988.9	705939.2	75269.9	12068.1	16989.0
上　海	1714316.5	1009278.3	533557.2	124058.3	6642.6	40780.1
江　苏	2671536.5	1393919.7	823226.3	303166.9	22895.1	128328.5
浙　江	1971280.5	780482.0	707241.1	388461.4	17448.7	77647.3
安　徽	2170879.9	500782.8	1495019.8	126289.3	8970.8	39817.2
福　建	1052031.8	369976.6	462391.4	112939.2	14268.0	92456.6
江　西	1526123.8	359321.4	1011951.0	127414.8	4096.8	23339.8
山　东	2542677.2	813955.3	1349626.9	285403.2	12756.3	80935.5
河　南	2186332.6	658009.4	1277471.3	141590.2	14333.4	94928.3
湖　北	2022914.8	566814.6	1138090.0	261406.6	9882.4	46721.2
湖　南	1793504.6	441084.8	1097078.8	198469.8	4510.4	52360.8
广　东	3242658.5	1314674.0	1186537.8	472576.1	46843.3	222027.3
广　西	1630503.9	379405.8	1021582.0	96804.1	8408.4	124303.6
海　南	248377.8	71587.4	117175.4	40036.5	1299.0	18279.5
重　庆	1161259.1	250817.7	752492.3	137972.2	11857.3	8119.6
四　川	2786479.7	806472.7	1681381.6	220761.6	22872.9	54990.9
贵　州	1509244.3	269950.6	1103482.6	104763.0	5905.7	25142.4
云　南	1873080.7	382585.2	1246400.6	171260.1	12390.9	60443.9
西　藏	253883.5	42637.0	90986.3	59118.4	1863.0	59278.8
陕　西	1447753.1	315311.6	923329.2	167597.3	4130.5	37384.5
甘　肃	1358773.4	204862.2	1058860.3	49863.0	4235.2	40952.7
青　海	470326.4	100260.2	313621.1	27781.6	1692.2	26971.3
宁　夏	389597.8	83369.7	236886.6	35978.3	3139.1	30224.1
新　疆	1184593.9	193405.5	925938.5	52324.2	3251.6	9674.1

单位：万元

年末结余合计	社会福利	社会救助	民政管理事务	行政事业单位养老支出	其他款项用于民政支出
2085295.5	**887225.1**	**611498.9**	**246811.4**	**12046.5**	**327713.6**
61083.3			35593.3	3259.2	22230.8
64534.6	34920.8	8503.3	8104.2	458.5	12547.8
18955.6	6245.1	3143.1	6906.9	111.2	2549.3
49895.3	33778.8	8533.7	5558.8	986.2	1037.8
74829.8	20401.9	43712.6	1456.7	0.1	9258.5
57899.4	26558.6	14138.7	11893.6	67.4	5241.1
28864.6	7148.5	7660.5	6407.5	36.6	7611.5
32758.4	19220.7	9571.7	2015.4	1769.8	180.8
89139.6	54338.1	18365.2	13323.9	385.1	2727.3
77219.8	50534.8	3472.2	5260.6	20.6	17931.6
66083.0	49327.5	5753.1	7082.8	350.7	3568.9
17603.8	12280.7	4461.1	631.0	0.2	230.8
92799.7	44915.7	14675.4	19625.8	1211.1	12371.7
3925.4	1650.0	643.4	1192.9		439.1
64223.1	39825.7	11631.1	10281.9	26.3	2458.1
87543.1	53517.2	13116.7	5897.8	526.1	14485.3
181099.9	12383.8	162880.2	4797.3	3.5	1035.1
14181.1	3340.7	1322.7	4869.6	2.5	4645.6
100277.8	25893.8	36719.0	9933.4	329.4	27402.2
105924.2	52032.1	19609.5	7366.1	269.5	26647.0
40809.1	14139.0	11216.1	6232.1	202.9	9019.0
48905.2	32009.5	7418.4	8618.4	284.9	574.0
112963.1	78686.2	9381.7	7964.3	38.1	16892.8
195718.9	92771.6	66981.1	17411.6	245.5	18309.1
76928.0	36794.4	8255.0	12510.9	261.3	19106.4
90300.6	12505.0	28654.8	10842.2	673.5	37625.1
21854.8	9750.8	6481.3	4827.0	71.4	724.3
33573.0	13085.2	11579.0	1173.4	21.2	7714.2
47604.0	22260.4	16565.3	417.8	64.4	8296.1
87092.4	14520.2	38838.2	7238.4	369.3	26126.3
40704.9	12388.3	18214.8	1375.8		8726.0

C-1-18 民政事业基本

地 区	在建项目规模	使用彩票公益金项目规模	在建项目总投资	开工累计完成投资	本年计划投资	本年实际完成投资
全 国	**27320674**	**5205498**	**7461446.7**	**4011239.9**	**1671576.1**	**2012976.0**
中央级	207511		225980.0	219201.7	10571.0	21467.9
北 京	111371	7647	80787.3	26112.2	9540.7	3395.7
天 津	7200		5706.0	500.0		500.0
河 北	1264427	244045	366589.0	184896.8	116251.2	108200.9
山 西	1517846	131088	494957.8	170067.6	129224.0	76101.4
内蒙古	566501	72368	217389.2	149028.9	33061.3	42935.0
辽 宁	167964	67079	47277.3	20138.3	7148.0	20138.3
吉 林	49346	12067	16390.2	10055.2	10055.2	10055.2
黑龙江	80707	2000	31647.0	6643.2	9516.2	6643.2
上 海	120252		126859.4	53025.5	982.6	8579.5
江 苏	474308	55077	278245.0	177232.4	77033.2	103996.8
浙 江	658181	226297	365386.9	229754.5	89996.3	111755.2
安 徽	1529540	25887	372596.7	149801.3	93014.6	126080.0
福 建	626731	33878	182239.4	100747.3	39885.1	37919.2
江 西	3902904	604818	505724.7	284781.0	132942.0	217020.8
山 东	2190820	715013	364400.1	244822.2	92089.3	101162.5
河 南	855331	38412	133371.0	67780.7	18743.8	23623.2
湖 北	1073432	165219	276987.3	157997.2	60321.8	75013.9
湖 南	1257604	263897	337135.3	233888.6	76307.2	125248.6
广 东	1757889	838958	1139239.4	524463.3	126105.6	131005.5
广 西	849388	168441	191454.7	116162.9	38808.1	43217.4
海 南	805977		36571.0	23782.2	16181.1	16375.5
重 庆	830549	222955	234982.3	131507.6	70565.7	77675.6
四 川	460834	6640	246486.7	134559.2	97924.1	97625.0
贵 州	2196166	197729	486945.3	259536.6	178481.0	225620.2
云 南	1992263	726936	176084.3	104071.2	35661.9	66648.0
西 藏	58517	31996	24934.5	19979.2	7988.0	19979.2
陕 西	1019204	87600	280149.6	99657.4	27497.5	32714.8
甘 肃	92008	1127	50774.9	24306.7	23112.5	21447.6
青 海	277179	151567	45544.3	16894.5	9292.3	16334.5
宁 夏	125392	50960	55022.1	41026.8	11511.4	16014.7
新 疆	193332	55797	63588.0	28817.7	21763.4	28480.7

建设投资情况总表

单位：平方米、万元、张

国家预算内投资	国内贷款	利用外资	福利彩票公益金	其他	本年完工项目规模	未投入使用项目建设床位数
604676.2	**111742.4**	**9050.3**	**229948.4**	**1057558.7**	**10014263**	**184826**
21467.9						
1453.6				1942.1	3480	2270
416.0				84.0		154
34687.8	3800.0		8481.2	61231.9	572613	9531
31314.9			6586.1	38200.4	200618	7496
13171.0			4993.5	24770.5	177022	8160
16380.3			938.0	2820.0	77203	4026
5996.0			3599.8	459.4	49346	560
3852.1			449.1	2342.0	25627	920
8579.5					36684	1091
51682.6			4661.8	47652.4	317024	4626
25490.2			38635.9	47629.1	187870	6535
30002.9	14948.5	7425.0	916.4	72787.2	479568	9592
16508.2			3643.6	17767.4	190175	3313
28072.8	8890.0		29334.9	150723.1	2391903	17746
12048.7			3152.3	85961.5	1574355	11494
10815.7			1244.6	11562.9	47552	3191
16928.1			6505.1	51580.7	447036	8036
53459.6	5064.6		8294.5	58429.9	433872	7114
59325.3	8571.3		14575.6	48533.3	203963	29791
18471.0	800.0		14413.8	9532.6	173314	8631
2643.1				13732.4	128912	967
21882.7	6355.0		17477.7	31960.2	609544	6178
16986.0			1475.4	79163.6	102708	6880
25980.1	59120.0	1625.3	11261.6	127633.2	474834	9947
27150.3	4193.0		8384.5	26920.2	196908	4332
			13955.3	6023.9	48077	160
21327.5			4817.5	6569.8	110503	5238
8148.3			775.0	12524.3	28135	983
9166.3			6792.4	375.8	497114	1672
3016.4			7598.7	5399.6	77031	1440
8251.3			6984.1	13245.3	151272	2752

C-1-19 提供住宿的民政服务

地 区	在建项目规模	使用彩票公益金项目规模	在建项目总投资	开工累计完成投资	本年计划投资	本年实际完成投资
全 国	**10019578**	**2652914**	**4286256.9**	**2259969.8**	**880825.5**	**1052332.2**
北 京	100171	7647	61815.8	10991.0	9540.7	3395.7
天 津	7200		5706.0	500.0		500.0
河 北	434698	60903	199675.5	70306.8	50614.5	41434.2
山 西	428860	119964	168949.7	104845.0	40625.7	24011.8
内蒙古	328105	70158	102370.6	85548.1	14275.9	24440.6
辽 宁	163964	63379	46737.5	19808.4	6908.0	19808.4
吉 林	41704	10689	14204.4	8049.4	8049.4	8049.4
黑龙江	40236		14153.0	2182.1	2182.1	2182.1
上 海	75112		95387.8	46014.4	982.6	1568.4
江 苏	249936	55077	187497.9	106395.8	44569.9	67970.0
浙 江	391916	209505	234782.9	156881.1	57805.8	78297.4
安 徽	506189	25310	259170.6	103766.9	54847.7	84979.6
福 建	206780	26378	84262.8	43871.7	13891.0	16628.6
江 西	1112357	189967	320041.4	161422.7	80486.6	112590.6
山 东	758541	207497	323893.7	218215.6	82684.6	82769.5
河 南	206847	36262	61800.9	42035.2	1914.3	5554.9
湖 北	443912	69149	153113.6	84454.5	40128.7	48210.6
湖 南	347787	29382	153080.4	122344.3	43095.4	59874.8
广 东	1542995	838281	901090.0	400611.4	103348.2	102982.8
广 西	404654	125381	114304.1	79705.6	27599.4	25964.4
海 南	54150		28804.4	17741.6	11337.0	11307.6
重 庆	430966	164760	139532.6	62335.5	39549.8	40166.8
四 川	386215	6640	131432.5	63005.9	28604.0	28519.9
贵 州	517532	129955	148669.9	78824.9	53787.4	56462.5
云 南	196977	55611	57602.6	41458.5	17904.8	30321.8
西 藏	28218	18886	9034.0	8686.0	4096.0	8686.0
陕 西	295526	43868	165119.0	64440.0	16303.5	26567.8
甘 肃	42881	269	19525.7	6812.3	7671.3	6572.3
青 海	51346	9340	17541.3	10280.5	5295.3	10280.5
宁 夏	92908	28960	36315.9	27494.1	4030.8	11292.7
新 疆	130895	49696	30640.4	10940.5	8695.1	10940.5

机构基本建设投资情况

单位：平方米、万元、张

国家预算内投资	国内贷款	利用外资	福利彩票公益金	其他	本年完工项目规模	未投入使用项目建设床位数
362996.5	**20968.5**	**1563.0**	**164711.2**	**502093.0**	**4067680**	**183048**
1453.6				1942.1	3480	2270
416.0				84.0		154
7062.0	3800.0		6502.5	24069.7	211993	9494
10732.9			5354.1	7924.8	116895	7496
11447.6			3570.5	9422.5	160232	8160
16290.4			878.0	2640.0	73413	4026
4337.0			3353.0	359.4	41704	560
1868.0			314.1		3200	920
1568.4					36684	1091
23539.1			4207.2	40223.7	195691	4616
15442.2			35267.9	27587.3	143531	6535
24908.9	10248.5		902.7	48919.5	261028	9212
8512.8			2074.7	6041.1	94023	3313
22618.8			22672.2	67299.6	595976	17631
9863.7			2279.3	70626.5	389776	11494
2705.3			865.8	1983.8	30506	3191
12029.9			5297.8	30882.9	164712	8036
24239.2			6065.5	29570.1	183550	7114
46910.2	3000.0		14271.6	38801.0	130136	29791
14025.3			7254.9	4684.2	140930	8418
1617.0				9690.6	45110	967
13290.7	3000.0		9727.9	14148.2	252102	5696
13464.9			1125.4	13929.6	83989	6880
21813.0	920.0	1563.0	4738.6	27427.9	275089	9883
16180.9			3765.8	10375.1	116397	4212
			6090.0	2596.0	28218	160
17997.3			3959.5	4611.0	81676	5238
6047.3			500.0	25.0	7722	863
5838.8			4065.9	375.8	21051	1545
1515.6			5675.1	4102.0	70832	1420
5259.7			3931.2	1749.6	108034	2662

C-1-20　不提供住宿的民政服务

地　区	在建项目规模	使用彩票公益金项目规模	在建项目总投资	开工累计完成投资	本年计划投资	本年实际完成投资
全　国	**350449**	**82808**	**51805.9**	**42537.4**	**32725.4**	**37702.1**
北　京						
天　津						
河　北	29268	20312	1105.9	1174.3	791.1	1174.3
山　西						
内蒙古						
辽　宁	400	400	40.0	40.0	40.0	40.0
吉　林	1209	1209	47.1	47.1	47.1	47.1
黑龙江	1770		15.0	30.0		30.0
上　海						
江　苏	24669		4477.8	3812.8	3812.8	3812.8
浙　江						
安　徽	53243	150	10408.0	10408.0	7433.0	7433.0
福　建	580		30.0	75.0	30.0	70.0
江　西	32930	12250	3169.1	3191.1	2969.1	3191.1
山　东	2380	30	147.0	147.0	147.0	147.0
河　南	350	350	31.0	31.0		31.0
湖　北	28999		3550.6	3680.6	3350.6	3680.6
湖　南						
广　东						
广　西	9379	7063	3267.3	1733.0	998.2	1703.0
海　南	3163		1185.1	979.9	359.7	596.6
重　庆	131950	32746	16605.9	12484.5	9578.0	12454.5
四　川						
贵　州	5352	300	542.4	348.4	485.6	348.4
云　南	5441	5441	933.0	606.0	337.0	20.0
西　藏						
陕　西	4810	1910	1258.8	1258.8	1032.8	1032.8
甘　肃	6782	67	1239.3	1002.3	1223.4	1002.3
青　海	3265	320	1245.0	60.0	60.0	60.0
宁　夏	1749	200	1397.6	1397.6		797.6
新　疆	2760	60	1110.0	30.0	30.0	30.0

机构基本建设投资情况

单位：平方米、万元、张

国家预算内投资	利用外资	福利彩票公益金	其他	本年完工项目规模	未投入使用项目建设床位数
7643.7	**7487.3**	**8291.1**	**14280.0**	**305309**	**1778**
336.7		592.1	245.5	29268	37
		40.0		400	
		47.1		1209	
		30.0		1770	
1784.0			2028.8	31435	10
	7425.0	8.0		14588	380
70.0				1380	
		698.0	2493.1	32730	115
80.0		3.0	64.0	2380	
		31.0		350	
330.0			3350.6	28999	
483.3		1219.7		6430	213
341.7			254.9	1738	
3537.8		5363.4	3553.3	131055	482
23.0	62.3		263.1	5187	64
		10.0	10.0	1500	120
657.2		138.8	236.8	4810	
		20.0	982.3	6782	120
		60.0		789	127
			797.6	1749	20
		30.0		760	90

C-1-21 其他社会服务机构

地 区	在建项目规模	使用彩票公益金项目规模	在建项目总投资	开工累计完成投资	本年计划投资
全 国	**15874259**	**2344441**	**2649182.6**	**1342810.2**	**705866.7**
北 京	11200		18971.5	15121.2	
天 津					
河 北	747961	162030	159043.9	110569.6	64605.1
山 西	1088986	11124	326008.1	65222.6	88598.3
内蒙古	216622	2210	105989.2	56231.8	18785.4
辽 宁	3300	3300	200.0	200.0	200.0
吉 林	6264		2120.0	1940.0	1940.0
黑龙江	36931	2000	17464.0	4416.1	7334.1
上 海					
江 苏	193453		83319.3	65924.3	28151.0
浙 江	258154	10981	127318.0	71116.6	31220.8
安 徽	933108	427	87058.1	30541.4	26108.9
福 建	390261		90005.6	50902.6	18988.1
江 西	2694461	384671	178912.7	117810.2	46078.8
山 东	1404930	507486	23273.3	14368.3	7557.7
河 南	617992		56335.0	21768.8	15011.7
湖 北	500088	96070	83429.1	40916.0	15445.5
湖 南	711243	234515	155427.2	87705.4	30451.8
广 东	211032	677	237200.6	123583.4	22757.4
广 西	374452	2665	52744.8	23783.2	8814.5
海 南	733266		4012.5	3103.5	2484.4
重 庆	219717	2560	69801.3	47645.1	16736.7
四 川	65319		111554.2	71534.8	69300.1
贵 州	1627326	66549	327819.0	170538.3	123624.0
云 南	1785693	665684	114757.7	61671.8	17355.1
西 藏	9134		5695.4	4753.0	
陕 西	710804	41822	111341.8	32581.4	9161.2
甘 肃	41554		29332.9	15973.1	13698.8
青 海	208385	134329	23594.0	4919.0	2302.0
宁 夏	16709	9300	16218.0	11044.5	7040.0
新 疆	55914	6041	30235.4	16924.2	12115.3

基本建设投资情况

单位：平方米、万元

本年实际完成投资					本年完工项目规模
	国家预算内投资	国内贷款	福利彩票公益金	其他	
808243.8	**191080.9**	**90773.9**	**43040.4**	**483348.6**	**5329959**
64807.6	26641.1		1281.2	36885.3	294302
52089.6	20582.0		1232.0	30275.6	83723
11928.4	571.4		9.0	11348.0	1694
200.0			20.0	180.0	3300
1940.0	1659.0		181.0	100.0	6264
4416.1	1984.1		90.0	2342.0	18887
31114.5	25260.0		454.6	5399.9	89898
32488.1	10048.0		3368.0	19072.1	43063
28942.4	3600.0	4700.0	5.7	20636.7	203952
15322.6	6753.4			8569.2	69992
99021.6	5454.0	8890.0	4629.1	80048.5	1723441
6154.7	1805.0		870.0	3479.7	1182199
14091.6	8110.4		30.0	5951.2	14896
20728.6	4419.1		1011.3	15298.2	243325
50052.3	24669.1	5064.6	2229.0	18089.6	211420
27754.2	12415.1	5571.3	304.0	9463.8	73827
14280.7	3821.3	800.0	4919.4	4740.0	21445
2514.1	684.4			1829.7	66666
19756.2	3000.0	3355.0	414.5	12986.7	179391
69086.6	3521.1		350.0	65215.5	18719
158984.3	3981.1	58200.0	6183.0	90620.2	148802
36276.2	10962.4	4193.0	4585.7	16535.1	70011
4753.0			4753.0		9134
4406.4	1965.2		719.2	1722.0	24017
13354.0	2001.0			11353.0	12840
4359.0	3125.0		1234.0		470394
2833.8	1136.1		1197.7	500.0	4450
16587.2	2911.6		2969.0	10706.6	39907

C-1-22 其他基本

地 区	在建项目规模	使用彩票公益金项目规模	在建项目总投资	开工累计完成投资	本年计划投资
全 国	**1076388**	**125335**	**474201.3**	**365922.5**	**52158.5**
中央级	207511		225980.0	219201.7	10571.0
北 京					
天 津					
河 北	52500	800	6763.7	2846.1	240.5
山 西					
内蒙古	21774		9029.4	7249.0	
辽 宁	300		299.8	89.9	
吉 林	169	169	18.7	18.7	18.7
黑龙江	1770		15.0	15.0	
上 海	45140		31471.6	7011.1	
江 苏	6250		2950.0	1099.5	499.5
浙 江	8111	5811	3286.0	1756.8	969.7
安 徽	37000		15960.0	5085.0	4625.0
福 建	29110	7500	7941.0	5898.0	6976.0
江 西	63156	17930	3601.5	2357.0	3407.5
山 东	24969		17086.1	12091.3	1700.0
河 南	30142	1800	15204.1	3945.7	1817.8
湖 北	100433		36894.0	28946.1	1397.0
湖 南	198574		28627.7	23838.9	2760.0
广 东	3862		948.8	268.5	
广 西	60903	33332	21138.5	10941.1	1396.0
海 南	15398		2569.0	1957.2	2000.0
重 庆	47916	22889	9042.5	9042.5	4701.2
四 川	9300		3500.0	18.5	20.0
贵 州	45956	925	9914.0	9825.0	584.0
云 南	4152	200	2791.0	334.9	65.0
西 藏	21165	13110	10205.1	6540.2	3892.0
陕 西	8064		2430.0	1377.2	1000.0
甘 肃	791	791	677.0	519.0	519.0
青 海	14183	7578	3164.0	1635.0	1635.0
宁 夏	14026	12500	1090.6	1090.6	440.6
新 疆	3763		1602.2	923.0	923.0

建设投资情况

单位：平方米、万元

本年实际完成投资	国家预算内投资	福利彩票公益金	其他	本年完工项目规模
114697.9	**42955.1**	**13905.7**	**57837.1**	**311315**
21467.9	21467.9			
784.8	648.0	105.4	31.4	37050
6566.0	1152.0	1414.0	4000.0	15096
89.9	89.9			90
18.7		18.7		169
15.0		15.0		1770
7011.1	7011.1			
1099.5	1099.5			
969.7			969.7	1276
4725.0	1494.0		3231.0	
5898.0	1172.0	1568.9	3157.1	24780
2217.5		1335.6	881.9	39756
12091.3	300.0		11791.3	
3945.7		317.8	3627.9	1800
2394.1	149.1	196.0	2049.0	10000
15321.5	4551.3		10770.2	38902
268.5			268.5	
1269.3	141.1	1019.8	108.4	4509
1957.2			1957.2	15398
5298.1	2054.2	1971.9	1272.0	46996
18.5			18.5	
9825.0	163.0	340.0	9322.0	45756
30.0	7.0	23.0		9000
6540.2		3112.3	3427.9	10725
707.8	707.8			
519.0	100.0	255.0	164.0	791
1635.0	202.5	1432.5		4880
1090.6	364.7	725.9		
923.0	80.0	53.9	789.1	2571

C-2-1 社会

地 区	机构和设施数	市场监管部门登记	编制部门登记	民政部门登记	设施及多牌子机构
全 国	**929025**	**6071**	**20244**	**64043**	**838667**
中央级	4		4		
北 京	10432	105	387	1228	8712
天 津	6756	37	29	447	6243
河 北	82959	378	362	1673	80546
山 西	28883	65	270	598	27950
内蒙古	6010	19	343	560	5088
辽 宁	27643	75	185	2253	25130
吉 林	17996	505	609	644	16238
黑龙江	15259	471	294	1963	12531
上 海	21484	30	172	5383	15899
江 苏	50673	477	1092	22687	26417
浙 江	57476	289	558	8643	47986
安 徽	27877	380	313	2337	24847
福 建	38062	163	410	1695	35794
江 西	45777	90	1567	361	43759
山 东	85911	445	556	2938	81972
河 南	64030	743	2024	1496	59767
湖 北	47366	184	1478	729	44975
湖 南	63964	214	2128	765	60857
广 东	55507	275	1611	1372	52249
广 西	17568	90	387	368	16723
海 南	3683	6	53	236	3388
重 庆	19023	514	484	990	17035
四 川	29208	324	1929	2051	24904
贵 州	31044	36	901	276	29831
云 南	18985	98	866	169	17852
西 藏	151		71	6	74
陕 西	14825	22	514	853	13436
甘 肃	15540	14	224	481	14821
青 海	6562	1	42	340	6179
宁 夏	3749	6	71	117	3555
新 疆	14618	15	310	384	13909

工作总表

单位：个、人

年末职工人数	#女性	按登记类型分			
		市场监管部门登记	编制部门登记	民政部门登记	设施及多牌子机构
3964108	**1565446**	**107069**	**237589**	**521382**	**3098068**
463	268		463		
71531	41569	4208	7751	17252	42320
36496	17608	867	1243	6888	27498
270088	90032	4471	8880	23463	233274
94916	36037	659	4822	8094	81341
34633	17811	558	5471	6398	22206
125847	67809	878	4775	18952	101242
57049	25441	4380	7445	8520	36704
73461	31740	2650	6477	11787	52547
116029	50561	1759	6793	65992	41485
256887	95604	11717	16634	119799	108737
273031	112785	6943	9261	43389	213438
130824	52126	4905	3877	20579	101463
159308	51328	2484	3607	11819	141398
170198	52817	1330	10324	7325	151219
349235	136469	8262	8905	33645	298423
316365	98384	7843	18838	18155	271529
176325	72011	4153	14764	8919	148489
214131	81341	4616	16754	8692	184069
240885	103210	10772	18415	19306	192392
64119	30514	2851	8670	7133	45465
21652	6256	314	854	1878	18606
100573	49966	7617	5084	9003	78869
116224	51383	5952	17558	16718	75996
135177	38031	1072	5753	3359	124993
87290	30160	2478	6005	2948	75859
2131	1340	277	980	52	822
63550	28426	816	7117	9932	45685
42578	15360	851	3500	2826	35401
24066	7923	84	734	2678	20570
14657	7330	552	1377	1513	11215
124389	63806	750	4458	4368	114813

C-2-1续表1

地区	受教育程度		职业资格水平	
	大学专科人数	大学本科及以上人数	助理社会工作师人数	社会工作师人数
全　国	**779063**	**433608**	**88684**	**57043**
中央级	54	406		5
北　京	16281	17338	4572	2476
天　津	5985	10402	3547	1688
河　北	32293	11735	1825	1983
山　西	18231	11212	1929	1407
内蒙古	8962	6828	650	617
辽　宁	34525	22325	6330	4586
吉　林	6288	3816	880	537
黑龙江	16133	9072	2369	1337
上　海	18384	9912	2304	1936
江　苏	44923	24664	5754	3380
浙　江	61925	46088	12656	7066
安　徽	30484	11765	1969	1180
福　建	27997	12606	3565	2586
江　西	20263	7729	1799	835
山　东	73688	37082	4692	3229
河　南	44001	18928	2616	1591
湖　北	32693	12215	3089	1303
湖　南	46693	17082	2571	1599
广　东	51560	40598	10244	5085
广　西	9313	7784	705	787
海　南	2669	1333	118	71
重　庆	30070	16118	4999	2340
四　川	29086	13124	2967	1980
贵　州	25307	10153	779	459
云　南	16368	7303	424	284
西　藏	464	314	63	43
陕　西	12807	8259	1619	1432
甘　肃	8501	7277	800	596
青　海	6502	1964	769	704
宁　夏	3224	1578	347	178
新　疆	43389	26598	1733	3743

单位：人

年龄结构			
35岁及以下人数	36岁至45岁人数	46岁至55岁人数	56岁及以上人数
978791	**1355229**	**1153137**	**476951**
201	176	57	29
16867	22093	23123	9448
11919	13408	8232	2937
58799	88540	83925	38824
20922	32659	29861	11474
9857	12003	9548	3225
29080	47093	35129	14545
9385	25182	19853	2629
17352	26299	20738	9072
26594	37603	35204	16628
68708	94865	68474	24840
55561	77253	88305	51912
28818	50326	40478	11202
32756	53583	50106	22863
36179	69676	47412	16931
80260	112772	103965	52238
52146	96920	104571	62728
39310	67291	51231	18493
49307	69819	69377	25628
76907	82236	61431	20311
19913	20665	17793	5748
4797	7870	6692	2293
28638	29799	30570	11566
31854	41390	31260	11720
45497	49317	32632	7731
25927	31455	22977	6931
1292	561	212	66
16033	22455	19397	5665
12511	17877	9223	2967
9379	9200	4517	970
4350	5667	3681	959
57672	39176	23163	4378

C-2-1续表2

地　区	企业会计制度财务指标			
	固定资产原价	营业收入	费用合计	营业利润
全　国	**2833654.7**	**432356.1**	**311769.1**	**-66540.1**
中央级				
北　京	76031.0	56982.9	59939.1	-18829.3
天　津	7167.9	6208.7	4593.6	-1525.6
河　北	100512.0	13195.6	7386.5	-4098.1
山　西	11313.9	832.8	253.2	-114.9
内蒙古	5005.5	356.7	81.9	24.0
辽　宁	17893.2	231.6	75.5	-11.8
吉　林	24629.9		346.8	
黑龙江	31164.8	3884.3	1546.9	15698.1
上　海	48090.5	9670.2	2879.6	-2662.2
江　苏	251032.1	39602.8	33707.7	-6983.7
浙　江	83749.6	15432.6	9240.0	-2254.8
安　徽	204078.6	7727.6	2700.1	94.4
福　建	71649.7	7482.5	3939.2	-2377.8
江　西	32860.1	2688.4	1175.5	-6.4
山　东	380319.8	21517.9	11219.8	-2134.6
河　南	159160.9	9790.3	3244.3	-266.5
湖　北	62460.4	16009.4	4610.9	-606.9
湖　南	141958.9	18771.5	8162.1	-355.2
广　东	286257.0	85839.6	107886.2	-24126.0
广　西	58762.5	8338.0	1807.2	-439.4
海　南	23109.5	4249.4	778.2	-736.7
重　庆	226126.9	46764.5	18400.0	-3597.0
四　川	131493.7	42648.9	18805.7	-10478.2
贵　州	47894.3	4049.7	1407.7	2584.7
云　南	288447.9	5936.6	4935.8	-1865.1
西　藏	15163.6			
陕　西	35734.8	2883.5	1880.2	-962.6
甘　肃	7004.4	560.9	747.5	-496.6
青　海	630.0			
宁　夏	3467.5	7.0	5.2	-11.9
新　疆	483.8	692.2	12.7	

单位：万元

事业单位会计制度财务指标			民间非营利组织会计制度财务指标		
固定资产原价	本年收入合计	本年支出合计	固定资产原价	本年收入合计	本年费用合计
10775858.3	**4758488.3**	**4685270.9**	**5570287.3**	**4007462.7**	**1995105.6**
279658.3	130288.8	146167.1			
314070.6	247480.0	262407.5	154253.6	145338.4	139576.4
86504.9	54488.6	55533.0	487242.3	184101.2	27738.0
328332.7	158691.5	153755.2	441489.6	703910.4	103288.6
190154.3	85397.9	87440.5	159829.6	180046.5	28383.9
272611.4	100882.7	90514.1	89207.8	28809.2	21099.0
242758.9	91283.1	106342.8	198259.2	42397.9	32710.5
194893.2	122734.5	111630.2	22621.8	9548.0	11006.8
389435.6	115287.1	137085.3	285226.7	11255.1	15810.8
235392.3	301248.8	261416.6	292031.9	621315.2	621667.8
721912.3	339698.2	334067.1	645511.5	356589.3	217439.0
303253.6	234995.6	234214.2	203333.1	127253.4	95338.6
205026.5	76495.6	90805.7	305049.4	60056.7	58673.6
140121.7	94741.1	81801.2	69934.0	42915.4	37356.9
606685.1	80389.4	76083.0	209114.9	23882.8	25900.7
624523.1	257033.5	244990.8	607009.5	123783.4	143307.4
385591.8	114309.5	115969.8	222493.1	29060.4	33891.2
721248.7	224929.4	204933.6	92195.6	28626.2	24769.8
614906.9	270131.8	241006.2	101000.5	25056.8	21268.0
848672.9	521572.9	500704.9	98245.7	128233.6	144057.5
247940.4	139951.3	139916.7	120335.8	32283.7	27271.2
125599.3	22592.3	35391.5	65737.1	10099.2	1963.0
283718.9	137655.9	143452.8	70157.1	41461.2	35972.8
607810.2	297679.8	297649.7	146493.1	67467.5	45769.9
291426.6	88736.6	85199.8	67258.7	17409.5	17802.8
370197.1	86975.1	87161.3	43276.6	902721.3	7072.7
76815.5	12288.9	14042.9		1.4	
379215.3	150628.3	149531.1	239528.7	32793.7	33895.6
271067.2	66862.4	56711.6	40559.9	6840.3	3423.5
40963.5	14266.3	14550.4	7101.3	6446.8	1549.4
80121.8	28871.0	28169.8	36658.1	6692.2	7802.8
295227.7	89900.4	96624.5	49131.1	11066.0	9297.4

C-2-2 提供住宿的民政

地区	单位数	按登记类型分			
		市场监管部门登记	编制部门登记	民政部门登记	一个机构多块牌子
全国	**42696**	**5895**	**17973**	**17979**	**849**
中央级	1		1		
北京	609	95	185	329	
天津	422	34	23	365	
河北	1852	355	336	1149	12
山西	847	65	195	556	31
内蒙古	730	19	263	425	23
辽宁	2287	59	175	1826	227
吉林	1590	505	500	584	1
黑龙江	2155	464	209	1475	7
上海	713	29	49	633	2
江苏	2640	470	989	1139	42
浙江	1788	287	480	984	37
安徽	2687	379	254	2035	19
福建	837	163	376	283	15
江西	1930	89	1516	318	7
山东	2355	424	480	1433	18
河南	3539	692	1920	902	25
湖北	2103	182	1347	523	51
湖南	2596	212	1995	354	35
广东	2109	272	1455	354	28
广西	699	86	248	306	59
海南	66	6	43	14	3
重庆	1202	514	444	244	
四川	2801	308	1834	515	144
贵州	1102	32	832	211	27
云南	1016	98	782	135	1
西藏	72		70		2
陕西	864	21	432	394	17
甘肃	355	14	163	170	8
青海	89	1	36	52	
宁夏	153	6	64	78	5
新疆	487	14	277	193	3

服务机构总表

单位：个

按床位数分						
0～49张	50～99张	100～199张	200～299张	300～399张	400～499张	500张以上
11830	**12316**	**11391**	**3584**	**1661**	**662**	**1226**
		1				
69	173	201	69	30	22	45
128	98	119	33	18	3	23
435	549	550	136	93	41	48
258	257	221	56	24	11	20
216	194	213	51	34	4	18
1111	556	368	125	49	23	29
726	438	260	79	40	11	36
1152	486	293	104	50	22	48
27	152	271	115	60	38	50
411	584	848	397	191	88	121
390	531	474	185	97	35	76
324	701	1073	375	114	42	58
340	163	153	73	43	22	43
706	671	386	79	35	18	35
350	671	747	266	132	59	130
893	1371	920	215	87	20	33
283	605	841	215	73	24	62
655	1063	602	125	64	23	64
841	496	406	169	78	43	76
203	160	200	60	34	15	27
20	10	19	8	5		4
331	404	317	85	27	10	28
624	883	870	242	100	29	53
420	357	223	57	23	9	13
343	305	244	68	33	8	15
18	10	23	10	1	4	6
246	157	262	82	81	12	24
143	92	70	23	12	8	7
32	30	15	5	1	1	5
23	38	48	18	10	4	12
112	111	153	59	22	13	17

C-2-2续表1

地　区	年末职工人数	#女性	按登记类型分			
			市场监管部门登记	编制部门登记	民政部门登记	一个机构多块牌子
全　国	**610366**	**373860**	**94014**	**218908**	**286985**	**10459**
中央级	247	173		247		
北　京	21189	13831	3679	5950	11560	
天　津	7826	4862	740	1250	5836	
河　北	31697	21035	4154	8646	18686	211
山　西	12721	7450	589	3929	7629	574
内蒙古	10120	5738	207	4206	5510	197
辽　宁	23563	14294	713	4606	15654	2590
吉　林	18115	7171	3978	6112	8013	12
黑龙江	17417	9274	2170	5748	9471	28
上　海	32992	24696	1400	3569	28012	11
江　苏	52196	31606	11108	15997	24108	983
浙　江	31320	22838	6480	7858	16607	375
安　徽	27240	13559	4321	3568	19174	177
福　建	12564	7702	2256	3470	6720	118
江　西	18333	9910	1045	10136	7034	118
山　东	42602	28246	7648	8164	26584	206
河　南	39848	21394	6909	18515	14052	372
湖　北	25846	15796	3720	13942	7663	521
湖　南	27302	15833	4310	15827	6428	737
广　东	38249	26076	9461	17852	10455	481
广　西	17693	12404	1955	8132	6716	890
海　南	1434	839	314	717	390	13
重　庆	15896	9954	7338	4828	3730	
四　川	31114	17718	5237	17170	7499	1208
贵　州	8797	5043	765	5000	2829	203
云　南	10670	6785	2217	5783	2667	3
西　藏	1237	844		1221		16
陕　西	13991	7973	474	6262	6952	303
甘　肃	5452	2732	420	3358	1640	34
青　海	1195	547	5	688	502	
宁　夏	3073	2067	255	1398	1377	43
新　疆	8427	5470	146	4759	3487	35

单位：人

受教育程度		职业资格水平		人员性质	
大学专科人数	大学本科及以上人数	助理社会工作师人数	社会工作师人数	管理人员	专业技术技能人员
103782	**69373**	**9467**	**10390**	**153548**	**456818**
49	195		2	34	213
3080	2472	151	180	4390	16799
1139	1140	107	111	1930	5896
4560	2346	389	399	6101	25596
2473	1831	100	152	3295	9426
2049	1532	100	252	2762	7358
3813	2395	266	384	8781	14782
1129	1045	79	101	5806	12309
2956	1694	167	216	5486	11931
4254	2461	316	306	6204	26788
9416	7024	1163	1213	9631	42565
4769	2846	285	311	2647	28673
3839	2051	489	438	9320	17920
2222	1625	304	263	3171	9393
2535	971	218	245	5809	12524
8160	4901	586	806	10743	31859
5006	2929	731	696	10168	29680
4201	2335	376	279	7390	18456
6004	4055	574	578	7552	19750
5692	5467	1084	793	8789	29460
4436	3259	313	338	3723	13970
186	167	27	17	391	1043
2580	1764	252	295	4505	11391
6638	4618	570	636	10520	20594
2197	1597	110	184	3173	5624
2396	1815	114	165	2721	7949
284	227	53	27	377	860
3304	2020	218	355	4016	9975
1378	747	88	225	1626	3826
295	164	62	40	332	863
753	513	60	89	628	2445
1989	1167	115	294	1527	6900

C-2-2续表2

地区	年龄结构			
	35岁及以下人数	36岁至45岁人数	46岁至55岁人数	56岁及以上人数
全国	**131273**	**163668**	**208406**	**107019**
中央级	141	75	21	10
北京	3905	4377	8989	3918
天津	1463	2046	2581	1736
河北	6173	9341	10639	5544
山西	3202	3489	3879	2151
内蒙古	2257	2981	3550	1332
辽宁	4140	6912	8357	4154
吉林	2051	4235	10064	1765
黑龙江	2998	5307	6639	2473
上海	3988	6890	13234	8880
江苏	13131	13481	16213	9371
浙江	6094	5267	10520	9439
安徽	4913	8063	9531	4733
福建	2830	3207	3941	2586
江西	3039	4346	6414	4534
山东	9502	9738	14185	9177
河南	7627	11094	13615	7512
湖北	4956	8018	8674	4198
湖南	6525	8315	9029	3433
广东	8301	10877	13762	5309
广西	5250	5371	4984	2088
海南	413	413	487	121
重庆	3011	3509	5870	3506
四川	9100	9064	8563	4387
贵州	2427	2813	2685	872
云南	3223	3361	3115	971
西藏	734	372	103	28
陕西	3978	4495	3864	1654
甘肃	1864	1899	1392	297
青海	294	545	296	60
宁夏	935	1039	903	196
新疆	2808	2728	2307	584

单位：人、张

年末床位数	按登记类型分			
	市场监管部门登记	编制部门登记	民政部门登记	一个机构多块牌子
5304875	**792739**	**2040559**	**2398237**	**73340**
171		171		
116451	17187	33190	66074	
61886	11176	5721	44989	
243216	40800	59457	142503	456
91472	5192	23236	60232	2812
83878	1838	31631	49272	1137
191062	7977	19417	131964	31704
151582	35675	50528	65279	100
192382	22909	48798	119343	1332
153178	8200	15109	129845	24
456164	81262	183065	187754	4083
272420	49426	68798	152722	1474
388296	61558	39345	285453	1940
113730	22650	32335	57523	1222
181324	9095	112225	59651	353
386933	80794	67401	237428	1310
351178	68524	170746	110857	1051
292870	33938	182389	73201	3342
279077	35578	179733	60240	3526
263223	56463	135114	69570	2076
94912	16241	25452	49761	3458
8889	1588	4501	2740	60
130386	50633	51159	28594	
331195	40871	221434	62126	6764
96102	6773	62680	24793	1856
99205	16565	66495	16125	20
14149		13553		596
115785	3144	64545	46676	1420
37121	2144	19646	15152	179
10414	10	5803	4601	
27253	3153	9080	14690	330
68971	1375	37802	29079	715

C−2−2续表3

地　区	年末收养人数	#女性	按登记类型分		
			市场监管部门登记	编制部门登记	民政部门登记
全　国	**2380766**	**772409**	**290322**	**964092**	**1097589**
中央级	105	48		105	
北　京	48026	25884	6383	13198	28445
天　津	25853	10289	2181	3544	20128
河　北	112106	34728	14130	27743	70102
山　西	40004	8149	1791	11793	25279
内蒙古	45390	12152	683	16088	28402
辽　宁	98475	29534	2789	8835	72220
吉　林	76427	29145	19138	23949	33321
黑龙江	94531	24917	10185	25408	58076
上　海	90323	54192	2203	8794	79326
江　苏	196757	60716	31051	81553	82794
浙　江	118069	61668	18483	31188	67912
安　徽	130953	30305	16371	11214	102888
福　建	43169	16505	6607	12907	23364
江　西	98795	25490	4521	63417	30722
山　东	166654	65344	27282	29980	109135
河　南	165407	39038	27354	85151	52583
湖　北	118023	35500	10774	76049	30119
湖　南	124385	32837	11339	88605	22866
广　东	101126	47914	21160	47844	31555
广　西	33818	13011	4070	9483	19101
海　南	3586	1319	709	1834	1030
重　庆	65846	26015	25842	25883	14121
四　川	173742	38526	15960	124714	30931
贵　州	38203	8853	2434	26212	9029
云　南	35296	8970	3728	24201	7367
西　藏	7791	2221		7499	
陕　西	62453	12837	1257	39665	20776
甘　肃	16285	3433	861	10563	4825
青　海	4948	845	10	2508	2430
宁　夏	8813	2761	517	3989	4254
新　疆	35407	9263	509	20176	14488

单位：人、人天

	按年龄分			年在院（站）人天数
一个机构多块牌子	老年人	青壮年	少年儿童	
28763	**2163211**	**133200**	**68679**	**642674051**
	48	32	25	44437
	43670	2257	1194	16308059
	23661	1209	735	6378157
131	106255	3795	1684	32097829
1141	34905	2365	2037	11729171
217	39411	4047	1820	11215214
14631	92387	4638	1212	21157588
19	71963	2810	1631	24053320
862	83824	9066	1417	18480661
	85690	2771	1250	23691221
1359	186553	6107	3216	51236801
486	109935	5846	1648	41538910
480	123568	3137	3077	36828084
291	36514	5237	1259	10952729
135	91664	5405	1450	23000728
257	161605	2624	1736	41282518
319	151509	8361	4424	42111553
1081	108125	6522	1854	36328460
1575	111684	7847	3521	32661533
567	88398	4309	6723	30755441
1164	27984	3041	2331	8604807
13	3201	140	192	535043
	61265	3625	841	19424250
2137	154221	14714	3947	52103332
528	30587	4684	2729	10805889
	27979	5234	1928	8811037
292	4390	275	3126	1738659
755	54635	4894	2333	15636364
36	12289	1991	1883	3212839
	3270	457	1221	879012
53	7005	1429	358	2268690
234	25016	4331	5877	6801715

C-2-2续表4

地　区	企业会计制度财务指标			
	固定资产原价	营业收入	费用合计	营业利润
全　国	**2797243.1**	**410480.3**	**304809.1**	**-64881.4**
中央级				
北　京	75999.8	56393.0	59778.7	-18836.8
天　津	7051.0	6157.9	4558.9	-1500.7
河　北	100133.0	13192.6	7363.7	-4083.5
山　西	11313.9	832.8	253.2	-114.9
内蒙古	5005.5	356.7	81.9	24.0
辽　宁	17834.9	219.1	71.3	-8.2
吉　林	24629.9		346.8	
黑龙江	31140.8	3884.3	1546.9	15698.1
上　海	44529.2	7893.6	2879.6	-2883.9
江　苏	249966.5	39598.7	33653.5	-6929.9
浙　江	83749.6	15330.6	9218.6	-2254.8
安　徽	203262.6	7285.6	2700.1	94.4
福　建	71507.7	7374.4	3891.0	-2385.4
江　西	32397.2	2603.4	1139.8	-6.5
山　东	379710.9	20991.7	11099.3	-1942.3
河　南	158816.6	9790.3	3214.7	-266.5
湖　北	60922.4	10918.4	4610.9	-1156.9
湖　南	139992.9	16280.0	7069.6	-355.2
广　东	281821.5	85204.7	107414.7	-23988.2
广　西	57211.5	8338.0	1807.2	-439.4
海　南	23106.5	4249.4	778.2	-736.7
重　庆	226126.9	46764.5	18400.0	-3597.0
四　川	126322.8	32929.5	14181.9	-8556.4
贵　州	47867.9	4047.2	1405.7	2589.5
云　南	288403.0	5930.4	4932.7	-1865.1
西　藏	15163.6			
陕　西	21768.1	2653.4	1644.8	-870.6
甘　肃	7004.4	560.9	747.5	-496.6
青　海	630.0			
宁　夏	3467.5	7.0	5.2	-11.9
新　疆	385.0	692.2	12.7	

单位：万元

事业单位会计制度财务指标			民间非营利组织会计制度财务指标		
固定资产原价	本年收入合计	本年支出合计	固定资产原价	本年收入合计	本年费用合计
8865709.8	**3416932.4**	**3388944.0**	**5039102.9**	**3155188.7**	**1297132.4**
12083.4	11541.6	12567.6			
255017.6	150281.8	153246.9	147444.1	123805.7	122087.1
66638.2	47126.6	46898.5	486435.7	180370.9	26945.8
281960.8	99188.8	97660.9	434971.3	700935.3	98414.3
143419.4	66986.3	66746.2	158752.7	177608.5	25982.9
210422.6	67329.2	64504.7	88274.0	26418.4	20441.1
170646.7	75662.8	90723.1	191681.3	40183.9	28698.0
175795.1	68230.1	67757.8	22521.8	9528.0	10984.8
320189.1	78374.6	99596.9	253771.9	10889.1	15649.4
207013.5	149886.1	141931.0	196509.6	243110.1	211258.9
598435.0	272107.6	269012.9	483188.4	90538.0	101250.5
232800.3	180019.7	179337.6	169557.7	102947.1	70326.9
138586.1	52149.4	66866.4	300677.3	57207.4	56217.9
123673.7	78803.5	74057.5	66067.0	40960.2	35501.5
554409.2	55912.7	52104.7	207547.7	23379.5	24794.5
409994.7	194671.3	181784.8	589136.0	112783.2	131318.1
297248.9	87311.9	86965.5	164631.5	26101.3	32674.4
645932.0	157852.8	149358.7	91752.4	28498.5	24549.4
547987.6	231193.8	202109.4	98494.1	21320.8	19967.5
768112.2	451834.6	427763.4	67344.1	75220.9	81871.8
207158.6	97386.0	96824.5	119518.5	30142.0	26988.6
112497.9	10419.6	21973.3	64736.6	1369.2	1313.0
262430.2	112194.6	116470.4	65814.6	26762.7	21292.8
568717.1	253483.8	253439.6	117589.1	41638.1	35026.7
262612.1	61938.7	59683.5	64969.6	16566.0	16859.8
304924.4	56968.0	58397.7	43205.1	902689.6	7019.2
74538.1	8880.4	10013.9			
313365.1	89690.1	89896.8	226491.0	25664.8	30157.4
243337.5	50264.4	41091.4	29626.4	2805.3	2671.3
29671.8	8178.2	9584.9	5412.9	1124.3	286.6
65829.2	22572.6	20417.7	36436.5	3806.0	7732.8
260261.7	68490.8	80155.8	46544.0	10813.9	8849.4

C-2-3 养老

地区	单位数	按登记类型分			
		市场监管部门登记	编制部门登记	民政部门登记	一个机构多块牌子
全 国	**39961**	**5895**	**15894**	**17825**	**347**
北 京	578	95	154	329	
天 津	409	34	11	364	
河 北	1782	355	276	1145	6
山 西	774	65	149	552	8
内蒙古	665	19	215	418	13
辽 宁	2190	59	135	1819	177
吉 林	1520	505	432	583	
黑龙江	2073	464	130	1472	7
上 海	684	29	23	632	
江 苏	2494	470	897	1120	7
浙 江	1677	287	407	982	1
安 徽	2593	379	179	2033	2
福 建	759	163	310	280	6
江 西	1854	89	1446	318	1
山 东	2271	424	412	1433	2
河 南	3397	692	1804	896	5
湖 北	1967	182	1257	523	5
湖 南	2417	212	1849	343	13
广 东	1954	272	1333	347	2
广 西	583	86	171	303	23
海 南	59	6	38	12	3
重 庆	1145	514	389	242	
四 川	2504	308	1656	502	38
贵 州	1002	32	759	198	13
云 南	903	98	675	130	
西 藏	59		57		2
陕 西	765	21	345	391	8
甘 肃	283	14	118	149	2
青 海	68	1	25	42	
宁 夏	131	6	49	75	1
新 疆	401	14	193	192	2

机构总表

单位：个

按床位数分						
0～49张	50～99张	100～199张	200～299张	300～399张	400～499张	500张以上
10420	**11764**	**11018**	**3439**	**1585**	**615**	**1120**
62	164	195	66	28	22	41
122	97	115	32	18	3	22
394	533	543	133	93	39	47
214	247	210	52	24	9	18
181	182	204	47	32	4	15
1088	528	354	120	49	23	28
686	428	252	77	38	11	28
1103	476	284	100	48	19	43
14	145	270	113	60	37	45
338	555	827	389	185	84	116
331	497	466	181	94	35	73
292	678	1050	367	110	40	56
300	151	144	66	37	20	41
653	663	378	77	34	15	34
298	656	741	261	130	56	129
812	1337	904	212	84	16	32
199	582	820	211	73	23	59
573	1012	574	121	60	20	57
765	469	379	158	71	41	71
140	130	187	56	31	14	25
18	9	16	7	5		4
312	383	310	81	26	10	23
453	837	834	220	94	28	38
373	340	206	49	20	6	8
275	285	228	62	32	8	13
15	10	22	10		1	1
184	140	252	79	78	11	21
102	79	62	20	6	8	6
20	26	14	3	1	1	3
12	33	45	17	9	3	12
91	92	132	52	15	8	11

C-2-3续表1

地　区	年末职工人数	#女性	按登记类型分			
			市场监管部门登记	编制部门登记	民政部门登记	一个机构多块牌子
全　国	**549391**	**339923**	**94014**	**165047**	**285206**	**5124**
北　京	20069	13144	3679	4830	11560	
天　津	7197	4530	740	655	5802	
河　北	30418	20334	4154	7573	18652	39
山　西	10879	6414	589	2417	7588	285
内蒙古	8495	4902	207	2721	5487	80
辽　宁	20342	13038	713	2010	15590	2029
吉　林	16338	6353	3978	4354	8006	
黑龙江	15120	8353	2170	3481	9441	28
上　海	31302	23561	1400	1910	27992	
江　苏	48959	29607	11108	13037	24053	761
浙　江	29686	21894	6480	6523	16600	83
安　徽	25749	12759	4321	2272	19147	9
福　建	10722	6603	2256	1719	6696	51
江　西	17191	9318	1045	9091	7034	21
山　东	41041	27379	7648	6781	26584	28
河　南	37472	20166	6909	16558	13936	69
湖　北	23778	14684	3720	12306	7663	89
湖　南	23341	13582	4310	12158	6349	524
广　东	33628	23597	9461	14013	10121	33
广　西	14453	10293	1955	5522	6672	304
海　南	1337	803	314	636	374	13
重　庆	14678	9283	7338	3649	3691	
四　川	23759	13215	5237	10830	7254	438
贵　州	7105	4049	765	3615	2686	39
云　南	9293	6056	2217	4499	2577	
西　藏	929	642		913		16
陕　西	12479	7288	474	4957	6906	142
甘　肃	4259	2062	420	2367	1467	5
青　海	769	347	5	338	426	
宁　夏	2516	1679	255	881	1370	10
新　疆	6087	3988	146	2431	3482	28

单位：人

受教育程度		职业资格水平		人员性质	
大学专科人数	大学本科及以上人数	助理社会工作师人数	社会工作师人数	管理人员	专业技术技能人员
84267	**45357**	**7370**	**7448**	**133586**	**415805**
2885	1744	114	142	3797	16272
968	773	87	85	1698	5499
4153	1902	313	340	5770	24648
1900	922	78	92	2908	7971
1464	800	83	156	2228	6267
2669	1415	194	293	7060	13282
718	523	74	74	5200	11138
2255	991	128	138	4702	10418
3825	1683	245	196	5718	25584
8505	5353	1004	991	8903	40056
4360	2014	169	167	2008	27678
3440	1534	434	346	8737	17012
1617	934	235	160	2727	7995
2081	731	192	225	5370	11821
7581	4180	483	426	10216	30825
4364	2230	656	550	9174	28298
3484	1598	314	204	6668	17110
4467	2504	459	467	6458	16883
4391	3590	789	553	7029	26599
3471	1984	183	233	2803	11650
162	121	25	9	350	987
2264	1028	190	165	3994	10684
4027	1843	402	407	8819	14940
1560	843	67	129	2527	4578
1961	1178	65	94	2156	7137
192	152	6	22	256	673
2783	1469	154	292	3286	9193
926	423	69	184	1211	3048
124	62	43	27	243	526
557	349	28	41	528	1988
1113	484	87	240	1042	5045

C-2-3续表2

地区	年龄结构			
	35岁及以下人数	36岁至45岁人数	46岁至55岁人数	56岁及以上人数
全国	**108754**	**143657**	**194137**	**102843**
北京	3611	3947	8655	3856
天津	1263	1793	2444	1697
河北	5760	8855	10353	5450
山西	2576	2902	3394	2007
内蒙古	1555	2572	3187	1181
辽宁	3425	5643	7384	3890
吉林	1533	3612	9572	1621
黑龙江	2538	4504	5883	2195
上海	3333	6278	12928	8763
江苏	11914	12461	15442	9142
浙江	5541	4717	10135	9293
安徽	4356	7639	9130	4624
福建	2025	2654	3583	2460
江西	2598	4025	6111	4457
山东	8790	9285	13911	9055
河南	6788	10227	13088	7369
湖北	4275	7356	8120	4027
湖南	4930	6977	8180	3254
广东	7083	9173	12386	4986
广西	4024	4317	4183	1929
海南	387	377	461	112
重庆	2626	3052	5586	3414
四川	5297	7218	7307	3937
贵州	1765	2310	2306	724
云南	2796	2798	2823	876
西藏	558	269	79	23
陕西	3516	3857	3541	1565
甘肃	1349	1552	1118	240
青海	151	376	218	24
宁夏	692	854	796	174
新疆	1699	2057	1833	498

单位：人、张

年末床位数	按机构登记类型分			
	市场监管部门登记	编制部门登记	民政部门登记	一个机构多个牌子
5035753	**792739**	**1805858**	**2388611**	**48545**
109334	17187	26073	66074	
60019	11176	3999	44844	
238455	40800	55072	142269	314
85829	5192	19169	60012	1456
78229	1838	26720	48877	794
185640	7977	17731	131879	28053
141769	35675	40915	65179	
182387	22909	39007	119139	1332
147134	8200	9159	129775	
440938	81262	169803	187718	2155
264698	49426	62110	152720	442
377487	61558	30351	285418	160
105623	22650	24785	57369	819
176524	9095	107602	59651	176
380438	80794	62117	237428	99
341149	68524	161553	110755	317
283738	33938	175379	73201	1220
261904	35578	164435	59363	2528
247311	56463	122287	68179	382
86104	16241	18847	49500	1516
8181	1588	4028	2505	60
121983	50633	42906	28444	
297340	40871	192835	60291	3343
85280	6773	53197	24433	877
92236	16565	59720	15951	
9105		8509		596
108468	3144	57463	46606	1255
31223	2144	15261	13797	21
7520	10	3985	3525	
25292	3153	7429	14650	60
54415	1375	23411	29059	570

C-2-3续表3

地区	年在院总人天数	年末在院人数	#女性
全国	**602951174**	**2254674**	**733491**
北京	15689795	46070	25102
天津	5872694	24367	9775
河北	31433406	110288	34153
山西	10737294	37140	7165
内蒙古	10295969	42596	11569
辽宁	20934667	97665	29350
吉林	21900744	72083	28100
黑龙江	17085544	88670	23166
上海	22110776	85975	52782
江苏	48876247	189616	58636
浙江	40600977	115265	60833
安徽	35711252	126971	29054
福建	9552975	38636	15143
江西	22477674	97130	24914
山东	40597770	164457	64611
河南	40871255	161191	37840
湖北	35121096	114314	34501
湖南	29974964	116124	30120
广东	28428254	94691	45488
广西	7061304	29262	11242
海南	498142	3520	1310
重庆	18224723	62442	24933
四川	45747532	154165	32018
贵州	9369179	32912	7247
云南	7706975	31622	7906
西藏	1185863	4847	1482
陕西	14811218	59605	12030
甘肃	2531293	13766	2798
青海	635542	3660	726
宁夏	1998629	7992	2458
新疆	4907421	27632	7039

单位：人天、人

按登记类型分			
市场监管部门登记	编制部门登记	民政部门登记	一个机构多块牌子
290322	**848478**	**1092089**	**23785**
6383	11242	28445	
2181	2201	19985	
14130	26119	69924	115
1791	9514	25189	646
683	13503	28212	198
2789	8475	72183	14218
19138	19675	33270	
10185	19712	57911	862
2203	4516	79256	
31051	74789	82759	1017
18483	28636	67910	236
16371	7671	102862	67
6607	8515	23272	242
4521	61827	30722	60
27282	27979	109135	61
27354	81340	52237	260
10774	72869	30119	552
11339	80912	22501	1372
21160	42398	31017	116
4070	5700	18932	560
709	1781	1017	13
25842	22580	14020	
15960	106958	29595	1652
2434	21477	8749	252
3728	20686	7208	
	4555		292
1257	36882	20720	746
861	8609	4279	17
10	1685	1965	
517	3221	4227	27
509	12451	14468	204

C-2-3续表4

地　区	按人员性质分			按年龄分		
	自费人员	特困人员	其他	老年人	青壮年	少年儿童
全　国	**1269491**	**803047**	**182136**	**2140199**	**91176**	**23299**
北　京	40788	3396	1886	43670	2257	143
天　津	22897	1105	365	23423	858	86
河　北	80360	28307	1621	105859	3262	1167
山　西	21801	13796	1543	34352	1501	1287
内蒙古	27435	13271	1890	39016	2761	819
辽　宁	75507	19689	2469	92345	4618	702
吉　林	52971	16560	2552	70877	1149	57
黑龙江	68720	17395	2555	82508	5962	200
上　海	66811	1458	17706	84935	889	151
江　苏	113061	67171	9384	184151	4007	1458
浙　江	34923	7488	72854	109523	5421	321
安　徽	57298	64326	5347	123405	2981	585
福　建	27080	8859	2697	35834	2282	520
江　西	47567	44511	5052	91282	4900	948
山　东	112832	39880	11745	161464	2614	379
河　南	71852	79612	9727	150985	7924	2282
湖　北	54827	54824	4663	108022	5880	412
湖　南	42477	66774	6873	109445	4944	1735
广　东	70381	19802	4508	87664	3092	3935
广　西	21102	6792	1368	26913	1647	702
海　南	2005	1285	230	3201	140	179
重　庆	44186	17504	752	60311	1955	176
四　川	51251	99206	3708	147910	5212	1043
贵　州	8681	22695	1536	29930	1887	1095
云　南	10566	20203	853	27635	3559	428
西　藏	32	4447	368	4390	275	182
陕　西	21499	36343	1763	54523	4578	504
甘　肃	3813	9150	803	11906	1355	505
青　海	674	2410	576	3193	363	104
宁　夏	3537	3999	456	6793	1197	2
新　疆	12557	10789	4286	24734	1706	1192

单位：人、人次、平方米

按自理能力分			康复和医疗门诊人次数	机构建筑面积
能力完好	部分失能	完全失能		
1044098	**653406**	**557170**	**7102964**	**148655103**
10371	15001	20698	649844	3744136
5792	8387	10188	47332	2513318
35794	35352	39142	103415	7189219
19684	9043	8413	64103	3395365
23336	10109	9151	66531	2205945
49649	27377	20639	103867	3373052
37063	16114	18906	28621	3492245
64681	13348	10641	49468	3960033
20842	26350	38783	251106	4260410
92630	51052	45934	637461	12202343
41715	48856	24694	841716	10973536
66892	38200	21879	57921	7910181
12402	12665	13569	288018	3518043
45862	31725	19543	108129	7112846
45393	60290	58774	293610	13703941
93442	43003	24746	255078	9554564
56455	29367	28492	446391	7210648
57218	34214	24692	350669	7408379
26693	28861	39137	1092623	7732745
6130	8798	14334	162745	3147985
1469	917	1134	19511	328165
36648	13875	11919	332020	3410122
101048	33613	19504	416285	7229999
21444	7489	3979	61176	2113775
13830	10697	7095	67078	2580121
2712	1597	538	1	456305
30742	17747	11116	149368	3209823
5618	5742	2406	100931	1338566
1616	1561	483	1942	289160
3010	3395	1587	21172	1514222
13917	8661	5054	34832	1575911

C−2−3续表5

地区	企业会计制度财务指标			
	固定资产原价	营业收入	费用合计	营业利润
全国	**2797243.1**	**410480.3**	**304809.1**	**-64881.4**
北京	75999.8	56393.0	59778.7	-18836.8
天津	7051.0	6157.9	4558.9	-1500.7
河北	100133.0	13192.6	7363.7	-4083.5
山西	11313.9	832.8	253.2	-114.9
内蒙古	5005.5	356.7	81.9	24.0
辽宁	17834.9	219.1	71.3	-8.2
吉林	24629.9		346.8	
黑龙江	31140.8	3884.3	1546.9	15698.1
上海	44529.2	7893.6	2879.6	-2883.9
江苏	249966.5	39598.7	33653.5	-6929.9
浙江	83749.6	15330.6	9218.6	-2254.8
安徽	203262.6	7285.6	2700.1	94.4
福建	71507.7	7374.4	3891.0	-2385.4
江西	32397.2	2603.4	1139.8	-6.5
山东	379710.9	20991.7	11099.3	-1942.3
河南	158816.6	9790.3	3214.7	-266.5
湖北	60922.4	10918.4	4610.9	-1156.9
湖南	139992.9	16280.0	7069.6	-355.2
广东	281821.5	85204.7	107414.7	-23988.2
广西	57211.5	8338.0	1807.2	-439.4
海南	23106.5	4249.4	778.2	-736.7
重庆	226126.9	46764.5	18400.0	-3597.0
四川	126322.8	32929.5	14181.9	-8556.4
贵州	47867.9	4047.2	1405.7	2589.5
云南	288403.0	5930.4	4932.7	-1865.1
西藏	15163.6			
陕西	21768.1	2653.4	1644.8	-870.6
甘肃	7004.4	560.9	747.5	-496.6
青海	630.0			
宁夏	3467.5	7.0	5.2	-11.9
新疆	385.0	692.2	12.7	

单位：万元

事业单位会计制度财务指标			民间非营利组织会计制度财务指标		
固定资产原价	本年收入合计	本年支出合计	固定资产原价	本年收入合计	本年费用合计
6560514.4	**1764729.5**	**1726661.4**	**4960746.4**	**3149056.4**	**1289934.2**
149942.4	77844.4	79939.2	147444.1	123805.7	122087.1
50834.0	20300.4	20672.0	486385.7	180370.9	26945.8
237906.5	68290.5	66383.1	434695.7	700935.3	98300.2
85173.1	33162.8	32268.7	158430.6	177608.5	25982.9
129786.6	29897.6	28881.3	88186.0	26405.4	20420.1
36530.4	14119.7	13534.1	191490.3	40183.9	28698.0
113851.6	30210.5	27935.7	22471.8	9528.0	10984.8
191102.7	33042.5	51068.4	252962.9	10889.1	15649.4
127363.9	54293.6	53882.2	196464.6	243110.1	211258.5
419600.6	136949.7	132752.0	482943.4	90538.0	101190.5
181975.8	96881.0	96226.1	169507.7	102947.1	70326.9
92813.7	23485.9	38501.7	300512.3	57201.9	55989.4
72552.0	23765.0	23421.2	65480.0	40923.8	35493.6
530948.9	39462.8	37243.7	207547.7	23379.5	24794.5
359759.0	154509.5	143471.4	589136.0	112783.2	131318.1
255286.4	51680.4	51353.7	163445.2	25333.3	31863.2
581149.9	112545.3	102510.6	91752.4	28498.5	24549.4
424318.6	145234.0	115827.1	97800.6	21091.6	19760.0
586783.4	277097.1	252137.2	65948.4	72177.3	78331.6
135204.4	36980.0	37606.9	119078.8	30142.0	26988.6
110281.0	6207.0	17761.8	5730.6	1369.2	1273.0
194057.2	63765.6	67145.3	65730.6	26489.4	21019.5
367697.3	69066.9	79635.8	112484.1	40892.9	34538.4
210328.1	26545.3	24488.4	62974.6	16033.4	15913.5
231501.8	25943.8	26853.1	42805.4	902515.6	6873.9
30911.9	324.4	1043.5			
250460.2	47996.1	47751.0	226371.0	25664.8	30157.4
183624.6	33294.5	23793.1	24851.6	2513.3	2360.4
19358.0	2688.0	2839.2	5165.8	1119.8	286.5
50306.5	13133.0	10913.2	36414.5	3791.0	7729.6
149103.9	16012.2	18820.7	46534.0	10813.9	8849.4

C-2-4 社会

地区	单位数	按床位数量分						
		0～49张	50～99张	100～199张	200～299张	300～399张	400～499张	500张以上
全 国	**1521**	**173**	**248**	**401**	**239**	**171**	**97**	**192**
北 京	9	1		1	1	1	3	2
天 津	2			2				
河 北	25	5	4	9	4	1	1	1
山 西	22	6	4	7	1	2		2
内蒙古	51	7	13	17	3	5	2	4
辽 宁	44	1	6	12	10	6	5	4
吉 林	60		10	15	10	11	4	10
黑龙江	49	3	5	11	14	8	1	7
上 海	20			6	5	2	1	6
江 苏	55	5	4	9	7	7	8	15
浙 江	60	4	6	12	9	14	6	9
安 徽	55	4	12	21	6	2	2	8
福 建	79	10	10	17	14	8	6	14
江 西	88	11	12	27	14	11	6	7
山 东	26	1	2	4	3	5	3	8
河 南	84	18	22	22	14	5	1	2
湖 北	118	4	11	27	25	16	10	25
湖 南	87	5	25	22	10	8	6	11
广 东	98	10	13	34	8	9	7	17
广 西	88	26	13	22	10	9	3	5
海 南	4	1	1	1				1
重 庆	28	1	1	4	7	2	3	10
四 川	120	10	13	37	26	15	6	13
贵 州	59	5	20	22	6	4	1	1
云 南	51	12	11	11	8	5	3	1
西 藏	2			1	1			
陕 西	31	6	5	4	4	7	3	2
甘 肃	45	7	15	12	6	2	1	2
青 海	12	3	3	3	1	1		1
宁 夏	4	1	1				1	1
新 疆	45	6	6	9	12	5	4	3

福利院

单位：个、人

年末职工人数	#女性	受教育程度		职业资格水平		按人员性质分	
		大学专科人数	大学本科及以上人数	助理社会工作师人数	社会工作师人数	管理人员	专业技术技能人员
47567	**30585**	**9827**	**11027**	**1633**	**1971**	**11753**	**35814**
970	672	242	520	26	22	213	757
87	45	28	48	7	4	18	69
703	397	191	249	14	69	153	550
529	296	122	158	5	13	160	369
1089	607	288	328	16	55	321	768
976	568	182	242	14	16	352	624
2109	745	164	266	11	14	795	1314
1381	680	278	284	8	42	533	848
1770	1396	311	388	62	49	319	1451
3177	2025	625	1061	232	221	477	2700
3031	2319	314	453	69	113	327	2704
1354	941	252	273	61	64	404	950
2235	1417	405	373	71	97	505	1730
2067	1257	324	177	41	51	571	1496
1256	832	227	533	71	163	319	937
1677	930	379	337	53	72	525	1152
3552	2397	886	552	105	79	892	2660
3406	2402	919	991	105	153	663	2743
4587	3359	884	1143	284	192	1144	3443
2249	1738	531	551	82	125	414	1835
193	136	43	38	8	3	29	164
1181	704	239	292	74	65	310	871
3009	1863	745	572	101	129	921	2088
839	498	211	231	24	18	299	540
792	503	160	244	18	40	185	607
22	13	17	5			11	11
883	451	234	280	30	42	280	603
974	528	194	145	14	25	269	705
186	76	24	16	5	7	54	132
350	231	132	129	13	11	91	259
933	559	276	148	9	17	199	734

C-2-4续表1

地 区	年龄结构				年末床位数
	35岁及以下人数	36岁至45岁人数	46岁至55岁人数	56岁及以上人数	
全 国	**11328**	**15641**	**15754**	**4844**	**380507**
北 京	310	282	304	74	3977
天 津	23	38	21	5	439
河 北	163	296	196	48	3937
山 西	104	181	196	48	3511
内蒙古	293	367	322	107	9261
辽 宁	167	332	353	124	11515
吉 林	338	925	656	190	18320
黑龙江	299	484	480	118	16402
上 海	371	478	590	331	8338
江 苏	944	1051	845	337	22279
浙 江	420	716	1372	523	19667
安 徽	274	448	520	112	11566
福 建	510	501	718	506	21830
江 西	362	560	736	409	18998
山 东	366	375	383	132	10251
河 南	592	516	437	132	11676
湖 北	756	1157	1287	352	38906
湖 南	1023	1090	1144	149	23158
广 东	1037	1603	1663	284	27919
广 西	491	898	742	118	13944
海 南	49	76	61	7	606
重 庆	217	329	437	198	11994
四 川	895	1070	837	207	28173
贵 州	215	303	264	57	7779
云 南	187	373	190	42	8609
西 藏	16	5	1		442
陕 西	249	351	202	81	6787
甘 肃	268	328	306	72	6471
青 海	25	83	68	10	2115
宁 夏	150	101	77	22	1187
新 疆	214	324	346	49	10450

单位：人、张、人天

年在院总人天数	年末在院人数	#女性	按人员性质分		
			自费人员	特困人员	其他
54679062	**183430**	**70541**	**81256**	**79619**	**22555**
679676	2086	1073	1302	666	118
128380	345	77	50	278	17
786034	2168	561	43	2007	118
641588	2040	527	302	1356	382
1396558	4728	1206	912	3527	289
2130475	6814	2493	3216	2975	623
2466685	7950	3080	4623	2763	564
1911085	7704	2408	3598	3567	539
1183851	3552	2417	3238	194	120
3436387	10672	3888	5549	4385	738
3692304	11489	6632	6675	1124	3690
1509590	4389	1853	2134	1696	559
2089276	8515	3560	5391	2272	852
1969713	9458	2825	4546	3756	1156
1779083	5668	2023	1759	3341	568
1848738	5739	1402	246	4607	886
4755522	16641	6615	9359	6016	1266
3887993	12238	4836	5342	4744	2152
4887663	14126	7386	7059	3634	3433
1594173	4963	2102	1953	2404	606
112415	314	135		283	31
1651270	5615	2750	3900	1489	226
4421656	14880	5164	7132	7295	453
981328	2996	1011	344	1896	756
1203833	3902	1125	823	2874	205
12135	165	91		74	91
1130072	4035	856	394	2819	822
793823	3876	873	440	3214	222
184585	848	224	116	599	133
196125	600	159	265	335	
1217046	4914	1189	545	3429	940

C−2−4续表2

地区	按年龄分			按护理类型分			康复和医疗门诊人次数
	老年人	青壮年	少年儿童	能力完好	部分失能	完全失能	
全　国	**134697**	**29996**	**18737**	**63350**	**54570**	**65510**	**1827277**
北　京	1393	589	104	679	706	701	56006
天　津	90	255		40	179	126	2310
河　北	885	392	891	374	652	1142	8835
山　西	607	310	1123	547	482	1011	3609
内蒙古	3410	1024	294	1803	1396	1529	44181
辽　宁	4558	1927	329	2277	2134	2403	75000
吉　林	7331	562	57	4297	1993	1660	9865
黑龙江	6818	810	76	4689	1626	1389	7653
上　海	3392	160		489	804	2259	22289
江　苏	7282	2088	1302	2744	2689	5239	142362
浙　江	10328	1024	137	4845	3805	2839	175332
安　徽	3164	697	528	1302	1738	1349	8404
福　建	6925	1107	483	2265	2593	3657	152969
江　西	8083	564	811	3205	2543	3710	29813
山　东	3740	1558	370	1393	2294	1981	111846
河　南	2131	1547	2061	1500	2012	2227	24491
湖　北	14561	1795	285	6720	4614	5307	86968
湖　南	8263	2366	1609	3931	3869	4438	81685
广　东	8375	1848	3903	2151	3727	8248	356364
广　西	3297	991	675	776	1336	2851	85204
海　南	36	102	176	136	73	105	7314
重　庆	4521	930	164	1763	1674	2178	135476
四　川	12424	2106	350	6409	4547	3924	130839
贵　州	1655	581	760	1698	627	671	26170
云　南	2708	823	371	1467	1475	960	5231
西　藏	72	2	91	152	8	5	
陕　西	1637	1979	419	1030	1449	1556	11450
甘　肃	2534	875	467	1345	1591	940	9202
青　海	641	184	23	292	451	105	120
宁　夏	347	253		143	218	239	9500
新　疆	3489	547	878	2888	1265	761	6789

单位：人、人次、平方米、万元

家庭寄养儿童数量	机构建筑面积	事业单位会计制度财务指标			民间非营利组织会计制度财务指标		
		固定资产原价	本年收入合计	本年支出合计	固定资产原价	本年收入合计	本年费用合计
4816	**13945122**	**2748776.3**	**908574.4**	**916386.9**	**31620.9**	**14929.8**	**12608.4**
3	177518	93717.9	42400.3	45007.0			
	11220	4088.0	3083.4	3102.5			
186	211264	36820.3	16045.2	16420.1			
507	201320	54498.8	24689.9	23410.2			
1	377993	79095.6	22643.4	22080.9			
2	83121	4556.6	4604.7	4525.2	175.6	364.0	363.5
1	651079	78206.3	21952.4	19875.8	2525.6	218.0	252.5
	475194	95363.3	17445.3	21668.3	4409.0	341.0	539.1
	296122	95667.6	47650.1	47669.9	348.8	952.4	1355.8
93	898288	156037.9	73124.7	73099.4	460.0	606.0	637.1
10	867185	150755.8	65164.2	66229.9			
2	461246	59708.9	20092.1	19715.2			
99	981629	50790.3	22038.4	21628.1	12641.9	10334.3	8106.1
276	837249	277063.1	9701.4	10543.7	433.0		
4	504655	130919.5	40473.7	38846.2	642.0	753.4	424.9
125	428091	61514.9	22370.7	23980.1			
54	1228340	321905.6	57008.3	53613.7	8571.6	10.0	
284	1006234	166258.1	77453.0	68991.2			
268	985635	238644.1	125506.0	126894.1	266.3	654.5	708.6
303	477050	60571.1	28673.1	28903.6			
1	25099	5843.8	3894.2	3893.2			
5	459403	80797.1	30282.0	32626.4	757.0	632.0	172.0
110	848455	138698.9	42940.1	52125.0			
38	227749	46684.2	18664.5	17374.4			
44	268139	59588.8	14157.2	17567.1	86.0	2.0	9.4
	9211	2621.8					
16	225518	49728.7	23856.8	23249.0	62.1	61.2	28.4
95	245294	74611.5	8799.0	10404.6	242.0		11.0
	63603	8438.3	1413.3	1495.4			
	46730	15540.6	11485.3	8864.8			
2289	365487	50038.9	10961.7	12581.9		1.0	

C-2-5 特困人员

地区	单位数	按床位数量分						
		0～49张	50～99张	100～199张	200～299张	300～399张	400～499张	500张以上
全国	**17292**	**4337**	**5812**	**5205**	**1290**	**398**	**123**	**127**
北京								
天津								
河北	305	45	64	97	42	24	19	14
山西	305	76	123	84	12	4	1	5
内蒙古	180	46	64	51	15	3		1
辽宁	290	67	85	91	33	9	2	3
吉林	376	163	150	55	7	1		
黑龙江	126	18	22	35	24	9	7	11
上海								
江苏	939	65	190	381	176	79	30	18
浙江	789	167	254	251	76	20	8	13
安徽	1606	87	374	778	267	64	17	19
福建	358	253	71	29	3	2		
江西	1361	584	518	224	32	3		
山东	760	63	256	299	85	30	9	18
河南	1748	449	769	456	64	9		1
湖北	1071	72	328	531	109	25	4	2
湖南	1759	456	807	432	51	9	3	1
广东	1192	645	336	152	37	13	7	2
广西	120	67	26	24	3			
海南	36	16	7	9	2	2		
重庆	363	107	115	125	15			1
四川	1533	197	609	568	119	28	5	7
贵州	723	321	256	127	13	6		
云南	600	198	211	146	32	9	2	2
西藏	57	15	10	21	9		1	1
陕西	331	32	62	146	38	43	4	6
甘肃	145	67	43	23	6	2	4	
青海	31	7	17	6	1			
宁夏	53	5	10	26	8	2		2
新疆	135	49	35	38	11	2		

救助供养机构

单位：个、人

年末职工人数	#女性	受教育程度		职业资格水平		按人员性质分	
		大学专科人数	大学本科及以上人数	助理社会工作师人数	社会工作师人数	管理人员	专业技术技能人员
129049	**67948**	**14193**	**5291**	**1600**	**1654**	**41075**	**87974**
5733	3625	778	260	30	34	1177	4556
3513	1996	516	240	17	32	1085	2428
1670	708	260	126	11	5	470	1200
3010	1757	317	152	11	10	983	2027
2493	1186	153	52	10	34	878	1615
2196	1186	326	116	25	14	662	1534
10484	5741	1273	478	268	228	2414	8070
7980	5789	832	362	6	12	443	7537
12373	5163	1258	468	176	152	4785	7588
1592	740	133	49	17	6	662	930
7008	3298	716	151	85	92	2757	4251
8759	5128	1168	412	117	36	2868	5891
13761	6278	895	393	169	165	3714	10047
7808	4147	781	67	121	16	2708	5100
8305	3839	907	238	167	184	3055	5250
7199	4308	587	305	162	80	2261	4938
464	284	56	18	1	9	226	238
329	125	14	5			133	196
1827	862	157	44	7	2	690	1137
7778	3497	872	327	52	85	4339	3439
3059	1500	514	202	14	81	1436	1623
3288	1910	377	196	22	28	918	2370
907	629	175	147	6	22	245	662
4238	2428	600	255	40	40	1229	3009
1224	486	247	117	23	115	443	781
173	86	46	10	21		76	97
605	379	74	52	6	5	168	437
1273	873	161	49	16	167	250	1023

C-2-5续表1

地　区	年龄结构			
	35岁及以下人数	36岁至45岁人数	46岁至55岁人数	56岁及以上人数
全　国	**21111**	**36119**	**46549**	**25270**
北　京				
天　津				
河　北	1348	2000	1616	769
山　西	733	859	1072	849
内蒙古	229	511	690	240
辽　宁	432	997	1155	426
吉　林	711	642	952	188
黑龙江	360	687	849	300
上　海				
江　苏	1816	2669	4222	1777
浙　江	1083	1198	2589	3110
安　徽	1646	3603	4514	2610
福　建	143	429	637	383
江　西	688	1577	2860	1883
山　东	1194	1777	3189	2599
河　南	2151	3371	5113	3126
湖　北	1055	2587	2865	1301
湖　南	1038	2657	3258	1352
广　东	872	2062	2921	1344
广　西	62	126	179	97
海　南	78	131	93	27
重　庆	198	365	871	393
四　川	1089	2814	2570	1305
贵　州	634	1120	986	319
云　南	751	1141	1090	306
西　藏	542	264	78	23
陕　西	1099	1397	1355	387
甘　肃	354	467	347	56
青　海	42	85	40	6
宁　夏	117	215	230	43
新　疆	646	368	208	51

单位：人、张、人天

年末床位数	年在院总人天数	年末在院人数	#女性
1788461	**236097304**	**810163**	**135791**
53526	8028610	23375	1996
30205	4111007	15010	1398
17570	2563018	9089	553
32793	3403799	15314	1982
24298	3693600	12312	2140
26044	3182737	14096	2329
164211	20843522	71069	14960
94869	13359949	38592	17115
237943	22423883	76877	11418
20162	2065808	8345	1808
89355	13152568	52778	10362
104923	12731562	48810	8801
144972	20027517	74944	6255
132537	19483093	55518	11279
139984	18675280	67773	11566
78877	7770666	22275	7632
7168	615661	2032	524
2864	136752	1114	184
30526	5034582	16379	1750
165486	30296698	92952	8424
48000	5907069	20203	2411
48518	4192594	16392	2880
8663	1173728	4682	1391
52717	9392137	33647	3060
10703	995540	5813	769
2246	236871	1149	210
7692	808932	3130	582
11609	1790121	6493	2012

C-2-5续表2

地　区	按人员性质分			按年龄分		
	自费人员	特困人员	其他	老年人	青壮年	少年儿童
全　国	**107201**	**642881**	**60081**	**772406**	**35801**	**1956**
北　京						
天　津						
河　北	3808	19208	359	21763	1496	116
山　西	5062	9599	349	14127	768	115
内蒙古	825	7897	367	8218	719	152
辽　宁	2213	12533	568	14203	1104	7
吉　林	1861	10002	449	11938	374	
黑龙江	3161	10478	457	12358	1726	12
上　海						
江　苏	14441	53303	3325	70210	812	47
浙　江	6084	5089	27419	36126	2321	145
安　徽	16013	59523	1341	75149	1689	39
福　建	3057	4325	963	8035	302	8
江　西	11218	38719	2841	49092	3583	103
山　东	10248	30791	7771	48132	674	4
河　南	832	70563	3549	70623	4250	71
湖　北	5584	47395	2539	51860	3555	103
湖　南	5969	59130	2674	65680	2007	86
广　东	7916	13989	370	21694	563	18
广　西	559	1339	134	1987	42	3
海　南	111	988	15	1083	28	3
重　庆	1210	14879	290	15871	508	
四　川	2947	87821	2184	89919	2727	306
贵　州	1410	18508	285	19092	859	252
云　南	793	15238	361	14054	2311	27
西　藏	32	4373	277	4318	273	91
陕　西	1508	31902	237	32106	1529	12
甘　肃	179	5386	248	5416	367	30
青　海		1147	2	1113	34	2
宁　夏	44	2877	209	2498	630	2
新　疆	116	5879	498	5741	550	202

单位：人、人次、平方米

按护理类型分			康复和医疗门诊人次数	机构建筑面积
能力完好	部分失能	完全失能		
481098	**216944**	**112121**	**919138**	**45693651**
10431	7499	5445	7470	1701495
7717	4102	3191	5080	1148186
5053	2311	1725	2128	483308
8333	4366	2615	8162	467613
6069	3858	2385	17297	745923
9016	3272	1808	10033	528043
46692	16959	7418	112644	3457253
15532	16466	6594	53639	3473563
47502	19960	9415	20154	4378682
4215	2836	1294	364	400353
30734	16226	5818	7243	3780267
16700	20467	11643	3174	3511521
52051	15710	7183	74111	3416586
33629	12682	9207	190394	3300031
40015	18319	9439	39508	3432303
9862	6330	6083	138427	2225274
836	719	477	598	121907
698	264	152		90890
12446	2363	1570	24535	733545
70648	15110	7194	107167	3038630
15668	3425	1110	10016	1056522
6789	5970	3633	25063	1249203
2560	1589	533	1	447094
20571	9483	3593	17904	1255919
3011	2240	562	32413	540198
430	607	112	742	98117
1331	1268	531	2373	278954
2559	2543	1391	8498	332271

C−2−5续表3

地　区	企业会计制度财务指标			
	固定资产原价	营业收入	费用合计	营业利润
全　国	**165582.1**	**9165.5**	**4227.2**	**-32.3**
北　京				
天　津				
河　北	3847.3	120.0	10.0	
山　西	2599.4	180.0	70.0	
内蒙古	1878.2			
辽　宁	2811.6			
吉　林				
黑龙江				
上　海				
江　苏	3918.6		9.3	
浙　江	22019.9	1527.9	956.0	-355.8
安　徽	25722.0	741.2	439.4	119.2
福　建	8965.5	836.3	442.8	-31.3
江　西	12042.3	148.8	224.9	-69.5
山　东	18460.9	4907.8	1794.9	306.1
河　南	16437.1			
湖　北		50.6		
湖　南	515.3	162.0		
广　东	206.0			
广　西	1601.0		1.1	1.5
海　南	465.0			
重　庆	1080.0	109.0	38.5	3.0
四　川	3576.1	31.0	25.8	-5.5
贵　州	9960.0	3.0	17.6	
云　南	2783.5	192.6	1.9	
西　藏	15163.6			
陕　西	6898.8	120.5	182.3	
甘　肃	3940.0			
青　海	630.0			
宁　夏				
新　疆	60.0	34.8	12.7	

单位：万元

事业单位会计制度财务指标			民间非营利组织会计制度财务指标		
固定资产原价	本年收入合计	本年支出合计	固定资产原价	本年收入合计	本年费用合计
2721317.7	**459501.1**	**439432.8**	**517911.5**	**91993.4**	**98312.3**
137804.9	31046.7	31868.8	24550.5	4280.6	2507.7
21055.4	5122.9	5431.4	39375.7	6619.2	6846.0
45870.9	5925.2	5874.9	1597.1	345.5	204.7
23589.3	7557.8	7066.5	10969.5	1222.6	612.3
35645.3	8258.1	8059.9	380.0	90.0	5.0
61097.5	9883.6	10652.1	10252.6	407.2	1107.8
173429.0	47509.0	43780.1	56716.0	7837.4	17423.1
24815.9	23457.8	22212.0	50350.5	18369.4	15587.4
24410.6	654.1	559.4	170831.6	25438.6	30526.3
14583.9	1130.4	1105.2	2870.3	1033.0	1288.2
251775.8	29761.4	26700.0	47.0		41.0
72523.1	17662.5	15447.6	93451.2	14612.7	13211.1
155361.9	23040.6	23571.7	1725.9	8.0	302.8
220605.9	44729.0	40013.0	6.0	35.0	1.8
226589.4	56119.5	36466.4	760.0	55.0	28.0
191145.3	49489.2	49894.0	1914.7	1790.4	1533.5
2486.6	225.7	221.4	4948.9	510.3	903.5
101439.0		11700.0			
73426.3	16648.1	16399.4	7900.0	852.1	842.1
203340.0	24718.4	26572.0	8525.7	2675.8	868.1
157163.0	7213.5	6546.0	9330.2	1902.9	1558.3
152215.3	10991.1	8602.3	4306.0	1025.1	645.3
28290.1	324.4	1043.5			
198324.4	23382.0	23740.7	4138.4	1175.9	1461.5
21646.4	11431.6	11497.2	6047.7	45.0	191.1
6274.7	172.0	213.5	1807.0	1106.8	234.3
18303.6	1562.7	1880.1	5109.0	554.9	381.4
78104.2	1483.8	2313.7			

C-2-6 其他各类

地区	单位数	按床位数量分						
		0～49张	50～99张	100～199张	200～299张	300～399张	400～499张	500张以上
全 国	**21148**	**5910**	**5704**	**5412**	**1910**	**1016**	**395**	**801**
北 京	569	61	164	194	65	27	19	39
天 津	407	122	97	113	32	18	3	22
河 北	1452	344	465	437	87	68	19	32
山 西	447	132	120	119	39	18	8	11
内蒙古	434	128	105	136	29	24	2	10
辽 宁	1856	1020	437	251	77	34	16	21
吉 林	1084	523	268	182	60	26	7	18
黑龙江	1898	1082	449	238	62	31	11	25
上 海	664	14	145	264	108	58	36	39
江 苏	1500	268	361	437	206	99	46	83
浙 江	828	160	237	203	96	60	21	51
安 徽	932	201	292	251	94	44	21	29
福 建	322	37	70	98	49	27	14	27
江 西	405	58	133	127	31	20	9	27
山 东	1485	234	398	438	173	95	44	103
河 南	1565	345	546	426	134	70	15	29
湖 北	778	123	243	262	77	32	9	32
湖 南	571	112	180	120	60	43	11	45
广 东	664	110	120	193	113	49	27	52
广 西	375	47	91	141	43	22	11	20
海 南	19	1	1	6	5	3		3
重 庆	754	204	267	181	59	24	7	12
四 川	851	246	215	229	75	51	17	18
贵 州	220	47	64	57	30	10	5	7
云 南	252	65	63	71	22	18	3	10
西 藏								
陕 西	403	146	73	102	37	28	4	13
甘 肃	93	28	21	27	8	2	3	4
青 海	25	10	6	5	1		1	2
宁 夏	74	6	22	19	9	7	2	9
新 疆	221	36	51	85	29	8	4	8

养老机构

单位：个、人

年末职工人数	#女性	受教育程度		职业资格水平		按人员性质分	
		大学专科人数	大学本科及以上人数	助理社会工作师人数	社会工作师人数	管理人员	专业技术技能人员
372775	**241390**	**60247**	**29039**	**4137**	**3823**	**80758**	**292017**
19099	12472	2643	1224	88	120	3584	15515
7110	4485	940	725	80	81	1680	5430
23982	16312	3184	1393	269	237	4440	19542
6837	4122	1262	524	56	47	1663	5174
5736	3587	916	346	56	96	1437	4299
16356	10713	2170	1021	169	267	5725	10631
11736	4422	401	205	53	26	3527	8209
11543	6487	1651	591	95	82	3507	8036
29532	22165	3514	1295	183	147	5399	24133
35298	21841	6607	3814	504	542	6012	29286
18675	13786	3214	1199	94	42	1238	17437
12022	6655	1930	793	197	130	3548	8474
6895	4446	1079	512	147	57	1560	5335
8116	4763	1041	403	66	82	2042	6074
31026	21419	6186	3235	295	227	7029	23997
22034	12958	3090	1500	434	313	4935	17099
12418	8140	1817	979	88	109	3068	9350
11630	7341	2641	1275	187	130	2740	8890
21842	15930	2920	2142	343	281	3624	18218
11740	8271	2884	1415	100	99	2163	9577
815	542	105	78	17	6	188	627
11670	7717	1868	692	109	98	2994	8676
12972	7855	2410	944	249	193	3559	9413
3207	2051	835	410	29	30	792	2415
5213	3643	1424	738	25	26	1053	4160
7358	4409	1949	934	84	210	1777	5581
2061	1048	485	161	32	44	499	1562
410	185	54	36	17	20	113	297
1561	1069	351	168	9	25	269	1292
3881	2556	676	287	62	56	593	3288

C-2-6续表1

地区	年龄结构			
	35岁及以下人数	36岁至45岁人数	46岁至55岁人数	56岁及以上人数
全国	**76315**	**91897**	**131834**	**72729**
北京	3301	3665	8351	3782
天津	1240	1755	2423	1692
河北	4249	6559	8541	4633
山西	1739	1862	2126	1110
内蒙古	1033	1694	2175	834
辽宁	2826	4314	5876	3340
吉林	484	2045	7964	1243
黑龙江	1879	3333	4554	1777
上海	2962	5800	12338	8432
江苏	9154	8741	10375	7028
浙江	4038	2803	6174	5660
安徽	2436	3588	4096	1902
福建	1372	1724	2228	1571
江西	1548	1888	2515	2165
山东	7230	7133	10339	6324
河南	4045	6340	7538	4111
湖北	2464	3612	3968	2374
湖南	2869	3230	3778	1753
广东	5174	5508	7802	3358
广西	3471	3293	3262	1714
海南	260	170	307	78
重庆	2211	2358	4278	2823
四川	3313	3334	3900	2425
贵州	916	887	1056	348
云南	1858	1284	1543	528
西藏				
陕西	2168	2109	1984	1097
甘肃	727	757	465	112
青海	84	208	110	8
宁夏	425	538	489	109
新疆	839	1365	1279	398

单位：人、张、人天

年末床位数	年在院总人天数	年末在院人数	#女性
2866785	**312174808**	**1261081**	**527159**
105357	15010119	43984	24029
59580	5744314	24022	9698
180992	22618762	84745	31596
52113	5984699	20090	5240
51398	6336393	28779	9810
141332	15400393	75537	24875
99151	15740459	51821	22880
139941	11991722	66870	18429
138796	20926925	82423	50365
254448	24596338	107875	39788
150162	23548724	65184	37086
127978	11777779	45705	15783
63631	5397891	21776	9775
68171	7355393	34894	11727
265264	26087125	109979	53787
184501	18995000	80508	30183
112295	10882481	42155	16607
98762	7411691	36113	13718
140515	15769925	58290	30470
64992	4851470	22267	8616
4711	248975	2092	991
79463	11538871	40448	20433
103681	11029178	46333	18430
29501	2480782	9713	3825
35109	2310548	11328	3901
48964	4289009	21923	8114
14049	741930	4077	1156
3159	214086	1663	292
16413	993572	4262	1717
32356	1900254	16225	3838

C-2-6续表2

地区	按人员性质分			按年龄分		
	自费人员	特困人员	其他	老年人	青壮年	少年儿童
全国	**1081034**	**80547**	**99500**	**1233096**	**25379**	**2606**
北京	39486	2730	1768	42277	1668	39
天津	22847	827	348	23333	603	86
河北	76509	7092	1144	83211	1374	160
山西	16437	2841	812	19618	423	49
内蒙古	25698	1847	1234	27388	1018	373
辽宁	70078	4181	1278	73584	1587	366
吉林	46487	3795	1539	51608	213	
黑龙江	61961	3350	1559	63332	3426	112
上海	63573	1264	17586	81543	729	151
江苏	93071	9483	5321	106659	1107	109
浙江	22164	1275	41745	63069	2076	39
安徽	39151	3107	3447	45092	595	18
福建	18632	2262	882	20874	873	29
江西	31803	2036	1055	34107	753	34
山东	100825	5748	3406	109592	382	5
河南	70774	4442	5292	78231	2127	150
湖北	39884	1413	858	41601	530	24
湖南	31166	2900	2047	35502	571	40
广东	55406	2179	705	57595	681	14
广西	18590	3049	628	21629	614	24
海南	1894	14	184	2082	10	
重庆	39076	1136	236	39919	517	12
四川	41172	4090	1071	45567	379	387
贵州	6927	2291	495	9183	447	83
云南	8950	2091	287	10873	425	30
西藏						
陕西	19597	1622	704	20780	1070	73
甘肃	3194	550	333	3956	113	8
青海	558	664	441	1439	145	79
宁夏	3228	787	247	3948	314	
新疆	11896	1481	2848	15504	609	112

单位：人、人次、平方米

按护理类型分			康复和医疗门诊人次数	机构建筑面积
能力完好	部分失能	完全失能		
499650	**381892**	**379539**	**4356549**	**89016331**
9692	14295	19997	593838	3566618
5752	8208	10062	45022	2502098
24989	27201	32555	87110	5276460
11420	4459	4211	55414	2045859
16480	6402	5897	20222	1344644
39039	20877	15621	20705	2822318
26697	10263	14861	1459	2095243
50976	8450	7444	31782	2956796
20353	25546	36524	228817	3964288
43194	31404	33277	382455	7846802
21338	28585	15261	612745	6632788
18088	16502	11115	29363	3070253
5922	7236	8618	134685	2136061
11923	12956	10015	71073	2495330
27300	37529	45150	178590	9687765
39891	25281	15336	156476	5709887
16106	12071	13978	169029	2682277
13272	12026	10815	229476	2969842
14680	18804	24806	597832	4521836
4518	6743	11006	76943	2549028
635	580	877	12197	212176
22439	9838	8171	172009	2217174
23991	13956	8386	178279	3342914
4078	3437	2198	24990	829504
5574	3252	2502	36784	1062779
9141	6815	5967	120014	1728386
1262	1911	904	59316	553074
894	503	266	1080	127440
1536	1909	817	9299	1188538
8470	4853	2902	19545	878153

C-2-6续表3

地区	企业会计制度财务指标			
	固定资产原价	营业收入	费用合计	营业利润
全国	**2631661.0**	**401314.8**	**300581.9**	**-64849.1**
北京	75999.8	56393.0	59778.7	-18836.8
天津	7051.0	6157.9	4558.9	-1500.7
河北	96285.7	13072.6	7353.7	-4083.5
山西	8714.5	652.8	183.2	-114.9
内蒙古	3127.3	356.7	81.9	24.0
辽宁	15023.3	219.1	71.3	-8.2
吉林	24629.9		346.8	
黑龙江	31140.8	3884.3	1546.9	15698.1
上海	44529.2	7893.6	2879.6	-2883.9
江苏	246047.9	39598.7	33644.2	-6929.9
浙江	61729.7	13802.7	8262.6	-1899.0
安徽	177540.6	6544.4	2260.7	-24.8
福建	62542.2	6538.1	3448.2	-2354.1
江西	20354.9	2454.6	914.9	63.0
山东	361250.0	16083.9	9304.4	-2248.4
河南	142379.5	9790.3	3214.7	-266.5
湖北	60922.4	10867.8	4610.9	-1156.9
湖南	139477.6	16118.0	7069.6	-355.2
广东	281615.5	85204.7	107414.7	-23988.2
广西	55610.5	8338.0	1806.1	-440.9
海南	22641.5	4249.4	778.2	-736.7
重庆	225046.9	46655.5	18361.5	-3600.0
四川	122746.7	32898.5	14156.1	-8550.9
贵州	37907.9	4044.2	1388.1	2589.5
云南	285619.5	5737.8	4930.8	-1865.1
西藏				
陕西	14869.3	2532.9	1462.5	-870.6
甘肃	3064.4	560.9	747.5	-496.6
青海				
宁夏	3467.5	7.0	5.2	-11.9
新疆	325.0	657.4		

单位：万元

事业单位会计制度财务指标			民间非营利组织会计制度财务指标		
固定资产原价	本年收入合计	本年支出合计	固定资产原价	本年收入合计	本年费用合计
1090420.4	**396654.0**	**370841.7**	**4411214.0**	**3042133.2**	**1179013.5**
56224.5	35444.1	34932.2	147444.1	123805.7	122087.1
46746.0	17217.0	17569.5	486385.7	180370.9	26945.8
63281.3	21198.6	18094.2	410145.2	696654.7	95792.5
9618.9	3350.0	3427.1	119054.9	170989.3	19136.9
4820.1	1329.0	925.5	86588.9	26059.9	20215.4
8384.5	1957.2	1942.4	180345.2	38597.3	27722.2
			19566.2	9220.0	10727.3
34641.9	5713.6	18748.0	238301.3	10140.9	14002.5
31696.3	6643.5	6212.3	196115.8	242157.7	209902.7
90133.7	16316.0	15872.5	425767.4	82094.6	83130.3
6404.1	8259.0	7784.2	119157.2	84577.7	54739.5
8694.2	2739.7	18227.1	129680.7	31763.3	25463.1
7177.8	596.2	687.9	49967.8	29556.5	26099.3
2110.0			207067.7	23379.5	24753.5
156316.4	96373.3	89177.6	495042.8	97417.1	117682.1
38409.6	6269.1	3801.9	161719.3	25325.3	31560.4
38638.4	10808.0	8883.9	83174.8	28453.5	24547.6
31471.1	11661.5	10369.5	97040.6	21036.6	19732.0
156994.0	102101.9	75349.1	63767.4	69732.4	76089.5
72146.7	8081.2	8481.9	114129.9	29631.7	26085.1
2998.2	2312.8	2168.6	5730.6	1369.2	1273.0
39833.8	16835.5	18119.5	57073.6	25005.3	20005.4
25658.4	1408.4	938.8	103958.4	38217.1	33670.3
6480.9	667.3	568.0	53644.4	14130.5	14355.2
19697.7	795.5	683.7	38413.4	901488.5	6219.2
2407.1	757.3	761.3	222170.5	24427.7	28667.5
87366.7	13063.9	1891.3	18561.9	2468.3	2158.3
4645.0	1102.7	1130.3	3358.8	13.0	52.2
16462.3	85.0	168.3	31305.5	3236.1	7348.2
20960.8	3566.7	3925.1	46534.0	10812.9	8849.4

C−2−7 社会福

地区	单位数	按床位数量分						
		0～49张	50～99张	100～199张	200～299张	300～399张	400～499张	500张以上
全国	**140**	**5**	**4**	**16**	**22**	**17**	**14**	**62**
北京	1		1					
天津	1							1
河北	1							1
山西	4			1			2	1
内蒙古	5			1	2			2
辽宁								
吉林	8					1		7
黑龙江	7					1	1	5
上海	3						1	2
江苏	11	1		1	1	2	2	4
浙江	2			1				1
安徽	3	1	1		1			
福建	12			1	3	4	2	2
江西	3			1		1	1	
山东								
河南	3	1				1	1	
湖北	2			1				1
湖南	12		1		2	2	1	6
广东	3		1					2
广西	6	1		2		1		2
海南								
重庆	5			2				3
四川	18			1	4	1		12
贵州	12	1		3	2	1	2	3
云南	6			1	4			1
西藏								
陕西	1							1
甘肃	2					2		
青海	1				1			
宁夏	1						1	
新疆	7				2			5

利医院

单位：个、人

年末职工人数	#女性	受教育程度：大学专科人数	受教育程度：大学本科及以上人数	职业资格水平：助理社会工作师人数	职业资格水平：社会工作师人数	按人员性质分：管理人员	按人员性质分：专业技术技能人员
21410	**13821**	**7747**	**9286**	**275**	**307**	**2297**	**19113**
56	43	5	51	1		5	51
262	146	71	148	5	1	28	234
161	87	34	98	2	8	2	159
1050	692	341	581	2	2	60	990
766	443	363	315	6	15	169	597
691	369	171	246		5	109	582
1138	456	330	391	4	24	233	905
577	392	159	247	15	17	94	483
1605	1083	522	861	19	33	73	1532
275	183	98	164		4	21	254
189	136	98	51		2	16	173
1167	768	449	358	21	24	87	1080
290	205	137	51		1	35	255
150	85	80	22	1	2	19	131
454	294	159	242		2	34	420
2277	1586	868	1086	37	18	258	2019
656	406	167	427	28	22	46	610
1344	1005	457	558	13	13	147	1197
430	237	100	258	28	29	68	362
4515	2969	1691	1963	53	40	375	4140
770	480	333	385	10	4	130	640
426	279	196	172	4	8	65	361
135	60	36	99	3	9	24	111
220	160	147	65	1	1	20	200
227	154	130	72		1	23	204
142	93	71	15	10	9	8	134
1437	1010	534	360	12	13	148	1289

C-2-7续表1

地 区	年龄结构				年末床位数
	35岁及以下人数	36岁至45岁人数	46岁至55岁人数	56岁及以上人数	
全 国	**10509**	**5632**	**4068**	**1201**	**71151**
北 京	3	31	21	1	52
天 津	82	103	58	19	620
河 北	81	45	24	11	570
山 西	404	300	288	58	1530
内蒙古	471	130	96	69	1730
辽 宁					
吉 林	206	212	212	61	4695
黑龙江	232	386	363	157	5003
上 海	251	152	108	66	1780
江 苏	632	486	382	105	5568
浙 江	161	79	27	8	639
安 徽	91	44	32	22	315
福 建	600	327	173	67	4076
江 西	156	46	85	3	941
山 东					
河 南	52	50	44	4	888
湖 北	210	95	111	38	834
湖 南	1142	645	417	73	6702
广 东	134	312	189	21	1972
广 西	751	338	213	42	2858
海 南					
重 庆	128	170	93	39	2958
四 川	2928	871	556	160	15762
贵 州	331	218	152	69	3736
云 南	175	157	64	30	1818
西 藏					
陕 西	52	50	22	11	750
甘 肃	128	26	58	8	620
青 海	111	69	32	15	260
宁 夏	119	18	5		450
新 疆	878	272	243	44	4024

单位：人、张、人天

年在院总人天数	年末在院人数	#女性	按人员性质分		
			自费人员	特困人员	其他
19428536	**58403**	**18004**	**18780**	**17939**	**21684**
3089	6	1	6		
210972	589	211	386	203	
101086	415	119	36	223	156
491493	1429	600	699	282	448
500356	1467	378	311	629	527
1301962	2748	908	578	938	1232
974468	4017	1157	1176	2432	409
556478	1518	257	816	133	569
1350006	4369	1001	1228	1398	1743
215094	630	100	479	114	37
33512	88	16	14	36	38
1124201	3453	946	1460	1123	870
285746	893	333	95	369	429
193709	640	212	340	300	
233962	751	104	5	88	658
1878971	5022	1831	1966	1265	1791
530024	1623	573	78	641	904
828346	2614	1063	979	1075	560
875435	2429	817	1236	599	594
5031306	14198	4767	5278	3161	5759
834557	3327	782	360	844	2123
583603	1711	434	119	381	1211
149873	393	140	65	286	42
202119	598	145	29	253	316
2176	143	82	1		142
155205	417	154	147	270	
780787	2915	873	893	896	1126

C-2-7续表2

地 区	按年龄分			按护理类型分		
	老年人	青壮年	少年儿童	自理（完全自理）	介助（半自理）	介护（不能自理）
全 国	**18394**	**39104**	**905**	**26089**	**20977**	**11337**
北 京			6			6
天 津	238	351			511	78
河 北	115	289	11	324	78	13
山 西	553	864	12	1169	228	32
内蒙古	220	1245	2	418	621	428
辽 宁						
吉 林	1086	1661	1	1373	972	403
黑龙江	1068	2948	1	967	1965	1085
上 海	535	929	54	575	943	
江 苏	2226	2100	43	1516	1379	1474
浙 江	390	240		108	463	59
安 徽	67	20	1	24	35	29
福 建	517	2931	5	2290	1039	124
江 西	382	505	6	473	191	229
山 东						
河 南	211	407	22	585	5	50
湖 北	103	642	6	232	53	466
湖 南	2062	2740	220	2262	1650	1110
广 东	698	879	46	166	408	1049
广 西	1071	1394	149	1048	1381	185
海 南						
重 庆	697	1661	71	1039	904	486
四 川	4509	9489	200	7081	4473	2644
贵 州	624	2675	28	1647	1356	324
云 南	302	1404	5	425	894	392
西 藏						
陕 西	87	303	3	29	220	144
甘 肃	119	477	2	400	165	33
青 海	47	93	3	99	44	
宁 夏	185	232		30	186	201
新 疆	282	2625	8	1809	813	293

单位：人、人次、平方米、万元

康复和医疗门诊人次数	机构建筑面积	事业单位会计制度财务指标		
		固定资产原价	本年收入合计	本年支出合计
2847829	**2824212**	**965878.7**	**710831.9**	**709101.2**
8813	7993	8744.6	7748.6	8979.3
69481	13239	4576.2	11447.2	11190.0
44388	27318	15941.8	11756.1	10984.9
266282	102317	48334.0	24490.6	24607.2
71877	86637	38393.6	22512.3	20157.6
20609	155595	39738.2	16831.1	18446.7
59703	176831	56127.6	25896.8	29021.1
11509	83854	26189.2	31455.3	28708.8
243040	219592	109539.1	76117.4	82094.1
56107	29767	20701.2	29569.6	30499.5
15280	19700	1113.8	2863.5	3011.5
183924	157701	33122.4	36537.0	32436.5
9955	63397	6908.1	4844.0	4256.7
57278	37800	8020.6	6371.7	6445.6
84295	34035	23201.0	13039.4	13530.6
274988	189160	84930.7	55587.8	56824.0
6842	139950	56140.8	35279.5	35072.3
130757	138446	39128.8	35776.5	33965.8
94756	120737	43189.3	26090.2	26254.7
513391	433612	140565.9	147732.1	136026.2
48585	157066	29909.3	21932.0	21588.9
31738	110070	38889.6	12691.5	12605.6
1373	56971	5315.3	3612.0	3104.9
12146	43369	19339.0	5234.0	5727.6
64	17572	6016.3	4634.4	5847.7
9500	7000	1127.5	3130.6	3267.0
521148	194483	60674.8	37650.7	44446.4

C-2-8 儿童福利和救助

地区	单位数	按登记类型分		
		编制部门登记	民政部门登记	一个机构多块牌子
全国	**815**	**431**	**39**	**345**
北京	11	11		
天津	3	2	1	
河北	15	12	1	2
山西	16	4	3	9
内蒙古	13	7		6
辽宁	17	2	7	8
吉林	14	12	1	1
黑龙江	16	15	1	
上海	5	3		2
江苏	44	13		31
浙江	55	20	2	33
安徽	33	20		13
福建	16	10	2	4
江西	13	7		6
山东	24	12		12
河南	32	19	1	12
湖北	52	13		39
湖南	47	25	1	21
广东	62	40	1	21
广西	47	10	3	34
海南	1		1	
重庆	5	5		
四川	104	35	2	67
贵州	33	18	1	14
云南	27	26	1	
西藏	9	9		
陕西	18	13	1	4
甘肃	17	11	4	2
青海	9	5	4	
宁夏	10	7		3
新疆	47	45	1	1

保护机构总表

单位：个

按床位数分						
0～49张	50～99张	100～199张	200～299张	300～399张	400～499张	500张以上
334	**148**	**172**	**67**	**37**	**26**	**31**
1	2	4	1	1		2
		2	1			
6	5	3	1			
6	4	3	3			
4	2	2	2	2		1
9	4	3				1
5	1	5	1	1		1
3	3	5	3	1	1	
3	1					1
22	7	8	3	2	1	1
34	11	4	2	3		1
5	6	11	7	2	1	1
6	1	6	2	1		
7	1	2	1		2	
10	2	3	3	2	3	1
14	7	6	1		3	1
29	9	10	2		1	1
19	13	12		1	1	1
32	9	10	6	2	1	2
21	12	7	4	2	1	
	1					
		3				2
65	9	15	8	5	1	1
10	6	8	5	2	1	1
6	7	12	1			1
		1			3	5
5	2	5	2	1	1	2
3	6	2	3	2		1
3	3	1				2
2	5	1	1	1		
4	9	18	4	6	5	1

C−2−8续表1

地区	年末职工人数	#女性	按登记类型分		
			编制部门登记	民政部门登记	一个机构多块牌子
全国	**16424**	**10743**	**12257**	**373**	**3794**
北京	532	396	532		
天津	151	101	117	34	
河北	349	230	197	18	134
山西	251	142	70	24	157
内蒙古	438	269	351		87
辽宁	316	181	96	64	156
吉林	421	206	402	7	12
黑龙江	429	268	425	4	
上海	341	285	330		11
江苏	764	530	546		218
浙江	750	517	466	7	277
安徽	711	439	552		159
福建	281	206	228	15	38
江西	379	247	282		97
山东	607	410	505		102
河南	955	670	762	5	188
湖北	755	501	404		351
湖南	559	287	319	27	213
广东	1867	1238	1453	21	393
广西	1173	824	685	44	444
海南	6	5		6	
重庆	279	214	279		
四川	1139	698	667	7	465
贵州	458	293	291	3	164
云南	323	198	302	21	
西藏	277	192	277		
陕西	394	242	318	8	68
甘肃	468	308	431	17	20
青海	115	36	79	36	
宁夏	330	262	297		33
新疆	606	348	594	5	7

单位：人

受教育程度		职业资格水平		按人员性质分	
大学专科人数	大学本科及以上人数	助理社会工作师人数	社会工作师人数	管理人员	专业技术技能人员
4288	**6211**	**911**	**1241**	**5338**	**11086**
116	310	12	22	126	406
60	74	7	19	43	108
139	93	39	24	104	245
54	109	5	19	76	175
98	212	7	56	140	298
124	142	11	17	124	192
50	81	4	17	109	312
141	157	12	29	160	269
97	209	22	48	55	286
167	389	81	94	174	590
122	359	92	87	284	466
145	226	26	52	259	452
56	118	23	34	63	218
141	71	9	3	111	268
172	320	30	75	178	429
199	310	48	65	263	692
232	284	32	36	262	493
192	160	26	32	223	336
412	582	92	97	633	1234
303	431	78	54	329	844
1	1			1	5
59	210	13	75	103	176
347	329	63	92	527	612
127	209	22	33	257	201
69	161	12	22	141	182
77	65	47	5	106	171
111	188	38	33	132	262
104	112	7	20	128	340
28	14	19	5	24	91
105	104	21	35	30	300
240	181	13	41	173	433

C−2−8续表2

地　区	年龄结构			
	35岁及以下人数	36岁至45岁人数	46岁至55岁人数	56岁及以上人数
全　国	**5391**	**6021**	**4093**	**919**
北　京	157	185	173	17
天　津	48	68	31	4
河　北	115	135	79	20
山　西	55	94	80	22
内蒙古	134	160	115	29
辽　宁	90	96	92	38
吉　林	136	139	94	52
黑龙江	101	184	111	33
上　海	146	139	49	7
江　苏	289	264	176	35
浙　江	206	246	208	90
安　徽	263	205	213	30
福　建	85	90	89	17
江　西	149	108	106	16
山　东	308	187	90	22
河　南	349	357	200	49
湖　北	243	268	187	57
湖　南	175	204	148	32
广　东	475	738	556	98
广　西	299	479	344	51
海　南	1	2	2	1
重　庆	123	107	45	4
四　川	364	413	306	56
贵　州	179	140	103	36
云　南	105	159	47	12
西　藏	169	82	22	4
陕　西	121	160	91	22
甘　肃	209	146	99	14
青　海	16	70	21	8
宁　夏	109	132	75	14
新　疆	172	264	141	29

单位：人、张

年末床位数	按登记类型分		
	编制部门登记	民政部门登记	一个机构多块牌子
98311	**77437**	**3068**	**17806**
2976	2976		
867	722	145	
1007	787	150	70
1464	455	220	789
2055	1851		204
1271	631	85	555
3244	3044	100	100
2497	2493	4	
1125	1101		24
4282	2360		1922
3650	2716	2	932
5701	4031		1670
1717	1317	129	271
1432	1255		177
3838	2772		1066
3628	3268	7	353
4002	2325		1677
4203	3025	180	998
5871	4293	110	1468
3671	1560	261	1850
50		50	
2529	2529		
7784	5602	60	2122
4108	2979	150	979
2792	2691	101	
4717	4717		
3104	2960	50	94
2757	2382	305	70
2259	1320	939	
970	700		270
8740	8575	20	145

C-2-8续表3

地区	年末在院人数	#女性	按登记类型分		
			编制部门登记	民政部门登记	一个机构多块牌子
全国	**43892**	**14243**	**37949**	**1779**	**4164**
北京	1045	311	1045		
天津	649	240	506	143	
河北	504	96	338	150	16
山西	738	244	240	90	408
内蒙古	999	166	982		17
辽宁	510	174	313	37	160
吉林	1573	119	1503	51	19
黑龙江	1216	430	1212	4	
上海	955	422	955		
江苏	1715	698	1373		342
浙江	1327	460	1077	2	248
安徽	2491	887	2083		408
福建	731	290	616	66	49
江西	496	148	421		75
山东	1357	449	1223		134
河南	2071	694	2064	7	
湖北	1436	659	1023		413
湖南	1528	534	1288	37	203
广东	2658	1075	2133	80	445
广西	1480	585	782	169	529
海南	13			13	
重庆	523	186	523		
四川	2558	1003	2175	17	366
贵州	1605	755	1179	150	276
云南	1422	488	1336	86	
西藏	2944	739	2944		
陕西	1825	598	1785	40	
甘肃	1376	338	1193	183	
青海	1114	37	680	434	
宁夏	356	129	330		26
新疆	4677	1289	4627	20	30

单位：人、万元

事业单位会计制度财务指标			民间非营利组织会计制度财务指标		
固定资产原价	本年收入合计	本年支出合计	固定资产原价	本年收入合计	本年费用合计
671742.9	**358523.1**	**355879.1**	**3363.2**	**1946.0**	**2284.7**
28944.4	27950.5	27430.7			
9221.4	7307.6	7084.9	50.0	84.0	220.5
6259.1	2234.2	2429.7	13.7		150.0
2732.7	1901.8	1938.7	322.1	102.8	101.1
32087.6	7861.8	8247.2			
7398.9	3961.9	3767.0	191.0	178.4	277.7
10221.9	11694.6	11444.4	50.0	5.0	2.0
58290.5	12338.2	12254.0	3.0		0.5
19700.5	19162.6	19003.1			
44122.9	25468.1	22807.7			
17522.4	25334.3	24326.5	50.0	30.0	20.0
23088.0	11584.6	11050.6			
6644.7	5898.2	6069.0	584.8	205.0	203.2
5391.0	2842.1	1822.4			
27879.4	18364.3	17223.5			
17486.9	10659.4	10069.0	5.0	1.6	1.6
24253.0	11847.1	12499.6			
15894.8	5828.6	6068.5	305.5	292.0	299.5
57242.2	43494.0	43415.5	518.8	285.1	316.3
21953.4	11540.6	12120.3	439.7	546.7	532.9
			3.0	49.0	59.2
12259.5	9761.2	10633.5			
37933.3	15178.3	15291.5	10.5		11.0
11451.7	6525.8	6590.7	112.0	70.0	
20176.5	5998.3	6549.6	350.0	16.3	15.0
38246.5	8329.7	8811.0			
31725.3	24600.8	24866.6	120.0	42.5	40.0
26505.2	5872.3	5627.7	28.0	2.0	28.2
3073.3	81.9	124.1	196.1	35.6	5.0
12512.4	5075.5	4849.6			
41523.5	9824.8	11462.5	10.0		1.0

C-2-9 儿童

地 区	单位数	按床位数量分						
		0～49张	50～99张	100～199张	200～299张	300～399张	400～499张	500张以上
全 国	**539**	**127**	**99**	**159**	**62**	**35**	**26**	**31**
北 京	9	1	2	3	1			2
天 津	3			2	1			
河 北	12	4	4	3	1			
山 西	10	2	3	2	3			
内蒙古	7			2	2	2		1
辽 宁	15	8	3	3				1
吉 林	14	5	1	5	1	1		1
黑龙江	15	2	3	5	3	1	1	
上 海	3	1	1					1
江 苏	15	2		8	1	2	1	1
浙 江	29	11	8	4	2	3		1
安 徽	28	3	5	10	6	2	1	1
福 建	15	5	1	6	2	1		
江 西	8	2	1	2	1		2	
山 东	13	1	1	2	3	2	3	1
河 南	18	4	4	5	1		3	1
湖 北	22	8	4	6	2		1	1
湖 南	28	7	7	11		1	1	1
广 东	41	16	6	9	5	2	1	2
广 西	22	2	7	6	4	2	1	
海 南	1		1					
重 庆	5			3				2
四 川	56	23	6	14	7	4	1	1
贵 州	24	5	2	8	5	2	1	1
云 南	24	3	7	12	1			1
西 藏	9			1			3	5
陕 西	14	2	1	5	2	1	1	2
甘 肃	15	2	5	2	3	2		1
青 海	9	3	3	1				2
宁 夏	8	1	4	1	1	1		
新 疆	47	4	9	18	4	6	5	1

福利机构

单位：个、人

年末职工人数	#女性	受教育程度		职业资格水平		按人员性质分	
		大学专科人数	大学本科及以上人数	助理社会工作师人数	社会工作师人数	管理人员	专业技术技能人员
13702	**9542**	**3454**	**5126**	**711**	**1028**	**3835**	**9867**
494	382	110	278	9	18	88	406
151	101	60	74	7	19	43	108
212	155	82	52	13	12	37	175
196	124	40	95	5	17	66	130
351	249	71	163	7	48	82	269
300	178	116	137	11	17	111	189
421	206	50	81	4	17	109	312
421	262	141	149	12	29	157	264
330	280	95	200	22	45	46	284
585	459	106	354	70	78	82	503
593	439	93	293	63	76	219	374
680	424	135	211	26	51	245	435
278	205	55	116	23	32	60	218
317	229	102	61	7	2	91	226
519	367	149	262	27	54	143	376
739	574	132	225	38	49	171	568
489	387	138	220	24	23	124	365
391	226	122	84	14	21	121	270
1535	1083	326	391	57	57	434	1101
842	667	217	292	61	36	129	713
6	5	1	1			1	5
279	214	59	210	13	75	103	176
840	573	244	239	56	77	315	525
372	248	100	167	20	23	195	177
282	189	66	153	10	19	104	178
277	192	77	65	47	5	106	171
326	191	102	155	9	32	115	211
448	303	97	107	6	20	115	333
115	36	28	14	19	5	24	91
307	246	100	96	18	30	26	281
606	348	240	181	13	41	173	433

C−2−9续表1

地 区	年龄结构			
	35岁及以下人数	36岁至45岁人数	46岁至55岁人数	56岁及以上人数
全 国	**4612**	**5020**	**3389**	**681**
北 京	147	170	162	15
天 津	48	68	31	4
河 北	64	80	53	15
山 西	39	71	72	14
内蒙古	117	138	86	10
辽 宁	89	93	86	32
吉 林	136	139	94	52
黑龙江	98	179	111	33
上 海	144	134	46	6
江 苏	231	167	156	31
浙 江	159	203	170	61
安 徽	249	201	202	28
福 建	84	88	89	17
江 西	131	80	91	15
山 东	271	158	72	18
河 南	286	276	154	23
湖 北	165	189	110	25
湖 南	133	139	100	19
广 东	361	633	466	75
广 西	223	366	232	21
海 南	1	2	2	1
重 庆	123	107	45	4
四 川	293	284	222	41
贵 州	146	126	73	27
云 南	100	125	45	12
西 藏	169	82	22	4
陕 西	114	124	72	16
甘 肃	202	141	94	11
青 海	16	70	21	8
宁 夏	101	123	69	14
新 疆	172	264	141	29

单位：人、张、人天、平方米

年末床位数	年在院总人天数	年末在院人数	#女性	家庭寄养儿童数量	机构建筑面积
89215	**13412433**	**43609**	**14182**	**4863**	**3122022**
2526	381455	1039	310	66	106832
867	242405	649	240	108	25775
917	144045	488	91	161	28980
1230	297115	737	244	466	27951
1851	299886	982	157	5	74893
1191	155060	510	174	80	14091
3244	846834	1573	119	24	249111
2432	250420	1216	430	90	133154
1101	349322	955	422	148	38507
3205	588790	1695	698	189	118096
3281	456371	1325	460	62	141102
5251	840944	2486	884	12	178509
1715	227346	731	290	332	57407
1405	171112	496	148	14	55897
3536	482505	1356	449	171	146686
3175	699926	2051	694	204	139283
2990	467596	1399	653	191	97333
3503	345021	1523	533	778	82768
5022	973961	2593	1048	75	159543
2965	504193	1454	580	191	67941
50	1473	13		5	2002
2529	152685	523	186		124900
6405	803512	2510	1002	248	174198
3794	497083	1591	752	96	76650
2717	352293	1422	488	632	107934
4717	552796	2944	739	154	124993
3010	557746	1825	598	185	105747
2687	374278	1376	338	7	95728
2259	234960	1114	37		57975
900	107699	356	129	84	36659
8740	1053601	4677	1289	85	271377

C-2-9续表2

地　区	事业单位会计制度财务指标		
	固定资产原价	本年收入合计	本年支出合计
全　国	**658627.4**	**348949.4**	**345802.1**
北　京	28457.9	26980.5	26223.9
天　津	9221.4	7307.6	7084.9
河　北	6259.1	2234.2	2429.7
山　西	2732.7	1901.8	1938.7
内蒙古	32087.6	7861.8	8247.2
辽　宁	7398.9	3961.9	3767.0
吉　林	10221.9	11694.6	11444.4
黑龙江	57040.5	12044.8	11957.2
上　海	19700.5	19162.6	19003.1
江　苏	44122.9	25428.1	22767.7
浙　江	17519.6	25002.3	23994.5
安　徽	23088.0	11584.6	11050.6
福　建	6644.7	5898.2	6069.0
江　西	5391.0	2842.1	1822.4
山　东	27863.0	18362.3	17221.5
河　南	17373.2	10394.8	9831.5
湖　北	24218.0	11824.1	12476.6
湖　南	15769.7	5595.8	5835.7
广　东	46715.5	37860.9	37990.2
广　西	21749.1	10112.8	10212.1
海　南			
重　庆	12259.5	9761.2	10633.5
四　川	37763.3	14911.3	15020.6
贵　州	11386.7	6510.8	6576.7
云　南	20056.5	5925.3	6461.9
西　藏	38246.5	8329.7	8811.0
陕　西	31725.3	24600.8	24866.6
甘　肃	26505.2	5872.3	5627.7
青　海	3073.3	81.9	124.1
宁　夏	12512.4	5075.5	4849.6
新　疆	41523.5	9824.8	11462.5

单位：万元

民间非营利组织会计制度财务指标		
固定资产原价	本年收入合计	本年费用合计
3363.2	**1946.0**	**2284.7**
50.0	84.0	220.5
13.7		150.0
322.1	102.8	101.1
191.0	178.4	277.7
50.0	5.0	2.0
3.0		0.5
50.0	30.0	20.0
584.8	205.0	203.2
5.0	1.6	1.6
305.5	292.0	299.5
518.8	285.1	316.3
439.7	546.7	532.9
3.0	49.0	59.2
10.5		11.0
112.0	70.0	
350.0	16.3	15.0
120.0	42.5	40.0
28.0	2.0	28.2
196.1	35.6	5.0
10.0		1.0

C-2-10 未成年人

地 区	单位数	按床位数量分				
		0～49张	50～99张	100～199张	200～299张	300～399张
全 国	**276**	**207**	**49**	**13**	**5**	**2**
北 京	2			1		1
天 津						
河 北	3	2	1			
山 西	6	4	1	1		
内蒙古	6	4	2			
辽 宁	2	1	1			
吉 林						
黑龙江	1	1				
上 海	2	2				
江 苏	29	20	7		2	
浙 江	26	23	3			
安 徽	5	2	1	1	1	
福 建	1	1				
江 西	5	5				
山 东	11	9	1	1		
河 南	14	10	3	1		
湖 北	30	21	5	4		
湖 南	19	12	6	1		
广 东	21	16	3	1	1	
广 西	25	19	5	1		
海 南						
重 庆						
四 川	48	42	3	1	1	1
贵 州	9	5	4			
云 南	3	3				
西 藏						
陕 西	4	3	1			
甘 肃	2	1	1			
青 海						
宁 夏	2	1	1			
新 疆						

救助保护机构

单位：个、人

年末职工人数	#女性	受教育程度：大学专科人数	受教育程度：大学本科及以上人数	职业资格水平：助理社会工作师人数	职业资格水平：社会工作师人数	按人员性质分：管理人员	按人员性质分：专业技术技能人员
2722	**1201**	**834**	**1085**	**200**	**213**	**1503**	**1219**
38	14	6	32	3	4	38	
137	75	57	41	26	12	67	70
55	18	14	14		2	10	45
87	20	27	49		8	58	29
16	3	8	5			13	3
8	6		8			3	5
11	5	2	9		3	9	2
179	71	61	35	11	16	92	87
157	78	29	66	29	11	65	92
31	15	10	15		1	14	17
3	1	1	2		2	3	
62	18	39	10	2	1	20	42
88	43	23	58	3	21	35	53
216	96	67	85	10	16	92	124
266	114	94	64	8	13	138	128
168	61	70	76	12	11	102	66
332	155	86	191	35	40	199	133
331	157	86	139	17	18	200	131
299	125	103	90	7	15	212	87
86	45	27	42	2	10	62	24
41	9	3	8	2	3	37	4
68	51	9	33	29	1	17	51
20	5	7	5	1		13	7
23	16	5	8	3	5	4	19

C−2−10续表1

地区	年龄结构			
	35岁及以下人数	36岁至45岁人数	46岁至55岁人数	56岁及以上人数
全国	**779**	**1001**	**704**	**238**
北京	10	15	11	2
天津				
河北	51	55	26	5
山西	16	23	8	8
内蒙古	17	22	29	19
辽宁	1	3	6	6
吉林				
黑龙江	3	5		
上海	2	5	3	1
江苏	58	97	20	4
浙江	47	43	38	29
安徽	14	4	11	2
福建	1	2		
江西	18	28	15	1
山东	37	29	18	4
河南	63	81	46	26
湖北	78	79	77	32
湖南	42	65	48	13
广东	114	105	90	23
广西	76	113	112	30
海南				
重庆				
四川	71	129	84	15
贵州	33	14	30	9
云南	5	34	2	
西藏				
陕西	7	36	19	6
甘肃	7	5	5	3
青海				
宁夏	8	9	6	
新疆				

单位：人、人次、张

救助人次数	有身份信息的救助人次数	#女性	#家暴庇护救助	无身份信息的救助人次数	床位数
6592	**5497**	**2202**	**86**	**1095**	**9096**
376	376	162			450
2	2	1			
					90
89	89	44			234
141	128	57		13	204
41	37	8		4	80
1				1	65
357	344	108	16	13	24
315	296	55	7	19	1077
2	2	1			369
29	29	11			450
2	2	1			2
59	55	19	2	4	27
27	20	4		7	302
91	21	5		70	453
105	100	46	47	5	1012
472	456	185		16	700
552	471	134	8	81	849
176	169	71	1	7	706
79	61	22		18	
4	4	4			
3546	2712	1207	5	834	1379
					314
92	90	43		2	75
19	19	11			94
1				1	70
11	11	3			70
3	3				

C-2-10续表2

地　区	年末在站人数	#女性	本年在站人天数	在站滞留三个月以上人数	残疾人
全　国	**283**	**61**	**101407**	**159**	**35**
北　京	6	1	4478	16	
天　津					
河　北	16	5	5952	16	
山　西	1		820	7	6
内蒙古	17	9	4964	20	
辽　宁					
吉　林					
黑龙江					
上　海			259		
江　苏	20		26480		
浙　江	2		154		
安　徽	5	3	1875	5	5
福　建			3		
江　西					
山　东	1		2305	2	2
河　南	20		2488	4	
湖　北	37	6	10850	3	2
湖　南	5	1	3641	3	
广　东	65	27	22265	61	13
广　西	26	5	9880	20	7
海　南					
重　庆					
四　川	48	1	4290	2	
贵　州	14	3	650		
云　南			3		
西　藏					
陕　西			30		
甘　肃			20		
青　海					
宁　夏					
新　疆					

单位：人、人天、平方米、万元

机构建筑面积	事业单位会计制度财务指标		
	固定资产原价	本年收入合计	本年支出合计
306754	**13115.5**	**9573.7**	**10077.0**
6154	486.5	970.0	1206.8
2743			
2730			
13092			
	1250.0	293.4	296.8
516			
21300		40.0	40.0
24100	2.8	332.0	332.0
6981			
300			
13738			
8033	16.4	2.0	2.0
22781	113.7	264.6	237.5
21124	35.0	23.0	23.0
18880	125.1	232.8	232.8
69521	10526.7	5633.1	5425.3
32707	204.3	1427.8	1908.2
19515	170.0	267.0	270.9
8863	65.0	15.0	14.0
3468	120.0	73.0	87.7
2880			
4180			
3148			

C-2-11 其他提供

地 区	单位数	按登记类型分		
		编制部门登记	民政部门登记	一个机构多块牌子
全 国	**1780**	**1513**	**115**	**152**
中央级	1	1		
北 京	19	19		
天 津	9	9		
河 北	54	47	3	4
山 西	53	38	1	14
内蒙古	47	36	7	4
辽 宁	80	38		42
吉 林	48	48		
黑龙江	59	57	2	
上 海	21	20	1	
江 苏	91	70	19	2
浙 江	54	51		3
安 徽	58	52	2	4
福 建	50	44	1	5
江 西	60	60		
山 东	60	56		4
河 南	107	94	5	8
湖 北	82	75		7
湖 南	120	110	10	
广 东	90	79	6	5
广 西	63	61		2
海 南	6	5	1	
重 庆	47	45	2	
四 川	175	126	11	38
贵 州	55	43	12	
云 南	80	75	4	1
西 藏	4	4		
陕 西	80	73	2	5
甘 肃	53	32	17	4
青 海	11	5	6	
宁 夏	11	8	3	
新 疆	32	32		

住宿机构总表

单位：个

按床位数分						
0～49张	50～99张	100～199张	200～299张	300～399张	400～499张	500张以上
1071	**400**	**185**	**56**	**22**	**7**	**13**
		1				
6	6	2	2	1		2
6	1	2				
35	11	4	2		2	
38	6	7	1			1
31	10	6				
14	24	11	5			
35	9	3	1			
46	7	4	1		1	
10	6	1	2			2
50	22	12	4	2	1	
25	23	3	2			1
26	16	12		2	1	1
34	11	2	2	1		
46	7	5	1			1
42	13	3	2			
66	27	10	2	2		
55	14	10	2			1
63	37	16	2	1	1	
44	17	17	5	5	1	1
41	18	4				
2		3	1			
19	21	2	4	1		
106	37	20	10			2
36	11	6	1			1
62	13	3	1	1		
3				1		
57	15	5	1	2		
38	7	6		2		
9	1		1			
9		2				
17	10	3	1	1		

C-2-11续表1

地区	年末职工人数	#女性	按登记类型分		
			编制部门登记	民政部门登记	一个机构多块牌子
全国	**23141**	**9373**	**20194**	**1406**	**1541**
中央级	247	173	247		
北京	532	248	532		
天津	216	85	216		
河北	769	384	715	16	38
山西	541	202	392	17	132
内蒙古	421	124	368	23	30
辽宁	2905	1075	2500		405
吉林	665	243	665		
黑龙江	730	197	704	26	
上海	772	458	752	20	
江苏	868	386	809	55	4
浙江	609	244	594		15
安徽	591	225	555	27	9
福建	394	125	356	9	29
江西	473	140	473		
山东	954	457	878		76
河南	1271	473	1045	111	115
湖北	859	317	778		81
湖南	1125	378	1073	52	
广东	2098	835	1730	313	55
广西	723	282	581		142
海南	91	31	81	10	
重庆	509	220	470	39	
四川	1701	836	1158	238	305
贵州	464	221	324	140	
云南	628	252	556	69	3
西藏	31	10	31		
陕西	983	383	852	38	93
甘肃	505	202	340	156	9
青海	84	10	44	40	
宁夏	85	33	78	7	
新疆	297	124	297		

单位：人

受教育程度		职业资格水平		按人员性质分	
大学专科人数	大学本科及以上人数	助理社会工作师人数	社会工作师人数	管理人员	专业技术技能人员
7480	**8519**	**911**	**1394**	**12327**	**10814**
49	195		2	34	213
74	367	24	16	462	70
40	145	8	6	161	55
234	253	35	27	225	544
178	219	15	39	251	290
124	205	4	25	225	196
1020	838	61	74	1597	1308
190	195	1	5	388	277
230	155	23	25	391	339
173	322	34	45	337	435
222	421	59	95	481	387
189	309	24	53	334	275
156	240	29	38	308	283
100	215	25	45	294	100
176	118	17	16	293	180
407	401	73	305	349	605
363	367	26	79	712	559
326	211	30	37	426	433
477	305	52	61	613	512
722	868	175	121	1081	1017
205	286	39	38	444	279
23	45	2	8	40	51
157	268	21	26	340	169
573	483	52	97	799	902
177	160	11	18	259	205
170	304	33	41	359	269
15	10			15	16
374	264	23	21	574	409
201	147	11	20	267	238
13	16		7	42	42
20	45	1	4	62	23
102	142	3		164	133

C-2-11续表2

地 区	年龄结构				年末床位数
	35岁及以下人数	36岁至45岁人数	46岁至55岁人数	56岁及以上人数	
全 国	**6619**	**8358**	**6108**	**2056**	**99660**
中央级	141	75	21	10	171
北 京	134	214	140	44	4089
天 津	70	82	48	16	380
河 北	217	306	183	63	3184
山 西	167	193	117	64	2649
内蒙古	97	119	152	53	1864
辽 宁	625	1173	881	226	4151
吉 林	176	272	186	31	1874
黑龙江	127	233	282	88	2495
上 海	258	321	149	44	3139
江 苏	296	270	213	89	5376
浙 江	186	225	150	48	3433
安 徽	203	175	156	57	4793
福 建	120	136	96	42	2314
江 西	136	167	112	58	2427
山 东	404	266	184	100	2657
河 南	438	460	283	90	5513
湖 北	228	299	256	76	4296
湖 南	278	489	284	74	6268
广 东	609	654	631	204	8069
广 西	176	237	244	66	2279
海 南	25	34	24	8	658
重 庆	134	180	146	49	2916
四 川	511	562	394	234	10309
贵 州	152	145	124	43	2978
云 南	147	247	181	53	2359
西 藏	7	21	2	1	327
陕 西	289	428	210	56	3463
甘 肃	178	175	117	35	2521
青 海	16	30	25	13	375
宁 夏	15	35	27	8	541
新 疆	59	135	90	13	1792

单位：人、张、人天

按机构登记类型分			年在院（站）总人天数	年末在院（站）人数	
编制部门登记	民政部门登记	一个机构多块牌子			#女性
86113	**6558**	**6989**	**6780501**	**23797**	**6671**
171			44437	105	48
4089			229242	905	470
380			52086	248	63
3028	84	72	413340	899	360
2082		567	202449	697	140
1330	395	139	114039	328	39
1055		3096	67861	300	10
1874			3780	23	18
2295	200		170229	628	164
3069	70		674386	1875	731
5334	36	6	395278	1057	381
3333		100	266314	847	275
4648	35	110	240501	1403	348
2157	25	132	48204	349	126
2427			66196	276	95
2512		145	199938	840	284
5037	95	381	344175	1505	292
3851		445	494956	1522	236
5571	697		458936	1711	352
6562	1281	226	800937	2154	778
2187		92	201084	462	121
473	185		35428	53	9
2766	150		171407	452	79
7235	1775	1299	516692	2821	738
2768	210		104420	359	69
2266	73	20	168163	541	142
327					
3372	20	71	117497	630	69
1383	1050	88	105129	545	152
238	137		6334	31	
501	40		7157	48	20
1792			59906	183	62

C−2−11续表3

地区	事业单位会计制度财务指标		
	固定资产原价	本年收入合计	本年支出合计
全　国	**667573.8**	**582847.9**	**597302.3**
中央级	12083.4	11541.6	12567.6
北　京	67386.2	36738.3	36897.7
天　津	2006.6	8071.4	7951.6
河　北	21853.4	16908.0	17863.2
山　西	7179.6	7431.1	7931.6
内蒙古	10154.8	7057.5	7218.6
辽　宁	126717.4	57581.2	73422.0
吉　林	11983.4	9493.9	9931.0
黑龙江	14668.3	7097.1	7253.4
上　海	33759.9	44974.6	40336.9
江　苏	25172.4	33572.4	31359.1
浙　江	12600.9	28234.8	28285.5
安　徽	21570.6	14215.4	14302.6
福　建	11354.6	12603.3	12130.8
江　西	11161.2	8763.8	8781.9
山　东	22356.3	21797.5	21089.9
河　南	16455.0	18600.4	19097.2
湖　北	17328.1	20421.0	20817.9
湖　南	22843.5	24543.4	23389.8
广　东	67945.8	95964.0	97138.4
广　西	10872.0	13088.9	13131.5
海　南	2216.9	4212.6	4211.5
重　庆	12924.2	12577.6	12436.9
四　川	22520.6	21506.5	22486.1
贵　州	10923.0	6935.6	7015.5
云　南	14356.5	12334.4	12389.4
西　藏	5379.7	226.3	159.4
陕　西	25864.3	13481.2	14174.3
甘　肃	13868.7	5863.6	5943.0
青　海	1224.2	773.9	773.9
宁　夏	1882.8	1233.5	1387.9
新　疆	8959.5	5003.1	5426.2

单位：万元

民间非营利组织会计制度财务指标		
固定资产原价	本年收入合计	本年费用合计
74993.3	**6132.3**	**7198.2**
261.9		114.1
88.0	13.0	21.0
806.0		
45.0		0.4
245.0		60.0
165.0	5.5	228.5
2.2	36.4	7.9
1181.3	768.0	811.2
388.0	229.2	207.5
876.9	3043.6	3540.2
59003.0		40.0
84.0	273.3	273.3
5094.5	745.2	488.3
1883.0	532.6	946.3
49.7	174.0	145.3
4746.8	292.0	310.9
51.0	4.5	0.1
22.0	15.0	3.2

C-2-12 流浪乞讨人员

地区	单位数	按床位数量分						
		0～49张	50～99张	100～199张	200～299张	300～399张	400～499张	500张以上
全国	**1562**	**963**	**361**	**165**	**45**	**15**	**4**	**9**
北京	19	6	6	2	2	1		2
天津	9	6	1	2				
河北	44	30	9	4	1			
山西	51	36	6	7	1			1
内蒙古	38	25	8	5				
辽宁	53	14	24	10	5			
吉林	48	35	9	3	1			
黑龙江	56	45	7	4				
上海	17	9	5	1	1			1
江苏	69	31	21	11	4	1	1	
浙江	53	25	23	3	2			
安徽	54	23	16	12		1	1	1
福建	43	31	7	2	2	1		
江西	60	46	7	5	1			1
山东	59	42	13	3	1			
河南	99	60	25	10	2	2		
湖北	82	55	14	10	2			1
湖南	104	56	32	12	2	1	1	
广东	82	42	15	15	5	4	1	
广西	63	41	18	4				
海南	5	2		2	1			
重庆	37	17	17	1	2			
四川	143	94	28	15	5			1
贵州	39	22	10	5	1			1
云南	75	59	12	3	1			
西藏	4	3				1		
陕西	77	55	14	5	1	2		
甘肃	34	26	4	4				
青海	5	4			1			
宁夏	8	6		2				
新疆	32	17	10	3	1	1		

救助管理机构

单位：个、人

年末职工人数	#女性	受教育程度		职业资格水平		按人员性质分	
		大学专科人数	大学本科及以上人数	助理社会工作师人数	社会工作师人数	管理人员	专业技术技能人员
17029	**6149**	**5592**	**6905**	**719**	**1028**	**10183**	**6846**
532	248	74	367	24	16	462	70
216	85	40	145	8	6	161	55
537	224	170	171	35	27	198	339
460	173	155	186	12	34	229	231
381	97	120	194	4	23	211	170
504	131	199	147	8	8	318	186
665	243	190	195	1	5	388	277
539	177	217	150	22	22	329	210
326	124	85	219	28	33	281	45
766	318	199	408	54	90	452	314
560	212	167	284	22	46	307	253
526	200	153	223	21	35	286	240
322	101	84	175	24	43	243	79
473	140	176	118	17	16	293	180
658	240	204	355	32	123	340	318
1136	382	354	366	24	71	628	508
859	317	326	211	30	37	426	433
957	283	447	282	45	54	562	395
1783	605	594	789	157	106	1045	738
723	282	205	286	39	38	444	279
81	27	19	39	2	8	36	45
358	129	95	229	19	26	308	50
1183	482	435	423	45	89	690	493
302	134	101	140	8	11	216	86
478	168	152	242	13	19	329	149
31	10	15	10			15	16
919	335	363	239	12	20	552	367
335	121	127	116	9	17	180	155
44	8	5	9		1	31	13
78	29	19	45	1	4	59	19
297	124	102	142	3		164	133

C-2-12续表1

地　区	年龄结构				总救助人次数	在站救助人次数
	35岁及以下人数	36岁至45岁人数	46岁至55岁人数	56岁及以上人数		
全　国	**4839**	**6190**	**4590**	**1410**	**739485**	**484763**
北　京	134	214	140	44	21501	19187
天　津	70	82	48	16	1747	1662
河　北	167	207	115	48	30771	22203
山　西	156	152	98	54	49804	37323
内蒙古	88	106	139	48	16263	12673
辽　宁	111	189	162	42	25168	16431
吉　林	176	272	186	31	10830	7998
黑龙江	125	187	177	50	11188	6140
上　海	118	111	67	30	7579	7090
江　苏	275	237	193	61	22595	19213
浙　江	170	211	133	46	29038	25256
安　徽	182	166	133	45	30449	11079
福　建	108	113	72	29	11880	9012
江　西	136	167	112	58	16825	14301
山　东	212	220	161	65	17293	10364
河　南	380	420	256	80	33350	20658
湖　北	228	299	256	76	26118	20812
湖　南	239	402	247	69	95370	73974
广　东	450	580	571	182	52269	21336
广　西	176	237	244	66	26465	10029
海　南	20	32	22	7	2060	1688
重　庆	83	114	120	41	13712	9261
四　川	376	443	293	71	61570	36382
贵　州	91	105	85	21	15833	9579
云　南	111	197	142	28	31184	17944
西　藏	7	21	2	1	3339	2798
陕　西	283	392	194	50	32120	26620
甘　肃	89	131	91	24	15767	7861
青　海	6	15	17	6	7337	999
宁　夏	13	33	24	8	2230	1996
新　疆	59	135	90	13	17830	2894

单位：人、人次

有身份信息的救助人次数					无身份信息的救助人次数
	#女性	#未成年人	#老年人	#家暴庇护救助	
427571	**57789**	**17739**	**60985**	**1521**	**57192**
19014	1482	130	656		173
1653	187	53	123		9
17811	2903	1002	2857	58	4392
30642	926	234	3996	61	6681
7794	1210	413	1189	141	4879
16042	2987	386	4313	17	389
6932	1490	174	1858	2	1066
5503	1058	267	1480	6	637
6557	1355		691		533
17114	2630	972	2479	1	2099
18441	3670	718	2203	5	6815
9446	1679	548	1658	3	1633
8542	816	332	648	1	470
12566	1123	473	974	7	1735
8077	1568	291	1409	16	2287
15017	3239	853	2685	5	5641
17521	2607	718	2269	11	3291
72480	5101	1674	9952	1053	1494
20055	2666	1051	1506	9	1281
6016	1223	485	866	35	4013
1611	248	76	275		77
9029	1175	599	1131	4	232
33069	7362	3064	7023	13	3313
9060	1741	849	1057	46	519
16467	1879	1001	1627	14	1477
2798	819	190	513	1	
25430	1928	545	3214	6	1190
7399	1898	359	1521	2	462
878	142	149	153	1	121
1960	162	72	232	3	36
2647	515	61	427		247

C-2-12续表2

地　区	本年不在站救助人次数	床位数	成年人床位数	未成年人床位数
全　国	**254722**	**84547**	**67065**	**17482**
北　京	2314	4089	3916	173
天　津	85	380	288	92
河　北	8568	1926	1295	631
山　西	12481	2649	1750	899
内蒙古	3590	1441	1126	315
辽　宁	8737	4007	2978	1029
吉　林	2832	1874	1319	555
黑龙江	5048	1815	1512	303
上　海	489	2049	1822	227
江　苏	3382	4840	3970	870
浙　江	3782	2733	2169	564
安　徽	19370	4435	3583	852
福　建	2868	2042	1390	652
江　西	2524	2427	1850	577
山　东	6929	2397	1873	524
河　南	12692	5292	3933	1359
湖　北	5306	4296	3408	888
湖　南	21396	5371	4466	905
广　东	30933	6788	5765	1023
广　西	16436	2279	1823	456
海　南	372	473	344	129
重　庆	4451	1770	1198	572
四　川	25188	6894	5599	1295
贵　州	6254	2678	1985	693
云　南	13240	1986	1738	248
西　藏	541	327	319	8
陕　西	5500	3387	2707	680
甘　肃	7906	1371	1029	342
青　海	6338	238	216	22
宁　夏	234	501	387	114
新　疆	14936	1792	1307	485

单位：人次、张、人、人天

年末在站人数	#女性	#未成年人	本年在站人天数
15676	**4020**	**773**	**4876671**
905	470	11	229242
248	63		52086
372	122	27	220708
697	140	42	202449
112	24	5	67319
238	3	43	67861
23	18		3780
224	8	1	22769
612	247	17	231493
881	308	73	317596
640	180	7	191314
1171	210	68	172201
159	32	4	47869
276	95	12	66196
689	258	29	165898
1113	264	81	317072
1522	236	18	494956
1333	228	45	400235
1696	659	100	694944
462	121	46	201084
53	9	1	35428
115	17	3	48147
860	86	79	246375
203	32	5	52805
155	21	8	73963
591	63	17	117077
122	39	11	68364
			407
21	5	1	7127
183	62	19	59906

C–2–12续表3

地　区	在站滞留三个月以上人数	#残疾人	#未成年人	机构建筑面积
全　国	**10739**	**5890**	**420**	**2594261**
北　京	636	569	15	165640
天　津	13	4		9491
河　北	370	108	39	60252
山　西	540	417	17	96316
内蒙古	320	20	6	46775
辽　宁	85	42	6	52431
吉　林	14	13		80111
黑龙江	16	10	1	33124
上　海	630	571	19	64184
江　苏	621	441	17	156083
浙　江	536	145	5	74969
安　徽	345	226	4	121339
福　建	173	129	16	59254
江　西	272	104	6	69897
山　东	594	388	36	104557
河　南	679	312	42	249242
湖　北	635	365	25	103261
湖　南	959	630	24	108428
广　东	1772	621	67	323293
广　西	569	315	11	53004
海　南	41			12366
重　庆	146	49	4	83130
四　川	257	108	7	89235
贵　州	125	23	7	57378
云　南	134	101	29	66109
西　藏				25506
陕　西	159	124	1	132455
甘　肃	11	5		29584
青　海				7064
宁　夏	30	5	15	14077
新　疆	57	45	1	45706

单位：人、平方米、万元

事业单位会计制度财务指标		
固定资产原价	本年收入合计	本年支出合计
482059.8	**471271.3**	**473648.4**
67386.2	36738.3	36897.7
2006.6	8071.4	7951.6
11029.7	12868.1	13841.5
7179.6	7431.1	7931.6
10065.2	6824.1	6991.7
1349.3	1915.7	1721.9
11983.4	9493.9	9931.0
9834.2	7097.1	7253.4
26257.4	21740.6	21609.2
23362.4	33249.4	31025.1
11769.4	26202.0	26252.7
17345.8	13471.3	13550.5
9729.2	10377.0	9992.1
11161.2	8763.8	8781.9
19227.3	15668.5	15533.9
14775.0	18550.3	19047.1
17328.1	20421.0	20817.9
22444.5	24452.8	23339.8
67945.1	95948.0	97122.4
10872.0	13088.9	13131.5
2216.9	4212.6	4211.5
10860.4	11537.6	11512.9
19361.6	20523.6	21517.6
9837.0	6783.3	6863.2
11860.1	9655.2	9674.4
5379.7	226.3	159.4
24852.6	13481.2	13892.7
12573.4	5467.7	5504.2
1224.2	773.9	773.9
1882.8	1233.5	1387.9
8959.5	5003.1	5426.2

C-2-13 其他提供

地区	单位数	按床位数量分						
		0～49张	50～99张	100～199张	200～299张	300～399张	400～499张	500张以上
全国	**218**	**134**	**39**	**20**	**11**	**7**	**3**	**4**
中央级	1			1				
北京								
天津								
河北	10	5	2		1		2	
山西	2	2						
内蒙古	9	6	2	1				
辽宁	27	26		1				
吉林								
黑龙江	3	1			1		1	
上海	4	1	1		1			1
江苏	22	19	1	1		1		
浙江	1							1
安徽	4	3				1		
福建	7	3	4					
江西								
山东	1				1			
河南	8	6	2					
湖北								
湖南	16	7	5	4				
广东	8	2	2	2		1		1
广西								
海南	1			1				
重庆	10	2	4	1	2	1		
四川	32	12	9	5	5			1
贵州	16	14	1	1				
云南	5	3	1			1		
西藏								
陕西	3	2	1					
甘肃	19	12	3	2		2		
青海	6	5	1					
宁夏	3	3						
新疆								

住宿机构

单位：个、人

年末职工人数	#女性	受教育程度		职业资格水平		按人员性质分	
		大学专科人数	大学本科及以上人数	助理社会工作师人数	社会工作师人数	管理人员	专业技术技能人员
6112	**3224**	**1888**	**1614**	**192**	**366**	**2144**	**3968**
247	173	49	195		2	34	213
232	160	64	82			27	205
81	29	23	33	3	5	22	59
40	27	4	11		2	14	26
2401	944	821	691	53	66	1279	1122
191	20	13	5	1	3	62	129
446	334	88	103	6	12	56	390
102	68	23	13	5	5	29	73
49	32	22	25	2	7	27	22
65	25	3	17	8	3	22	43
72	24	16	40	1	2	51	21
296	217	203	46	41	182	9	287
135	91	9	1	2	8	84	51
168	95	30	23	7	7	51	117
315	230	128	79	18	15	36	279
10	4	4	6			4	6
151	91	62	39	2		32	119
518	354	138	60	7	8	109	409
162	87	76	20	3	7	43	119
150	84	18	62	20	22	30	120
64	48	11	25	11	1	22	42
170	81	74	31	2	3	87	83
40	2	8	7		6	11	29
7	4	1				3	4

C–2–13续表1

地　区	年龄结构				年末床位数
	35岁及以下人数	36岁至45岁人数	46岁至55岁人数	56岁及以上人数	
全　国	**1780**	**2168**	**1518**	**646**	**15113**
中央级	141	75	21	10	171
北　京					
天　津					
河　北	50	99	68	15	1258
山　西	11	41	19	10	
内蒙古	9	13	13	5	423
辽　宁	514	984	719	184	144
吉　林					
黑龙江	2	46	105	38	680
上　海	140	210	82	14	1090
江　苏	21	33	20	28	536
浙　江	16	14	17	2	700
安　徽	21	9	23	12	358
福　建	12	23	24	13	272
江　西					
山　东	192	46	23	35	260
河　南	58	40	27	10	221
湖　北					
湖　南	39	87	37	5	897
广　东	159	74	60	22	1281
广　西					
海　南	5	2	2	1	185
重　庆	51	66	26	8	1146
四　川	135	119	101	163	3415
贵　州	61	40	39	22	300
云　南	36	50	39	25	373
西　藏					
陕　西	6	36	16	6	76
甘　肃	89	44	26	11	1150
青　海	10	15	8	7	137
宁　夏	2	2	3		40
新　疆					

单位：人、张、人天

年在院总人天数	年末在院人数	#女性	按人员性质分		
			自费人员	特困人员	其他
1903830	**8121**	**2651**	**3550**	**3135**	**1436**
44437	105	48	18		87
192632	527	238	88	296	143
46720	216	15	190	26	
	62	7	5	49	8
147460	404	156	163	80	161
442893	1263	484	401	862	
77682	176	73	96	80	
75000	207	95	12	195	
68300	232	138	26	19	187
335	190	94	77	16	97
34040	151	26	4	124	23
27103	392	28	173	152	67
58701	378	124	162	183	33
105993	458	119	244	66	148
123260	337	62	190	147	
270317	1961	652	1315	525	121
51615	156	37		15	141
94200	386	121		194	192
420	39	6	16	18	5
36765	423	113	335	68	20
5927	31		8	20	3
30	27	15	27		

C-2-13续表2

地区	按年龄分			按护理类型分			康复和医疗门诊人次数
	老年人	青壮年	少年儿童	自理（完全自理）	介助（半自理）	介护（不能自理）	
全国	**4618**	**2920**	**583**	**3162**	**2709**	**2250**	**341854**
中央级	48	32	25	25	51	29	84263
北京							
天津							
河北	281	244	2	124	329	74	240
山西							
内蒙古	175	41		88	94	34	166
辽宁	42	20		38	14	10	
吉林							
黑龙江	248	156		150	214	40	9262
上海	220	953	90	151	286	826	973
江苏	176			146	30		816
浙江	22	185		12	25	170	3915
安徽	96	136		45	145	42	
福建	163	24	3	173	13	4	9
江西							
山东	141	10		151			37741
河南	313	30	49	352	39	1	26830
湖北							
湖南	177	163	38	171	142	65	95
广东	36	338	84	106	264	88	171816
广西							
海南							
重庆	257	9	71	185	69	83	583
四川	1802	13	146	800	606	555	791
贵州	33	122	1	130	26		320
云南	42	271	73	109	90	187	4034
西藏							
陕西	25	13	1	5	18	16	
甘肃	264	159		181	217	25	
青海	30	1		5	25	1	
宁夏	27			15	12		
新疆							

单位：人、人次、平方米、万元

机构建筑面积	事业单位会计制度财务指标			民间非营利组织会计制度财务指标		
	固定资产原价	本年收入合计	本年支出合计	固定资产原价	本年收入合计	本年费用合计
784064	**185514.0**	**111576.6**	**123653.9**	**74993.3**	**6132.3**	**7198.2**
13972	12083.4	11541.6	12567.6			
55050	10823.7	4039.9	4021.7	261.9		114.1
200						
11005	89.6	233.4	226.9	88.0	13.0	21.0
	125368.1	55665.5	71700.1			
10258	4834.1			806.0		
76153	7502.5	23234.0	18727.7	45.0		0.4
26722	1810.0	323.0	334.0	245.0		60.0
5000	831.5	2032.8	2032.8			
24245	4224.8	744.1	752.1	165.0	5.5	228.5
16493	1625.4	2226.3	2138.7	2.2	36.4	7.9
7000	3129.0	6129.0	5556.0			
21240	1680.0	50.1	50.1	1181.3	768.0	811.2
40383	399.0	90.6	50.0	388.0	229.2	207.5
49461	0.7	16.0	16.0	876.9	3043.6	3540.2
100000				59003.0		40.0
64310	2063.8	1040.0	924.0	84.0	273.3	273.3
98559	3159.0	982.9	968.5	5094.5	745.2	488.3
44310	1086.0	152.3	152.3	1883.0	532.6	946.3
31820	2496.4	2679.2	2715.0	49.7	174.0	145.3
6905	1011.7		281.6			
74528	1295.3	395.9	438.8	4746.8	292.0	310.9
4400				51.0	4.5	0.1
2050				22.0	15.0	3.2

C-2-14 不提供住宿的民政

地　区	机构和设施数	市场监管部门登记	编制部门登记	民政部门登记	设施
全　国	**886329**	**176**	**2271**	**46064**	**837818**
中央级	3		3		
北　京	9823	10	202	899	8712
天　津	6334	3	6	82	6243
河　北	81107	23	26	524	80534
山　西	28036		75	42	27919
内蒙古	5280		80	135	5065
辽　宁	25356	16	10	427	24903
吉　林	16406		109	60	16237
黑龙江	13104	7	85	488	12524
上　海	20771	1	123	4750	15897
江　苏	48033	7	103	21548	26375
浙　江	55688	2	78	7659	47949
安　徽	25190	1	59	302	24828
福　建	37225		34	1412	35779
江　西	43847	1	51	43	43752
山　东	83556	21	76	1505	81954
河　南	60491	51	104	594	59742
湖　北	45263	2	131	206	44924
湖　南	61368	2	133	411	60822
广　东	53398	3	156	1018	52221
广　西	16869	4	139	62	16664
海　南	3617		10	222	3385
重　庆	17821		40	746	17035
四　川	26407	16	95	1536	24760
贵　州	29942	4	69	65	29804
云　南	17969		84	34	17851
西　藏	79		1	6	72
陕　西	13961	1	82	459	13419
甘　肃	15185		61	311	14813
青　海	6473		6	288	6179
宁　夏	3596		7	39	3550
新　疆	14131	1	33	191	13906

服务机构和设施总表

单位：个、人

年末职工人数	#女性	按登记类型分			
		市场监管部门登记	编制部门登记	民政部门登记	设施
3353742	**1191586**	**1241**	**30495**	**234397**	**3087609**
216	95		216		
50342	27738	35	2295	5692	42320
28670	12746	10	110	1052	27498
238391	68997	123	428	4777	233063
82195	28587		963	465	80767
24513	12073		1616	888	22009
102284	53515	69	265	3298	98652
38934	18270		1735	507	36692
56044	22466	63	1146	2316	52519
83037	25865	29	3554	37980	41474
204691	63998	72	1174	95691	107754
241711	89947	3	1863	26782	213063
103584	38567	32	861	1405	101286
146744	43626		365	5099	141280
151865	42907	3	470	291	151101
306633	108223	117	1238	7061	298217
276517	76990	200	1057	4103	271157
150479	56215	43	1212	1256	147968
186829	65508	10	1223	2264	183332
202636	77134	16	1858	8851	191911
46426	18110	284	1150	417	44575
20218	5417		137	1488	18593
84677	40012		535	5273	78869
85110	33665	66	1037	9219	74788
126380	32988	32	1028	530	124790
76620	23375		483	281	75856
894	496		36	52	806
49559	20453	24	1173	2980	45382
37126	12628		573	1186	35367
22871	7376		125	2176	20570
11584	5263		276	136	11172
115962	58336	10	293	881	114778

C-2-14续表1

地区	受教育程度		职业资格水平	
	大学专科人数	大学本科及以上人数	助理社会工作师人数	社会工作师人数
全国	**693995**	**364235**	**79217**	**46653**
中央级	5	211		3
北京	13201	14866	4421	2296
天津	4846	9262	3440	1577
河北	27993	9389	1436	1584
山西	15504	9381	1829	1255
内蒙古	7091	5296	550	365
辽宁	31457	19930	6064	4202
吉林	5331	2771	801	436
黑龙江	13203	7378	2202	1121
上海	14130	7451	1988	1630
江苏	36163	17640	4591	2167
浙江	57156	43242	12371	6755
安徽	26779	9714	1480	742
福建	26341	10981	3261	2323
江西	18568	6758	1581	590
山东	67376	32181	4106	2423
河南	39330	15999	1885	895
湖北	31078	9880	2713	1024
湖南	44633	13027	1997	1021
广东	47526	35131	9160	4292
广西	4909	4525	392	449
海南	2474	1166	91	54
重庆	28015	14354	4747	2045
四川	22953	8506	2397	1344
贵州	24367	8556	669	275
云南	13995	5488	310	119
西藏	70	87	10	16
陕西	11198	6239	1401	1077
甘肃	8007	6530	712	371
青海	6518	1800	707	664
宁夏	2572	1065	287	89
新疆	41206	25431	1618	3449

单位：人

年龄结构			
35岁及以下人数	36岁至45岁人数	46岁至55岁人数	56岁及以上人数
847518	**1191561**	**944731**	**369932**
60	101	36	19
12962	17716	14134	5530
10456	11362	5651	1201
52626	79199	73286	33280
17720	29170	25982	9323
7600	9022	5998	1893
24940	40181	26772	10391
7334	20947	9789	864
14354	20992	14099	6599
22606	30713	21970	7748
55577	81384	52261	15469
49467	71986	77785	42473
23905	42263	30947	6469
29926	50376	46165	20277
33140	65330	40998	12397
70758	103034	89780	43061
44519	85826	90956	55216
34354	59273	42557	14295
42782	61504	60348	22195
68606	71359	47669	15002
14663	15294	12809	3660
4384	7457	6205	2172
25627	26290	24700	8060
22754	32326	22697	7333
43070	46504	29947	6859
22704	28094	19862	5960
558	189	109	38
12055	17960	15533	4011
10647	15978	7831	2670
9085	8655	4221	910
3415	4628	2778	763
54864	36448	20856	3794

C-2-14续表2

地区	企业会计制度财务指标			
	固定资产原价	营业收入	费用合计	营业利润
全国	**36411.6**	**21875.8**	**6960.0**	**-1658.7**
中央级				
北京	31.2	589.9	160.4	7.5
天津	116.9	50.8	34.7	-24.9
河北	379.0	3.0	22.8	-14.6
山西				
内蒙古				
辽宁	58.3	12.5	4.2	-3.6
吉林				
黑龙江	24.0			
上海	3561.3	1776.6		221.7
江苏	1065.6	4.1	54.2	-53.8
浙江		102.0	21.4	
安徽	816.0	442.0		
福建	142.0	108.1	48.2	7.6
江西	462.9	85.0	35.7	0.1
山东	608.9	526.2	120.5	-192.3
河南	344.3		29.6	
湖北	1538.0	5091.0		550.0
湖南	1966.0	2491.5	1092.5	
广东	4435.5	634.9	471.5	-137.8
广西	1551.0			
海南	3.0			
重庆				
四川	5170.9	9719.4	4623.8	-1921.8
贵州	26.4	2.5	2.0	-4.8
云南	44.9	6.2	3.1	
西藏				
陕西	13966.7	230.1	235.4	-92.0
甘肃				
青海				
宁夏				
新疆	98.8			

单位：万元

事业单位会计制度财务指标			民间非营利组织会计制度财务指标		
固定资产原价	本年收入合计	本年支出合计	固定资产原价	本年收入合计	本年费用合计
1910148.5	**1341555.9**	**1296326.9**	**531184.4**	**852274.0**	**697973.2**
267574.9	118747.2	133599.5			
59053.0	97198.2	109160.6	6809.5	21532.7	17489.3
19866.7	7362.0	8634.5	806.6	3730.3	792.2
46371.9	59502.7	56094.3	6518.3	2975.1	4874.3
46734.9	18411.6	20694.3	1076.9	2438.0	2401.0
62188.8	33553.5	26009.4	933.8	2390.8	657.9
72112.2	15620.3	15619.7	6577.9	2214.0	4012.5
19098.1	54504.4	43872.4	100.0	20.0	22.0
69246.5	36912.5	37488.4	31454.8	366.0	161.4
28378.8	151362.7	119485.6	95522.3	378205.1	410408.9
123477.3	67590.6	65054.2	162323.1	266051.3	116188.5
70453.3	54975.9	54876.6	33775.4	24306.3	25011.7
66440.4	24346.2	23939.3	4372.1	2849.3	2455.7
16448.0	15937.6	7743.7	3867.0	1955.2	1855.4
52275.9	24476.7	23978.3	1567.2	503.3	1106.2
214528.4	62362.2	63206.0	17873.5	11000.2	11989.3
88342.9	26997.6	29004.3	57861.6	2959.1	1216.8
75316.7	67076.6	55574.9	443.2	127.7	220.4
66919.3	38938.0	38896.8	2506.4	3736.0	1300.5
80560.7	69738.3	72941.5	30901.6	53012.7	62185.7
40781.8	42565.3	43092.2	817.3	2141.7	282.6
13101.4	12172.7	13418.2	1000.5	8730.0	650.0
21288.7	25461.3	26982.4	4342.5	14698.5	14680.0
39093.1	44196.0	44210.1	28904.0	25829.4	10743.2
28814.5	26797.9	25516.3	2289.1	843.5	943.0
65272.7	30007.1	28763.6	71.5	31.7	53.5
2277.4	3408.5	4029.0		1.4	
65850.2	60938.2	59634.3	13037.7	7128.9	3738.2
27729.7	16598.0	15620.2	10933.5	4035.0	752.2
11291.7	6088.1	4965.5	1688.4	5322.5	1262.8
14292.6	6298.4	7752.1	221.6	2886.2	70.0
34966.0	21409.6	16468.7	2587.1	252.1	448.0

C-2-15 社区综合服务

地 区	机构和设施数	#农村	年末职工人数	#女性	受教育程度	
					大学专科人数	大学本科及以上人数
全 国	**567077**	**404333**	**2630723**	**908937**	**568275**	**307075**
北 京	8538	3916	44829	24551	12222	14087
天 津	5086	3102	25439	11478	4003	8719
河 北	51390	43744	185232	50021	24038	7578
山 西	21130	17676	63816	22520	13417	8274
内蒙古	2653	591	18515	9667	5647	4432
辽 宁	17036	11114	80995	41433	25580	16750
吉 林	12371	9943	34073	15958	4039	2024
黑龙江	11441	7004	49105	19689	12466	6494
上 海	9131	1349	75287	22227	13512	6804
江 苏	29639	11879	123858	36884	23005	11646
浙 江	32107	20663	190219	66218	50299	40261
安 徽	19410	13224	86260	32738	22436	7950
福 建	20728	16734	123055	35188	23532	10070
江 西	22159	16985	110473	26970	13423	4807
山 东	66546	57785	272288	92828	59529	28918
河 南	49636	39918	249330	64777	34666	13946
湖 北	25442	19417	104030	38280	22453	7696
湖 南	31928	24450	136509	46234	32326	9106
广 东	31894	21948	151461	59072	37683	29493
广 西	4426	2340	22132	8019	2706	1622
海 南	3332	2382	18879	5090	2130	933
重 庆	12370	7704	70954	32763	24494	12973
四 川	14068	5905	52397	20017	16112	6207
贵 州	19769	14539	89615	23328	17850	5882
云 南	14645	11605	71906	22085	13471	5064
西 藏	51	4	107	32	13	21
陕 西	4380	1533	24021	11171	6256	4353
甘 肃	5616	3775	18991	5822	4267	4255
青 海	5143	3579	19321	6023	5055	1521
宁 夏	2146	1592	9006	3845	1897	821
新 疆	12866	7933	108620	54009	39748	24368

机构和设施

单位：个、人

职业资格水平		年龄结构			
助理社会工作师人数	社会工作师人数	35岁及以下人数	36岁至45岁人数	46岁至55岁人数	56岁及以上人数
64847	**38079**	**692516**	**928476**	**729886**	**279845**
4343	2208	11771	15959	12401	4698
3319	1397	9490	9995	4999	955
862	1341	42776	58103	57892	26461
1537	913	15640	24077	19181	4918
502	287	6123	6820	4068	1504
5086	3659	20783	31376	20474	8362
652	236	6167	18406	8714	786
1894	936	13111	18898	12465	4631
1409	1580	21539	28924	19230	5594
2774	1306	37133	48096	29760	8869
11641	6422	43911	56519	61859	27930
1155	495	20028	35381	25822	5029
2935	2103	26606	42093	37502	16854
794	214	24378	53290	27020	5785
3469	2064	64382	91242	78930	37734
1359	508	40289	76072	81766	51203
2290	697	25322	40847	28657	9204
1507	699	33566	43516	43202	16225
7140	2809	51076	53332	35848	11205
209	288	7290	7390	5814	1638
67	48	4112	6794	5858	2115
4250	1844	23048	21752	19833	6321
1753	983	15534	20270	12654	3939
540	166	30235	33245	21173	4962
274	71	21899	25895	18464	5648
3	13	61	28	16	2
1115	898	7496	8292	6515	1718
257	143	6162	8003	4227	599
683	606	7996	6832	3727	766
222	68	2657	3474	2232	643
806	3077	51935	33555	19583	3547

C-2-15续表

地　区	机构建筑面积	#农村	企业会计制度财务指标			
			固定资产原价	营业收入	费用合计	营业利润
全　国	**184551585**	**121816613**	**34.2**	**548.8**	**225.2**	**-53.8**
北　京	1329261	512189	3.6	546.2	151.0	
天　津	2033276	912876				
河　北	8048302	5781649				
山　西	7733585	6084383				
内蒙古	1457931	168163				
辽　宁	5945993	3299943				
吉　林	1463017	1130350				
黑龙江	3141890	1568478				
上　海	4013089	1160738				
江　苏	7591381	3297668	26.6	2.6	54.2	-53.8
浙　江	14484562	9918718				
安　徽	6374758	4298172				
福　建	9197796	6751391				
江　西	8129014	6108060				
山　东	27589182	21749957				
河　南	15969214	11662998				
湖　北	8654876	6260635				
湖　南	10374914	7514365				
广　东	6764758	3984080	3.0			
广　西	1212922	653889				
海　南	828888	566118				
重　庆	7359718	3811902				
四　川	3746940	1420214			20.0	
贵　州	5149515	3654996				
云　南	3986615	2878428				
西　藏	11073	370				
陕　西	1610672	534497				
甘　肃	1198600	719116				
青　海	1394913	999986				
宁　夏	703850	413779				
新　疆	7051080	3998505	1.0			

单位：平方米、万元

事业单位会计制度财务指标			民间非营利组织会计制度财务指标		
固定资产原价	本年收入合计	本年支出合计	固定资产原价	本年收入合计	本年费用合计
86377.7	**235763.4**	**221023.6**	**330690.7**	**748739.4**	**615382.1**
38622.9	70303.9	71232.2	6604.6	20342.5	16830.9
76.0	201.0	199.0	806.6	3730.3	792.2
298.3	903.4	912.5	1372.0	937.8	2301.2
4304.1	651.0	1190.9	23.0	50.0	21.2
675.5	434.3	434.3	808.3	2310.8	585.3
1.0	29.0	29.0	5959.0	1413.0	2728.4
	15.3	15.3	100.0	20.0	22.0
1831.2	297.1	643.6	30261.8	219.0	8.5
15178.3	118716.3	102408.5	88801.6	359994.3	394488.2
1110.7	5420.7	5356.3	92949.7	220795.5	83587.8
1476.2	9616.5	9275.3	30712.0	23095.0	23664.5
649.8	697.5	723.2	1459.6	902.7	736.3
20.6	112.3	112.3	3692.9	1862.5	1743.7
			48.0	5.3	1.8
5962.7	2493.0	3027.1	6557.8	5572.0	5858.3
140.8	298.7	298.7	3659.1	2624.2	702.5
4610.4	1699.9	1738.5	399.0	55.7	107.8
196.5	251.3	223.3	1524.0	3063.4	886.0
7641.9	11968.2	13125.5	28611.8	48880.7	58014.4
22.6	102.3	107.6	507.9	2021.0	58.0
			725.5	8730.0	650.0
1274.9	1656.0	1605.4	3818.0	14240.3	14236.6
216.5	178.6	191.5	16336.4	17795.3	3895.5
457.4	4853.0	3536.7	164.1	384.5	378.0
32.0			69.9	30.9	53.4
				1.4	
1455.3	4750.8	4537.6	723.2	695.8	616.3
62.0	1.0	1.0	1328.2	3426.0	716.8
			1597.4	5287.5	1248.6
			3.0	2.0	
60.1	112.3	98.3	1066.3	250.0	447.9

C-2-16 社区服务

地 区	机构和设施数	#农村	年末职工人数	#女性	受教育程度	
					大学专科人数	大学本科及以上人数
全 国	**490**	**8**	**4651**	**2445**	**1382**	**2044**
北 京	16		248	146	36	205
天 津	7		41	24	7	26
河 北	17		299	142	71	110
山 西	9		37	19	3	21
内蒙古	4		42	7	26	14
辽 宁	17	2	86	50	33	37
吉 林	4		20	10	6	3
黑龙江	25	1	189	104	100	75
上 海	6		116	84	9	106
江 苏	50	1	437	228	118	114
浙 江	14		99	85	32	58
安 徽	38		224	99	46	50
福 建	9		57	31	15	40
江 西	7		24	9	2	5
山 东	84		1314	696	472	666
河 南	7		67	31	24	12
湖 北	21	2	132	91	47	37
湖 南	28	1	170	73	53	41
广 东	17		158	88	35	108
广 西	4		12	5	5	2
海 南						
重 庆	7		165	123	34	122
四 川	34		166	54	57	51
贵 州	9	1	87	24	29	37
云 南	4		8	3	2	3
西 藏						
陕 西	35		221	103	93	63
甘 肃	8		52	27	11	10
青 海						
宁 夏	2		42	10		6
新 疆	7		138	79	16	22

指导中心

单位：个、人

职业资格水平		年龄结构			
助理社会工作师人数	社会工作师人数	35岁及以下人数	36岁至45岁人数	46岁至55岁人数	56岁及以上人数
194	**186**	**1872**	**1770**	**837**	**172**
15	14	81	90	70	7
		13	13	14	1
6		128	114	51	6
1	2	13	11	12	1
	2	11	19	12	
2	1	30	38	9	9
		6	8	6	
1	7	62	76	36	15
7	16	52	46	17	1
39	11	160	186	67	24
10	5	73	22	1	3
3	9	62	100	61	1
1	10	21	23	12	1
		6	15	3	
22	52	619	480	172	43
3	1	22	35	9	1
18	3	41	43	44	4
11	4	62	67	37	4
10	30	55	64	30	9
	1		8	3	1
1	1	84	49	29	3
9	4	37	57	58	14
5	1	38	24	18	7
		5	3		
17	10	80	94	42	5
3	2	11	17	12	12
8		18	19	5	
2		82	49	7	

C−2−16续表

地　区	机构建筑面积	#农村	事业单位会计制度财务指标	
			固定资产原价	本年收入合计
全　国	**535489**	**3510**	**49504.2**	**67802.4**
北　京	64390		24344.3	45054.7
天　津	5253		76.0	201.0
河　北	15900		84.0	16.0
山　西	1852		95.6	1.0
内蒙古	5921		47.5	29.3
辽　宁	6583	910	1.0	29.0
吉　林	1454			15.3
黑龙江	7266	100	75.0	152.5
上　海	5955		4730.0	4718.2
江　苏	89226	100	649.8	1752.5
浙　江	3460		121.3	1389.9
安　徽	16451		579.8	516.9
福　建	5160		10.0	35.0
江　西	2520			
山　东	116622		5888.7	1835.8
河　南	2850		122.8	239.4
湖　北	32052	200	4524.4	1612.6
湖　南	26381	1200	196.5	251.3
广　东	11120		5556.0	4754.8
广　西	3608		22.6	102.3
海　南				
重　庆	31497		1274.9	1650.0
四　川	11317		93.7	125.1
贵　州	3500	1000		
云　南	360			
西　藏				
陕　西	34308		1010.3	3318.8
甘　肃	18640			1.0
青　海				
宁　夏	512			
新　疆	11331			

单位：平方米、万元

	民间非营利组织会计制度财务指标		
本年支出合计	固定资产原价	本年收入合计	本年费用合计
65198.5	**3376.4**	**1904.6**	**2097.4**
42014.1			
199.0	52.5	0.5	48.7
25.1	308.6	122.1	255.7
77.5			
29.3			
29.0	23.0	3.2	0.4
15.3			
190.9	172.0	14.0	
4742.9	4.4	77.0	78.5
1694.9	338.3	449.0	460.3
1115.1	59.5	552.3	479.1
542.6	12.0	5.0	5.0
35.0			
2347.6	2183.3	671.0	694.1
239.4			
1653.9			
223.3			
4857.5			
107.6			
1599.4			
139.3	196.9	8.4	71.8
	12.9	0.1	0.3
3318.8	3.0		3.5
1.0	8.0		
	2.0	2.0	

C-2-17 社区服

地 区	机构和设施数	#农村	按服务功能分		
			#为居民提供便民办事服务	#为居民提供活动场所服务	#为居民提供便民信息服务
全 国	**28892**	**12941**	**25923**	**5599**	**5149**
北 京	183	13	166	15	9
天 津	164	58	156	4	6
河 北	770	380	734	65	81
山 西	1014	487	834	366	208
内蒙古	860	154	763	255	196
辽 宁	820	287	727	72	82
吉 林	934	601	934		
黑龙江	1244	537	1116	124	58
上 海	383	88	365	9	10
江 苏	2970	1215	2168	815	265
浙 江	1647	999	1625	16	7
安 徽	791	365	651	139	97
福 建	652	378	612	21	32
江 西	1166	566	1136	19	11
山 东	1362	610	1362	1361	1361
河 南	2046	1017	1988	783	949
湖 北	790	374	700	101	76
湖 南	1812	814	1676	355	741
广 东	2073	652	1796	179	152
广 西	158	38	129	28	3
海 南	20		20		
重 庆	309	82	275	31	33
四 川	1681	246	1525	154	303
贵 州	1456	845	1343	329	264
云 南	831	601	830	3	2
西 藏	8	4	4	4	
陕 西	591	312	411	182	14
甘 肃	553	310	477	48	49
青 海	50	11	39	9	2
宁 夏	44	11	44	2	8
新 疆	1510	886	1317	110	130

务中心

单位：个、人

年末职工人数	#女性	受教育程度		职业资格水平	
		大学专科人数	大学本科及以上人数	助理社会工作师人数	社会工作师人数
221281	**96973**	**70030**	**57954**	**9460**	**5582**
2032	1171	448	855	30	25
2186	1360	453	1283	467	185
4950	2363	1237	1077	98	57
5516	2229	1057	986	92	76
5467	3509	1974	1316	199	63
9567	4269	2835	2656	511	282
1868	944	20			
6970	3760	2480	1774	417	176
12715	4412	2690	2626	427	297
17916	4088	6786	1534	665	347
24909	12959	7670	12814	2391	1539
5843	2500	1776	1154	160	59
5833	1687	1455	1265	99	73
7137	3064	1761	1049	195	68
9147	4311	3403	2697	320	170
16343	6834	6369	4186	78	73
5871	3080	2214	1075	283	89
11085	4239	3359	2193	165	137
11327	6587	3853	3569	2253	902
626	205	163	105	5	
138	34	24	25		
3868	2160	1529	1806	146	50
7157	2600	2223	1060	197	107
8642	2891	2184	1132	1	11
5973	2418	1667	1324	8	4
30	16	9	17		
3205	977	632	460	58	23
2685	1178	908	1007	24	44
375	304	189	112	16	13
524	364	19	17	1	2
21376	10460	8643	6780	154	710

C-2-17续表

地区	年龄结构				机构建筑面积	#农村
	35岁及以下人数	36岁至45岁人数	46岁至55岁人数	56岁及以上人数		
全　国	**88798**	**78069**	**44836**	**9578**	**12645668**	**4826891**
北　京	470	745	668	149	129666	1400
天　津	904	881	353	48	100665	17803
河　北	1897	1840	1065	148	219293	107265
山　西	1503	2387	1362	264	418370	156208
内蒙古	2106	2275	955	131	656820	54768
辽　宁	2603	3693	2544	727	533774	197935
吉　林		927	941		312450	195750
黑龙江	2386	2804	1625	155	559445	228004
上　海	5615	4102	2431	567	610169	197702
江　苏	8667	4867	3289	1093	911611	351502
浙　江	10770	7833	4947	1359	966608	598654
安　徽	2101	2281	1246	215	279281	111705
福　建	2215	2147	1227	244	278468	107796
江　西	2637	2629	1604	267	474268	182662
山　东	3619	3546	1637	345	980025	420262
河　南	5193	6897	3628	625	869117	263028
湖　北	1865	2303	1375	328	307017	148801
湖　南	3928	4237	2471	449	563769	236819
广　东	6179	3288	1591	269	757971	117812
广　西	172	276	154	24	41674	8520
海　南	52	58	27	1	3000	
重　庆	1537	1217	892	222	171487	52967
四　川	2299	2984	1326	548	408437	76890
贵　州	3314	3317	1712	299	488653	294439
云　南	2524	1913	1278	258	287490	192899
西　藏	25	5			2770	370
陕　西	1068	983	830	324	224916	82988
甘　肃	1291	935	399	60	152713	61409
青　海	159	149	66	1	25747	3850
宁　夏	104	179	234	7	30326	10482
新　疆	11595	6371	2959	451	879668	346201

单位：人、平方米、万元

事业单位会计制度财务指标			民间非营利组织会计制度财务指标		
固定资产原价	本年收入合计	本年支出合计	固定资产原价	本年收入合计	本年费用合计
36028.9	**166698.0**	**154640.5**	**10882.4**	**41618.6**	**8882.7**
14278.6	25249.2	29218.1			
			223.0	78.4	101.7
214.3	887.4	887.4	58.0	15.5	15.5
4208.5	650.0	1113.4	13.0	25.0	1.2
628.0	405.0	405.0	1.0		
			3.0	10.0	10.0
1756.2	70.0	350.0	2.0	1.0	2.0
9925.5	113300.5	97003.8	545.4	1937.9	1434.5
460.9	3558.2	3551.4	7495.9	35930.6	3493.6
1107.7	7956.3	7960.6	1030.6	2919.1	2795.2
70.0	180.6	180.6	109.5	31.1	
5.0	47.0	47.0			
74.0	657.2	679.5	244.0	396.4	435.8
18.0	59.3	59.3	6.0		
86.0	87.3	84.6	6.0		2.0
			32.0	30.2	39.2
2085.9	7213.4	8268.0	825.7	110.0	440.3
	6.0	6.0	9.0	10.1	5.3
122.8	53.5	52.2	201.3	113.3	83.9
427.4	4805.1	3488.8			
32.0			25.0	2.0	1.0
445.0	1432.0	1218.8			
62.0					
21.1	80.0	66.0	52.0	8.0	21.5

C-2-18 社区

地 区	机构和设施数	#农村	按服务功能分		
			#为居民提供便民办事服务	#为居民提供活动场所服务	#为居民提供便民信息服务
全 国	**485964**	**376479**	**423167**	**103358**	**100010**
北 京	7185	3792	6250	1031	448
天 津	4455	2808	3838	572	52
河 北	50231	43343	45269	5710	3751
山 西	20038	17181	16615	3011	1983
内蒙古	1544	428	1203	352	225
辽 宁	15256	10368	12194	2648	1626
吉 林	11363	9342	11363		
黑龙江	9419	6370	7759	1531	704
上 海	4127	1227	2815	928	386
江 苏	12516	7055	8397	3554	2108
浙 江	22795	17806	21005	1032	879
安 徽	16377	12239	13195	2715	2212
福 建	17560	14269	15073	2374	827
江 西	20691	16413	20001	822	123
山 东	61963	55281	56878	32762	34453
河 南	46734	38780	44543	16883	21796
湖 北	23410	18672	18216	3391	3001
湖 南	28713	23389	24726	6232	12598
广 东	27146	20257	21457	5269	1711
广 西	3934	2283	2535	689	776
海 南	3076	2369	3033	157	45
重 庆	10449	7198	9453	1549	428
四 川	9483	4602	8106	1861	3057
贵 州	18097	13572	15645	4392	4047
云 南	13576	10850	12353	843	496
西 藏	11			11	
陕 西	3284	1105	2482	799	351
甘 肃	4685	3422	3934	333	696
青 海	4806	3543	3991	653	186
宁 夏	1993	1525	1603	148	257
新 疆	11047	6990	9235	1106	788

服务站

单位：个、人

年末职工人数	#女性	受教育程度		职业资格水平	
		大学专科人数	大学本科及以上人数	助理社会工作师人数	社会工作师人数
2184588	**733643**	**447891**	**218440**	**46587**	**27201**
36447	19612	9920	10787	3771	2095
20678	8760	3025	6388	2545	1066
176281	46511	22086	6041	615	1187
57858	19991	12169	7207	1421	823
11217	5136	3041	2723	282	204
66618	34972	21307	13355	4182	3016
31658	14671	3970	1993	644	235
37309	14577	9540	4228	1238	670
26542	7176	1691	1246	507	271
53945	18155	8802	4319	1220	380
142538	45475	37574	23396	7378	4361
73337	27410	18094	6329	754	308
107806	31907	20952	8359	2693	1711
102255	23257	11557	3734	597	137
250793	83737	50265	24771	2877	1650
228031	56084	27280	9149	1008	334
93433	32494	18538	5663	1829	551
121931	40426	28265	6598	1208	511
124613	45676	30763	23298	4037	1492
20810	7661	2433	1432	189	265
17214	4733	1793	747	44	13
59200	27414	20870	9139	3486	1412
34304	13582	11586	3653	1119	469
79963	20088	15451	4580	503	148
65515	19546	11762	3707	265	66
10	6				
17965	8953	5178	3432	927	799
14952	4153	2982	2924	79	54
17228	5234	4430	1155	368	560
8158	3334	1829	783	213	66
85979	42912	30738	17304	588	2347

C-2-18续表

地　区	年龄结构				机构建筑面积	#农村
	35岁及以下人数	36岁至45岁人数	46岁至55岁人数	56岁及以上人数		
全　国	**538629**	**761930**	**633868**	**250161**	**159428055**	**112972699**
北　京	9111	13539	10178	3619	1007406	498193
天　津	7766	8117	4114	681	1717082	799182
河　北	39655	54546	56060	26020	7667982	5648519
山　西	14008	21518	17710	4622	7293580	5927375
内蒙古	3368	3897	2753	1199	647932	108816
辽　宁	17074	25500	16796	7248	5142744	3009745
吉　林	6063	17385	7602	608	1137290	934600
黑龙江	9813	14627	10080	2789	2318591	1303675
上　海	7003	11944	5731	1864	2546489	957236
江　苏	15269	20092	14585	3999	3835192	2104670
浙　江	27996	37642	52323	24577	12314964	8947661
安　徽	15357	30126	23323	4531	5523138	3977496
福　建	22829	36487	33817	14673	8337227	6180222
江　西	20959	50406	25377	5513	7590134	5921226
山　东	56990	83115	74693	35995	25125334	20331496
河　南	33584	67079	77200	50168	14738514	11316167
湖　北	21415	36519	26756	8743	8141223	6052176
湖　南	28528	37985	39791	15627	9451221	7240713
广　东	37501	45730	31339	10043	5483707	3688258
广　西	6909	6927	5422	1552	1099228	642360
海　南	3506	6314	5315	2079	736440	562457
重　庆	18926	17691	17161	5422	6747608	3656390
四　川	9585	12706	9129	2884	2572123	1178027
贵　州	26640	29452	19259	4612	4506119	3251076
云　南	19288	23771	17106	5350	3647970	2653561
西　藏	5	3	2		2200	
陕　西	5663	6421	4879	1002	1218625	391929
甘　肃	4426	6398	3704	424	937238	651147
青　海	7208	6128	3262	630	1255520	991156
宁　夏	2435	3120	1969	634	652246	397505
新　疆	39749	26745	16432	3053	6032988	3649665

单位：人、平方米、万元

事业单位会计制度财务指标			民间非营利组织会计制度财务指标		
固定资产原价	本年收入合计	本年支出合计	固定资产原价	本年收入合计	本年费用合计
287.2	**406.2**	**301.9**	**51549.9**	**37579.1**	**35268.0**
			20.0		
	70.0	70.0	3.0	2.0	3.5
1.0	33.6		12046.5	12189.0	10705.7
			23581.6	21980.4	17770.6
247.2	270.3	199.6	14685.1	2713.7	5736.9
			6.0		
			2.0	3.0	2.0
			410.5	456.5	461.6
			30.0	2.2	2.2
			81.0		
			22.0	25.0	21.0
			242.5	25.9	96.8
			336.0	150.4	247.6
			7.0		
			51.7	30.0	19.1
39.0	32.3	32.3	25.0	1.0	201.0

C-2-19　社区专项服务

地　区	单位数	#农村	年末职工人数	#女性	受教育程度	
					大学专科人数	大学本科及以上人数
全　国	**51731**	**14905**	**220203**	**75876**	**48972**	**28637**
北　京	1154	111	6102	3622	1818	2240
天　津	460	236	2534	1334	518	1022
河　北	372	21	3702	1005	644	350
山　西	69	8	405	281	188	60
内蒙古	245	9	1789	1015	606	379
辽　宁	943	457	4724	2142	1405	702
吉　林	70		527	333	43	28
黑龙江	753	96	4637	1248	346	417
上　海	4615	34	35914	10555	9122	2826
江　苏	14103	3608	51560	14413	7299	5679
浙　江	7651	1858	22673	7699	5023	3993
安　徽	2204	620	6856	2729	2520	417
福　建	2507	2087	9359	1563	1110	406
江　西	295	6	1057	640	103	19
山　东	3137	1894	11034	4084	5389	784
河　南	849	121	4889	1828	993	599
湖　北	1221	369	4594	2615	1654	921
湖　南	1375	246	3323	1496	649	274
广　东	2658	1039	15363	6721	3032	2518
广　西	330	19	684	148	105	83
海　南	236	13	1527	323	313	161
重　庆	1605	424	7721	3066	2061	1906
四　川	2870	1057	10770	3781	2246	1443
贵　州	207	121	923	325	186	133
云　南	234	154	410	118	40	30
西　藏	32		67	10	4	4
陕　西	470	116	2630	1138	353	398
甘　肃	370	43	1302	464	366	314
青　海	287	25	1718	485	436	254
宁　夏	107	56	282	137	49	15
新　疆	302	57	1127	558	351	262

单位：个、人

职业资格水平		年龄结构			
助理社会工作师人数	社会工作师人数	35岁及以下人数	36岁至45岁人数	46岁至55岁人数	56岁及以上人数
8606	**5110**	**63217**	**86707**	**50345**	**19934**
527	74	2109	1585	1485	923
307	146	807	984	518	225
143	97	1096	1603	716	287
23	12	116	161	97	31
21	18	638	629	348	174
391	360	1076	2145	1125	378
8	1	98	86	165	178
238	83	850	1391	724	1672
468	996	8869	12832	11051	3162
850	568	13037	22951	11819	3753
1862	517	5072	11022	4588	1991
238	119	2508	2874	1192	282
142	309	1541	3436	2446	1936
2	9	776	240	36	5
250	192	3154	4101	2428	1351
270	100	1490	2061	929	409
160	54	2001	1982	482	129
123	47	1048	1227	903	145
840	385	7341	4250	2888	884
15	22	209	179	235	61
23	35	554	422	516	35
617	381	2501	2795	1751	674
428	403	3613	4523	2141	493
31	6	243	452	184	44
1	1	82	208	80	40
3	13	31	20	14	2
113	66	685	794	764	387
151	43	434	653	112	103
299	33	629	555	399	135
		100	156	24	2
62	20	509	390	185	43

C-2-19续表

地　区	机构建筑面积		事业单位会计制度财务指标	
		#农村	固定资产原价	本年收入合计
全　国	**11942373**	**4013513**	**557.4**	**856.8**
北　京	127799	12596		
天　津	210276	95891		
河　北	145127	25865		
山　西	19783	800		
内蒙古	147258	4579		
辽　宁	262892	91353		
吉　林	11823			
黑龙江	256588	36699		4.6
上　海	850476	5800	521.8	664.0
江　苏	2755352	841396		110.0
浙　江	1199530	372403		
安　徽	555888	208971		
福　建	576941	463373	5.6	30.3
江　西	62092	4172		
山　东	1367201	998199		
河　南	358733	83803		
湖　北	174584	59458		
湖　南	333543	35633		
广　东	511960	178010		
广　西	68412	3009		
海　南	89448	3661		
重　庆	409126	102545		
四　川	755063	165297		
贵　州	151243	108481	30.0	47.9
云　南	50795	31968		
西　藏	6103			
陕　西	132823	59580		
甘　肃	90009	6560		
青　海	113646	4980		
宁　夏	20766	5792		
新　疆	127093	2639		

单位：平方米、万元

	民间非营利组织会计制度财务指标		
本年支出合计	固定资产原价	本年收入合计	本年费用合计
882.7	**264882.0**	**667637.1**	**569134.0**
	6604.6	20342.5	16830.9
	531.1	3651.4	641.8
	1005.4	800.2	2030.0
	10.0	25.0	20.0
	807.3	2310.8	585.3
	5913.0	1399.8	2718.0
	100.0	20.0	22.0
32.7	30084.8	202.0	3.0
661.8	76205.3	345790.4	382269.5
110.0	61533.9	162435.5	61863.3
	14936.8	16909.9	14653.3
	1332.1	866.6	731.3
30.3	3690.9	1859.5	1741.7
	48.0	5.3	1.8
	3720.0	4048.1	4266.8
	3623.1	2622.0	700.3
	312.0	55.7	105.8
	1470.0	3008.2	825.8
	27543.6	48744.8	57477.3
	507.9	2021.0	58.0
	725.5	8730.0	650.0
	3809.0	14230.2	14231.3
	15602.2	17523.2	3492.2
47.9	164.1	384.5	378.0
	32.0	28.8	52.1
		1.4	
	713.2	695.8	612.8
	1268.5	3396.0	697.7
	1597.4	5287.5	1248.6
	1.0		
	989.3	241.0	225.4

C-2-20 社区养老

地 区	机构和设施数	#农村	年末职工人数	#女性
全 国	**317695**	**218587**	**704135**	**274461**
北 京	1261	512	5222	3057
天 津	1244	765	3138	1233
河 北	29696	25959	52808	18835
山 西	6849	5690	17622	5690
内蒙古	2587	1716	5397	2109
辽 宁	8311	4712	21035	11995
吉 林	3927	2405	3132	1708
黑龙江	1622	732	6465	2573
上 海	11616	3424	7448	3469
江 苏	18308	10328	79832	26670
浙 江	23543	13233	51056	23505
安 徽	5711	3996	16631	5499
福 建	16471	12714	23350	8302
江 西	21637	15734	40922	15762
山 东	16969	12825	33514	15033
河 南	10764	4941	26237	11824
湖 北	19711	14507	45370	17472
湖 南	29314	22718	49159	18880
广 东	21450	14349	50390	17717
广 西	12308	11307	23180	9529
海 南	276	166	1207	277
重 庆	5415	2679	13220	7013
四 川	12277	6069	31942	13325
贵 州	10113	7333	35882	9257
云 南	3249	2309	4259	1077
西 藏	27	21	751	449
陕 西	9513	8025	24592	8861
甘 肃	9538	6919	17671	6582
青 海	1311	1017	3304	1246
宁 夏	1432	834	2302	1278
新 疆	1245	648	7097	4234

服务机构和设施

单位：个、人

受教育程度		职业资格水平	
大学专科人数	大学本科及以上人数	助理社会工作师人数	社会工作师人数
101108	**48197**	**13900**	**7979**
911	592	70	78
827	486	121	180
3573	1675	570	235
2092	701	290	324
1102	523	33	46
5076	3035	978	543
759	105	112	189
573	698	292	175
549	505	553	44
12166	5567	1773	814
6740	2753	704	308
3952	1459	309	225
2162	732	320	203
4132	1778	781	366
5748	2753	619	276
4017	1661	512	350
5569	1860	395	302
7954	3502	465	292
7962	5230	1965	1453
1821	2320	163	123
298	169	24	4
2915	980	462	187
6066	1896	628	330
4993	2142	121	92
359	190	12	15
148	60	7	3
2925	1428	276	160
2668	2101	450	220
1072	185	22	52
421	145	62	18
1558	966	811	372

C−2−20续表1

地 区	年龄结构			
	35岁及以下人数	36岁至45岁人数	46岁至55岁人数	56岁及以上人数
全 国	**148266**	**255424**	**211109**	**89336**
北 京	1091	1648	1674	809
天 津	952	1325	625	236
河 北	9709	20945	15348	6806
山 西	1808	4806	6623	4385
内蒙古	1251	1978	1798	370
辽 宁	4084	8701	6249	2001
吉 林	576	1706	800	50
黑龙江	1098	1873	1537	1957
上 海	994	1677	2665	2112
江 苏	18046	32897	22324	6565
浙 江	5418	15283	15832	14523
安 徽	3564	6622	5022	1423
福 建	3205	8165	8585	3395
江 西	8602	11840	13886	6594
山 东	6130	11448	10650	5286
河 南	3893	9387	8984	3973
湖 北	8723	17971	13631	5045
湖 南	8795	17524	16915	5925
广 东	17323	17684	11627	3756
广 西	6951	7471	6780	1978
海 南	205	631	320	51
重 庆	2380	4349	4763	1728
四 川	6962	11706	9903	3371
贵 州	12487	12884	8629	1882
云 南	614	2024	1320	301
西 藏	478	147	90	36
陕 西	4146	9339	8844	2263
甘 肃	4266	7820	3536	2049
青 海	998	1750	433	123
宁 夏	647	1043	507	105
新 疆	2870	2780	1209	238

单位：人、张

床位数合计	#农村	社区日间照料床位数	#农村	社区全托服务床位数	#农村
3123254	**2091068**	**2188316**	**1435076**	**934938**	**655992**
15953	8521	9502	5240	6451	3281
11397	7757	10059	7000	1338	757
220312	192642	162179	139516	58133	53126
83459	68490	67264	55368	16195	13122
136797	125120	21586	11059	115211	114061
65618	37213	35805	19971	29813	17242
15526	10362	15127	9991	399	371
33145	12481	12050	3853	21095	8628
24406	4965	14477	3258	9929	1707
299502	143582	264327	129819	35175	13763
152864	86890	128836	75350	24028	11540
66070	42904	27973	15394	38097	27510
167741	126527	120506	92071	47235	34456
85032	42576	59042	32445	25990	10131
268166	206575	250422	193249	17744	13326
106215	47221	76166	30437	30049	16784
194076	126659	176673	119467	17403	7192
175835	123490	130520	96722	45315	26768
209532	143365	186854	136340	22678	7025
165856	138455	41997	31798	123859	106657
4667	3093	941	318	3726	2775
78674	47189	29465	9730	49209	37459
155931	79997	66691	27700	89240	52297
77134	52951	44108	28340	33026	24611
35128	21416	31904	19811	3224	1605
2281	1958	604	396	1677	1562
97571	79374	74125	59705	23446	19669
123584	78251	106411	69435	17173	8816
11916	6487	7771	4853	4145	1634
7230	3852	5285	2463	1945	1389
31636	20705	9646	3977	21990	16728

C-2-20续表2

地　区	年末全托照料服务人数	#农村	社区养老服务人次数	#农村	机构建筑面积	#农村
全　国	**354899**	**265713**	**92650874**	**47038169**	**98705177**	**60978573**
北　京	2060	998	4300472	1789430	507404	243872
天　津	572	505	299992	2956	524081	322722
河　北	17544	16484	3516924	3003887	5382591	4113175
山　西	4074	3381	2776381	2322982	2211898	1729685
内蒙古	59180	58240	1719444	1389763	4201484	3828624
辽　宁	8902	3579	1736344	415908	2763749	1339411
吉　林	152	152	147544	60535	936474	589305
黑龙江	6131	3518	91889	36112	678805	220186
上　海	2456	86	1010881	554589	2720852	689608
江　苏	8926	2657	3693383	2318791	4897827	2327518
浙　江	10107	4690	13771539	5688149	7841860	4567213
安　徽	9477	8043	760076	427270	2252883	1039052
福　建	22508	18638	4635708	3331003	5900755	4340273
江　西	10379	6522	2490307	1644014	5546818	3574632
山　东	8381	6328	2937547	2141795	9960547	6761531
河　南	11862	8310	4110780	1488814	3958169	1391833
湖　北	12557	8346	14503354	5246555	4161304	2565304
湖　南	27875	18924	2185043	1370879	5653167	3954843
广　东	9937	2971	14129989	5001978	4991043	2717208
广　西	18608	16421	1370998	1022831	4041821	2907419
海　南	907	844	19509		121707	87802
重　庆	23071	19023	2369646	1277926	2546578	1273288
四　川	35951	22596	5406340	2837801	5235972	2610429
贵　州	11702	9293	481961	277376	3355728	2338410
云　南	531	276	550258	429888	1437306	876308
西　藏	625	625	65	65	176235	158692
陕　西	13846	12298	2877463	2541493	2645852	2122041
甘　肃	6558	4107	552859	336069	1609040	1022519
青　海	1731	689	12355	8843	302971	160550
宁　夏	768	595	110607	68522	607556	221862
新　疆	7521	6574	81216	1945	1532701	883259

单位：人、人次、平方米、万元

企业会计制度财务指标				民间非营利组织会计制度财务指标		
固定资产原价	营业收入	费用合计	营业利润	固定资产原价	本年收入合计	本年费用合计
13021.3	**14583.4**	**6734.8**	**-2360.6**	**194436.8**	**95261.3**	**79761.6**
27.6	43.7	9.4	7.5	204.9	1190.2	658.4
30.9	25.8	34.7	-8.9			
379.0	3.0	22.8	-14.6	5096.5	2037.3	2573.1
				1053.9	2388.0	2379.8
				125.5	80.0	72.6
58.3	12.5	4.2	-3.6	618.9	801.0	1284.1
24.0				1193.0	147.0	152.9
100.0				6218.0	15268.1	14478.5
1039.0	1.5			69359.4	45255.3	32600.7
	102.0	21.4		2123.7	560.9	1160.6
				1386.7	401.4	522.9
142.0	108.1	48.2	7.6	174.1	92.7	111.7
462.9	85.0	35.7	0.1	1519.2	498.0	1104.4
608.9	526.2	120.5	-192.3	11315.7	5428.2	6131.0
344.3		29.6		54202.5	334.9	514.3
663.0	591.0			44.2	72.0	112.6
1966.0	2491.5	1092.5		982.4	672.6	414.5
269.6	634.9	471.5	-137.8	2289.8	4132.0	4171.3
1551.0				309.4	120.7	224.6
3.0				275.0		
				524.5	458.2	443.4
5170.9	9719.4	4603.8	-1921.8	12567.6	8034.1	6847.7
26.4	2.5	2.0	-4.8	2125.0	459.0	565.0
44.9	6.2	3.1		1.6	0.8	0.1
11.8	230.1	235.4	-92.0	12314.5	6433.1	3121.9
				6834.3	309.0	35.4
				37.0	15.0	10.0
				18.7	69.7	70.0
97.8				1520.8	2.1	0.1

C-2-21 未登记的特困

地区	单位数	#农村	年末职工人数	#女性
全国	**3394**	**3026**	**17830**	**9143**
北京				
天津				
河北	137	123	1296	792
山西	195	177	1066	441
内蒙古	18	17	114	35
辽宁	195	111	1421	634
吉林				
黑龙江	29	26	239	105
上海				
江苏	5	3	32	12
浙江	6	5	38	24
安徽	6	6	25	15
福建	444	406	1397	603
江西				
山东	109	104	1398	706
河南	61	44	316	142
湖北	25	21	91	44
湖南				
广东	11	2	130	77
广西	665	620	1491	719
海南	86	77	309	145
重庆	262	260	1046	568
四川	322	272	1747	732
贵州	291	284	1017	341
云南	19	10	90	38
西藏	15	13	535	337
陕西	111	89	914	535
甘肃	113	105	257	68
青海	5		9	5
宁夏	1		17	17
新疆	263	251	2835	2008

人员救助供养机构

单位：个、人

受教育程度		职业资格水平	
大学专科人数	大学本科及以上人数	助理社会工作师人数	社会工作师人数
2336	**1107**	**393**	**454**
240	46	22	6
262	109	75	13
4	1		
152	243	31	37
3	4	6	3
13	3	3	
4	2		
80	76	7	7
355	159	45	48
27	5	9	
	5	3	1
21	12	1	1
111	49	41	63
30	9		2
112	26	2	2
140	36	26	16
179	113	52	8
9	1		
110	37	5	
133	44	12	6
74	15	6	13
1		3	1
1			
275	112	44	227

C-2-21续表

地区	年龄结构			
	35岁及以下人数	36岁至45岁人数	46岁至55岁人数	56岁及以上人数
全国	**3630**	**6239**	**5459**	**2502**
北京				
天津				
河北	207	474	368	247
山西	137	308	387	234
内蒙古	15	35	26	38
辽宁	134	684	393	210
吉林				
黑龙江	27	54	80	78
上海				
江苏	11	14	7	
浙江		9	25	4
安徽	1	4	15	5
福建	164	445	501	287
江西				
山东	234	413	467	284
河南	39	86	110	81
湖北	3	59	24	5
湖南				
广东	16	50	51	13
广西	171	547	549	224
海南	35	165	94	15
重庆	130	303	438	175
四川	211	564	710	262
贵州	259	426	256	76
云南	29	41	20	
西藏	306	118	78	33
陕西	203	277	314	120
甘肃	48	122	73	14
青海	6	3		
宁夏		9	8	
新疆	1244	1029	465	97

单位：张、人、平方米

全托服务床位数	#农村	年末全托照料服务人数	#农村	机构建筑面积	#农村
201389	**176222**	**72893**	**64204**	**6057958**	**5152643**
12774	12348	4252	4109	411128	390281
13470	12241	3628	3253	412444	381865
755	703	399	398	28936	28136
10299	7510	3262	1922	374484	228389
1584	1438	101	85	67206	56426
176		53		4120	1620
562	462	150	106	10174	7474
104	104	62	62	13038	13038
23838	21743	5538	5077	575513	512027
15092	13326	6805	6328	605936	534141
3676	2703	925	733	92873	67711
1348	956	554	312	29065	22877
1121	198	193	1	70372	10146
24932	20803	5191	4425	569111	417923
3240	2721	851	798	76300	68047
16383	16243	8985	8946	337303	334953
27901	21955	11766	8804	628375	509676
14877	14672	5565	5561	602968	599656
1392	692	353	221	39899	15770
1451	1424	547	547	120871	119079
10871	9812	7104	6604	226886	181448
1522	1281	288	223	58555	54610
14				2000	
250		112		8960	
13757	12887	6209	5689	691442	597351

C-2-22 全托服务社区

地区	机构和设施数	#农村	年末职工人数	#女性
全国	**17063**	**8053**	**88591**	**39074**
北京	652	330	3093	1779
天津	63	23	255	76
河北	202	20	1006	597
山西	130	45	885	326
内蒙古	39	7	278	103
辽宁	822	178	3791	2236
吉林	15	10	30	17
黑龙江	372	47	3111	1124
上海	202	11	1597	1044
江苏	1707	1019	10699	3144
浙江	833	408	4391	1544
安徽	482	317	2444	684
福建	343	121	1703	868
江西	946	120	4121	2166
山东	343		1773	876
河南	790	320	3572	1547
湖北	565	128	1831	765
湖南	1929	873	4796	2326
广东	1579	1036	9513	3168
广西	433	252	9192	5804
海南	22	9	83	25
重庆	640	424	2886	1623
四川	1572	857	6908	3408
贵州	1255	974	5810	1787
云南	125	65	353	83
西藏	4	3	56	27
陕西	240	102	1434	652
甘肃	448	190	1352	528
青海	87	41	462	194
宁夏	73	56	220	104
新疆	150	67	946	449

养老服务机构和设施

单位：个、人

受教育程度		职业资格水平	
大学专科人数	大学本科及以上人数	助理社会工作师人数	社会工作师人数
14392	**8737**	**2360**	**1560**
489	349	44	58
80	30	7	7
194	117	40	32
97	69	21	24
72	63	8	11
936	559	365	199
4			
174	321	152	50
206	137	14	8
1825	625	221	89
259	278	72	155
348	218	48	37
280	111	74	32
712	771	250	118
318	167	43	13
542	232	58	92
234	90	39	40
1518	407	149	36
1047	624	221	293
1007	1793	78	15
28	7	5	1
639	188	105	26
1185	473	115	112
1043	502	35	26
22	74		
12	11		
484	104	56	22
414	266	84	26
99	28	4	14
8	3		3
116	120	52	21

C-2-22续表1

地区	年龄结构			
	35岁及以下人数	36岁至45岁人数	46岁至55岁人数	56岁及以上人数
全国	**27998**	**29636**	**21219**	**9738**
北京	602	936	1053	502
天津	46	120	54	35
河北	235	358	293	120
山西	267	307	263	48
内蒙古	74	102	70	32
辽宁	875	1344	1124	448
吉林	5	16	7	2
黑龙江	544	716	389	1462
上海	56	373	673	495
江苏	4848	3346	1824	681
浙江	590	2084	812	905
安徽	390	799	896	359
福建	375	530	496	302
江西	1289	1550	983	299
山东	304	556	628	285
河南	562	1705	1014	291
湖北	346	778	572	135
湖南	1527	1949	1084	236
广东	5334	2237	1406	536
广西	4453	2480	1909	350
海南	23	42	17	1
重庆	378	963	1153	392
四川	1492	2270	2129	1017
贵州	1849	2209	1372	380
云南	86	188	69	10
西藏	37	16	2	1
陕西	474	582	281	97
甘肃	311	512	313	216
青海	199	140	59	64
宁夏	68	92	53	7
新疆	359	336	221	30

单位：人、张

床位数合计	社区日间照料床位数	#农村	社区全托服务床位数	#农村
516144	**124829**	**43398**	**391315**	**157554**
13123	6672	4220	6451	3281
2175	837	760	1338	757
7325	1966	255	5359	1293
3699	975	433	2724	880
1394	379	128	1015	303
22472	7615	3091	14857	6918
584	295	241	289	261
21490	7463	1486	14027	2387
10088	159		9929	1707
44720	11833	5847	32887	12531
27361	3895	1982	23466	11078
27874	1276	183	26598	16097
17232	864	176	16368	6307
30283	12958	1204	17325	1767
9717	7065		2652	
25560	5851	1279	19709	8019
16840	3457	289	13383	3865
29329	6415	2817	22914	6924
29839	10808	5546	19031	4731
22861	2391	1084	20470	8717
528	87	54	441	54
28840	3107	1153	25733	16421
71044	11787	5027	59257	29027
19357	6241	3522	13116	5423
2462	708	70	1754	863
328	102	14	226	138
6780	2514	705	4266	2127
10242	4341	993	5901	2440
4355	408	46	3947	1450
544	275	97	269	92
7698	2085	696	5613	1696

C-2-22续表2

地　区	年末全托照料服务人数	#农村	社区养老服务人次数	#农村	机构建筑面积	#农村
全　国	**128908**	**56454**	**14717936**	**91065**	**12996760**	**4806163**
北　京	2060	998	1986635	3009	321876	174158
天　津	572	505	5003	3	27218	9100
河　北	1076	159	75093	1852	226657	46459
山　西	445	127	106420	181	131531	55020
内蒙古	814	219	28990	110	43693	5800
辽　宁	4823	1175	608938	1672	717831	342012
吉　林	152	152	2240	10	7865	5520
黑龙江	3988	1414	52636	839	233400	38473
上　海	2456	86	6286	348	278433	64530
江　苏	8459	2426	613705	4515	674774	245544
浙　江	9957	4584	516221	8757	885935	470590
安　徽	4619	3265	213112	5701	555639	214143
福　建	4038	864	237653	11034	712009	220163
江　西	4693	1011	356949	7957	797567	86448
山　东	1576		38666	228	343935	
河　南	6331	3343	317053	7452	654706	166236
湖　北	4014	2147	880999	2732	411744	105735
湖　南	12532	5546	435802	9925	847685	362033
广　东	8326	1728	3161290	3553	685892	150932
广　西	3160	1853	214414	4011	833954	275035
海　南	56	46			11506	2975
重　庆	11071	7699	841323	12374	797436	447908
四　川	23059	12896	3419018	3064	1476104	697208
贵　州	3634	1439	30243	493	534054	307208
云　南	172	52	520	120	67572	33064
西　藏	78	78	52	106	13512	10212
陕　西	2042	1113	562774	182	136654	71533
甘　肃	2608	798	5636	386	180202	67152
青　海	1565	523	116	65	107071	37098
宁　夏	1		2	2	38251	11930
新　疆	531	208	147	384	242054	81944

单位：人、人次、平方米、万元

企业会计制度财务指标				民间非营利组织会计制度财务指标		
固定资产原价	营业收入	费用合计	营业利润	固定资产原价	本年收入合计	本年费用合计
10965.9	**13985.1**	**6436.3**	**-2157.2**	**54742.5**	**32857.5**	**32271.9**
27.6	43.7	9.4	7.5	204.9	1190.2	658.4
30.9	25.8	34.7	-8.9			
316.9	3.0	19.7	-11.7	2049.8	385.8	582.0
				911.2	2323.6	2308.7
				86.5	19.0	17.6
1.0	12.4	0.5		592.8	126.6	519.3
24.0				1192.0	147.0	152.6
100.0				5877.0	14900.5	11094.9
23.0				9078.1	4787.7	4529.8
	102.0	21.4		582.2	350.9	498.1
				1236.5	175.9	230.0
142.0	108.1	48.2	7.6	174.1	92.7	111.7
462.9	85.0	35.7	0.1	1376.1	463.9	1050.6
222.4	164.3	96.5	-91.2	3619.8	905.4	1315.6
20.0				421.9	127.0	83.9
660.0	591.0			38.2	72.0	108.5
1950.0	2491.5	1092.5		265.4	271.6	146.8
269.6	634.9	471.5	-137.8	1681.6	3214.7	3491.7
1550.0				48.4	10.0	45.7
				352.0	171.2	162.0
5018.9	9717.2	4603.1	-1922.8	6974.6	1781.8	3701.2
4.0				1906.3	263.6	271.0
44.9	6.2	3.1				
				7686.1	686.7	1078.4
				6832.3	307.0	33.4
				36.0	11.0	10.0
				18.7	69.7	70.0
97.8				1500.0	2.0	

C-2-23 日间照料社区养老

地区	机构和设施数	#农村	年末职工人数	#女性	受教育程度	
					大学专科人数	大学本科及以上人数
全国	**117843**	**59129**	**324373**	**126497**	**58537**	**27127**
北京	592	181	2082	1255	418	240
天津	1158	741	2743	1066	729	447
河北	3329	184	10665	5549	2618	1328
山西	6338	5410	15152	4671	1632	469
内蒙古	970	170	3285	1615	818	413
辽宁	2370	319	9590	6062	3087	1860
吉林	1427	26	2710	1559	583	105
黑龙江	728	351	1502	817	333	217
上海	888	288	3775	1674	221	296
江苏	15684	8913	61185	20147	9543	4266
浙江	13527	8011	33353	14409	5335	1867
安徽	3783	2382	11687	3999	3388	1115
福建	3590	1076	7670	3479	980	441
江西	3114	106	7744	4090	2267	734
山东	3025	172	10101	5582	2634	1247
河南	4633	512	13491	6395	2957	1368
湖北	7511	4332	19073	7098	2737	926
湖南	7472	4103	14101	5298	2087	709
广东	13698	9732	25766	8516	3556	3214
广西	1260	664	4900	1240	526	336
海南	140	74	701	76	219	142
重庆	2261	738	5252	2943	1438	596
四川	8277	3424	19052	7767	4077	1149
贵州	4966	3104	20031	4388	2330	1301
云南	1849	1202	3094	807	296	103
西藏	8	5	160	85	26	12
陕西	870	225	3129	1282	468	275
甘肃	3233	2391	7323	1851	1215	1017
青海	167	22	1120	547	647	101
宁夏	467	218	1229	777	286	114
新疆	508	53	2707	1453	1086	719

单位：个、人

职业资格水平		年龄结构			
助理社会工作师人数	社会工作师人数	35岁及以下人数	36岁至45岁人数	46岁至55岁人数	56岁及以上人数
8756	**4337**	**74962**	**125841**	**92833**	**30737**
25	20	477	696	608	301
107	171	891	1172	540	140
371	190	3458	4583	2012	612
174	279	1316	4048	5747	4041
25	35	935	1409	862	79
504	233	2518	4358	2272	442
112	121	515	1516	647	32
113	29	302	649	509	42
512	13	821	816	1039	1099
1221	711	12765	24693	18749	4978
579	117	3623	11010	12605	6115
245	178	2972	4923	2838	954
196	112	1551	3315	2077	727
495	149	2251	3001	1806	686
438	147	2779	3835	2725	762
411	244	2417	5398	4252	1424
226	115	4610	7864	4902	1697
171	133	2465	5122	5254	1260
1096	592	7315	10499	6503	1449
38	42	1648	1890	1055	307
19	1	125	377	183	16
277	134	1241	1841	1675	495
482	198	4389	7173	5942	1548
29	54	8622	6639	4279	491
12	15	441	1501	881	271
2	3	135	13	10	2
89	57	685	1262	962	220
201	126	1891	3934	1089	409
4	26	450	552	108	10
60	13	314	597	263	55
522	79	1040	1155	439	73

C−2−23续表

地　区	日间照料床位数	#农村	社区养老服务人次数	#农村	机构建筑面积	#农村
全　国	**1077014**	**509873**	**40616597**	**13279143**	**36382430**	**15215702**
北　京	2830	1020	2292588	783636	183016	69574
天　津	9222	6240	233394	715	487738	313422
河　北	19333	1653	478984	6275	1051687	70023
山　西	65757	54820	2621021	2314515	1595362	1270654
内蒙古	11330	1133	391907	127091	362560	53728
辽　宁	11328	2789	704966	600	830374	155072
吉　林	4686	95	82284		335641	6690
黑龙江	3462	1347	26015	3197	177318	61429
上　海	14318	3258	812542	554589	390852	165585
江　苏	241837	121431	2189810	1380547	3967048	1951520
浙　江	124941	73368	9367546	3336702	5211759	3209542
安　徽	22747	12400	329947	174127	1345954	519175
福　建	28281	8575	928651	135739	1058259	307235
江　西	11470	297	288537	3621	840367	25300
山　东	44947	905	782656	104982	2409205	52950
河　南	39635	4878	1995113	130882	1862205	172305
湖　北	72475	32320	7858787	482561	1733776	814619
湖　南	39473	18508	507396	207502	1460417	666991
广　东	122857	84755	4679794	2187772	2847815	1818357
广　西	13287	5186	235985	23863	550261	198851
海　南	563	220	19509		32281	16180
重　庆	16281	3398	418484	104261	819532	192074
四　川	45712	15729	1874423	463721	2659137	1035919
贵　州	19225	9691	200224	85775	1521439	909595
云　南	24798	14474	439628	329134	1029320	580458
西　藏	502	382	13	13	41852	29401
陕　西	9788	1745	244955	55448	394401	126735
甘　肃	44802	26523	439839	229707	543270	308331
青　海	2786	590	3512	53	72998	14790
宁　夏	3354	1014	91460	52080	182986	41797
新　疆	4987	1129	76627	35	383600	57400

单位：张、人次、平方米、万元

企业会计制度财务指标				民间非营利组织会计制度财务指标		
固定资产原价	营业收入	费用合计	营业利润	固定资产原价	本年收入合计	本年费用合计
2055.4	**598.3**	**298.5**	**-203.4**	**139694.3**	**62403.8**	**47489.7**
62.1		3.1	-2.9	3046.7	1651.5	1991.1
				142.7	64.4	71.1
				39.0	61.0	55.0
57.3	0.1	3.7	-3.6	26.1	674.4	764.8
				1.0		0.3
				341.0	367.6	3383.6
1016.0	1.5			60281.3	40467.6	28070.9
				1541.5	210.0	662.5
				150.2	225.5	292.9
				143.1	34.1	53.8
386.5	361.9	24.0	-101.1	7695.9	4522.8	4815.4
324.3		29.6		53780.6	207.9	430.4
3.0				6.0		4.1
16.0				717.0	401.0	267.7
				608.2	917.3	679.6
1.0				261.0	110.7	178.9
3.0				275.0		
				172.5	287.0	281.4
152.0	2.2	0.7	1.0	5593.0	6252.3	3146.5
22.4	2.5	2.0	-4.8	218.7	195.4	294.0
				1.6	0.8	0.1
11.8	230.1	235.4	-92.0	4628.4	5746.4	2043.5
				2.0	2.0	2.0
				1.0	4.0	
				20.8	0.1	0.1

C-2-24 互助型社区

地 区	单位数	#农村	年末职工人数	#女性	受教育程度	
					大学专科人数	大学本科及以上人数
全 国	**147735**	**133677**	**236508**	**82716**	**21050**	**8712**
北 京						
天 津						
河 北	25984	25620	39701	11836	500	178
山 西	42	22	55	11	8	
内蒙古	1534	1521	1660	312	182	25
辽 宁	4916	4100	6202	3056	897	373
吉 林	2485	2369	392	132	172	
黑龙江	353	287	1389	440	29	100
上 海						
江 苏	844	378	7454	3007	669	577
浙 江						
安 徽	1247	1170	2280	734	138	52
福 建	11822	10941	12078	3078	646	102
江 西	14285	13269	23774	7619	840	211
山 东	11144	10881	18212	6782	2203	1017
河 南	4947	3898	8172	3342	362	14
湖 北	11509	10026	24057	9413	2586	838
湖 南	18690	16808	27553	10631	3944	2231
广 东	3936	2932	8987	3626	1679	497
广 西	9897	9766	7165	1491	143	91
海 南	26	6	86	27	21	9
重 庆	2178	1257	3778	1666	637	114
四 川	1853	1465	3757	1165	645	207
贵 州	3599	2971	9004	2725	1436	224
云 南	847	675	474	142	32	4
西 藏						
陕 西	8271	7609	19018	6331	1828	985
甘 肃	5710	4230	8523	4114	958	793
青 海	1033	950	1652	474	312	46
宁 夏	259	249	476	238	102	9
新 疆	324	277	609	324	81	15

养老服务设施

单位：个、人

职业资格水平		年龄结构			
助理社会工作师人数	社会工作师人数	35岁及以下人数	36岁至45岁人数	46岁至55岁人数	56岁及以上人数
1670	**1022**	**36385**	**84140**	**81125**	**34858**
134	7	5772	15475	12636	5818
		2	12	38	3
		208	408	823	221
78	74	555	2307	2446	894
	68	56	174	146	16
3	63	195	371	456	367
276	6	325	4691	1600	838
14	9	185	826	1239	30
43	50	1027	3753	5313	1985
12	65	4785	5929	8804	4256
80	58	2473	5790	6135	3814
6	5	749	2031	3365	2027
127	146	3749	9189	8069	3050
117	103	4503	9586	9464	4000
277	195	2629	2997	2315	1046
	2	508	2417	3190	1050
		22	21	26	17
28	5	535	1178	1434	631
1	4	838	1341	1060	518
5	4	1752	3603	2718	931
		56	238	160	20
119	71	2765	7158	7272	1823
153	32	1950	3176	2004	1393
2	8	326	1035	244	47
2	2	193	174	84	25
193	45	227	260	84	38

C-2-24续表

地区	床位数合计	社区日间照料床位数	#农村	社区全托服务床位数	#农村
全国	**1328707**	**986473**	**881805**	**342234**	**322216**
北京					
天津					
河北	180880	140880	137608	40000	39485
山西	533	532	115	1	1
内蒙古	123318	9877	9798	113441	113055
辽宁	21519	16862	14091	4657	2814
吉林	10256	10146	9655	110	110
黑龙江	6609	1125	1020	5484	4803
上海					
江苏	12769	10657	2541	2112	1232
浙江					
安徽	15345	3950	2811	11395	11309
福建	98390	91361	83320	7029	6406
江西	43279	34614	30944	8665	8364
山东	198410	198410	192344		
河南	37344	30680	24280	6664	6062
湖北	103413	100741	86858	2672	2371
湖南	107033	84632	75397	22401	19844
广东	55715	53189	46039	2526	2096
广西	104776	26319	25528	78457	77137
海南	336	291	44	45	
重庆	17170	10077	5179	7093	4795
四川	11274	9192	6944	2082	1315
贵州	23675	18642	15127	5033	4516
云南	6476	6398	5267	78	50
西藏					
陕西	70132	61823	57255	8309	7730
甘肃	67018	57268	41919	9750	5095
青海	4761	4577	4217	184	184
宁夏	3082	1656	1352	1426	1297
新疆	5194	2574	2152	2620	2145

单位：张、人、人次、平方米

年末全托照料服务人数	#农村	社区养老服务人次数	#农村	机构建筑面积	#农村
153098	**145055**	**26570119**	**23934116**	**36370346**	**32999757**
12216	12216	2962502	2961313	3667303	3603583
1	1	600	560	8735	5720
57967	57623	1262524	1262496	3751355	3740460
817	482	422381	359711	834068	612186
		63020	60315	592968	577095
2042	2019	576	304	74189	57269
414	231	11485	2469	203878	126481
4796	4716	216345	203626	295782	268436
12932	12697	3388397	3153124	3453074	3228005
5686	5511	1650212	1603554	3292085	3043709
		1845016	1835016	5847833	5733945
4606	4234	1623379	1333630	1225579	941612
7989	5887	5594430	4735395	1966577	1622073
15343	13378	1062243	950532	3208988	2828167
1418	1242	1837984	1419074	886706	606944
10257	10143	882516	867544	2035286	1986812
				1420	600
3015	2378	1109839	665309	563628	298353
1126	896	90429	84928	432287	359436
2503	2293	251494	189045	696517	521951
6	3	89667	83644	224194	183589
4700	4581	2068350	2031180	1883720	1742325
3662	3086	107339	104505	822003	592036
166	166	8727	8727	118272	107212
655	595	16222	16222	68294	65194
781	677	4442	1893	215605	146564

C-2-25 其他社区

地区	单位数	#农村	#老年餐桌	年末职工人数	#女性
全国	**31660**	**14702**	**8031**	**36833**	**17031**
北京	17	1		47	23
天津	23	1	21	140	91
河北	44	12	3	140	61
山西	144	36	63	464	241
内蒙古	26	1	9	60	44
辽宁	8	4		31	7
吉林					
黑龙江	140	21	3	224	87
上海	10526	3125	1244	2076	751
江苏	68	15		462	360
浙江	9177	4809	2911	13274	7528
安徽	193	121		195	67
福建	272	170	130	502	274
江西	3292	2239	575	5283	1887
山东	2348	1668	2154	2030	1087
河南	333	167	22	686	398
湖北	101		77	318	152
湖南	1223	934	202	2709	625
广东	2226	647	259	5994	2330
广西	53	5	5	432	275
海南	2			28	4
重庆	74		32	258	213
四川	253	51	12	478	253
贵州	2			20	16
云南	409	357	1	248	7
西藏					
陕西	21		11	97	61
甘肃	34	3	1	216	21
青海	19	4	5	61	26
宁夏	632	311	291	360	142
新疆					

单位：个、人

受教育程度		职业资格水平	
大学专科人数	大学本科及以上人数	助理社会工作师人数	社会工作师人数
4793	**2514**	**721**	**606**
4	3	1	
18	9	7	2
21	6	3	
93	54	20	8
26	21		
4			
34	56	18	30
122	72	27	23
116	96	52	8
1146	608	53	36
74	72	2	1
176	2		2
313	62	24	34
238	163	13	10
129	42	28	9
12	1		
405	155	28	20
1659	883	370	372
34	51	6	1
	2		
89	56	50	20
19	31	4	
5	2		
	8		
12	20		4
7	10	6	23
13	10	9	3
24	19		

C-2-25续表

地区	年龄结构			
	35岁及以下人数	36岁至45岁人数	46岁至55岁人数	56岁及以上人数
全国	**5291**	**9568**	**10473**	**11501**
北京	12	16	13	6
天津	15	33	31	61
河北	37	55	39	9
山西	86	131	188	59
内蒙古	19	24	17	
辽宁	2	8	14	7
吉林				
黑龙江	30	83	103	8
上海	117	488	953	518
江苏	97	153	144	68
浙江	1205	2180	2390	7499
安徽	16	70	34	75
福建	88	122	198	94
江西	277	1360	2293	1353
山东	340	854	695	141
河南	126	167	243	150
湖北	15	81	64	158
湖南	300	867	1113	429
广东	2029	1901	1352	712
广西	171	137	77	47
海南		26		2
重庆	96	64	63	35
四川	32	358	62	26
贵州	5	7	4	4
云南	2	56	190	
西藏				
陕西	19	60	15	3
甘肃	66	76	57	17
青海	17	20	22	2
宁夏	72	171	99	18
新疆				

单位：人、人次、平方米

养老服务人次数	#农村	#老年餐桌	机构建筑面积	#农村
10746222	**4235956**	**6264830**	**6897683**	**2804308**
21249	485		2512	140
61595	550	61595	9125	200
345		300	25816	2829
48340	427	43838	63826	16426
36023		9836	14940	500
59	59		6992	1752
12662		10048	126692	6589
192053		148616	2051567	459493
878383	504334		48007	2353
3887772	2197301	3541570	1733992	879607
672	606		42470	24260
81007	6388	79386	101900	72843
194609	32262	162950	616799	419175
271209	201797	264933	753638	440495
175235	543	165991	122806	43969
169138		164138	20142	
179602	29133	2980	136077	97652
4450921	1241697	1549375	500258	130829
38083	768	37277	53209	28798
			200	
			28679	
22470	2276	17748	40069	8190
			750	
20443	17110		76321	63427
1384		1326	4191	
45			5010	390
			2630	1450
2923	220	2923	309065	102941

C-2-26 老年人福利

地 区	老年人福利		
	享受高龄补贴的老年人数	享受护理补贴的老年人数	享受养老服务补贴的老年人数
全 国	**32465692**	**902700**	**5736012**
北 京	606785	261682	46122
天 津	17849		
河 北	1287959	53154	161918
山 西	215643	24163	1585
内蒙古	583654		45508
辽 宁	248041	18410	35047
吉 林	92542	18544	33429
黑龙江	217664	14606	6925
上 海	3995394	33896	198219
江 苏	2735785	139585	2171539
浙 江	919224	25566	363514
安 徽	1840401	53792	619013
福 建	705879	7463	479762
江 西	980201	56772	98376
山 东			
河 南	2255030	14754	1758
湖 北	1421082	33754	80257
湖 南	629570		152099
广 东	3001192	15554	90017
广 西	1242728	457	4592
海 南	225686	7947	1925
重 庆	407008	70267	54962
四 川	3091845	432	637275
贵 州	790520	8571	6600
云 南	1052304	9275	60511
西 藏	7518	5838	
陕 西	3011174	6439	6348
甘 肃	7734	13562	93582
青 海	339407	3133	284452
宁 夏	40195	4524	273
新 疆	495678	560	404

和残疾人福利

单位：人

	残疾人福利	
享受综合补贴的老年人数	困难残疾人生活补贴人数	重度残疾人护理补贴人数
842221	**11940887**	**15032141**
	117384	96828
33749	46857	137507
	546636	734672
167	247856	375004
136937	320608	293374
	280834	402544
	286603	329984
	314818	365261
	84215	216535
	672143	643909
	306697	598576
	898006	835948
142	347147	401533
	495001	452516
663306	595606	1206868
1319	967422	1190770
	503824	725223
	626550	834107
	428700	1089614
	472769	622517
22	49434	108357
	209210	293224
539	815550	1075620
	354003	378978
	531976	467700
	89333	32284
	693519	375527
6040	268700	363560
	79566	71171
	109616	101974
	180304	210456

C-2-27 民政部门直属

地区	单位数	市场监管部门登记	编制部门登记	年末职工人数	受教育程度	
					大学专科人数	大学本科及以上人数
全国	**21**	**4**	**17**	**1236**	**353**	**499**
中央级	1		1	87	2	85
北京	1		1	81	25	32
天津	1	1		5	5	
河北						
山西						
内蒙古	1		1	41	12	20
辽宁						
吉林						
黑龙江						
上海	1	1		29	8	5
江苏	1		1	145	80	15
浙江						
安徽	1	1		32	7	4
福建						
江西	1		1	32	7	16
山东						
河南	1		1	77	21	40
湖北	2	1	1	126	20	24
湖南	1		1	89	18	44
广东	1		1	42	6	28
广西	1		1	33	7	13
海南						
重庆						
四川	1		1	126	39	68
贵州	1		1	47	7	25
云南	1		1	74	33	9
西藏						
陕西	1		1	88	25	33
甘肃	1		1	46	26	20
青海	1		1	11		11
宁夏						
新疆	1		1	25	5	7

康复辅具机构

单位：个、人

职业资格水平		年龄结构			
助理社会工作师人数	社会工作师人数	35岁及以下人数	36岁至45岁人数	46岁至55岁人数	56岁及以上人数
39	**47**	**377**	**347**	**359**	**153**
	3	24	42	11	10
		35	20	13	13
					5
2		8	12	13	8
			2	20	7
2	1	77	40	20	8
		15	6	7	4
	1	13	4	9	6
5	11	27	18	23	9
	1	26	45	37	18
4	3	28	28	21	12
13	5	2	19	14	7
1	5	3	9	16	5
7	9	42	43	31	10
1	2	12	4	27	4
1	1	29	9	34	2
		7	26	44	11
3	5	20	9	6	11
		3	2	3	3
		6	9	10	

C-2-27续表

地　区	企业会计制度财务指标			
	固定资产原价	营业收入	费用合计	营业利润
全　国	**23356.1**	**11708.5**	**5240.5**	**-1006.8**
中央级				
北　京				
天　津	86.0	25.0	28.0	-16.0
河　北				
山　西				
内蒙古				
辽　宁				
吉　林				
黑龙江				
上　海	3461.3	1776.6	678.1	221.7
江　苏				
浙　江				
安　徽	816.0	442.0	143.0	
福　建				
江　西				
山　东				
河　南				
湖　北	875.0	4500.0	745.0	550.0
湖　南				
广　东	4162.9	1914.8	1966.7	-588.7
广　西				
海　南				
重　庆				
四　川				
贵　州				
云　南				
西　藏				
陕　西	13954.9	3050.1	1679.7	-1173.8
甘　肃				
青　海				
宁　夏				
新　疆				

单位：万元

事业单位会计制度财务指标		
固定资产原价	本年收入合计	本年费用合计
100632.0	**43179.7**	**43537.9**
41153.4	12055.3	12167.1
4480.4		
619.6	1594.4	1090.3
6544.8	5273.4	5973.4
924.0	1517.0	1057.0
6613.9	2950.6	3210.2
4441.7	3706.9	3931.4
15798.4	2915.1	3484.0
3978.1	1640.5	1414.0
6910.2	3477.4	3568.4
2176.1	1734.4	1798.8
2633.9	3273.5	3036.6
1132.2	1093.9	835.9
1388.3	333.7	446.0
1837.0	1613.6	1524.8

C-2-28 孤儿和家庭

地　区	孤儿			事实无人抚养儿童	儿童关爱保护	
		集中养育孤儿	社会散居孤儿		儿童督导员	儿童主任
全　国	**172716**	**53302**	**119414**	**314423**	**52803**	**651480**
北　京	1331	1049	282	1104	349	7654
天　津	570	413	157	1036	257	5395
河　北	5386	1693	3693	9334	3683	55904
山　西	4907	2279	2628	5913	1942	23097
内蒙古	2022	729	1293	3054	1424	14225
辽　宁	3990	1997	1993	3219	2354	16803
吉　林	3506	1417	2089	2148	1579	11242
黑龙江	2899	758	2141	2410	2102	13252
上　海	1209	1099	110	1097	249	6205
江　苏	5604	2151	3453	13203	1946	21574
浙　江	2529	1387	1142	7123	1686	25785
安　徽	5689	1724	3965	21079	1871	18440
福　建	2452	969	1483	13127	1542	17750
江　西	4413	1306	3107	11138	1899	21782
山　东	7940	1817	6123	18484	1885	77521
河　南	17141	3976	13165	23340	2917	58948
湖　北	5073	1204	3869	10001	1538	27331
湖　南	12342	1895	10447	26559	2089	29474
广　东	13083	6080	7003	29656	1684	27006
广　西	9692	1590	8102	21476	1534	17486
海　南	725	213	512	1535	238	3247
重　庆	2707	641	2066	4019	1842	11311
四　川	18060	2247	15813	20828	4245	35961
贵　州	9387	1464	7923	19729	1759	18498
云　南	8573	1550	7023	16989	1745	15420
西　藏	4650	3786	864	835	1552	7194
陕　西	4715	2024	2691	6474	1872	21388
甘　肃	6078	1397	4681	12425	2425	18957
青　海	1258	359	899	1419	619	5506
宁　夏	722	259	463	5219	308	3401
新　疆	4063	3829	234	450	1668	13723

收养登记

单位：人、件

收养登记合计	中国公民收养登记					协议解除收养关系登记	
		香港居民	澳门居民	台湾居民	华侨		中国公民
12447	**12445**	**9**	**1**	**5**	**1**	**159**	**158**
43	43					4	4
16	16			1			
328	328					2	2
150	150						
68	68					1	1
80	79					1	1
25	25					1	1
75	75						
30	30			1		5	5
706	706					8	7
1057	1057				1	33	33
233	233					3	3
345	345					7	7
300	300	1					
1411	1411						
604	604	2					
600	600			1		9	9
657	656	1		1		7	7
611	611	2	1			41	41
2066	2066	2				6	6
138	138			1		1	1
94	94					6	6
624	624					6	6
175	175					4	4
1071	1071	1				10	10
23	23						
287	287					1	1
233	233						
67	67					1	1
16	16						
314	314					2	2

C-2-29 被收养的

地　区	被收养人合计	#女性	#残疾儿童	儿童福利机构抚养的孤儿	社会散居孤儿
全　国	**12447**	**7034**	**115**	**3386**	**1601**
北　京	43	21	1	25	1
天　津	16	7			
河　北	328	159	12	80	
山　西	150	84	1	52	
内蒙古	68	40		3	7
辽　宁	80	33		37	2
吉　林	25	8	1	6	
黑龙江	75	41		7	3
上　海	30	26	4	14	
江　苏	706	429	1	372	1
浙　江	1057	674		691	18
安　徽	233	119	5	32	8
福　建	345	208	3	155	7
江　西	300	172	1	55	1
山　东	1411	754	11	2	104
河　南	604	306	7	134	11
湖　北	600	312	2	172	9
湖　南	657	358	2	161	13
广　东	611	346	13	255	14
广　西	2066	1321	5	784	117
海　南	138	96	13	16	2
重　庆	94	59	3	17	4
四　川	624	318	1	139	17
贵　州	175	104		42	20
云　南	1071	612	20		1071
西　藏	23	13		15	
陕　西	287	160		45	15
甘　肃	233	124	9	25	7
青　海	67	33		7	2
宁　夏	16	8		10	
新　疆	314	89		33	147

儿童情况

单位：人

继子女收养的未成年人	三代以内同辈旁系血亲的子女	儿童福利机构抚养的未成年人	非社会福利机构抚养的未成年人	生父母有特殊困难无力抚养的子女	生父母均不具备完全民事行为能力且具有严重危害可能的子女
69	**2822**	**1184**	**2199**	**1145**	**41**
2	9	4	1	1	
2	8			6	
2	151	22	54	18	1
	67	6		25	
	17	1	1	38	1
1	17	5	11	4	3
2	14			3	
2	55		3	5	
1	3	12			
1	90	132	98	12	
2	58	183	98	7	
3	121	11	36	22	
	62	18	95	8	
4	152	16	23	49	
27	154	123	983	16	2
3	312	26	16	96	6
1	244	46	39	87	2
3	298	44	66	71	1
3	269	50	10	9	1
	257	370	399	137	2
2	17	6	62	33	
1	34	9		28	1
2	125	79	60	190	12
	43	4	26	39	1
	1		3	4	
	69	1	44	110	3
	96	7	22	73	3
5	22		3	28	
	5			1	
	52	9	46	25	2

C-2-30 社会救助

地区	单位数	编制部门登记	民政部门登记	年末职工人数	#女性
全国	**881**	**869**	**12**	**8326**	**3811**
中央级	1	1		15	7
北京	9	9		86	52
天津					
河北	2	2		9	2
山西	46	46		481	252
内蒙古	24	23	1	264	144
辽宁					
吉林	66	66		1359	496
黑龙江	26	26		267	124
上海	6	5	1	66	43
江苏	11	11		63	35
浙江	9	9		61	37
安徽	23	23		120	55
福建	16	16		76	41
江西	38	38		268	109
山东	24	23	1	240	118
河南	50	50		438	191
湖北	77	77		786	371
湖南	51	51		513	175
广东					
广西	118	118		786	421
海南	3	3		55	21
重庆	35	35		316	184
四川	58	58		370	163
贵州	48	48		590	278
云南	60	60		243	121
西藏					
陕西	46	46		530	245
甘肃	15	15		139	43
青海	12	3	9	132	47
宁夏	4	4		42	28
新疆	3	3		11	8

服务机构

单位：个、人

受教育程度		职业资格水平		按职工编制类型分组		
大学专科人数	大学本科及以上人数	助理社会工作师人数	社会工作师人数	事业编制	聘用合同	其他
2609	**4079**	**234**	**334**	**7502**	**513**	**311**
	15			15		
14	65	8	4	86		
1	5		1	9		
166	251	2	14	450	13	18
64	171	12	31	214	42	8
307	530	33	10	1339		20
83	119	12	2	240	26	1
4	50	10	6	54	5	7
5	51	6	13	53	5	5
10	39	6	7	56	4	1
36	77	2	11	112	6	2
18	45	6	16	75		1
105	101	6	8	254	8	6
56	173	4	35	233	4	3
147	190	2	20	414	7	17
379	252	28	24	647	110	29
211	147	16	13	444	38	31
249	435	12	21	682	88	16
31	24		2	22	33	
48	260	34	14	280	22	14
138	166	8	20	358	7	5
188	367	2	11	568	20	2
57	167	15	30	240		3
194	275	7	12	467	25	38
26	54		2	113	15	11
49	27	1	5	31	33	68
18	17	1	2	39		3
5	6	1		7	2	2

C-2-30续表

地区	年龄结构			
	35岁及以下人数	36岁至45岁人数	46岁至55岁人数	56岁及以上人数
全国	**3086**	**3577**	**1488**	**175**
中央级	9	3	1	2
北京	33	32	20	1
天津				
河北	2	6	1	
山西	147	203	119	12
内蒙古	91	99	72	2
辽宁				
吉林	470	660	216	13
黑龙江	74	134	49	10
上海	26	24	14	2
江苏	28	29	6	
浙江	15	28	15	3
安徽	44	56	19	1
福建	39	28	5	4
江西	90	130	43	5
山东	86	89	52	13
河南	186	170	70	12
湖北	240	340	185	21
湖南	171	224	108	10
广东				
广西	334	305	128	19
海南	33	10	11	1
重庆	135	117	60	4
四川	120	185	58	7
贵州	228	267	89	6
云南	96	128	19	
西藏				
陕西	256	199	67	8
甘肃	83	41	14	1
青海	39	36	40	17
宁夏	7	29	5	1
新疆	4	5	2	

单位：人、万元

事业单位会计制度财务指标		
固定资产原价	本年收入合计	本年支出合计
49237.4	**281908.5**	**270792.2**
255.5	645.7	665.7
359.2	21083.2	22300.0
8.9	166.7	178.4
2211.3	6279.3	12810.1
489.1	3658.0	4170.9
1393.0	34284.4	23834.8
2135.8	25667.4	25696.4
314.5	16436.5	16420.1
137.0	867.4	1023.0
98.6	10457.1	10531.1
272.3	1364.5	1374.0
68.9	732.1	725.7
661.3	12276.1	11565.1
861.7	2998.2	3000.6
2578.3	2926.3	3179.1
12155.3	36211.0	25277.8
1319.0	10894.3	11628.3
5228.2	24197.5	24901.8
41.6	8089.9	8217.6
1112.5	6601.1	6560.4
849.9	25663.6	25749.5
1381.2	4442.8	4698.3
11373.4	5873.3	5647.6
3236.5	18395.5	18765.1
187.2	215.0	390.0
473.0	17.0	42.0
31.3	372.1	346.3
2.9	1092.5	1092.5

C-2-31 城市居民

地 区	城市最低生活保障人数	按人员性质分类				
		#女性	#残疾人	重度残疾人	老年人	青壮年
全 国	**7377907**	**3452475**	**1475625**	**738766**	**1398312**	**4823814**
北 京	70828	30574	17119	12329	12455	48737
天 津	67004	29608	16838	12108	8999	44319
河 北	156994	75390	30405	16505	28793	105366
山 西	238323	115235	37877	22110	38046	162838
内蒙古	283412	139428	63017	26780	67153	194511
辽 宁	308746	131278	88037	43625	46628	213618
吉 林	350338	166800	94934	54382	97325	229053
黑龙江	489894	219673	119102	34421	85974	352058
上 海	136371	55320	34991	34532	11752	99859
江 苏	99912	42723	22386	9549	26979	61618
浙 江	59622	23347	32272	18046	11120	42844
安 徽	316695	149945	79784	24938	99516	185947
福 建	64992	30134	19575	12300	14830	42221
江 西	310511	134087	66851	29386	39896	215830
山 东	108845	50655	38643	27817	19864	76335
河 南	357810	171777	67499	38465	103375	203836
湖 北	282935	132621	62932	6272	59200	194385
湖 南	390011	183897	51524	35500	59832	288362
广 东	150006	71025	41974	28392	25194	97797
广 西	343967	162766	58192	35146	55273	218303
海 南	33989	14933	7033	5294	2080	21986
重 庆	239318	105058	64205	38347	33023	175571
四 川	588657	268122	92255	52411	101183	416163
贵 州	607678	286907	83184	36228	122517	303905
云 南	392026	187966	64654	31848	98036	242286
西 藏	23482	10673	920	241	4312	13999
陕 西	185890	94149	26579	1558	27951	129101
甘 肃	326397	155569	25592	10140	31673	221525
青 海	59068	32452	5622	1266	10835	36545
宁 夏	76416	38871	16777	9817	11170	52103
新 疆	257770	141492	44852	29013	43328	132793

最低生活保障

单位：人、户

按年龄分类					城市最低生活保障户数
在职人员	灵活就业	登记失业	无就业条件	未成年人	
67434	**1428276**	**542488**	**2785616**	**1155781**	**4549201**
9623	6256		32858	9636	42459
1222	8503	18469	16125	13686	44638
1198	27823	19680	56665	22835	106054
6674	45434	15756	94974	37439	137187
185	126555	21093	46678	21748	183892
2436	29357	78282	103543	48500	213105
40	781	331	227901	23960	260862
657	26407	29567	295427	51862	350822
5384	6618	26384	61473	24760	100023
613	5922	12039	43044	11315	66338
1422	5604	6738	29080	5658	46382
2664	40014	15117	128152	31232	216846
313	6130	2737	33041	7941	42959
3444	62735	17389	132262	54785	196276
695	3068	2970	69602	12646	70817
1101	64207	28331	110197	50599	247666
17765	119896	12540	44184	29350	183347
635	85231	34642	167854	41817	257191
1840	15856	3664	76437	27015	79284
357	196946	14229	6771	70391	153604
26	1489	494	19977	9923	17646
300	81784	23488	69999	30724	159064
596	104081	38810	272676	71311	387684
2231	74146	12880	214648	181256	243697
600	120135	20387	101164	51704	251169
726	5098	456	7719	5171	12783
872	40028	14907	73294	28838	103839
1932	86983	50596	82014	73199	148024
45	2947	1166	32387	11688	32121
2	30	17	52054	13143	47257
1836	28212	19329	83416	81649	146165

C-2-32 农村居民

地 区	农村最低生活保障人数	按人员性质分类		
		#女性	#残疾人	#重度残疾人
全 国	**34744701**	**16278336**	**6648928**	**3409565**
北 京	38851	16357	15919	11436
天 津	60566	25240	10677	6518
河 北	1520913	697243	314181	198541
山 西	965357	478939	175634	95215
内蒙古	1305594	699063	196160	92960
辽 宁	681389	310965	123371	58192
吉 林	541796	274551	130052	
黑龙江	810534	404046	131870	37401
上 海	33884	17033	22090	22076
江 苏	623897	256603	100995	50460
浙 江	533022	210691	216249	121716
安 徽	1769270	821033	415363	122057
福 建	483970	214693	100460	65207
江 西	1425795	612501	305559	138213
山 东	1349399	618918	541494	350914
河 南	2891336	1357249	708765	402655
湖 北	1377014	637286	323235	14444
湖 南	1452590	679441	273338	207968
广 东	1273281	587779	235197	155190
广 西	2429726	1135027	309467	172086
海 南	147331	67037	22711	18825
重 庆	585746	265741	128326	76782
四 川	3595635	1707602	564593	328959
贵 州	1883808	878297	249488	104363
云 南	2259980	1062199	442266	225650
西 藏	130628	60047	5089	1272
陕 西	1159358	538386	234617	165211
甘 肃	1436802	577801	140997	57303
青 海	286960	146022	19158	4494
宁 夏	373292	184092	65763	38788
新 疆	1316977	736454	125844	64669

最低生活保障

单位：人、户

按年龄分类					农村最低生活保障户数
老年人	青壮年	有劳动条件	无劳动条件	未成年人	
12853210	**16325587**	**8431789**	**7896985**	**5565904**	**19450284**
16374	19271	8848	10423	3206	23465
14483	34654	20327	14327	11429	32001
746806	610380	242315	368065	163727	1071018
558842	348051	139147	208904	58464	685556
895043	364258	180968	183290	46293	844955
332909	297010	81181	215829	51470	457384
295436	211149	46970	164179	35211	353421
476548	291686	143865	147821	42300	535146
12569	20842	6295	14547	473	31315
248319	300190	117236	182954	75388	355970
211769	268154	185581	82573	53099	370179
702746	854733	498829	355904	211791	1072978
127951	278857	132113	146744	77162	269202
420873	758248	300487	460973	246674	884204
636219	575230	386624	188606	137950	902042
1260205	1239897	473260	766637	391234	2049249
501557	717783	495062	222721	157674	782130
458650	776501	377156	399345	217439	804516
283442	713800	264991	448809	276039	506992
497124	1371278	654013	717265	561324	853584
25379	75617	44888	30729	46335	59072
108487	371284	120166	251118	105975	325294
1485896	1594897	1127472	467425	514842	2073623
535116	824574	606459	218115	524118	797851
743390	1148308	480857	667425	368282	1243149
13490	71344	59470	11874	45794	38644
413570	583030	265751	317280	162758	509074
344054	797319	537935	259384	295429	492691
50636	156124	120727	35397	80200	103790
161730	178164	32383	145781	33398	269169
273597	472954	280413	192541	570426	652620

C-2-33 城市特困

地 区	城市特困人员救助供养	#女性	#残疾人	#老年人	#未成年人	按自理能力分		
						全自理	半护理	全护理
全 国	**327522**	**61168**	**124760**	**215639**	**3357**	**193608**	**69768**	**64146**
北 京	1378	340	962	888	2	344	431	603
天 津	1687	475	594	1041	63	582	395	710
河 北	4864	1041	2149	2944	42	2614	1084	1166
山 西	3158	446	1452	1319	90	1702	809	647
内蒙古	11686	1924	8150	5904	20	5685	3093	2908
辽 宁	10764	2907	4889	6403	27	5190	2752	2822
吉 林	8785	2365	4599	4827	25	4157	2767	1861
黑龙江	12605	3342	6676	6212	47	6207	4190	2208
上 海	2518	247	160	2380	5	406	595	1517
江 苏	8498	2207	3574	5312	22	3317	2065	3116
浙 江	2602	540	1236	2007	1	1034	569	999
安 徽	11134	1675	1904	9113	47	6834	3000	1300
福 建	6163	1453	2949	3269	47	2925	1563	1675
江 西	10063	2516	2937	5091	201	6419	1712	1932
山 东	4892	1268	3057	2530	11	1980	1632	1280
河 南	9916	2039	3491	6458	117	6209	1956	1751
湖 北	11471	3000	6239	6421	180	6820	1732	2919
湖 南	16928	4417	7456	8162	88	9460	3512	3956
广 东	15965	4792	9917	8573	32	6668	3744	5553
广 西	15650	3253	6972	9467	134	9647	2329	3674
海 南	1450	286	567	874	19	1049	238	163
重 庆	81860	5361	17859	68706	1049	67211	8718	5931
四 川	37657	5763	10065	28134	228	19878	9674	8105
贵 州	7535	1372	2512	4731	301	5325	1284	926
云 南	9446	2479	5442	5565	143	4616	2866	1964
西 藏	383	186	46	356		224	88	71
陕 西	4885	1194	3130	2073	74	1836	1788	1261
甘 肃	4687	1428	2146	2312	51	1810	1958	919
青 海	1765	704	519	1033	34	679	714	372
宁 夏	1282	327	935	468		400	553	329
新 疆	5845	1821	2176	3066	257	2380	1957	1508

人员救助供养

单位：人

集中供养	全自理	半护理	全护理	分散供养	全自理	半护理	全护理
122815	**47581**	**35212**	**40022**	**204707**	**146027**	**34556**	**24124**
764	57	255	452	614	287	176	151
391	51	119	221	1296	531	276	489
1909	674	567	668	2955	1940	517	498
598	156	192	250	2560	1546	617	397
3971	975	1437	1559	7715	4710	1656	1349
2772	706	766	1300	7992	4484	1986	1522
2467	674	947	846	6318	3483	1820	1015
5639	1465	2705	1469	6966	4742	1485	739
382	83	164	135	2136	323	431	1382
4449	583	1172	2694	4049	2734	893	422
1578	391	389	798	1024	643	180	201
4376	2112	1338	926	6758	4722	1662	374
3031	338	1217	1476	3132	2587	346	199
3424	1461	679	1284	6639	4958	1033	648
2161	409	956	796	2731	1571	676	484
2700	1010	734	956	7216	5199	1222	795
5987	1972	1405	2610	5484	4848	327	309
6361	2052	1926	2383	10567	7408	1586	1573
4947	908	1041	2998	11018	5760	2703	2555
9720	4843	1722	3155	5930	4804	607	519
125	83	30	12	1325	966	208	151
17085	10170	4126	2789	64775	57041	4592	3142
22081	10860	5639	5582	15576	9018	4035	2523
3446	1980	839	627	4089	3345	445	299
3513	1137	1241	1135	5933	3479	1625	829
168	102	43	23	215	122	45	48
2724	570	1145	1009	2161	1266	643	252
1380	345	651	384	3307	1465	1307	535
535	103	242	190	1230	576	472	182
775	159	370	246	507	241	183	83
3356	1152	1155	1049	2489	1228	802	459

C-2-34 农村特困

地 区	农村特困人员救助供养	#女性	#残疾人	#老年人	#未成年人	按自理能力分		
						全自理	半护理	全护理
全 国	**4373427**	**453596**	**1041482**	**3532047**	**31442**	**3415894**	**629618**	**327915**
北 京	5307	351	3424	4522	2	2828	1364	1115
天 津	10369	998	1949	8924	56	7250	2124	995
河 北	252670	15354	51513	215117	1026	210442	25595	16633
山 西	129371	6525	36995	92117	569	94445	22273	12653
内蒙古	84231	4515	30090	64519	70	66663	9876	7692
辽 宁	126990	14002	22253	107865	177	98968	20272	7750
吉 林	76216	10032	19586	54155	203	57803	11928	6485
黑龙江	91635	16352	33985	61960	553	74810	12037	4788
上 海	1924	358	283	1684		691	714	519
江 苏	197657	15386	20634	187501	256	140992	38806	17859
浙 江	33115	1878	7403	31669	2	20034	6586	6495
安 徽	330039	35479	47699	286584	766	247217	59705	23117
福 建	60811	5372	16907	44887	424	49548	6412	4851
江 西	123698	23286	21487	97825	1747	106151	11026	6521
山 东	329213	22502	110832	287460	169	263522	43329	22362
河 南	484438	45442	101084	402522	5515	396937	60065	27436
湖 北	235045	28495	74210	191055	472	202645	17193	15207
湖 南	352924	40766	82356	262996	1740	290400	37569	24955
广 东	202112	16695	38654	170924	494	161488	20170	20454
广 西	234214	22008	53787	175559	3224	214763	10095	9356
海 南	22549	2599	3858	18147	146	17942	3418	1189
重 庆	97732	6770	19785	81590	1661	83016	9792	4924
四 川	417791	39314	73653	352136	3049	292952	85582	39257
贵 州	87304	10032	21848	64858	1238	74551	8710	4043
云 南	116416	24294	62022	64658	4140	73493	28898	14025
西 藏	12425	7401	1372	10839	30	6095	4274	2056
陕 西	124589	9833	51098	96406	1167	86667	28011	9911
甘 肃	92071	14902	21259	66205	921	54162	29042	8867
青 海	15059	5180	3723	10839	196	7435	5816	1808
宁 夏	8506	2053	3292	5470	21	4249	3378	879
新 疆	17006	5422	4441	11054	1408	7735	5558	3713

人员救助供养

单位：人

集中供养	全自理	半护理	全护理	分散供养	全自理	半护理	全护理
692203	**365787**	**197616**	**128800**	**3681224**	**3050107**	**432002**	**199115**
1699	69	720	910	3608	2759	644	205
859	330	237	292	9510	6920	1887	703
28794	12680	9306	6808	223876	197762	16289	9825
15433	7280	4189	3964	113938	87165	18084	8689
11668	4563	3592	3513	72563	62100	6284	4179
18071	10351	5067	2653	108919	88617	15205	5097
11239	5594	3185	2460	64977	52209	8743	4025
13286	5688	5518	2080	78349	69122	6519	2708
660	189	328	143	1264	502	386	376
37365	21033	9597	6735	160292	119959	29209	11124
16345	7115	4276	4954	16770	12919	2310	1541
51665	30866	14780	6019	278374	216351	44925	17098
11185	1962	5069	4154	49626	47586	1343	697
34885	24414	6295	4176	88813	81737	4731	2345
57481	18417	24915	14149	271732	245105	18414	8213
76035	53167	14705	8163	408403	343770	45360	19273
43254	22149	9657	11448	191791	180496	7536	3759
52060	24957	16454	10649	300864	265443	21115	14306
14343	6836	3362	4145	187769	154652	16808	16309
7369	5287	667	1415	226845	209476	9428	7941
1960	1275	484	201	20589	16667	2934	988
11313	7707	2056	1550	86419	75309	7736	3374
71614	42696	18457	10461	346177	250256	67125	28796
17051	11967	3354	1730	70253	62584	5356	2313
15172	6001	5246	3925	101244	67492	23652	10100
6012	2949	2131	932	6413	3146	2143	1124
37969	19099	13114	5756	86620	67568	14897	4155
9054	3961	3594	1499	83017	50201	25448	7368
2922	950	1390	582	12137	6485	4426	1226
2863	706	1820	337	5643	3543	1558	542
12577	5529	4051	2997	4429	2206	1507	716

C－2－35　临时救助

地　区	临时救助	#未成年人	按属地分类	
			本地户籍	非本地户籍
全　国	**11985865**	**668199**	**11924054**	**61811**
北　京	9050	963	9046	4
天　津	63885	978	62305	1580
河　北	234290	4522	234066	224
山　西	305994	2526	305590	404
内蒙古	184571	720	182548	2023
辽　宁	158581	1128	158195	386
吉　林	168763	5941	168608	155
黑龙江	196751	1917	196705	46
上　海	18460	1556	17230	1230
江　苏	203865	2731	202958	907
浙　江	114405	4012	113692	713
安　徽	102061	859	101678	383
福　建	201304	10813	200559	745
江　西	147612	5587	147386	226
山　东	119306	3847	118559	747
河　南	216982	6727	216896	86
湖　北	189956	1188	189246	710
湖　南	731654	19493	723045	8609
广　东	97309	4648	96757	552
广　西	572638	40080	572269	369
海　南	44624	2299	42366	2258
重　庆	124727	1217	124673	54
四　川	398172	12256	397101	1071
贵　州	235545	15160	234588	957
云　南	677130	9269	660561	16569
西　藏	24491	937	24336	155
陕　西	716610	76996	715058	1552
甘　肃	1717751	74752	1715458	2293
青　海	244642	1888	244450	192
宁　夏	157802	812	154790	3012
新　疆	3606934	352377	3593335	13599

和传统救济

单位：人次、人

按对象分类			传统救济
低保人员	特困人员	其他	
4605316	**455575**	**6924974**	**301239**
4917	29	4104	
50044	974	12867	
72224	21074	140992	11616
131993	24108	149893	5827
87928	9204	87439	9427
62033	5420	91128	6042
85852	14204	68707	
130446	13997	52308	11
12083	134	6243	3
20753	6490	176622	12400
59183	1615	53607	392
25156	9287	67618	14605
64895	8637	127772	1371
48608	3553	95451	675
36234	5840	77232	198
51386	11463	154133	16149
58761	7603	123592	3270
169191	28624	533839	32564
32180	10714	54415	778
401914	118164	52560	127381
10419	274	33931	22
38814	24971	60942	10678
66342	23777	308053	16573
49641	2222	183682	7329
52778	1548	622804	21085
1639	1438	21414	
160429	9313	546868	1027
388317	61326	1268108	1461
67337	1854	175451	268
51183	1380	105239	1
2112636	26338	1467960	86

C-2-36 福利彩票

地 区	单位数	编制部门登记	民政部门登记	年末职工人数	#女性	受教育程度	
						大学专科人数	大学本科及以上人数
全 国	**655**	**585**	**70**	**9322**	**3930**	**2936**	**4385**
中央级	1	1		114	49	3	111
北 京	14	14		124	54	29	90
天 津	3	3		88	35	11	57
河 北	19	15	4	342	139	121	131
山 西	11	11		276	125	83	155
内蒙古	15	15		296	137	88	150
辽 宁	9	9		254	87	56	145
吉 林	42	42		370	108	54	112
黑龙江	15	15		207	80	55	67
上 海	17	3	14	207	116	57	87
江 苏	74	72	2	793	357	251	361
浙 江	29	19	10	375	187	107	189
安 徽	45	22	23	541	266	214	224
福 建	10	10		263	95	63	134
江 西	12	12		170	53	61	56
山 东	17	17		591	244	195	337
河 南	40	40		435	173	144	162
湖 北	31	31		167	62	71	48
湖 南	74	74		559	181	180	228
广 东	53	53		743	335	217	380
广 西	16	16		295	134	94	135
海 南	6	6		77	29	24	40
重 庆	1	1		187	52	33	141
四 川	3	3		275	95	93	169
贵 州	11	11		246	108	72	140
云 南	14	14		138	59	52	58
西 藏	1	1		36	15	19	6
陕 西	21	21		328	151	103	150
甘 肃	15	13	2	279	163	136	100
青 海	6	2	4	103	58	31	56
宁 夏	14	3	11	234	112	135	82
新 疆	16	16		209	71	84	84

发行机构

单位：个、人

职业资格水平		年龄结构			
助理社会工作师人数	社会工作师人数	35岁及以下人数	36岁至45岁人数	46岁至55岁人数	56岁及以上人数
197	**214**	**3273**	**3737**	**1889**	**423**
		27	56	24	7
	6	32	57	26	9
		14	42	27	5
4	7	139	145	45	13
	4	125	84	59	8
1	1	127	113	47	9
		73	104	49	28
4	1	121	175	59	15
4	8	71	87	48	1
16		47	86	41	33
36	33	293	322	151	27
20	18	123	156	79	17
14	11	254	198	77	12
	1	76	90	73	24
	1	57	66	40	7
14	48	160	255	148	28
7	6	124	179	113	19
		43	70	47	7
5	14	222	212	102	23
42	25	205	324	180	34
7	12	85	119	71	20
		34	22	16	5
1		64	72	44	7
1	2	96	122	51	6
5	4	108	104	29	5
8	2	66	38	25	9
		19	14	3	
3	7	150	104	63	11
2	1	116	105	48	10
1	1	49	35	18	1
2	1	104	82	34	14
		49	99	52	9

C-2-36续表

地区	事业单位会计制度财务指标		
	固定资产原价	本年收入合计	本年支出合计
全国	**1673901.4**	**780704.3**	**760973.2**
中央级	226166.0	106046.2	120766.7
北京	15590.5	5811.1	15628.4
天津	19790.7	7161.0	8435.5
河北	46064.7	58432.6	55003.4
山西	40219.5	11481.3	6693.3
内蒙古	60404.6	27866.8	20313.9
辽宁	72111.2	15591.3	15590.7
吉林	17705.1	20204.7	20022.3
黑龙江	65279.5	10948.0	11148.4
上海	12886.0	16209.9	657.0
江苏	115684.8	56029.1	52701.5
浙江	68878.5	34902.3	35070.2
安徽	65518.3	22284.2	21842.1
福建	16358.5	15093.2	6905.7
江西	50690.6	10683.6	11356.2
山东	207704.0	56871.0	57178.3
河南	79009.9	20822.0	22316.3
湖北	54109.3	25458.8	24627.2
湖南	49605.4	24877.3	23561.2
广东	72918.8	57770.1	59816.0
广西	31552.9	16625.0	16668.8
海南	13059.8	4082.8	5200.6
重庆	18901.3	17204.2	18816.6
四川	31116.5	14876.4	14700.7
贵州	24799.8	15767.7	15482.5
云南	51233.4	20860.3	20079.4
西藏	2277.4	3408.5	4029.0
陕西	61158.4	37791.9	36331.6
甘肃	26348.3	15288.1	14393.3
青海	9430.4	5737.4	4477.5
宁夏	14261.3	5926.3	7405.8
新疆	33066.0	18591.2	13753.1

单位：万元

民间非营利组织会计制度财务指标		
固定资产原价	本年收入合计	本年费用合计
6056.9	**8273.3**	**2829.5**
49.8		
502.7	2942.7	1442.2
14.0	0.5	
939.7	650.4	186.6
1525.8	1545.2	1196.5
2771.0	300.0	
54.0	20.0	4.2
199.9	2814.5	

C-2-37 慈善

地 区	慈善组织	#具有公开募捐资格的慈善组织	慈善信托	
			备案慈善信托数量	慈善信托合同规模
全 国	**11738**	**3015**	**580**	**347281**
中央级	190	80		
北 京	836	51	54	37736
天 津	89	17		
河 北	658	527		
山 西	178	44	1	100
内蒙古	120	41	3	250
辽 宁	117	48	3	161
吉 林	87	36		
黑龙江	152	55	5	230
上 海	557	28	23	14988
江 苏	650	204	30	10366
浙 江	1240	245	167	115156
安 徽	349	75		
福 建	763	96		
江 西	175	80	13	1529
山 东	623	211	11	5933
河 南	305	119		
湖 北	335	128	1	10
湖 南	807	246	7	439
广 东	1647	271	51	77820
广 西	399	35		
海 南	92	17		
重 庆	133	44	17	2582
四 川	293	140		
贵 州	155	38	8	825
云 南	184	31	2	54
西 藏	12	6		
陕 西	390	46	51	5911
甘 肃	86	23	133	73191
青 海	22	1		
宁 夏	45	14		
新 疆	49	18		

和社工

单位：个、件、万元、万人

慈善捐赠			志愿服务
	社会捐赠接收站点	慈善超市	注册志愿者
14459	**10425**	**4034**	**22096.4**
1664	1589	75	686.6
577	569	8	204.1
13	8	5	1203.7
151	151		412.0
63	10	53	261.3
15	1	14	707.7
18	11	7	287.6
172	2	170	436.9
3453	3109	344	564.3
1378	971	407	2203.2
637	457	180	952.8
273	200	73	1256.0
59	18	41	679.5
246	114	132	573.5
404	335	69	1710.3
608	129	479	1341.7
433	193	240	1074.8
1294	336	958	345.2
1002	862	140	1289.7
233	125	108	1056.2
2	2		114.5
988	876	112	666.5
198	130	68	1503.6
23	14	9	703.1
28	28		681.9
			13.2
509	172	337	339.8
17	13	4	283.2
1		1	56.0
			126.9
			360.9

C-3-1 成员组

地 区	单位数	年末职工人数	#女性	受教育程度	
				大学专科人数	大学本科及以上人数
全 国	**1508546**	**13752349**	**5224745**	**2692131**	**2339612**
中央级	2279	49395	21083	6619	42139
北 京	20098	254897	151065	101201	114691
天 津	11678	94828	49248	16120	33111
河 北	90256	956909	288573	131905	94176
山 西	40436	338740	128316	55901	57135
内蒙古	30961	231237	79684	47125	24827
辽 宁	42994	327640	151574	78131	78493
吉 林	24802	122633	37654	19643	6740
黑龙江	32521	173734	61396	22551	12617
上 海	23503	352781	70797	103303	41316
江 苏	110550	865982	225453	121375	115494
浙 江	97776	793821	405273	206372	208053
安 徽	53557	542177	209711	155465	117045
福 建	52621	325244	115039	45684	38711
江 西	49480	603164	188390	85613	64540
山 东	125158	1276129	554524	289049	304941
河 南	101951	849916	355680	178829	147529
湖 北	58177	426624	182157	87898	66762
湖 南	67670	671022	263659	127748	98624
广 东	98279	1133139	527992	263891	257085
广 西	45953	392308	178812	65355	31715
海 南	12027	83707	30125	13161	9472
重 庆	29809	284008	148739	83245	74708
四 川	79893	712099	284953	141721	126039
贵 州	32600	265217	90851	47910	35190
云 南	37785	437148	116494	49683	52766
西 藏	6221	46955	9795	3626	4817
陕 西	51225	502767	133420	64254	38524
甘 肃	39045	292851	52541	31370	14062
青 海	10898	105907	25274	12558	7093
宁 夏	7930	46862	18678	9027	6095
新 疆	20413	192508	67795	25798	15102

织总表

单位：个、人

职业资格水平		年龄结构			
助理社会工作师人数	社会工作师人数	35岁及以下人数	36岁至45岁人数	46岁至55岁人数	56岁及以上人数
172005	**131165**	**5011371**	**4485000**	**2948457**	**1300530**
		9867	14963	14970	9595
4899	2564	100984	66156	70204	17553
2216	820	26085	36471	25604	6646
4371	11717	514007	232934	143941	66004
7661	2864	126551	103398	70951	37777
1915	1337	81668	77318	52046	20072
14815	3757	116706	109685	70445	30804
2836	2420	31720	63146	19872	7895
1897	1226	50506	70650	40913	11665
2552	8688	102220	129907	87611	33033
11858	7173	300241	332156	169667	63918
21417	12869	267318	225792	189123	111588
5338	3054	192217	221833	101592	26517
2477	1994	116494	110620	73142	24988
3784	832	183166	234822	121986	63190
22989	24696	411191	366154	317492	181220
5228	4397	373475	261171	146519	68751
5498	1988	157804	141407	94124	32909
5626	4253	250045	215373	143472	62132
23245	20175	508492	330248	209736	84650
850	721	121956	138843	84999	46469
1653	195	27480	34093	16021	6113
5845	3983	120778	78061	59565	25484
5207	3834	246932	247943	131758	85466
2057	705	97607	90165	59946	17499
702	153	124126	140471	116264	56248
70	86	13947	16285	10812	4050
2110	2219	148531	152730	157753	43619
833	709	81882	109987	69292	29213
776	241	31295	38598	18697	15732
709	849	15698	15810	11453	3901
571	646	60382	77810	48487	5829

C-3-1续表

地 区	事业单位会计制度财务指标		
	固定资产原价	本年收入合计	本年支出合计
全 国	**276886.6**	**272184.7**	**225315.0**
中央级			
北 京			
天 津			
河 北			
山 西	4511.0	963.0	963.0
内蒙古			
辽 宁			
吉 林			
黑龙江			
上 海			
江 苏	7238.5	8288.4	8231.7
浙 江			
安 徽			
福 建			
江 西	3205.1	4387.3	4387.3
山 东			
河 南			
湖 北			
湖 南			
广 东	261537.0	255301.0	208853.0
广 西			
海 南	395.0	3245.0	2880.0
重 庆			
四 川			
贵 州			
云 南			
西 藏			
陕 西			
甘 肃			
青 海			
宁 夏			
新 疆			

单位：万元

民间非营利组织会计制度财务指标		
固定资产原价	本年收入合计	本年费用合计
66368606.0	**84514580.6**	**65258501.6**
1698690.2	7606467.7	6411725.6
2056866.4	5861447.5	6659309.5
377914.4	657074.5	1022564.1
2546215.9	2348649.8	2013401.2
2462479.3	535474.6	676262.3
200295.4	132587.1	159766.0
2017023.0	1599651.6	985602.5
35543.9	33939.4	40528.9
182809.0	65025.6	120938.1
3476331.1	7920004.2	7370870.6
2347045.5	5300363.7	4242057.3
4578787.5	5963606.1	5553114.0
2451673.8	928501.5	812878.7
1062108.0	864659.7	823732.9
468465.0	787910.6	614802.7
9170342.7	1421991.9	6083664.4
4816468.8	1974433.1	1653908.0
962340.3	1266803.9	1240647.8
1062776.0	1172378.6	1160503.3
10031591.9	30190468.6	9651825.3
1175486.6	1258127.6	1321643.4
115488.3	33195.4	69097.8
4123250.0	2015487.6	1881414.7
4994547.3	2709135.3	2577501.8
543917.7	625564.0	537761.1
667091.6	383452.9	423538.1
26443.6	14001.7	13445.2
1328224.0	457723.1	582210.4
184690.6	101317.0	119277.8
69087.6	35938.1	27033.9
166038.1	177761.7	170494.1
968572.5	71436.5	236980.1

C-3-2 社会组

地 区	单位数	#依法登记的社区社会组织	年末职工人数	#女性
全 国	**901870**	**98066**	**11000059**	**4306618**
中央级	2279		49395	21083
北 京	12892	792	216468	129059
天 津	6357	12	70263	39215
河 北	36825	254	757583	230258
山 西	18533	678	243254	99225
内蒙古	17288	890	171883	59031
辽 宁	26893	158	249044	115280
吉 林	13439	836	83785	23490
黑龙江	20313	60	112780	38393
上 海	17368	4383	322065	53201
江 苏	89247	22290	754995	188132
浙 江	72825	19943	688264	367946
安 徽	35615	3724	454309	174572
福 建	35436	3153	251038	88856
江 西	28300	1444	501336	154745
山 东	63687	1450	1029038	472277
河 南	49917	12110	618862	296018
湖 北	31536	794	315066	135670
湖 南	38384	2036	548354	220609
广 东	71834	12604	996568	479927
广 西	29485	3309	298798	148661
海 南	8830	22	66681	25454
重 庆	18561	3470	222459	119882
四 川	45535	1247	560827	237100
贵 州	14742	618	176041	63151
云 南	23011		358923	97592
西 藏	633	2	12847	4402
陕 西	31210	868	413145	107551
甘 肃	21554	817	219250	37684
青 海	5997	58	82527	20506
宁 夏	5070	9	32391	11394
新 疆	8274	35	121820	46254

织总表

单位：个、人

受教育程度		职业资格水平	
大学专科人数	大学本科及以上人数	助理社会工作师人数	社会工作师人数
2270311	**2148584**	**118869**	**106527**
6619	42139		
91162	104826	833	753
14252	28217	464	326
106620	85695	3422	10761
42208	50478	6264	2060
38858	20814	1560	1157
63108	69252	11612	1903
18150	5394	2496	2268
16831	9714	1032	911
97288	34524	685	7875
106274	106075	5696	4782
180438	192005	15639	9691
128673	108870	3655	2286
30544	33779	1229	1176
64315	58189	2510	361
256524	290479	18761	22269
159514	141219	3618	3547
63360	58167	1244	686
108909	92274	4494	3808
226015	236824	20447	18845
54212	28462	312	577
9775	8677	1638	177
61937	66583	2499	2764
121076	120819	2802	3180
36330	30767	1998	684
45122	51400	508	94
3267	4525	55	74
54587	34187	1493	1624
29500	12631	427	491
11729	6696	658	185
6923	5160	392	763
16191	9743	426	449

C-3-2续表1

地　区	年龄结构				建立党组织的社会组织	社会组织中中共党员人数
	35岁及以下人数	36岁至45岁人数	46岁至55岁人数	56岁及以上人数		
全　国	**4343164**	**3497623**	**2127850**	**1031422**	**132609**	**1725202**
中央级	9867	14963	14970	9595	1138	26333
北　京	90942	54026	58790	12710	2537	31387
天　津	18222	28434	19108	4499	3355	16931
河　北	472107	170917	80305	34254	10046	68125
山　西	104347	73682	39034	26191	6919	41604
内蒙古	68709	55987	33845	13342	3360	22710
辽　宁	100105	80485	46243	22211	4876	44835
吉　林	29138	31124	16872	6651	2169	12466
黑龙江	36805	43960	24068	7947	1931	15877
上　海	95020	119428	78988	28629	7787	67270
江　苏	269780	290754	138054	56407	4926	91271
浙　江	245882	197000	149963	95419	7954	304187
安　徽	162655	188410	79037	24207	4579	69988
福　建	95795	82693	51357	21193	4110	31513
江　西	159480	195610	89805	56441	6805	64615
山　东	361737	294338	235272	137691	713	133702
河　南	322288	177643	75846	43085	7141	92761
湖　北	124545	99851	65110	25560	6070	53084
湖　南	222074	167617	105538	53125	5913	74366
广　东	473731	284480	164515	73842	4935	93832
广　西	100361	106598	55385	36454	2155	28940
海　南	23360	27848	10950	4523	1023	8391
重　庆	100323	61165	41012	19959	1939	33547
四　川	210134	191577	86929	72187	5614	93412
贵　州	71555	57880	35104	11502	3135	32279
云　南	102744	107964	96311	51904	2468	41220
西　藏	6191	4013	2184	459	287	5103
陕　西	131002	121876	125256	35011	3791	36512
甘　肃	64371	77303	52836	24740	9246	54131
青　海	26518	29122	12530	14357	1433	10159
宁　夏	10614	10902	7573	3302	1690	8504
新　疆	32762	49973	35060	4025	2564	16147

单位：人、个

社会组织按行业分类					
科技与研究	生态环境	教育	卫生	社会服务	文化
25514	**3925**	**288341**	**42833**	**137475**	**76635**
526	31	91	92	92	316
834	78	3433	659	3184	929
342	1	1652	242	1889	217
519	73	15974	4256	2957	2325
474	88	6506	1222	1930	2405
656	101	5703	701	1657	1973
732	57	12360	2333	4449	1176
569	69	4436	500	2139	1255
704	35	7637	435	3572	1404
1197	238	2827	522	6696	1405
1370	367	11269	3398	27518	8635
1849	222	13041	1447	26350	4601
1045	121	10627	3344	5878	2956
781	263	9254	1578	4042	4166
307	94	10469	1303	2217	3240
3085	219	20683	4140	7157	6689
857	123	25941	3717	3878	3253
1032	315	9386	1604	2523	3183
750	340	16071	1710	3124	3710
3769	264	27021	1929	7365	6036
598	63	12408	442	3080	1708
259	51	3393	863	412	1172
502	97	6599	336	1682	1054
683	174	15427	1752	4864	4364
231	51	5441	668	1099	1293
361	108	14235	612	457	316
6	14	21	3	51	30
656	70	8840	1256	3272	3397
462	69	3870	763	983	1849
60	52	780	297	1097	522
179	29	1063	142	638	410
119	48	1883	567	1223	646

C−3−2续表2

地　区	社会组织按行业分类					
	体育	法律	工商服务业	宗教	农业及农村发展	职业及从业者组织
全　国	**60176**	**3489**	**53093**	**5175**	**47467**	**23303**
中央级	100	20	652	8	77	58
北　京	759	107	834	45	280	73
天　津	459	15	704	17	30	43
河　北	2840	52	1526	232	1115	706
山　西	1584	45	740	145	461	712
内蒙古	1637	93	976	124	464	813
辽　宁	1479	50	1456	143	414	510
吉　林	1218	63	976	124	636	501
黑龙江	1890	76	850	93	498	400
上　海	1193	111	1368	71	84	131
江　苏	6647	983	4986	285	2524	1950
浙　江	3383	195	2436	291	1832	793
安　徽	2962	107	2581	282	1808	720
福　建	2645	113	2562	342	2174	1979
江　西	2077	101	1654	208	1940	987
山　东	5736	366	3501	320	2128	1315
河　南	3260	84	2899	460	1466	1079
湖　北	2093	156	2963	252	2868	1200
湖　南	2554	181	2529	292	1866	1123
广　东	4869	143	5923	242	1223	1526
广　西	1427	51	1259	97	1866	764
海　南	633	16	436	14	251	220
重　庆	1235	19	2164	119	2486	677
四　川	2480	150	2774	323	2879	2223
贵　州	967	29	1163	133	784	484
云　南	330	2	559	25	93	1
西　藏	27	1	32		8	27
陕　西	1412	46	1006	188	5862	874
甘　肃	925	50	600	185	7015	321
青　海	382	4	75	35	1032	232
宁　夏	485	23	263	27	610	265
新　疆	488	37	646	53	693	596

单位：个、起

国际及涉外组织	其他	行政执法	行政处罚数	#并处没收违法经营额/违法所得	#并处罚款
541	**133903**	**8594**	**8024**	**107**	**47**
50	166	10	10	1	2
8	1669	555	458	2	1
	746	17	15		
13	4237	297	283	2	
18	2203	404	404		
8	2382	208	208		
15	1719	142	139	2	2
4	949	201	181		
13	2706	21	8	2	
54	1471	41	34	1	
41	19274	134	119	1	3
20	16365	183	163		
13	3171	574	573		
61	5476	139	137		
15	3688	478	388	87	13
2	8346	1139	1088		
8	2892	326	323		
6	3955	955	844		
72	4062	237	235		10
32	11492	740	679		
13	5709	307	306	1	1
3	1107	2			
3	1588	42	42		5
13	7429	160	152		
9	2390	102	84		
	5912	305	304		
2	411	6	4		
17	4314	592	592		
5	4457	131	122		6
4	1425	28	14	8	4
17	919	48	45		
2	1273	70	70		

C-3-2续表3

地　区	行政处罚类型			取缔非法社会组织	#并处没收非法财产	当年新登记数	当年年检单位数
	警告	限期（责令）停止活动	撤销登记				
全　国	**2136**	**351**	**5537**	**570**	**8**	**60479**	**461633**
中央级	7	3				1	2172
北　京	342	21	95	97		611	10514
天　津	6	1	8	2		673	1771
河　北	128	1	154	14		3014	10638
山　西	241	7	156			1154	14549
内蒙古	46		162			1648	13723
辽　宁	105	4	30	3		1836	3923
吉　林	32		149	20		1765	8754
黑龙江	5		3	13		1205	2915
上　海	6		28	7		737	13293
江　苏	11	2	106	15		3423	42689
浙　江	16	12	135	20		4629	48757
安　徽	73	45	455	1		3167	22623
福　建	10	2	125	2		2309	19738
江　西	12	76	300	90		1996	19903
山　东	326	19	743	51		5734	33842
河　南	16	1	306	3		4610	44126
湖　北	19	50	775	111	1	1932	15644
湖　南	91	3	141	2		3129	21172
广　东	342	7	330	61		3480	41370
广　西	59		247	1		2330	11993
海　南				2		524	476
重　庆	6	1	35			1332	9273
四　川	59	4	89	8		2757	10621
贵　州	12	6	66	18		1415	8089
云　南	17	1	286	1		1263	8866
西　藏	3	1		2		182	3
陕　西	69	44	479			1579	11318
甘　肃	43	6	73	9		1158	4297
青　海	5	2	7	14	7	231	1501
宁　夏	17	3	25	3		181	1618
新　疆	12	29	29			474	1462

单位：起、个、万元

民间非营利组织会计制度财务指标		
固定资产原价	本年收入合计	本年费用合计
58409493.5	**62435404.3**	**63884745.3**
1698690.2	7606467.7	6411725.6
2056866.4	5861447.5	6659309.5
353110.4	655628.6	1018061.4
2437119.2	2335447.9	2005684.6
2110385.5	485794.8	649465.8
197878.4	132507.1	157918.0
1697615.1	991788.0	969082.6
35543.9	33935.4	40528.9
171543.9	62080.4	119560.1
2744726.6	7472565.8	7131390.8
1777120.7	5104319.3	4109212.8
4522179.2	5930346.7	5523842.5
2182963.1	864553.9	768613.9
1061665.0	861958.9	822642.9
390353.0	689820.0	584442.2
9170342.7	1421991.9	6083664.4
4745264.6	1963409.9	1653460.4
698060.4	1168736.3	1183106.9
1037900.6	1136692.2	1154526.3
7233531.9	10204871.7	9346530.7
1167258.8	1257514.7	1321088.7
115488.3	33195.4	69097.8
2289326.1	1688737.4	1627473.1
4773267.4	2633796.3	2539109.0
532789.0	620987.5	536765.0
570504.7	363373.5	403653.3
10913.8	14001.7	13445.2
1327919.0	456820.3	582192.6
183937.7	101317.0	119043.5
52120.4	34642.3	26106.7
150084.5	177761.7	170494.1
913023.0	68892.5	83506.0

地 区	单位数	年末职工人数	#女性	受教育程度	
				大学专科人数	大学本科及以上人数
全 国	**371110**	**4365245**	**1003090**	**616456**	**626623**
中央级	1972	43748	19439	5979	37728
北 京	4444	41991	18346	13103	25442
天 津	2494	16787	8089	1918	9247
河 北	11937	389887	32223	20682	19444
山 西	7762	82197	20608	9289	10680
内蒙古	7777	86268	21587	17165	9807
辽 宁	6630	51299	14469	10946	12327
吉 林	5723	43606	8951	4970	1711
黑龙江	6911	59067	16793	6499	2374
上 海	4304	33389	6484	12887	2957
江 苏	34284	208687	38561	31335	28218
浙 江	26166	146948	43140	30210	32592
安 徽	15679	178537	48974	50112	50903
福 建	19249	111798	21507	10134	12314
江 西	12752	310184	58832	37124	31577
山 东	19274	477454	127485	82770	99279
河 南	13384	112902	30339	21383	14454
湖 北	12339	90579	20857	15612	13218
湖 南	16448	277669	91090	48112	41033
广 东	32089	277494	62659	38281	54894
广 西	13011	98574	23305	12306	11269
海 南	3506	23657	5995	1926	2558
重 庆	8548	55330	13497	12234	13105
四 川	20793	255857	90009	36975	30749
贵 州	7234	77058	16699	13338	10239
云 南	12890	238192	36398	18583	14381
西 藏	560	12348	4215	3111	4378
陕 西	17114	241239	41782	20178	13490
甘 肃	14227	157672	15783	14541	6457
青 海	4096	63392	10786	5485	3882
宁 夏	2869	15278	3597	3178	2124
新 疆	4644	86157	30591	6090	3792

团体

单位：个、人

职业资格水平		年龄结构			
助理社会工作师人数	社会工作师人数	35岁及以下人数	36岁至45岁人数	46岁至55岁人数	56岁及以上人数
28857	**23138**	**1210035**	**1434278**	**1092639**	**628293**
		8751	13262	13261	8474
121	175	9574	25588	3700	3129
157	74	1872	6284	7604	1027
556	457	278956	53543	39742	17646
657	1051	19572	25269	18285	19071
407	166	27587	27979	20350	10352
923	497	13322	19452	11566	6959
959	313	13264	16240	10724	3378
405	227	13665	24775	14572	6055
180	1895	7450	12318	6773	6848
1820	1091	51686	84535	46951	25515
5485	2627	30419	48581	40710	27238
1793	1145	49216	77848	38213	13260
345	325	27264	38654	31148	14732
1407	89	70832	123833	68091	47428
3849	4606	98886	136451	144321	97796
1434	835	31944	39302	22120	19536
184	183	24284	27840	26877	11578
844	735	76022	87781	74019	39847
2722	2351	80340	85397	71304	40453
66	129	18762	35065	24521	20226
96	103	3752	12297	4610	2998
541	702	12704	18724	14860	9042
937	1526	66631	93183	40917	55126
1334	193	21553	27496	20325	7684
38	16	39142	70650	82923	45477
35	67	5971	3862	2097	418
407	712	41434	69686	102712	27407
327	320	32257	58946	43713	22756
481	104	16916	23717	10527	12232
115	282	3009	5825	4415	2029
232	142	12998	39895	30688	2576

C-3-3续表1

地 区	社会组织负责人	#女性	按登记管理机关行政层级分		
			民政部登记	省级行政部门登记	地级行政部门登记
全 国	**950291**	**147442**	**1972**	**32105**	**90690**
中央级	24495		1972		
北 京	74286	22762		2122	
天 津	7657	617		1040	
河 北	23848	3573		1089	3214
山 西	18031	2190		893	2406
内蒙古	16964	3336		1007	3022
辽 宁	20334	2751		666	3221
吉 林	7707	810		982	1738
黑龙江	5940	1215		1160	2614
上 海	27683	6341		1415	
江 苏	60871	10874		1009	6557
浙 江	60464	5893		1209	5285
安 徽	38482	6251		993	4130
福 建	32260	4007		1382	3718
江 西	24682	5014		828	3239
山 东	58903	12845		1083	6399
河 南	27172	5095		1087	4500
湖 北	37576	3647		942	3215
湖 南	31886	5933		971	4585
广 东	115810	8843		2114	11876
广 西	42804	6834		1017	3135
海 南	8092	1060		1344	758
重 庆	31464	5347		1087	
四 川	44958	6978		1199	4784
贵 州	20034	3491		823	1734
云 南	22374	2516		873	2774
西 藏	1513	376		309	128
陕 西	29997	5195		1025	2893
甘 肃	19121	1600		646	1870
青 海	3975	429		527	513
宁 夏	3663	594		720	778
新 疆	7245	1025		543	1604

单位：人、个

县级行政部门登记	建立党组织的社会组织	社会组织职工中中共党员人数	当年新登记单位数	当年年检单位数
246343	**69939**	**742132**	**19567**	**186398**
	1021	24173		1893
2322	1212	14019	165	3701
1454	1544	7891	188	1075
7634	4746	28663	799	3216
4463	3348	18020	386	6290
3748	1958	14056	566	6204
2743	2388	15369	271	1435
3003	1284	7966	546	3518
3137	712	4935	328	1110
2889	806	12526	88	3516
26718	2378	37140	1121	17712
19672	4531	39265	1117	18742
10556	2389	33236	1340	10397
14149	2728	17254	808	10995
8685	3583	44532	710	8582
11792	362	77873	1568	10181
7797	2819	22952	1213	11091
8182	2677	21640	824	6078
10892	3488	45575	954	9398
18099	2957	39726	1590	20511
8859	1300	15882	643	5376
1404	82	3408	178	104
7461	1296	12133	760	3319
14810	3352	50446	974	3212
4677	1821	16040	392	3689
9243	1750	25330	526	3066
123	262	5002	178	1
13196	2348	23129	563	6959
11711	7406	42775	397	2283
3056	815	7182	114	834
1371	1158	4984	80	1069
2497	1418	9010	180	841

C-3-3续表2

地　区	社会组织按行业分类						
	科技与研究	生态环境	教育	卫生	社会服务	文化	体育
全　国	**11900**	**2985**	**15142**	**7305**	**40550**	**43040**	**38217**
中央级	492	27	61	66	26	283	99
北　京	336	47	155	153	695	416	420
天　津	286	1	63	59	719	120	252
河　北	218	60	172	318	948	1585	2099
山　西	146	74	131	177	844	1340	1236
内蒙古	247	80	445	107	569	1450	1033
辽　宁	533	49	88	147	868	712	766
吉　林	476	64	113	98	697	739	774
黑龙江	179	26	95	136	979	614	870
上　海	749	146	112	132	470	400	374
江　苏	711	276	961	715	5411	3646	3931
浙　江	597	157	453	546	2774	2102	2039
安　徽	578	107	201	326	2906	2064	2105
福　建	452	243	840	334	1628	2747	1924
江　西	203	77	195	266	1263	1665	1741
山　东	653	137	313	402	2061	2543	2338
河　南	257	109	181	366	1513	1749	1798
湖　北	509	132	187	330	967	1624	1588
湖　南	437	283	401	388	1925	2556	1878
广　东	1709	183	776	579	3893	3659	3488
广　西	452	49	339	141	2005	1127	913
海　南	55	30	94	100	123	871	452
重　庆	302	92	182	140	260	863	780
四　川	289	157	438	610	1959	2679	1929
贵　州	109	44	88	121	614	1043	759
云　南	254	95	7780	14	323	102	68
西　藏	3	10	4	2	45	18	26
陕　西	249	57	112	216	2034	2360	974
甘　肃	232	61	48	105	403	985	550
青　海	22	46	14	52	681	348	306
宁　夏	89	25	35	56	281	214	349
新　疆	76	41	65	103	666	416	358

单位：个

社会组织按行业分类						
法律	工商服务业	宗教	农业及农村发展	职业及从业者组织	国际及涉外组织	其他
2295	**46239**	**5092**	**44904**	**20705**	**428**	**92308**
19	565	8	73	58	50	145
76	820	44	274	73	8	927
12	688	17	29	7		241
46	1419	232	1062	613	13	3152
41	720	143	451	692	18	1749
77	865	118	451	710	7	1618
50	1387	142	408	377	15	1088
53	966	123	627	341	3	649
58	820	93	476	362	11	2192
39	1129	60	49	119	7	518
400	3190	275	2420	1686	40	10622
132	2274	286	1577	787	20	12422
79	2431	278	1742	622	13	2227
110	2310	339	2144	1923	60	4195
82	1587	206	1912	922	15	2618
230	2908	319	1898	968		4504
77	2438	459	1443	970	8	2016
80	2309	246	1572	1060	6	1729
165	2406	285	1853	1045	27	2799
86	5603	235	1174	1433	31	9240
42	1216	97	1857	745	13	4015
14	389	13	234	214	2	915
17	1492	117	2470	462	3	1368
139	2226	316	2737	2183	12	5119
22	1119	132	772	474	9	1928
2	559	25	89			3579
1	30		8	27	2	384
40	906	186	5799	712	15	3454
49	546	183	6991	246	3	3825
4	60	35	1030	230	1	1267
17	241	27	596	211	14	714
36	620	53	686	433	2	1089

C-3-3续表3

地　区	行政执法	行政处罚数	#并处没收违法经营额/违法所得	#并处罚款	行政处罚类型		
					警告	限期（责令）停止活动	撤销登记
全　国	**4702**	**4266**	**81**	**32**	**1148**	**213**	**2905**
中央级	7	7	1	2	4	3	
北　京	333	260	1		190	19	51
天　津	12	10			5	1	4
河　北	149	137			61	1	75
山　西	172	172			80	6	86
内蒙古	125	125			37		88
辽　宁	106	105	2	2	84	3	18
吉　林	38	23			16		7
黑龙江	14	5			2		3
上　海	7	3	1		1		2
江　苏	54	41	1	3	8	2	31
浙　江	96	92			13	11	68
安　徽	355	354			39	25	290
福　建	72	71			3	1	67
江　西	278	208	66	13	7	23	178
山　东	396	365			122	4	239
河　南	249	246			6	1	239
湖　北	623	518			12	35	471
湖　南	129	127		1	45	2	80
广　东	457	405			232	4	169
广　西	239	238	1	1	29		209
海　南	1						
重　庆	13	13			1	1	11
四　川	97	89			29		60
贵　州	56	54			9	2	43
云　南	145	144			15		129
西　藏	6	4			3	1	
陕　西	283	283			50	34	199
甘　肃	70	64		6	25	3	36
青　海	25	11	8	4	3	2	6
宁　夏	31	28			7		21
新　疆	64	64			10	29	25

单位：起、个、万元

取缔非法社会组织	#并处没收非法财产	民间非营利组织会计制度财务指标		
		固定资产原价	本年收入合计	本年费用合计
436	**8**	**6114607.7**	**10590436.1**	**8770244.6**
		1304057.9	2639325.1	2195594.7
73		143835.8	430067.9	434258.4
2		19681.9	67588.7	68647.1
12		46168.0	111661.9	89174.5
		936705.7	44585.5	89402.8
		24637.1	37335.2	50444.0
1		44155.6	121318.2	110642.9
15		15406.2	12791.5	19904.2
9		16528.1	8735.2	25073.5
4		569185.8	801036.3	634511.7
13		252925.7	1691673.4	676155.2
4		223066.7	1005739.7	874772.8
1		154678.8	94642.2	97900.0
1		66441.8	231997.1	229359.6
70		67984.4	47048.2	58956.9
31		232266.6	271272.1	314789.1
3		89644.3	120971.6	80435.5
105	1	48542.8	237850.2	227233.2
2		80276.2	147943.4	150963.1
52		436182.5	1443468.9	1388656.0
1		52936.7	116495.4	134808.7
1		29211.5	6750.6	15575.5
		66966.7	175366.1	149620.7
8		219681.0	426768.2	327339.4
2		69259.3	72816.7	55836.4
1		44469.7	44475.2	54813.6
2		7428.9	10751.9	8738.8
		142073.4	81711.1	112295.3
6		64513.8	36159.6	47043.7
14	7	12406.9	5310.1	5591.6
3		7136.0	29035.4	17352.8
		626151.9	17743.5	24352.9

C-3-4 基金

地区	单位数	年末职工人数	#女性	受教育程度	
				大学专科人数	大学本科及以上人数
全国	**8877**	**40514**	**11643**	**6357**	**16848**
中央级	215	3216	383	341	2812
北京	806	5467	3274	931	4296
天津	110	397	207	78	269
河北	517	535	238	145	298
山西	151	254	41		
内蒙古	166	615	105	109	146
辽宁	106	621	201	125	457
吉林	121	605	121	125	206
黑龙江	120	280	130	29	251
上海	574	2686	549	15	556
江苏	781	2604	337	318	502
浙江	904	2369	632	358	819
安徽	189	1338	89	59	264
福建	477	2138	346	589	384
江西	88	993	404	267	472
山东	284	786	199	392	243
河南	160	532	47	45	43
湖北	194	1028	58	69	83
湖南	395	1734	173	188	260
广东	1382	5171	2315	1006	2311
广西	113	1934	242	61	169
海南	129	562	82	89	183
重庆	89	494	152	131	263
四川	195	1234	491	289	879
贵州	67	162	50	2	72
云南	107	380	131	119	171
西藏	22	101	26	23	54
陕西	179	796	74	65	111
甘肃	90	465	128	36	30
青海	33	492	248	301	160
宁夏	78	391	165	2	2
新疆	35	134	5	50	82

会

单位：个、人

职业资格水平		年龄结构			
助理社会工作师人数	社会工作师人数	35岁及以下人数	36岁至45岁人数	46岁至55岁人数	56岁及以上人数
787	**610**	**11101**	**15610**	**8317**	**5486**
		642	966	966	642
59	65	1919	3144	2	402
3	9	87	115	108	87
3	3	145	169	135	86
159	95	50	68	52	84
8	6	219	176	136	84
	1	119	126	146	230
		242	242	121	
		100	50	130	
	139	981	1031	354	320
17	30	547	919	797	341
25	13	651	863	700	155
7	1	106	1033	135	64
2	86	481	758	612	287
69	1	463	293	179	58
7	3	203	269	212	102
1		286	164	47	35
	1	69	818	107	34
18	7	436	516	460	322
132	71	1497	1919	1074	681
		186	499	593	656
176	2	101	112	273	76
29	33	111	234	89	60
33	33	287	316	328	303
		64	71	21	6
15	4	111	101	80	88
		17	28	36	20
18	6	159	204	281	152
	1	202	156	29	78
5		473	9	8	2
1		107	186	68	30
		40	55	38	1

C–3–4续表1

地　区	社会组织负责人数	#女性	建立党组织的社会组织	社会组织职工中中共党员人数	当年新登记单位数	当年年检单位数
全　国	**23507**	**6296**	**1856**	**12074**	**558**	**5502**
中央级	752	316	87	1654	1	208
北　京	7302	2664	346	1470	18	783
天　津	293	95	110	176	7	110
河　北	196	67	101	514		2
山　西	108		83	249	20	
内蒙古	294	38	108	488	17	151
辽　宁	410	26	60	433	3	3
吉　林	605	121	45	146	3	98
黑龙江	120	1	14	120	2	76
上　海	1598	672		1070	43	548
江　苏	1038	129	21	305	36	415
浙　江	924	233	122	565	98	698
安　徽	284	22	15	313	11	66
福　建	865	168	198	903	63	324
江　西	111	21	63	191	4	66
山　东	433	82	3	232	45	15
河　南	210	20	131	424	8	142
湖　北	888	34	8	70	12	13
湖　南	1089	72	68	505	17	282
广　东	3348	570	55	505	97	1098
广　西	466	429	34	102	6	85
海　南	362	57		84	11	
重　庆	298	51	7	119	2	1
四　川	651	183	52	726	7	2
贵　州	115	9		19	6	59
云　南	151	13	3	38		89
西　藏	52	18	5	34		
陕　西	240	95	16	156	8	4
甘　肃	112	64	51	283	7	76
青　海	36	11	3	20	2	28
宁　夏	93	15	21	84	3	32
新　疆	63		26	76	1	28

单位：人、个

基金会按性质分		按登记管理机关行政层级分			
具有公开募捐资格的基金会	不具有公开募捐资格的基金会	民政部登记	省级行政部门登记	地级行政部门登记	县级行政部门登记
2189	**6688**	**215**	**5994**	**1877**	**791**
80	135	215			
50	756		806		
19	91		110		
499	18		508	9	
28	123		151		
92	74		113	35	18
6	100		82	24	
27	94		121		
42	78		120		
28	546		570		4
232	549		429	225	127
178	726		458	170	276
24	165		105	83	1
37	440		234	93	150
56	32		60	28	
41	243		135	98	51
55	105		133	22	5
26	168		130	30	34
155	240		266	63	66
200	1182		475	876	31
25	88		111		2
24	105		129		
25	64		88		1
85	110		195		
31	36		67		
7	100		78	13	16
10	12		22		
29	150		91	86	2
7	83		72	11	7
18	15		30	3	
42	36		77	1	
11	24		28	7	

C-3-4续表2

地区	社会组织按行业分类						
	科技与研究	生态环境	教育	卫生	社会服务	文化	体育
全　国	**346**	**76**	**1934**	**283**	**2807**	**381**	**48**
中央级	15	4	25	13	43	15	1
北　京	27	10	82	36	554	60	4
天　津	3		29	7	64	4	3
河　北			1		3		
山　西			57	6	74	6	
内蒙古			8	12	18	10	
辽　宁	1		40	1	46		1
吉　林			26	2		1	1
黑龙江		1			119		
上　海	22	10	79	23	364	34	4
江　苏	4	1	179	98	266	56	1
浙　江	8	4	283	10	107	28	7
安　徽	4	1	20	3	34	5	
福　建		5	199	6	96	24	4
江　西			6		5	1	
山　东	1	1	80	10	92	12	2
河　南			44	5	49	31	1
湖　北	3	5	78	3	55	9	2
湖　南	3	2	213	6	42	14	2
广　东	247	13	188	15	435	24	8
广　西	1		45	2	59	2	
海　南	1	7	38	10	2	13	1
重　庆			36			5	1
四　川	2		87	7	87	3	1
贵　州	2		11		44	1	1
云　南							
西　藏		2				2	
陕　西	1	3	14	2	61	13	1
甘　肃		4	33		4	3	
青　海		2	7		16	2	
宁　夏	1	1	18	6	46	3	2
新　疆			8		22		

单位：个

社会组织按行业分类						
法律	工商服务业	宗教	农业及农村发展	职业及从业者组织	国际及涉外组织	其他
31	**143**	**29**	**73**	**91**	**3**	**2632**
1	76		2			20
3			3			27
						513
3		1				4
			3			115
						17
						91
	9	8		1		20
1	16	3	3	9		144
1		5	34	2		415
	4		2			116
1	13	1	1	1	1	125
				1		75
			2	2		82
1	5	1	4			19
9	1	2	5	3		19
2	9	5	2	60		35
6	4		4	12		426
	2		1			1
1		1				55
		2				45
1	2		5			
						8
						107
						18
1	1		2		2	78
						46
						6
	1					
						5

C-3-4续表3

地区	行政执法	行政处罚数	#并处没收违法经营额/违法所得	行政处罚类型		
				警告	限期（责令）停止活动	撤销登记
全国	**90**	**88**	**1**	**64**	**7**	**17**
中央级	1	1		1		
北京	59	59		53		6
天津						
河北						
山西	1	1			1	
内蒙古						
辽宁						
吉林						
黑龙江						
上海	1					
江苏						
浙江						
安徽	1	1			1	
福建	1	1				1
江西	1	1	1	1		
山东	2	2		1		1
河南						
湖北	4	4				4
湖南						
广东	10	9		7		2
广西						
海南						
重庆						
四川						
贵州	2	2				2
云南						
西藏						
陕西	7	7		1	5	1
甘肃						
青海						
宁夏						
新疆						

单位：起、个、万元

	民间非营利组织会计制度财务指标		
取缔非法社会组织	固定资产原价	本年收入合计	本年费用合计
2	**743664.1**	**9811256.0**	**7747415.7**
	208166.0	4795122.3	4051715.0
	19316.2	985417.9	790991.2
	23445.9	17288.9	16971.7
	855.2	31825.2	21498.9
	1618.8	10657.8	12565.2
	2930.1	7616.8	8645.3
	1810.7	3328.3	1652.7
	121.0	350.0	242.0
	300.0	100.0	200.0
1	83564.8	877104.6	535064.6
	23777.5	77511.4	43669.2
	31548.4	621113.8	401179.2
	3760.3	6788.6	3548.5
	47190.2	188277.7	122917.1
	58.8	6277.9	3429.2
	843.1	40794.2	11991.5
	34.3	71539.3	2836.1
	1186.8	32578.0	10121.9
	11420.4	123447.7	217542.8
1	67664.2	1418665.5	1076975.8
	1064.6	58772.8	56027.5
	18017.0		1252.0
	1806.9	117444.3	87006.7
	10480.8	123664.0	101617.6
	3.4	103184.7	103658.5
	2258.9	25513.8	19789.5
	0.5	22.3	474.9
	179250.5	18737.2	1489.1
	526.2	25.0	347.9
	610.0	9654.0	127.0
	29.6	38432.0	41864.1
	3.0		3.0

C-3-5 民办非

地 区	单位数	年末职工人数	#女性	受教育程度	
				大学专科人数	大学本科及以上人数
全 国	**521883**	**6594300**	**3291885**	**1647498**	**1505113**
中央级	92	2431	1261	299	1599
北 京	7642	169010	107439	77128	75088
天 津	3753	53079	30919	12256	18701
河 北	24371	367161	197797	85793	65953
山 西	10620	160803	78576	32919	39798
内蒙古	9345	85000	37339	21584	10861
辽 宁	20157	197124	100610	52037	56468
吉 林	7595	39574	14418	13055	3477
黑龙江	13282	53433	21470	10303	7089
上 海	12490	285990	46168	84386	31011
江 苏	54182	543704	149234	74621	77355
浙 江	45755	538947	324174	149870	158594
安 徽	19747	274434	125509	78502	57703
福 建	15710	137102	67003	19821	21081
江 西	15460	190159	95509	26924	26140
山 东	44129	550798	344593	173362	190957
河 南	36373	505428	265632	138086	126722
湖 北	19003	223459	114755	47679	44866
湖 南	21541	268951	129346	60609	50981
广 东	38363	713903	414953	186728	179619
广 西	16361	198290	125114	41845	17024
海 南	5195	42462	19377	7760	5936
重 庆	9924	166635	106233	49572	53215
四 川	24547	303736	146600	83812	89191
贵 州	7441	98821	46402	22990	20456
云 南	10014	120351	61063	26420	36848
西 藏	51	398	161	133	93
陕 西	13917	171110	65695	34344	20586
甘 肃	7237	61113	21773	14923	6144
青 海	1868	18643	9472	5943	2654
宁 夏	2123	16722	7632	3743	3034
新 疆	3595	35529	15658	10051	5869

企业单位

单位：个、人

职业资格水平		年龄结构			
助理社会工作师人数	社会工作师人数	35岁及以下人数	36岁至45岁人数	46岁至55岁人数	56岁及以上人数
89225	**82779**	**3122028**	**2047735**	**1026894**	**397643**
		474	735	743	479
653	513	79449	25294	55088	9179
304	243	16263	22035	11396	3385
2863	10301	193006	117205	40428	16522
5448	914	84725	48345	20697	7036
1145	985	40903	27832	13359	2906
10689	1405	86664	60907	34531	15022
1537	1955	15632	14642	6027	3273
627	684	23040	19135	9366	1892
505	5841	86589	106079	71861	21461
3859	3661	217547	205300	90306	30551
10129	7051	214812	147556	108553	68026
1855	1140	113333	109529	40689	10883
882	765	68050	43281	19597	6174
1034	271	88185	71484	21535	8955
14905	17660	262648	157618	90739	39793
2183	2712	290058	138177	53679	23514
1060	502	100192	71193	38126	13948
3632	3066	145616	79320	31059	12956
17593	16423	391894	197164	92137	32708
246	448	81413	71034	30271	15572
1366	72	19507	15439	6067	1449
1929	2029	87508	42207	26063	10857
1832	1621	143216	98078	45684	16758
664	491	49938	30313	14758	3812
455	74	63491	37213	13308	6339
20	7	203	123	51	21
1068	906	89409	51986	22263	7452
100	170	31912	18201	9094	1906
172	81	9129	5396	1995	2123
276	481	7498	4891	3090	1243
194	307	19724	10023	4334	1448

C-3-5续表1

地　区	社会组织负责人	#女性	建立党组织的社会组织	社会组织职工中中共党员人数	当年新登记单位数	当年年检单位数
全　国	**879049**	**340054**	**60814**	**970996**	**40354**	**269733**
中央级	87	54	30	506		71
北　京	31091	15746	979	15898	428	6030
天　津	5082	1942	1701	8864	478	586
河　北	41126	16162	5199	38948	2215	7420
山　西	15443	4859	3488	23335	748	8259
内蒙古	20446	7973	1294	8166	1065	7368
辽　宁	39326	12651	2428	29033	1562	2485
吉　林	9920	3832	840	4354	1216	5138
黑龙江	12726	4884	1205	10822	875	1729
上　海	34522	13821	6981	53674	606	9229
江　苏	72158	21734	2527	53826	2266	24562
浙　江	72088	27288	3301	264357	3414	29317
安　徽	31123	11390	2175	36439	1816	12160
福　建	23754	8987	1184	13356	1438	8419
江　西	24193	9129	3159	19892	1282	11255
山　东	64021	30426	348	55597	4121	23646
河　南	67159	24829	4191	69385	3389	32893
湖　北	30787	9412	3385	31374	1096	9553
湖　南	37895	16315	2357	28286	2158	11492
广　东	75589	31469	1923	53601	1793	19761
广　西	31109	14206	821	12956	1681	6532
海　南	10228	3850	941	4899	335	372
重　庆	23443	12191	636	21295	570	5953
四　川	40835	14526	2210	42240	1776	7407
贵　州	11912	5671	1314	16220	1017	4341
云　南	12758	2871	715	15852	737	5711
西　藏	129	29	20	67	4	2
陕　西	19388	7213	1427	13227	1008	4355
甘　肃	10723	3329	1789	11073	754	1938
青　海	2699	492	615	2957	115	639
宁　夏	2583	981	511	3436	98	517
新　疆	4706	1792	1120	7061	293	593

单位：人、个

按单位性质分			按登记管理机关行政层级分			
法人	合伙	个体	民政部登记	省级行政部门登记	地级行政部门登记	县级行政部门登记
466525	**6681**	**48677**	**92**	**15267**	**65321**	**441203**
91	1		92			
7124	1	517		1519		6123
3700	3	50		357		3396
18503	228	5640		372	2399	21600
9994	121	505		469	1716	8435
7934	135	1276		602	1841	6902
17098	148	2911		68	2140	17949
5238	15	2342		344	1448	5803
10280	297	2705		525	2466	10291
11752	9	729		791		11699
51178	399	2605		207	4548	49427
45711	11	33		663	2747	42345
16720	362	2665		351	2224	17172
14569	263	878		712	1703	13295
13991	188	1281		221	2091	13148
41064	200	2865		1025	8085	35019
30480	1480	4413		1040	3601	31732
17719	321	963		229	1273	17501
17530	572	3439		407	2602	18532
37019	141	1203		785	10015	27563
15240	74	1047		331	2206	13824
4673	26	496		941	1391	2863
9696	14	214		465		9459
21314	628	2605		551	3347	20649
5077	181	2183		221	772	6448
8466	526	1022		294	977	8743
47	2	2		36	13	2
11602	159	2156		504	2523	10890
5922	81	1234		365	1873	4999
1798	22	48		284	406	1178
1530	28	565		449	462	1212
3465	45	85		139	452	3004

C-3-5续表2

地 区	社会组织按行业分类						
	科技与研究	生态环境	教育	卫生	社会服务	文化	体育
全 国	**13268**	**864**	**271265**	**35245**	**94118**	**33214**	**21911**
中央级	19		5	13	23	18	
北 京	471	21	3196	470	1935	453	335
天 津	53		1560	176	1106	93	204
河 北	301	13	15801	3938	2006	740	741
山 西	328	14	6318	1039	1012	1059	348
内蒙古	409	21	5250	582	1070	513	604
辽 宁	198	8	12232	2185	3535	464	712
吉 林	93	5	4297	400	1442	515	443
黑龙江	525	8	7542	299	2474	790	1020
上 海	426	82	2636	367	5862	971	815
江 苏	655	90	10129	2585	21841	4933	2715
浙 江	1244	61	12305	891	23469	2471	1337
安 徽	463	13	10406	3015	2938	887	857
福 建	329	15	8215	1238	2318	1395	717
江 西	104	17	10268	1037	949	1574	336
山 东	2431	81	20290	3728	5004	4134	3396
河 南	600	14	25716	3346	2316	1473	1461
湖 北	520	178	9121	1271	1501	1550	503
湖 南	310	55	15457	1316	1157	1140	674
广 东	1813	68	26057	1335	3037	2353	1373
广 西	145	14	12024	299	1016	579	514
海 南	203	14	3261	753	287	288	180
重 庆	200	5	6381	196	1422	186	454
四 川	392	17	14902	1135	2818	1682	550
贵 州	120	7	5342	547	441	249	207
云 南	107	13	6455	598	134	214	262
西 藏	3	2	17	1	6	10	1
陕 西	406	10	8714	1038	1177	1024	437
甘 肃	230	4	3789	658	576	861	375
青 海	38	4	759	245	400	172	76
宁 夏	89	3	1010	80	311	193	134
新 疆	43	7	1810	464	535	230	130

单位：个

社会组织按行业分类						
法律	工商服务业	宗教	农业及农村发展	职业及从业者组织	国际及涉外组织	其他
1163	**6711**	**54**	**2490**	**2507**	**110**	**38963**
	11		2			1
28	14	1	3			715
3	16		1	36		505
6	107		53	93		572
1	20	1	10	20		450
16	111	6	10	103	1	649
	69	1	6	133		614
10	10	1	9	160	1	209
18	30		22	38	2	514
72	230	3	35	11	47	933
582	1780	7	101	255	1	8508
62	162		221	4		3528
28	146	4	64	98		828
2	239	2	29	55		1156
19	67	2	28	64		995
136	593	1	228	345	2	3760
6	456		19	109		857
67	653	4	1291	137		2207
14	114	2	11	18	45	1228
51	316	7	45	81	1	1826
9	41		8	19		1693
1	47		17	6	1	137
2	672		16	215		175
10	546	7	137	40	1	2310
7	44	1	12	10		454
			4	1		2226
	2					9
5	99	2	61	162		782
1	54	2	24	75	2	586
	15		2	2	3	152
6	21		14	54	3	205
1	26		7	163		179

C-3-5续表3

地 区	行政执法	行政处罚数			行政处罚类型		
			#并处没收违法经营额/违法所得	#并处罚款	警告	限期（责令）停止活动	撤销登记
全 国	**3802**	**3670**	**25**	**15**	**924**	**131**	**2615**
中央级	2	2			2		
北 京	163	139	1	1	99	2	38
天 津	5	5			1		4
河 北	148	146	2		67		79
山 西	231	231			161		70
内蒙古	83	83			9		74
辽 宁	36	34			21	1	12
吉 林	163	158			16		142
黑龙江	7	3	2		3		
上 海	33	31			5		26
江 苏	80	78			3		75
浙 江	87	71			3	1	67
安 徽	218	218			34	19	165
福 建	66	65			7	1	57
江 西	199	179	20		4	53	122
山 东	741	721			203	15	503
河 南	77	77			10		67
湖 北	328	322			7	15	300
湖 南	108	108		9	46	1	61
广 东	273	265			103	3	159
广 西	68	68			30		38
海 南	1						
重 庆	29	29		5	5		24
四 川	63	63			30	4	29
贵 州	44	28			3	4	21
云 南	160	160			2	1	157
西 藏							
陕 西	302	302			18	5	279
甘 肃	61	58			18	3	37
青 海	3	3			2		1
宁 夏	17	17			10	3	4
新 疆	6	6			2		4

单位：起、个、万元

	民间非营利组织会计制度财务指标		
取缔非法社会组织	固定资产原价	本年收入合计	本年费用合计
132	**51551221.7**	**42033712.2**	**47367085.0**
	186466.3	172020.3	164415.9
24	1893714.4	4445961.7	5434059.9
	309982.6	570751.0	932442.6
2	2390096.0	2191960.8	1895011.2
	1172061.0	430551.5	547497.8
	170311.2	87555.1	98828.7
2	1651648.8	867141.5	856787.0
5	20016.7	20793.9	20382.7
4	154715.8	53245.2	94286.6
2	2091976.0	5794424.9	5961814.5
2	1500417.5	3335134.5	3389388.4
16	4267564.1	4303493.2	4247890.5
	2024524.0	763123.1	667165.4
1	948033.0	441684.1	470366.2
20	322309.8	636493.9	522056.1
20	8937233.0	1109925.6	5756883.8
	4655586.0	1770899.0	1570188.8
6	648330.8	898308.1	945751.8
	946204.0	865301.1	786020.4
8	6729685.2	7342737.3	6880898.9
	1113257.5	1082246.5	1130252.5
1	68259.8	26444.8	52270.3
	2220552.5	1395927.0	1390845.7
	4543105.6	2083364.1	2110152.0
16	463526.3	444986.1	377270.1
	523776.1	293384.5	329050.2
	3484.4	3227.5	4231.5
	1006595.1	356372.0	468408.2
3	118897.7	65132.4	71651.9
	39103.5	19678.2	20388.1
	142918.9	110294.3	111277.2
	286868.1	51149.0	59150.1

C-3-6 自治组

地　区	单位数	居民1000户以下	居民1000户至3000户	居民3000户以上	社区居委会（村委会）主任
全　国	**606124**	**429563**	**138038**	**38523**	**603720**
北　京	7206	4004	2601	601	7206
天　津	5311	3456	1379	476	5154
河　北	53411	43812	7755	1844	53311
山　西	21892	17327	3695	870	21584
内蒙古	13655	9882	3011	762	13578
辽　宁	16101	8340	5301	2460	15906
吉　林	11363	6925	3326	1112	11363
黑龙江	12208	6845	4099	1264	12207
上　海	6132	2256	3519	357	6025
江　苏	21303	8929	9623	2751	21109
浙　江	24951	20059	3782	1110	24866
安　徽	17941	8254	7541	2146	17931
福　建	17185	12947	3574	664	17141
江　西	21180	14414	6083	683	21135
山　东	61461	51344	7776	2341	61461
河　南	52034	37605	12165	2264	52034
湖　北	26577	20284	4151	2142	26575
湖　南	29286	20257	6918	2111	29279
广　东	26443	15925	7380	3138	26385
广　西	16460	10924	4572	964	16415
海　南	3197	2629	500	68	3158
重　庆	11228	6276	3749	1203	11201
四　川	34358	23436	8270	2652	34203
贵　州	17858	14227	2950	681	17673
云　南	14748	9423	4525	800	14605
西　藏	5561	5395	143	23	5541
陕　西	20009	15106	3802	1101	19971
甘　肃	17400	14029	2739	632	17379
青　海	4666	3772	375	519	4597
宁　夏	2860	2048	527	285	2856
新　疆	12139	9433	2207	499	11871

织总表

单位：个、人

#主任、书记“一肩挑”	#中共党员	#女性	社区居委会（村委会）成员	#中共党员	#女性
482574	**556688**	**101976**	**2745299**	**1608412**	**918127**
6573	7090	2689	38429	23360	22006
4462	5044	1331	24543	12618	10033
45253	50429	6103	199303	105835	58315
14163	17882	2861	95423	42390	29091
7343	10599	2255	59221	30224	20653
10064	12634	4590	78596	45041	36294
11295	11295	2347	38848	5710	14164
11705	12029	3293	60954	31349	23003
3277	4827	3358	30706	15797	17596
10908	18485	4976	110987	73137	37321
24257	24549	3564	105557	66232	37327
15645	17527	3379	87850	54931	35139
15272	16360	2835	74206	38271	26183
18914	20129	4233	101828	56243	33645
55833	59251	7598	247019	164930	82247
51130	51607	7028	231054	125685	59662
24841	26266	4563	111178	83063	46487
28345	29065	4943	122668	81256	43050
24970	25872	3927	136558	110762	48065
11820	15027	2717	93469	61558	30151
2582	2773	266	17026	11328	4671
10105	10968	2621	61429	41114	28857
18221	28324	6340	151272	86577	47853
11975	15235	3075	89176	44788	27700
8936	12188	1823	78186	53197	18902
206	3733	265	32247	23538	5393
11492	16537	2196	89488	39717	25869
15888	16782	3231	71124	33924	14857
1899	3458	743	21795	8756	4768
1437	2347	619	14471	8328	7284
3763	8376	2207	70688	28753	21541

C-3-6续表1

地区	受教育程度		职业资格水平	
	大学专科人数	大学本科及以上人数	助理社会工作师人数	社会工作师人数
全国	**421820**	**191028**	**53136**	**24638**
北京	10039	9865	4066	1811
天津	1868	4894	1752	494
河北	25285	8481	949	956
山西	13693	6657	1397	804
内蒙古	8267	4013	355	180
辽宁	15023	9241	3203	1854
吉林	1493	1346	340	152
黑龙江	5720	2903	865	315
上海	6015	6792	1867	813
江苏	15101	9419	6162	2391
浙江	25934	16048	5778	3178
安徽	26792	8175	1683	768
福建	15140	4932	1248	818
江西	21298	6351	1274	471
山东	32525	14462	4228	2427
河南	19315	6310	1610	850
湖北	24538	8595	4254	1302
湖南	18839	6350	1132	445
广东	37876	20261	2798	1330
广西	11143	3253	538	144
海南	3386	795	15	18
重庆	21308	8125	3346	1219
四川	20645	5220	2405	654
贵州	11580	4423	59	21
云南	4561	1366	194	59
西藏	359	292	15	12
陕西	9667	4337	617	595
甘肃	1870	1431	406	218
青海	829	397	118	56
宁夏	2104	935	317	86
新疆	9607	5359	145	197

单位：人

年龄结构			
35岁及以下人数	36岁至45岁人数	46岁至55岁人数	56岁及以上人数
668207	**987377**	**820607**	**269108**
10042	12130	11414	4843
7863	8037	6496	2147
41900	62017	63636	31750
22204	29716	31917	11586
12959	21331	18201	6730
16601	29200	24202	8593
2582	32022	3000	1244
13701	26690	16845	3718
7200	10479	8623	4404
30461	41402	31613	7511
21436	28792	39160	16169
29562	33423	22555	2310
20699	27927	21785	3795
23686	39212	32181	6749
49454	71816	82220	43529
51187	83528	70673	25666
33259	41556	29014	7349
27971	47756	37934	9007
34761	45768	45221	10808
21595	32245	29614	10015
4120	6245	5071	1590
20455	16896	18553	5525
36798	56366	44829	13279
26052	32285	24842	5997
21382	32507	19953	4344
7756	12272	8628	3591
17529	30854	32497	8608
17511	32684	16456	4473
4777	9476	6167	1375
5084	4908	3880	599
27620	27837	13427	1804

C-3-6续表2

地　区	居民（村民）小组	当年完成选举的居（村）委会数	当年完成选举的居（村）选民登记总数		
				本届登记选民数	参加投票人数
全　国	**5302096**	**451015**	**667654066**	**590705097**	**492091538**
北　京	101890	6882	8637694	8574366	5206668
天　津	29948	2657	3305314	1310425	1083269
河　北	344522	48345	41589536	39090288	33456464
山　西	80364	19546	17635653	14620317	11893972
内蒙古	75905	7987	8863786	7736118	5049762
辽　宁	132030	6280	8648622	6823368	5568936
吉　林	100396	2955	3397323	624464	597309
黑龙江	61720	12208	12651153	10291688	7427115
上　海	165125	5962	10433706	9963682	9396899
江　苏	220776	10177	32572444	19111081	16913433
浙　江	368394	8439	14610107	14452889	13646566
安　徽	308762	17459	44712462	42246775	35003337
福　建	178413	16275	26276823	21825200	17152288
江　西	215761	15064	26479482	25902231	23099529
山　东	365350	61461	57081791	54426673	39287034
河　南	386410	43425	56155814	51111467	41667374
湖　北	223542	26081	40097890	38445758	33330773
湖　南	474392	29149	48854882	46813779	39939617
广　东	274005	21860	48350582	45443210	42168972
广　西	246772	13617	34487672	32772461	28941731
海　南	15847	2226	2844835	2815303	2626843
重　庆	97732	9330	16064534	14250031	12114762
四　川	208665	19231	37654503	30425274	24829657
贵　州	182076	9442	14158968	13582397	10600520
云　南	180805	8930	18185957	11262253	9791968
西　藏	14143	1562	438099	363868	256254
陕　西	132513	12808	16361100	14944587	12701332
甘　肃	61800	6808	10947854	6535757	5154615
青　海	3381	410	447696	181688	170808
宁　夏	19206	2846	4136840	3718324	2262112
新　疆	31451	1593	1570944	1039375	751619

单位：个、人、次

#委托投票人数	经推举产生的居（村）民代表数	#女性	当年召开居（村）民会议次数	当年召开居（村）民代表会议的次数
57402238	**20292854**	**4211658**	**741412**	**1136068**
501863	128361	40693	102180	31795
25202	48150	3986	2928	11604
3003706	1617375	140714	33494	79608
702393	647946	95199	8792	16945
289799	348548	38594	17093	28693
270743	223125	67435	7150	20059
117709	45152	3985	273	827
163290	227307	38238	2979	9575
680289	630622	392550	5889	10661
2277022	1399945	70717	4826	19552
2078371	366715	101596	1625	11752
3103875	878056	303420	34980	59746
1073851	552563	169453	16076	54742
1243582	517624	114872	28579	49163
8889078	2076038	531616	72088	170782
3946064	2647847	303605	88603	53832
6587433	773560	182053	23483	37938
3352719	1738574	549833	65829	105906
4400138	1395491	252670	51917	115528
1866685	464145	119263	28118	24286
92976	63884	21679	893	3883
2740218	369323	140379	34914	50909
6377475	892442	140116	20634	37704
1357137	455555	100678	21135	30155
321983	670413	127497	28498	16260
99489	167938	28836	1141	919
1072378	449889	87856	29817	65986
250780	345094	22862	5166	8603
3921	25409	11	29	29
417288	108172	21028	2214	8586
94781	17591	224	69	40

C-3-7 村民

地　区	单位数	居民1000户以下	居民1000户至3000户	居民3000户以上	村委会主任
全　国	**489573**	**386338**	**88877**	**14358**	**488033**
北　京	3784	3428	332	24	3784
天　津	3519	3234	265	20	3386
河　北	48428	41936	5547	945	48388
山　西	19086	16375	2413	298	18800
内蒙古	11027	9045	1799	183	10985
辽　宁	11566	7644	3278	644	11451
吉　林	9342	6355	2358	629	9342
黑龙江	9026	5976	2662	388	9025
上　海	1556	946	552	58	1544
江　苏	13767	6717	5895	1155	13696
浙　江	19785	18223	1530	32	19734
安　徽	14253	7302	5813	1138	14251
福　建	14267	11693	2385	189	14247
江　西	16989	12557	4121	311	16972
山　东	54621	48307	5477	837	54621
河　南	44700	33686	9780	1234	44700
湖　北	21626	18672	2528	426	21624
湖　南	23704	17788	4869	1047	23703
广　东	19430	13622	4386	1422	19412
广　西	14172	10188	3663	321	14145
海　南	2532	2257	259	16	2514
重　庆	7956	5293	2479	184	7940
四　川	26092	19602	5578	912	25986
贵　州	13216	11392	1576	248	13091
云　南	11722	8302	3189	231	11616
西　藏	5313	5163	130	20	5295
陕　西	16859	13846	2574	439	16856
甘　肃	15923	13390	2135	398	15915
青　海	4149	3499	215	435	4086
宁　夏	2212	1923	262	27	2211
新　疆	8951	7977	827	147	8713

委员会

单位：个、人

#主任、书记“一肩挑”	#中共党员	#女性	村委会成员	#中共党员	#女性
390186	**449831**	**54068**	**2088515**	**1219760**	**560730**
3415	3711	418	14485	10491	4663
2765	3281	261	12828	6278	2880
40928	45624	3843	173276	92066	43136
12045	15316	1593	80326	35281	19954
5645	8460	854	44702	22862	11435
6289	8563	1496	48264	26473	13969
9274	9274	1332	30215	3273	9535
8700	8917	1338	41352	23001	9517
1250	1429	502	6591	4782	2356
7053	12335	2260	68915	46051	18320
19252	19471	1248	79846	49236	23549
12500	13898	2103	66005	40787	23170
12819	13623	1590	57334	29357	16719
15134	16102	2124	79434	45006	19987
49476	52527	5049	211473	140796	63882
44304	44527	4959	192441	104718	42391
20201	21376	2558	83484	61718	29376
22944	23529	3190	95228	62064	29894
18481	18999	1622	92638	74712	25699
10245	12939	1830	77925	52135	21682
2031	2199	154	12977	8639	3222
7072	7734	1220	40355	27000	15872
13330	21142	3985	111000	60959	30309
8925	11404	1667	62364	31787	16254
6682	9545	1236	60399	42004	12734
194	3578	228	30643	22319	4999
9199	13791	1116	71120	31425	15396
14551	15382	2503	63919	30811	11301
1597	3044	488	18629	7296	3045
1028	1765	150	9918	5735	3409
2857	6346	1151	50429	20698	12075

C-3-7续表1

地区	受教育程度		职业资格水平	
	大学专科人数	大学本科及以上人数	助理社会工作师人数	社会工作师人数
全国	**258905**	**63644**	**9214**	**4157**
北京	3346	1253	208	58
天津	615	318	2	3
河北	19026	3031	205	427
山西	8984	2931	430	306
内蒙古	4384	1080	63	64
辽宁	6130	948	34	17
吉林	416	138	8	2
黑龙江	1618	262	128	36
上海	1048	1329	105	48
江苏	8821	3743	1564	465
浙江	18696	5184	1289	238
安徽	18683	3852	198	85
福建	10410	1951	151	67
江西	14492	2991	196	152
山东	22280	5867	1299	761
河南	12697	2531	1062	613
湖北	13740	3167	409	75
湖南	12383	2881	178	53
广东	23657	6195	249	91
广西	7299	1119	12	6
海南	2128	236	10	17
重庆	12025	2641	554	119
四川	12243	1996	513	137
贵州	7093	2512	6	1
云南	3031	684	24	7
西藏	285	200	12	11
陕西	4956	1176	50	70
甘肃	1368	921	107	96
青海	302	198	94	46
宁夏	1139	124	38	
新疆	5610	2185	16	86

单位：人

年龄结构			
35岁及以下人数	36岁至45岁人数	46岁至55岁人数	56岁及以上人数
453368	**740679**	**664649**	**229819**
1739	3641	6127	2978
2868	4153	4567	1240
32181	52543	58279	30273
16153	24525	28709	10939
7941	15944	14870	5947
6911	16608	17507	7238
1057	25938	2170	1050
7083	18776	12303	3190
1750	2427	1854	560
17196	25672	21041	5006
12596	20605	33220	13425
20811	25230	18034	1930
14834	21133	18182	3185
16554	30157	26700	6023
38349	59933	73004	40187
38741	69671	60906	23123
23615	30565	22984	6320
20211	36485	30713	7819
20823	29335	34009	8471
17178	26301	25526	8920
2830	4786	4016	1345
12266	10550	13239	4300
25141	41543	33831	10485
18433	22452	17514	3965
16456	25444	15212	3287
7331	11657	8213	3442
11615	23826	27946	7733
15160	29642	14968	4149
3671	8009	5649	1300
2794	3262	3289	573
19080	19866	10067	1416

C-3-7续表2

地　区	当年完成选举的村委会数	当年完成选举的村委会选民登记数	本届登记选民数	参加投票人数	#委托投票人数
全　国	**367931**	**504565484**	**455224294**	**393012862**	**50417191**
北　京	3573	2817348	2798297	2569487	491924
天　津	2108	2264265	985623	796137	21287
河　北	44371	39411152	37066951	31847509	2929583
山　西	17139	15400932	12681561	10952656	677864
内蒙古	6254	5423139	4994210	3987554	256194
辽　宁	4572	7517932	6163109	5209493	264548
吉　林	2419	2813306	575047	533218	117680
黑龙江	9026	7650968	6052271	4661614	140298
上　海	1517	3085377	2816438	2774635	178364
江　苏	7029	16933735	13354603	12648662	1956845
浙　江	6416	9355594	9297210	8859881	1713226
安　徽	13872	34469300	32731427	27505953	2748270
福　建	13769	20295220	17865549	15202668	1045193
江　西	11923	21766767	21434235	19545185	1122549
山　东	54621	50679801	48871400	35767198	8419135
河　南	37426	48471837	43948331	36454200	3729507
湖　北	21251	27290111	26397155	23662470	6163780
湖　南	23621	37742138	36712870	33337015	2922545
广　东	16238	36374263	33980406	33196077	3744256
广　西	11861	27428169	26251111	23754608	1606480
海　南	1728	2683672	2667479	2491552	87110
重　庆	6469	8520598	7312229	6249729	1944529
四　川	14014	25170099	19874539	16026578	4834661
贵　州	7436	10700639	10334190	8847905	1239299
云　南	7121	13339827	8802854	7867182	292959
西　藏	1527	395164	322293	230794	83241
陕　西	11048	14068169	12820232	11024027	986703
甘　肃	5974	8549727	4921925	4359098	228480
青　海	354	364145	151183	141184	3021
宁　夏	2204	2917365	2602465	2111857	396750
新　疆	1050	664725	437101	396736	70910

单位：个、人、次

经推举产生的村民代表数	#女性	当年召开村民会议次数	当年召开村民代表会议的次数	自然村	村民小组数
17539374	**3153876**	**613485**	**980520**	**1565562**	**3949785**
92275	33081	64070	21007	2011	31127
48150	3986	2928	11604	1538	7589
1570827	126930	32033	76760	64511	283516
581666	65934	7942	15685	39267	59661
199455	23678	14788	25366	28167	48060
183780	47524	5186	16780	21594	53552
43600	3174	273	737	9342	63376
184610	26273	1644	8418	35296	33715
99349	47321	2132	4921	908	16881
1260840	54649	4220	17379	42750	146450
361185	99709	1625	11613	42519	265464
739449	246912	27366	47605	160674	262118
507105	151609	15166	51632	46290	146440
460616	90751	24136	39688	68667	181466
1969459	489230	68361	164800	95855	273905
2489655	268384	84127	47004	120336	327650
654145	144361	20325	32886	113746	181278
1458239	443124	53550	84684	91178	400831
1142614	166200	44039	96775	136391	228953
420633	101916	26068	22057	116341	211917
48771	15495	793	3241	5987	11331
254661	85454	24714	40290	14853	64997
810553	108211	14239	27859	17531	150822
391426	80475	16785	24463	64759	131232
572577	97527	23380	12467	133923	150363
141107	28264	1141	919	8057	13655
393805	70896	25197	57120	45459	113404
341742	21967	5110	8435	27602	57083
25409	11	29	29	699	2965
75228	10665	2118	8296	6103	11873
16443	165			3208	18111

C-3-8 社区

地区	单位数	居民1000户以下	居民1000户至3000户	居民3000户以上	社区居委会主任
全国	**116551**	**43225**	**49161**	**24165**	**115687**
北京	3422	576	2269	577	3422
天津	1792	222	1114	456	1768
河北	4983	1876	2208	899	4923
山西	2806	952	1282	572	2784
内蒙古	2628	837	1212	579	2593
辽宁	4535	696	2023	1816	4455
吉林	2021	570	968	483	2021
黑龙江	3182	869	1437	876	3182
上海	4576	1310	2967	299	4481
江苏	7536	2212	3728	1596	7413
浙江	5166	1836	2252	1078	5132
安徽	3688	952	1728	1008	3680
福建	2918	1254	1189	475	2894
江西	4191	1857	1962	372	4163
山东	6840	3037	2299	1504	6840
河南	7334	3919	2385	1030	7334
湖北	4951	1612	1623	1716	4951
湖南	5582	2469	2049	1064	5576
广东	7013	2303	2994	1716	6973
广西	2288	736	909	643	2270
海南	665	372	241	52	644
重庆	3272	983	1270	1019	3261
四川	8266	3834	2692	1740	8217
贵州	4642	2835	1374	433	4582
云南	3026	1121	1336	569	2989
西藏	248	232	13	3	246
陕西	3150	1260	1228	662	3115
甘肃	1477	639	604	234	1464
青海	517	273	160	84	511
宁夏	648	125	265	258	645
新疆	3188	1456	1380	352	3158

居委会

单位：个、人

#主任、书记“一肩挑”	#中共党员	#女性	社区居委会成员	#中共党员	#女性
92388	**106857**	**47908**	**656784**	**388652**	**357397**
3158	3379	2271	23944	12869	17343
1697	1763	1070	11715	6340	7153
4325	4805	2260	26027	13769	15179
2118	2566	1268	15097	7109	9137
1698	2139	1401	14519	7362	9218
3775	4071	3094	30332	18568	22325
2021	2021	1015	8633	2437	4629
3005	3112	1955	19602	8348	13486
2027	3398	2856	24115	11015	15240
3855	6150	2716	42072	27086	19001
5005	5078	2316	25711	16996	13778
3145	3629	1276	21845	14144	11969
2453	2737	1245	16872	8914	9464
3780	4027	2109	22394	11237	13658
6357	6724	2549	35546	24134	18365
6826	7080	2069	38613	20967	17271
4640	4890	2005	27694	21345	17111
5401	5536	1753	27440	19192	13156
6489	6873	2305	43920	36050	22366
1575	2088	887	15544	9423	8469
551	574	112	4049	2689	1449
3033	3234	1401	21074	14114	12985
4891	7182	2355	40272	25618	17544
3050	3831	1408	26812	13001	11446
2254	2643	587	17787	11193	6168
12	155	37	1604	1219	394
2293	2746	1080	18368	8292	10473
1337	1400	728	7205	3113	3556
302	414	255	3166	1460	1723
409	582	469	4553	2593	3875
906	2030	1056	20259	8055	9466

C-3-8续表1

地区	受教育程度		职业资格水平	
	大学专科人数	大学本科及以上人数	助理社会工作师人数	社会工作师人数
全国	**162915**	**127384**	**43922**	**20481**
北京	6693	8612	3858	1753
天津	1253	4576	1750	491
河北	6259	5450	744	529
山西	4709	3726	967	498
内蒙古	3883	2933	292	116
辽宁	8893	8293	3169	1837
吉林	1077	1208	332	150
黑龙江	4102	2641	737	279
上海	4967	5463	1762	765
江苏	6280	5676	4598	1926
浙江	7238	10864	4489	2940
安徽	8109	4323	1485	683
福建	4730	2981	1097	751
江西	6806	3360	1078	319
山东	10245	8595	2929	1666
河南	6618	3779	548	237
湖北	10798	5428	3845	1227
湖南	6456	3469	954	392
广东	14219	14066	2549	1239
广西	3844	2134	526	138
海南	1258	559	5	1
重庆	9283	5484	2792	1100
四川	8402	3224	1892	517
贵州	4487	1911	53	20
云南	1530	682	170	52
西藏	74	92	3	1
陕西	4711	3161	567	525
甘肃	502	510	299	122
青海	527	199	24	10
宁夏	965	811	279	86
新疆	3997	3174	129	111

单位：人

年龄结构			
35岁及以下人数	36岁至45岁人数	46岁至55岁人数	56岁及以上人数
214839	**246698**	**155958**	**39289**
8303	8489	5287	1865
4995	3884	1929	907
9719	9474	5357	1477
6051	5191	3208	647
5018	5387	3331	783
9690	12592	6695	1355
1525	6084	830	194
6618	7914	4542	528
5450	8052	6769	3844
13265	15730	10572	2505
8840	8187	5940	2744
8751	8193	4521	380
5865	6794	3603	610
7132	9055	5481	726
11105	11883	9216	3342
12446	13857	9767	2543
9644	10991	6030	1029
7760	11271	7221	1188
13938	16433	11212	2337
4417	5944	4088	1095
1290	1459	1055	245
8189	6346	5314	1225
11657	14823	10998	2794
7619	9833	7328	2032
4926	7063	4741	1057
425	615	415	149
5914	7028	4551	875
2351	3042	1488	324
1106	1467	518	75
2290	1646	591	26
8540	7971	3360	388

C−3−8续表2

地　区	当年完成选举的居委会数	当年完成选举的居委会选民登记数	本届登记选民数	参加投票人数	#委托投票人数
全　国	**83084**	**163088582**	**135480803**	**99078676**	**6985047**
北　京	3309	5820346	5776069	2637181	9939
天　津	549	1041049	324802	287132	3915
河　北	3974	2178384	2023337	1608955	74123
山　西	2407	2234721	1938756	941316	24529
内蒙古	1733	3440647	2741908	1062208	33605
辽　宁	1708	1130690	660259	359443	6195
吉　林	536	584017	49417	64091	29
黑龙江	3182	5000185	4239417	2765501	22992
上　海	4445	7348329	7147244	6622264	501925
江　苏	3148	15638709	5756478	4264771	320177
浙　江	2023	5254513	5155679	4786685	365145
安　徽	3587	10243162	9515348	7497384	355605
福　建	2506	5981603	3959651	1949620	28658
江　西	3141	4712715	4467996	3554344	121033
山　东	6840	6401990	5555273	3519836	469943
河　南	5999	7683977	7163136	5213174	216557
湖　北	4830	12807779	12048603	9668303	423653
湖　南	5528	11112744	10100909	6602602	430174
广　东	5622	11976319	11462804	8972895	655882
广　西	1756	7059503	6521350	5187123	260205
海　南	498	161163	147824	135291	5866
重　庆	2861	7543936	6937802	5865033	795689
四　川	5217	12484404	10550735	8803079	1542814
贵　州	2006	3458329	3248207	1752615	117838
云　南	1809	4846130	2459399	1924786	29024
西　藏	35	42935	41575	25460	16248
陕　西	1760	2292931	2124355	1677305	85675
甘　肃	834	2398127	1613832	795517	22300
青　海	56	83551	30505	29624	900
宁　夏	642	1219475	1115859	150255	20538
新　疆	543	906219	602274	354883	23871

单位：个、人、次

经推举产生的居民代表数	#女性	当年召开居民会议次数	当年召开居民代表会议的次数	居委会小组数
2753480	**1057782**	**127927**	**155548**	**1352311**
36086	7612	38110	10788	70763
				22359
46548	13784	1461	2848	61006
66280	29265	850	1260	20703
149093	14916	2305	3327	27845
39345	19911	1964	3279	78478
1552	811		90	37020
42697	11965	1335	1157	28005
531273	345229	3757	5740	148244
139105	16068	606	2173	74326
5530	1887		139	102930
138607	56508	7614	12141	46644
45458	17844	910	3110	31973
57008	24121	4443	9475	34295
106579	42386	3727	5982	91445
158192	35221	4476	6828	58760
119415	37692	3158	5052	42264
280335	106709	12279	21222	73561
252877	86470	7878	18753	45052
43512	17347	2050	2229	34855
15113	6184	100	642	4516
114662	54925	10200	10619	32735
81889	31905	6395	9845	57843
64129	20203	4350	5692	50844
97836	29970	5118	3793	30442
26831	572			488
56084	16960	4620	8866	19109
3352	895	56	168	4717
				416
32944	10363	96	290	7333
1148	59	69	40	13340

C-3-9 其他社会服

地 区	单位数	市场监管部门登记	编制部门登记	民政部门登记	年末职工人数	#女性
全 国	**5442**	**1381**	**3506**	**525**	**93882**	**30849**
北 京	60	9	51		1481	533
天 津	27	7	15	5	910	358
河 北	217	13	203	1	3798	1141
山 西	88	28	55	5	1253	408
内蒙古	160	39	116	5	1953	601
辽 宁	459	56	61	312	4136	1133
吉 林	190	46	144		3872	977
黑龙江	168	26	130	12	3193	963
上 海	90	59	30	1	3757	1615
江 苏	291	63	212	16	4817	1634
浙 江	315	139	159	17	5179	1447
安 徽	171	34	126	11	3047	974
福 建	204	78	122	4	3875	1117
江 西	139	31	99	9	2306	625
山 东	297	58	219	20	4695	1552
河 南	390	122	268		7070	2222
湖 北	230	27	196	7	4071	1547
湖 南	231	49	182		3274	1159
广 东	305	76	211	18	7815	2217
广 西	158	37	119	2	2550	985
海 南	19	8	10	1	258	59
重 庆	152	48	89	15	2554	1076
四 川	309	54	241	14	4737	1803
贵 州	139	82	55	2	4062	1415
云 南	211	46	163	2	2830	913
西 藏	3		3		39	10
陕 西	155	42	98	15	2873	997
甘 肃	86	31	44	11	1089	410
青 海	16	8	5	3	190	64
宁 夏	52	31	13	8	846	312
新 疆	110	34	67	9	1352	582

务机构总表

单位：个、人

受教育程度		职业资格水平		年龄结构			
大学专科人数	大学本科及以上人数	助理社会工作师人数	社会工作师人数	35岁及以下人数	36岁至45岁人数	46岁至55岁人数	56岁及以上人数
26122	**15406**	**1553**	**1917**	**24908**	**33829**	**25693**	**9452**
334	595	29	19	421	446	433	181
191	355	22	42	226	308	202	174
875	456	22	57	1008	1494	959	337
318	292	8	14	338	482	318	115
695	335	5	14	510	659	600	184
1162	534	107	478	1245	1352	1137	402
1423	599	4	6	983	1507	1043	339
944	404	25	23	706	1320	917	250
852	758	20	22	937	1316	956	548
1416	1176	166	142	1411	1706	1274	426
1486	1022	171	161	1054	1507	1521	1097
896	430	68	48	819	1117	849	262
654	394	51	67	852	1416	1149	458
443	165	41	51	509	936	639	222
1589	1107	198	232	1183	1775	1290	447
1928	772	68	61	2216	2636	1732	486
1608	594	79	73	1265	1578	980	248
1139	548	54	42	903	1419	770	182
1886	1330	157	120	1693	2870	2397	855
893	552	62	46	848	924	583	195
52	44			78	87	59	34
745	543	45	56	757	819	747	231
1372	579	35	35	1083	1713	1478	463
883	434	17	11	1194	1425	1102	341
735	445	35	38	917	1110	628	175
20	15	2		19	13	6	1
593	422	15	27	806	905	784	378
275	174	8	15	284	349	336	120
54	26	5		61	56	63	10
167	97	16	12	122	267	313	144
494	209	18	5	460	317	428	147

C-3-9续表

地 区	企业会计制度财务指标			
	固定资产原价	营业收入	费用合计	营业利润
全 国	**1705034.9**	**2042199.8**	**575765.8**	**537105.6**
北 京	32154.9	58087.6	22997.6	19437.1
天 津	17448.5	7158.1	3608.3	2193.8
河 北	21903.1	17478.6	8715.5	-199.1
山 西	35804.2	17239.9	7129.9	968.8
内蒙古	23168.8	7989.1	3511.4	591.8
辽 宁	49314.3	24018.8	9131.4	1472.3
吉 林	29309.2	6981.9	2304.8	1499.6
黑龙江	23952.7	12454.4	5744.4	1669.7
上 海	314123.5	827587.0	136530.7	331575.1
江 苏	53126.8	88830.8	18956.0	50032.3
浙 江	61528.1	128647.1	41279.7	17068.6
安 徽	19439.7	21814.7	6214.7	4997.1
福 建	121533.1	130736.0	26541.6	23999.6
江 西	23080.0	25162.7	9367.3	418.6
山 东	33125.3	20482.6	10716.9	1187.1
河 南	65788.3	23750.9	10912.5	1341.1
湖 北	37480.9	35946.2	10228.0	9887.4
湖 南	64424.9	26326.2	12311.0	3182.2
广 东	70836.0	139370.5	47722.4	33464.7
广 西	74549.0	56839.2	18794.5	9440.0
海 南	5787.7	7240.1	2516.4	764.6
重 庆	47565.8	47358.5	23340.4	3215.1
四 川	94419.5	80399.6	24312.4	13659.9
贵 州	168455.2	136410.6	82427.5	-1454.2
云 南	58829.8	24706.7	8082.4	2741.0
西 藏	2725.6	31.4	18.7	
陕 西	33934.5	31501.7	12835.6	2079.0
甘 肃	30662.9	27621.1	3142.5	1675.5
青 海	53839.0			
宁 夏	19410.2	8350.0	5561.5	178.9
新 疆	17313.4	1677.8	809.8	18.0

单位：万元

事业单位会计制度财务指标			民间非营利组织会计制度财务指标		
固定资产原价	本年收入合计	本年支出合计	固定资产原价	本年收入合计	本年费用合计
2950342.4	**1870260.4**	**1742311.8**	**107000.7**	**46077.2**	**29005.8**
146925.3	152616.9	130810.9			
91098.0	52042.3	44459.0	189.5	1140.2	582.9
150557.5	67481.5	66998.3	2150.0	1150.0	
52477.9	29512.9	29468.2	606.5	10.0	13.3
38969.5	21955.7	22458.5	741.0	413.5	177.8
33196.9	26716.8	23173.2	15850.4	4009.5	2207.1
110968.9	21574.6	20881.2			
112854.2	60576.5	45632.9	208.0	130.4	81.6
9667.6	17395.6	16152.7		250.5	
338630.7	190831.7	171949.4	6807.8	7884.5	3301.6
175972.3	132228.7	125823.2	664.2	283.0	1401.4
78828.3	71148.5	67050.1	2300.2	1885.1	1630.4
55774.9	49430.4	50041.5	1931.0	787.5	367.8
29786.8	24907.5	25726.1	4284.6	4262.4	2146.9
206405.6	116984.1	115054.6	16563.8	10051.2	2367.2
86097.1	43955.0	48943.5			
166562.2	121141.1	104546.0	2524.3	814.4	640.5
96242.4	63130.3	54578.5			
366385.4	291283.7	270351.2	4039.8	818.2	6405.0
75385.5	38684.5	39888.5	1.0		
8832.8	5187.3	5212.1		5.0	5.0
70530.4	53955.4	50342.3	12898.2	6536.7	4398.1
113581.9	90432.0	87452.4	12767.5	662.3	1296.8
44109.7	10528.1	12269.1	67.8	3113.1	50.3
73273.7	34104.4	29914.6	13.0	3.0	2.0
8222.0	0.1	21.9			
130758.3	39576.8	38716.9	5783.8	508.0	702.9
16329.6	18172.6	18732.4	1129.0	233.5	62.1
903.1	745.4	745.4	7.0		
10506.2	3406.2	3596.6	15101.1	752.2	1151.1
50507.7	20553.8	21320.6	371.2	373.0	14.0

C-3-10 婚姻登记

地 区	单位数			年末职工人数		受教育程度	
		编制部门登记	民政部门登记		#女性	大学专科人数	大学本科及以上人数
全 国	**1069**	**1043**	**26**	**7044**	**4642**	**2714**	**2755**
北 京	10	10		115	91	14	94
天 津	1	1		11	10	1	10
河 北	37	37		356	251	137	69
山 西	20	20		115	81	36	65
内蒙古	29	29		138	82	71	58
辽 宁	18	18		98	68	43	48
吉 林	63	63		487	304	132	130
黑龙江	40	30	10	276	171	99	93
上 海	16	16		181	144	34	125
江 苏	70	69	1	486	337	139	218
浙 江	50	50		342	245	132	190
安 徽	30	26	4	205	137	104	69
福 建	29	29		97	62	30	44
江 西	27	26	1	129	80	55	23
山 东	92	92		730	476	293	339
河 南	61	61		450	274	182	93
湖 北	82	82		529	367	264	145
湖 南	80	80		533	287	255	127
广 东	58	57	1	417	279	135	222
广 西	55	55		260	164	117	100
海 南	1	1		6	3	3	3
重 庆	40	38	2	252	172	58	180
四 川	67	63	4	363	236	192	100
贵 州	12	12		38	24	16	18
云 南	20	18	2	77	46	30	38
西 藏							
陕 西	28	28		238	161	86	117
甘 肃	9	9		31	26	11	6
青 海							
宁 夏	1	1		5	4	5	
新 疆	23	22	1	79	60	40	31

服务机构

单位：个、人

职业资格水平		年龄结构			
助理社会工作师人数	社会工作师人数	35岁及以下人数	36岁至45岁人数	46岁至55岁人数	56岁及以上人数
247	**339**	**2630**	**2987**	**1301**	**126**
11	4	47	45	20	3
	1	6	3	2	
1	15	125	184	45	2
	2	48	52	15	
	1	36	71	30	1
1	4	35	42	21	
2	6	153	208	117	9
1		99	118	53	6
5	9	73	77	28	3
34	29	234	171	73	8
35	44	106	170	58	8
10	9	76	72	50	7
12	16	44	40	12	1
1	5	39	51	36	3
25	83	278	298	140	14
10	21	193	169	66	22
17	12	188	226	111	4
18	11	203	248	77	5
16	16	145	175	89	8
4	7	74	120	57	9
		5	1		
27	25	102	90	56	4
10	7	147	153	61	2
2	1	9	22	7	
5	4	31	32	12	2
	3	93	108	35	2
		18	9	3	1
			2	2	1
	4	23	30	25	1

C-3-10续表

地　区	办理婚姻登记事务的处数	可办理婚姻登记的乡镇机关数	事业单位会计制度财务指标	
			固定资产原价	本年收入合计
全　国	**4372**	**1206**	**53568.2**	**72174.3**
北　京	18		878.4	3642.7
天　津	19	6	47.7	255.4
河　北	209	26	531.0	1853.4
山　西	130	1	99.3	443.6
内蒙古	114	6	222.8	580.6
辽　宁	194	65	414.5	383.3
吉　林	68		905.2	2682.1
黑龙江	142	28	328.0	872.5
上　海	19		2929.2	7245.9
江　苏	102		1458.2	6161.0
浙　江	105		3465.3	6764.7
安　徽	114	3	579.8	1940.7
福　建	116	26	358.5	949.7
江　西	263	156	366.0	722.3
山　东	145		3528.4	7072.4
河　南	193	11	19220.8	1770.5
湖　北	142	42	1517.7	4273.4
湖　南	141	10	1428.4	2109.7
广　东	246	114	2067.0	6318.5
广　西	130	4	1071.0	5288.7
海　南	126	89	80.0	
重　庆	49	5	2810.9	5516.9
四　川	254	68	1794.4	2081.6
贵　州	583	360	75.3	75.4
云　南	184	83	123.1	609.9
西　藏	76	4		
陕　西	129	13	543.2	2302.6
甘　肃	111	28	15.6	37.3
青　海	52	6		
宁　夏	24	3	18.3	
新　疆	174	49	6690.2	219.5

单位：处、个、万元

本年支出合计	民间非营利组织会计制度财务指标		
	固定资产原价	本年收入合计	本年费用合计
69615.8	**143.8**	**580.6**	**373.9**
3574.0			
255.4			
1865.7			
524.3			
616.0		21.0	20.0
382.1			
2569.6			
987.7	17.0	10.4	28.2
7565.0			
6393.4	13.0	216.0	4.0
6638.9			
1942.3	64.0	72.2	74.9
1659.5			
612.6	7.2	43.1	67.0
6944.4			
1622.9			
4077.3			
2375.9			
6592.7	3.0		13.0
1542.5			
5143.5	13.3	25.2	32.0
2113.7	13.3	189.7	132.8
129.4			
605.9	13.0	3.0	2.0
2392.5			
49.5			
439.1			

C-3-11 结婚登

地　区	结婚登记件数	结婚登记人数			
			内地居民登记结婚件数	内地居民登记结婚人数	涉外及华侨、港澳台居民登记结婚件数
全　国	**7643017**	**15286034**	**7627020**	**15254044**	**15997**
北　京	103360	206720	102930	205860	430
天　津	80408	160816	80277	160554	131
河　北	337110	674220	336949	673898	161
山　西	223289	446578	223218	446436	71
内蒙古	132062	264124	131977	263954	85
辽　宁	214440	428880	214139	428278	301
吉　林	138898	277796	138684	277368	214
黑龙江	172244	344488	171994	343988	250
上　海	89848	179696	89035	178070	813
江　苏	466952	933904	466269	932538	683
浙　江	263169	526338	262639	525278	530
安　徽	420533	841066	420214	840428	319
福　建	184833	369666	183935	367870	898
江　西	243809	487618	243593	487186	216
山　东	462535	925070	462139	924278	396
河　南	596511	1193022	596225	1192450	286
湖　北	315637	631274	315274	630548	363
湖　南	301688	603376	301225	602450	463
广　东	591124	1182248	586212	1172424	4912
广　西	272768	545536	270213	540426	2555
海　南	60095	120190	59945	119890	150
重　庆	196804	393608	196572	393144	232
四　川	511609	1023218	511063	1022126	546
贵　州	292779	585558	292624	585248	155
云　南	299770	599540	299224	598452	546
西　藏	34816	69632	34813	69626	3
陕　西	221046	442092	220852	441704	194
甘　肃	164144	328288	164097	328194	47
青　海	45688	91376	45680	91360	8
宁　夏	48726	97452	48715	97430	11
新　疆	156322	312644	156294	312588	28

记服务

单位：件、人

按居住地分类						
内地居民	#女性	香港居民	澳门居民	台湾居民	华侨	外国人
15920	**8219**	**2664**	**996**	**2133**	**339**	**9942**
429	279	39	12	76	2	302
131	86	10	3	15		103
161	95	8	6	25		122
71	48	7	4	13		47
84	51	4	4	9	2	67
300	206	12	8	42	8	232
214	148	11	12	44	1	146
249	150	18	17	32	42	142
794	549	64	15	210	1	542
683	515	55	9	147	5	467
506	324	42	21	95	95	301
319	203	19	6	80	3	211
893	506	268	52	270	54	259
216	140	34	16	59	4	103
396	253	18	9	62	5	302
285	210	27	23	77		160
363	266	56	30	82	3	192
463	321	112	54	73		224
4901	2570	1575	616	356	106	2270
2543	226	61	22	60	2	2422
150	76	59	7	18	1	65
232	180	37	17	70	2	106
546	417	74	13	121	2	336
155	94	12	5	29		109
546	117	13	7	23		503
3	1	1				2
194	136	18	6	31	1	138
47	25	7	2	10		28
8	6	2		2		4
11	9			2		9
27	12	1				28

C-3-11续表

地区	按婚姻状况分类			
	初婚人数	再婚人数		
			#女性	#恢复结婚件数
全国	**11578043**	**3707991**	**2053962**	**495607**
北京	136303	70417	34428	7706
天津	91034	69782	35018	20456
河北	457968	216252	119445	32182
山西	372879	73699	41750	8642
内蒙古	175851	88273	48382	13021
辽宁	333974	94906	51809	26982
吉林	173178	104618	55519	20566
黑龙江	246431	98057	51155	23947
上海	114042	65654	32658	11929
江苏	777431	156473	87428	45815
浙江	400988	125350	67223	18521
安徽	625206	215860	119978	36143
福建	291993	77673	43044	3542
江西	383073	104545	59645	12502
山东	641630	283440	152820	7380
河南	921187	271835	152330	48461
湖北	498643	132631	76304	19329
湖南	454157	149219	86651	14194
广东	987392	194856	103362	23364
广西	438059	107477	65479	9144
海南	100599	19591	11138	2115
重庆	253653	139955	76180	16182
四川	729011	294207	166586	25599
贵州	445712	139846	81169	13580
云南	454277	145263	85369	10420
西藏	65057	4575	2282	290
陕西	330097	111995	64536	9556
甘肃	275743	52545	28111	4771
青海	73545	17831	10109	1050
宁夏	76607	20845	11534	2128
新疆	252323	60321	32520	6090

单位：件、人

按年龄分类				
20～24岁	25～29岁	30～34岁	35～39岁	40岁及以上
2529436	**5393124**	**3052187**	**1331961**	**2979326**
8268	64634	52342	27410	54066
12863	52031	41148	23847	30927
145789	230045	136971	64842	96573
57999	183785	70264	27346	107184
24934	100740	56460	27796	54194
41793	143664	94963	45780	102680
23783	79497	60134	30169	84213
30868	90106	66311	38657	118546
6435	58722	45221	22563	46755
100205	315373	171932	67747	278647
49908	211030	102883	41800	120717
147779	284612	144829	58044	205802
52539	140423	87767	32040	56897
119285	167889	86245	34641	79558
196578	310607	193927	83891	140067
272969	369444	229014	91947	229648
57809	220708	148348	56623	147786
110150	185406	147185	60752	99883
184422	521992	258661	94449	122724
105601	173537	120274	64272	81852
17270	40945	25065	10944	25966
60100	145353	69342	36061	82752
191244	376350	182456	82362	190806
140838	191691	95439	48452	109138
149399	200638	101408	51348	96747
15237	21065	10774	7621	14935
50124	198272	102312	38645	52739
57660	139378	60068	21212	49970
18514	28885	15406	7626	20945
21531	35454	14533	5727	20207
57542	110848	60505	27347	56402

C-3-12 离婚登

地区	总计	民政部门办理离婚登记合计	内地居民登记离婚	涉外离婚登记	涉港澳台及华侨离婚登记	离婚登记人数 20～24岁	25～29岁	30～34岁
全 国	**2839266**	**2141205**	**2138974**	**1086**	**1145**	**76277**	**532785**	**1149281**
北 京	50443	44582	44491	64	27	255	3811	14739
天 津	41353	34995	34962	18	15	451	5074	18327
河 北	134017	101304	101278	18	8	2942	24458	57912
山 西	58613	41405	41400	5		1141	11739	22638
内蒙古	54876	39090	39078	6	6	1083	8621	18532
辽 宁	96036	76285	76229	34	22	1677	13926	33975
吉 林	64041	51133	51107	19	7	1275	10315	24931
黑龙江	85118	65222	65190	23	9	1467	11250	27419
上 海	36240	29067	28908	99	60	193	3060	10265
江 苏	179842	134781	134652	76	53	3212	32071	81751
浙 江	94970	75522	75388	71	63	1332	15270	36306
安 徽	146469	112228	112177	34	17	4156	35237	65556
福 建	69445	54643	54454	103	86	1564	12965	31806
江 西	79933	63944	63920	13	11	2882	17748	36532
山 东	187157	135268	135213	37	18	4408	24727	78037
河 南	199926	152901	152863	19	19	4973	36977	93931
湖 北	126307	98985	98929	23	33	1679	21456	56818
湖 南	129375	97075	97016	26	33	3045	19164	54792
广 东	167209	144933	144402	138	393	6181	43289	76711
广 西	95116	70605	70524	62	19	3500	20374	37989
海 南	15348	12971	12946	11	14	600	4138	7158
重 庆	90377	72395	72363	16	16	2245	18322	32633
四 川	198168	147424	147285	54	85	7013	44472	74999
贵 州	107029	74193	74074	16	103	4583	26463	40190
云 南	98609	63399	63306	75	18	4770	22366	34137
西 藏	5406	4253	4253			747	2279	2437
陕 西	81734	58906	58883	16	7	1273	14529	35035
甘 肃	42533	23710	23705	3	2	1248	8364	14484
青 海	13536	8073	8073			969	3274	4301
宁 夏	16675	10294	10292	2		786	3015	5104
新 疆	73365	41619	41613	5	1	4627	14031	19836

单位：件、人

按年龄分组		法院部门判决、调解离婚合计	离婚		收案	维持	
35～39岁	40岁及以上		判决离婚	调解离婚		判决不离	调解不离
894744	**1629323**	**698061**	**180820**	**517241**	**1440908**	**356131**	**29514**
18925	51434	5861	2567	3294	15305	2874	45
17869	28269	6358	1277	5081	13738	3114	42
45177	72119	32713	8906	23807	77305	19885	2381
17314	29978	17208	4389	12819	39210	12039	329
16252	33692	15786	5451	10335	31908	3414	1226
30680	72312	19751	5759	13992	41333	8246	195
19827	45918	12908	3114	9794	23285	4025	132
24670	65638	19896	4284	15612	34259	3974	154
12399	32217	7173	1955	5218	14550	3204	209
54100	98428	45061	8902	36159	87895	19530	3225
31929	66207	19448	5281	14167	37843	8723	585
42373	77134	34241	8353	25888	74150	21816	737
25811	37140	14802	5526	9276	31028	8956	339
25905	44821	15989	5668	10321	40114	13577	363
61292	102072	51889	11933	39956	108135	33516	989
60822	109099	47025	12673	34352	111000	35386	1769
43484	74533	27322	7107	20215	59478	17662	406
41929	75220	32300	8740	23560	64867	20112	868
67318	96367	22276	10455	11821	52779	15634	1753
34354	44993	24511	8848	15663	47022	12416	826
5870	8176	2377	965	1412	6663	1893	378
27621	63969	17982	4924	13058	37064	8796	431
53907	114457	50744	10302	40442	91425	22276	897
29094	48056	32836	8328	24508	64230	13143	654
25297	40228	35210	7477	27733	62566	9616	2427
1563	1480	1153	145	1008	1838	98	124
28246	38729	22828	6135	16693	54918	14100	1039
9563	13761	18823	5637	13186	45220	12312	1060
2642	4960	5463	1007	4456	11408	1152	588
3976	7707	6381	1677	4704	14516	2377	706
14535	30209	31746	3035	28711	45856	2265	4637

注：法院部门收案及判决、调解离婚数据来源于最高人民法院。

C-3-13 殡葬服务

地 区	单位数	市场监管部门登记	编制部门登记	民政部门登记	年末职工人数	#女性
全 国	**4373**	**1381**	**2493**	**499**	**86838**	**26207**
北 京	50	9	41		1366	442
天 津	26	7	14	5	899	348
河 北	180	13	166	1	3442	890
山 西	68	28	35	5	1138	327
内蒙古	131	39	87	5	1815	519
辽 宁	441	56	73	312	4038	1065
吉 林	127	46	81		3385	673
黑龙江	128	26	100	2	2917	792
上 海	74	59	14	1	3576	1471
江 苏	221	63	143	15	4331	1297
浙 江	265	139	109	17	4837	1202
安 徽	141	34	100	7	2842	837
福 建	175	78	93	4	3778	1055
江 西	112	31	73	8	2177	545
山 东	205	58	127	20	3965	1076
河 南	329	122	207		6620	1948
湖 北	148	27	114	7	3542	1180
湖 南	151	49	102		2741	872
广 东	247	76	154	17	7398	1938
广 西	103	37	64	2	2290	821
海 南	18	8	9	1	252	56
重 庆	112	48	51	13	2302	904
四 川	242	54	178	10	4374	1567
贵 州	127	82	43	2	4024	1391
云 南	191	46	145		2753	867
西 藏	3		3		39	10
陕 西	127	42	70	15	2635	836
甘 肃	77	31	35	11	1058	384
青 海	16	8	5	3	190	64
宁 夏	51	31	12	8	841	308
新 疆	87	34	45	8	1273	522

机构总表

单位：个、人

受教育程度		职业资格水平		年龄结构			
大学专科人数	大学本科及以上人数	助理社会工作师人数	社会工作师人数	35岁及以下人数	36岁至45岁人数	46岁至55岁人数	56岁及以上人数
23408	**12651**	**1306**	**1578**	**22278**	**30842**	**24392**	**9326**
320	501	18	15	374	401	413	178
190	345	22	41	220	305	200	174
738	387	21	42	883	1310	914	335
282	227	8	12	290	430	303	115
624	277	5	13	474	588	570	183
1119	486	106	474	1210	1310	1116	402
1291	469	2		830	1299	926	330
845	311	24	23	607	1202	864	244
818	633	15	13	864	1239	928	545
1277	958	132	113	1177	1535	1201	418
1354	832	136	117	948	1337	1463	1089
792	361	58	39	743	1045	799	255
624	350	39	51	808	1376	1137	457
388	142	40	46	470	885	603	219
1296	768	173	149	905	1477	1150	433
1746	679	58	40	2023	2467	1666	464
1344	449	62	61	1077	1352	869	244
884	421	36	31	700	1171	693	177
1751	1108	141	104	1548	2695	2308	847
776	452	58	39	774	804	526	186
49	41			73	86	59	34
687	363	18	31	655	729	691	227
1180	479	25	28	936	1560	1417	461
867	416	15	10	1185	1403	1095	341
705	407	30	34	886	1078	616	173
20	15	2		19	13	6	1
507	305	15	24	713	797	749	376
264	168	8	15	266	340	333	119
54	26	5		61	56	63	10
162	97	16	12	122	265	311	143
454	178	18	1	437	287	403	146

C-3-13续表1

地　区	火化炉数	全年火化遗体数	有身份信息的火化遗体数	无身份信息的火化遗体数	国际运尸数	#外国人
全　国	**7043**	**5966456**	**5917122**	**49334**	**45**	**34**
北　京	95	109078	108567	511		
天　津	79	81760	81378	382		
河　北	422	286522	282701	3821		
山　西	78	32707	28501	4206		
内蒙古	192	86450	85699	751		
辽　宁	330	352050	351218	832		
吉　林	174	129421	127709	1712		
黑龙江	283	209419	206451	2968		
上　海	103	139907	139770	137	5	4
江　苏	594	564694	562942	1752		
浙　江	401	336703	334261	2442	1	1
安　徽	308	316738	314636	2102		
福　建	243	215891	214817	1074		
江　西	308	246981	246034	947		
山　东	572	714755	712029	2726		
河　南	369	367576	361485	6091		
湖　北	365	251691	250182	1509		
湖　南	237	125180	123695	1485		
广　东	466	507185	501570	5615	37	28
广　西	121	103320	102096	1224		
海　南	6	5377	5244	133		
重　庆	139	76482	74603	1879		
四　川	335	244524	242935	1589		
贵　州	225	120464	119491	973		
云　南	320	204201	203834	367		
西　藏	8	869	863	6		
陕　西	125	72853	72337	516	2	1
甘　肃	57	23789	23185	604		
青　海	22	8267	8057	210		
宁　夏	13	4017	3895	122		
新　疆	53	27585	26937	648		

#港澳台	#侨民	穴位数	#本年销售穴位数	安葬数	#本年安葬数	节地生态安葬数	专用遗体接运车辆数
10	**1**	**23696646**	**773412**	**17357020**	**1449040**	**1241112**	**7126**
		712063	13472	713479	22284	77819	146
		358586	5965	554559	11591	224912	146
		448141	8711	235323	21131	7383	262
		177805	3983	81002	5948	631	58
		373543	31620	303512	28422	13008	117
		1197290	78543	568715	54360	19874	105
		56302	2939	32887	3340	226	171
		291749	20503	267574	38178	23122	190
1		2539029	73176	1737121	52996	37210	78
		2376440	55104	2030958	199047	49494	310
		3080688	101188	2271176	269495	157331	729
		723161	25242	680500	61765	21377	291
		500814	25869	363682	40393	11518	263
		204375	11709	182683	20872	19003	133
		838569	26667	553950	106042	115494	704
		783449	15469	426832	33200	9815	459
		1407409	32554	959093	64609	10853	215
		575167	18977	311800	24553	27624	288
9		1582725	33689	1553186	108003	267064	1012
		357151	12766	239255	21804	37042	127
		115792	1656	95355	15940	325	
		901606	17047	501230	24125	17383	131
		1377886	46259	1035048	52946	31827	142
		808048	34683	364357	44960	7662	298
		646732	33699	234265	53246	7656	551
							1
	1	510273	15038	505079	16183	25165	114
		284098	9519	246052	19533	5916	17
		12358	2219	2650	1388	31	6
		189808	6057	104919	6884	2248	11
		265589	9089	200778	25802	12099	51

C-3-13续表2

地区	企业会计制度财务指标			
	固定资产原价	营业收入	费用合计	营业利润
全国	**1705034.9**	**2042199.8**	**575765.8**	**537105.6**
北京	32154.9	58087.6	22997.6	19437.1
天津	17448.5	7158.1	3608.3	2193.8
河北	21903.1	17478.6	8715.5	-199.1
山西	35804.2	17239.9	7129.9	968.8
内蒙古	23168.8	7989.1	3511.4	591.8
辽宁	49314.3	24018.8	9131.4	1472.3
吉林	29309.2	6981.9	2304.8	1499.6
黑龙江	23952.7	12454.4	5744.4	1669.7
上海	314123.5	827587.0	136530.7	331575.1
江苏	53126.8	88830.8	18956.0	50032.3
浙江	61528.1	128647.1	41279.7	17068.6
安徽	19439.7	21814.7	6214.7	4997.1
福建	121533.1	130736.0	26541.6	23999.6
江西	23080.0	25162.7	9367.3	418.6
山东	33125.3	20482.6	10716.9	1187.1
河南	65788.3	23750.9	10912.5	1341.1
湖北	37480.9	35946.2	10228.0	9887.4
湖南	64424.9	26326.2	12311.0	3182.2
广东	70836.0	139370.5	47722.4	33464.7
广西	74549.0	56839.2	18794.5	9440.0
海南	5787.7	7240.1	2516.4	764.6
重庆	47565.8	47358.5	23340.4	3215.1
四川	94419.5	80399.6	24312.4	13659.9
贵州	168455.2	136410.6	82427.5	-1454.2
云南	58829.8	24706.7	8082.4	2741.0
西藏	2725.6	31.4	18.7	
陕西	33934.5	31501.7	12835.6	2079.0
甘肃	30662.9	27621.1	3142.5	1675.5
青海	53839.0			
宁夏	19410.2	8350.0	5561.5	178.9
新疆	17313.4	1677.8	809.8	18.0

单位：万元

事业单位会计制度财务指标			民间非营利组织会计制度财务指标		
固定资产原价	本年收入合计	本年支出合计	固定资产原价	本年收入合计	本年费用合计
2896774.2	**1798086.1**	**1672696.0**	**106856.9**	**45496.6**	**28631.9**
146046.9	148974.2	127236.9			
91050.3	51786.9	44203.6	189.5	1140.2	582.9
150026.5	65628.1	65132.6	2150.0	1150.0	
52378.6	29069.3	28943.9	606.5	10.0	13.3
38746.7	21375.1	21842.5	741.0	392.5	157.8
32782.4	26333.5	22791.1	15850.4	4009.5	2207.1
110063.7	18892.5	18311.6			
112526.2	59704.0	44645.2	191.0	120.0	53.4
6738.4	10149.7	8587.7		250.5	
337172.5	184670.7	165556.0	6794.8	7668.5	3297.6
172507.0	125464.0	119184.3	664.2	283.0	1401.4
78248.5	69207.8	65107.8	2236.2	1812.9	1555.5
55416.4	48480.7	48382.0	1931.0	787.5	367.8
29420.8	24185.2	25113.5	4277.4	4219.3	2079.9
202877.2	109911.7	108110.2	16563.8	10051.2	2367.2
66876.3	42184.5	47320.6			
165044.5	116867.7	100468.7	2524.3	814.4	640.5
94814.0	61020.6	52202.6			
364318.4	284965.2	263758.5	4036.8	818.2	6392.0
74314.5	33395.8	38346.0	1.0		
8752.8	5187.3	5212.1		5.0	5.0
67719.5	48438.5	45198.8	12884.9	6511.5	4366.1
111787.5	88350.4	85338.7	12754.2	472.6	1164.0
44034.4	10452.7	12139.7	67.8	3113.1	50.3
73150.6	33494.5	29308.7			
8222.0	0.1	21.9			
130215.1	37274.2	36324.4	5783.8	508.0	702.9
16314.0	18135.3	18682.9	1129.0	233.5	62.1
903.1	745.4	745.4	7.0		
10487.9	3406.2	3596.6	15101.1	752.2	1151.1
43817.5	20334.3	20881.5	371.2	373.0	14.0

C-3-14 殡仪

地 区	单位数	年末职工人数	#女性	受教育程度	
				大学专科人数	大学本科及以上人数
全 国	**1774**	**46818**	**12499**	**14100**	**7186**
北 京	12	325	65	114	148
天 津	9	370	98	91	184
河 北	149	2613	548	518	291
山 西	27	470	133	127	124
内蒙古	74	1121	307	412	181
辽 宁	66	1111	293	317	154
吉 林	47	1528	325	899	280
黑龙江	95	2282	625	670	257
上 海	12	815	259	231	178
江 苏	91	3069	824	917	703
浙 江	75	2271	482	841	456
安 徽	68	2015	554	599	259
福 建	67	2070	511	264	128
江 西	88	1911	465	315	117
山 东	116	2915	709	1001	596
河 南	112	3052	785	913	329
湖 北	73	2428	809	914	286
湖 南	80	1675	513	570	263
广 东	87	4164	953	1162	704
广 西	34	1287	410	459	243
海 南	2	46	17	5	12
重 庆	34	1043	354	393	207
四 川	85	1841	508	578	255
贵 州	62	2374	760	575	233
云 南	110	1506	392	425	219
西 藏	3	39	10	20	15
陕 西	43	1162	299	289	157
甘 肃	25	418	165	149	65
青 海	5	109	33	38	14
宁 夏	4	98	32	32	21
新 疆	19	690	261	262	107

馆

单位：个、人

职业资格水平		年龄结构			
助理社会工作师人数	社会工作师人数	35岁及以下人数	36岁至45岁人数	46岁至55岁人数	56岁及以上人数
713	**648**	**12468**	**17466**	**13008**	**3876**
2	4	61	84	113	67
	25	102	141	80	47
15	22	605	1086	702	220
2	9	101	179	138	52
3	4	270	385	379	87
13	10	271	433	315	92
1		307	604	418	199
22	22	476	910	721	175
10	6	296	307	149	63
91	62	821	1066	908	274
65	71	492	707	778	294
45	30	560	767	546	142
13	20	482	775	622	191
21	31	411	784	536	180
125	117	664	1121	863	267
32	22	1162	1075	681	134
43	21	688	996	573	171
22	17	425	706	441	103
94	54	889	1546	1293	436
21	23	470	451	272	94
		22	14	7	3
8	25	334	279	350	80
14	19	393	767	540	141
10	5	862	879	531	102
21	16	565	585	295	61
2		19	13	6	1
3	6	365	415	308	74
1	5	109	142	126	41
5		43	43	21	2
	1	16	37	41	4
9	1	187	169	255	79

C−3−14续表1

地 区	火化炉数	国际运尸数	#外国人	#港澳台	#侨民
全 国	**7043**	**45**	**34**	**10**	**1**
北 京	95				
天 津	79				
河 北	422				
山 西	78				
内蒙古	192				
辽 宁	330				
吉 林	174				
黑龙江	283				
上 海	103	5	4	1	
江 苏	594				
浙 江	401	1	1		
安 徽	308				
福 建	243				
江 西	308				
山 东	572				
河 南	369				
湖 北	365				
湖 南	237				
广 东	466	37	28	9	
广 西	121				
海 南	6				
重 庆	139				
四 川	335				
贵 州	225				
云 南	320				
西 藏	8				
陕 西	125	2	1		1
甘 肃	57				
青 海	22				
宁 夏	13				
新 疆	53				

单位：台、具、个、辆

穴位数	#本年销售穴位数	安葬数	#本年安葬数	节地生态安葬数	专用遗体接运车辆数
6793959	**261572**	**5206297**	**615007**	**712190**	**7010**
17547	234	15397	462	655	146
55930	1702	257515	6376	220075	146
178071	2193	73540	9366	3629	260
1897	150	1328	148	5	58
163325	10320	140609	20154	8837	114
387168	6284	39708	9602	5247	105
19407	1322	12316	948	226	161
125167	8548	116215	21107	22651	190
1114	191				78
633013	20587	548195	55324	15726	310
1374464	60004	930681	105155	104236	720
207031	6802	192146	23718	7800	288
237248	14727	176708	18506	5595	243
177024	10207	160757	18999	18693	133
537721	14961	407143	91882	105385	682
56372	2680	70687	9395	1094	447
297275	10391	250732	30548	8107	215
320631	9034	204582	16026	20641	287
431169	10324	657836	61365	125974	1012
7759	3067	12840	2077	7119	127
212193	4831	105424	6199	7158	126
193052	12710	167499	12344	3193	142
440969	15108	131209	30017	3065	298
343712	23387	144593	34604	5401	524
					1
69812	2433	155294	2641	1601	114
43442	3262	48389	7428	1778	17
				20	6
3035		2525	1579		11
258411	6113	182429	19037	8279	49

C-3-14续表2

地 区	企业会计制度财务指标			
	固定资产原价	营业收入	费用合计	营业利润
全 国	**534290.3**	**262842.5**	**131690.6**	**4225.3**
北 京				
天 津				
河 北	1230.5	1197.5	1131.9	-214.0
山 西	322.5	56.4		-49.3
内蒙古	9626.0	2147.9	733.9	205.5
辽 宁	18750.8	1348.0	658.8	-229.0
吉 林	19873.1	763.0	207.0	2.1
黑龙江	8294.5	2329.9	1601.0	91.4
上 海	44221.8	42679.7	13347.8	1838.0
江 苏	7890.9	3408.1	1110.6	762.1
浙 江	9140.9	8337.1	3206.9	-338.9
安 徽	3248.0	1540.2	322.1	255.5
福 建	73034.9	31690.7	11075.2	2685.7
江 西	19174.4	20487.7	7080.5	214.6
山 东				
河 南	21656.0	1467.0	363.6	351.1
湖 北	2925.6	195.9	220.6	-3.0
湖 南	33358.0	8572.8	5106.0	273.8
广 东	4931.5	2723.5	1511.4	139.7
广 西	13052.1	6314.5	3444.2	688.7
海 南	5137.5	2854.1	1119.9	468.6
重 庆	12149.1	5980.0	3967.5	105.1
四 川	34788.9	11854.7	4337.8	1060.0
贵 州	133268.4	95521.9	65658.8	-5822.1
云 南	45266.9	9873.1	4845.9	1779.6
西 藏	2725.6	31.4	18.7	
陕 西	1773.1	237.5	44.0	-15.9
甘 肃	5.0			
青 海	3217.0			
宁 夏	10.0			
新 疆	5217.3	1229.9	576.5	-24.0

单位：万元

事业单位会计制度财务指标			民间非营利组织会计制度财务指标		
固定资产原价	本年收入合计	本年支出合计	固定资产原价	本年收入合计	本年费用合计
2493912.6	**1391270.9**	**1308287.6**	**39579.5**	**15140.6**	**8357.6**
70905.3	60984.5	58995.8			
39274.7	24415.0	23676.0			
144959.7	57040.4	56917.8			
51129.5	27258.4	27132.0	3.0		1.2
34155.4	18179.3	19201.3	421.0	13.1	17.0
29329.1	16819.8	14206.3	2006.5	395.8	47.9
99824.0	13725.4	13685.0			
99524.8	50191.5	35164.9	145.0	120.0	
6651.0	5547.5	4135.5			
320015.6	135618.8	121080.8	5311.9	2820.9	1113.9
161922.7	106412.6	101510.2			
63317.0	51876.0	49852.8	1982.6	1150.3	664.2
50529.9	39231.0	39400.7	1931.0	405.9	367.8
28247.5	23102.8	23802.3	4277.4	4219.3	2079.9
196139.1	102866.9	101479.6	2352.1	748.2	996.2
59703.0	30265.6	36195.0			
143583.7	92036.3	75641.4	2452.3	797.9	624.0
77088.2	53793.3	46907.4			
309840.5	240877.4	219864.7	3156.0	818.2	612.0
69332.5	27944.5	33128.7			
200.0					
58525.0	41731.2	38745.2	7932.7	3312.8	1339.2
91196.4	65331.3	63589.2	500.0		20.0
39014.0	8559.7	10093.3			
61028.9	28212.8	24073.5			
8222.0	0.1	21.9			
118717.1	32329.5	31628.2	2876.0	226.0	312.0
16012.1	16322.4	16875.4	526.0		9.2
881.0	726.0	726.0			
6931.3	1516.0	1428.7	3706.0	112.2	153.1
37711.6	18354.9	19128.0			

C−3−15　公

地　区	单位数	年末职工人数	#女性	受教育程度	
				大学专科人数	大学本科及以上人数
全　国	**1673**	**31427**	**11308**	**6678**	**3526**
北　京	32	991	356	203	317
天　津	9	375	173	76	91
河　北	21	739	318	192	88
山　西	31	600	174	144	89
内蒙古	29	502	168	142	63
辽　宁	362	2528	743	741	273
吉　林	43	1524	264	329	153
黑龙江	25	516	133	140	41
上　海	53	2293	1060	441	300
江　苏	91	1019	387	298	180
浙　江	150	2097	610	334	249
安　徽	54	750	254	174	82
福　建	48	1253	447	222	113
江　西	4	111	58	24	18
山　东	49	868	310	247	132
河　南	134	2515	818	517	181
湖　北	47	847	304	298	120
湖　南	26	625	266	144	69
广　东	97	2486	820	353	236
广　西	37	846	368	264	140
海　南	6	145	27	26	15
重　庆	39	817	366	204	56
四　川	95	2030	885	374	148
贵　州	30	1289	528	185	81
云　南	26	869	373	119	44
西　藏					
陕　西	53	1228	467	155	84
甘　肃	37	511	173	82	58
青　海	3	55	20	6	5
宁　夏	27	609	240	98	58
新　疆	15	389	198	146	42

墓

单位：个、人

职业资格水平		年龄结构			
助理社会工作师人数	社会工作师人数	35岁及以下人数	36岁至45岁人数	46岁至55岁人数	56岁及以上人数
413	**445**	**7528**	**9833**	**9249**	**4817**
16	9	296	298	289	108
21	10	78	131	76	90
6	20	242	197	194	106
6	3	179	214	146	61
1	4	155	134	127	86
88	116	715	816	725	272
		476	513	428	107
2	1	111	230	114	61
1		474	719	685	415
33	46	302	353	239	125
59	39	369	403	565	760
12	8	163	251	229	107
3	4	231	387	395	240
8	15	21	26	34	30
27	27	206	301	221	140
7	7	560	908	759	288
18	37	294	268	214	71
11	10	184	237	154	50
25	33	505	841	788	352
26	13	255	293	214	84
		41	42	38	24
	2	182	288	245	102
7	6	401	617	715	297
5	1	210	379	485	215
	1	198	310	258	103
9	15	278	278	384	288
5	9	103	152	186	70
		6	6	35	8
14	9	85	165	231	128
3		208	76	76	29

C-3-15续表

地　区	穴位数	本年销售穴位数	安葬数	本年安葬数	节地生态安葬数	企业会计制度	
						固定资产原价	本年收入合计
全　国	**16902687**	**511840**	**12150723**	**834033**	**528922**	**1074212.6**	**1711109.7**
北　京	694516	13238	698082	21822	77164	32154.9	58087.6
天　津	302656	4263	297044	5215	4837	17446.2	7158.1
河　北	270070	6518	161783	11765	3754	20648.6	16281.1
山　西	175908	3833	79674	5800	626	34852.7	17130.5
内蒙古	210218	21300	162903	8268	4171	13004.8	5771.2
辽　宁	810122	72259	529007	44758	14627	30562.5	22332.8
吉　林	36895	1617	20571	2392		4146.7	4823.9
黑龙江	166582	11955	151359	17071	471	8859.2	9388.5
上　海	2537915	72985	1737121	52996	37210	213078.9	730776.5
江　苏	1743427	34517	1482763	143723	33768	43250.9	85422.7
浙　江	1706224	41184	1340495	164340	53095	51922.6	118239.3
安　徽	516130	18440	488354	38047	13577	15985.1	20274.5
福　建	263566	11142	186974	21887	5923	47141.3	98223.9
江　西	27351	1502	21926	1873	310	3905.6	4675.0
山　东	300848	11706	146807	14160	10109	33075.5	20315.6
河　南	727077	12789	356145	23805	8721	44127.0	22283.9
湖　北	1110134	22163	708361	34061	2746	34502.3	35650.3
湖　南	254536	9943	107218	8527	6983	25271.9	16486.4
广　东	1151556	23365	895350	46638	141090	65876.3	136562.0
广　西	349392	9699	226415	19727	29923	61496.9	50524.7
海　南	115792	1656	95355	15940	325	605.2	4366.0
重　庆	689413	12216	395806	17926	10225	33617.0	38543.5
四　川	1184834	33549	867549	40602	28634	57665.4	67909.7
贵　州	367079	19575	233148	14943	4597	30852.0	38364.7
云　南	303020	10312	89672	18642	2255	11262.9	14833.6
西　藏							
陕　西	440461	12605	349785	13542	23564	32161.4	31264.2
甘　肃	240656	6257	197663	12105	4138	28959.6	27107.3
青　海	12358	2219	2650	1388	11	50422.0	
宁　夏	186773	6057	102394	5305	2248	17154.0	8049.3
新　疆	7178	2976	18349	6765	3820	10203.2	262.9

单位：个、具、万元

单位财务指标		事业单位会计制度财务指标			民间非营利组织会计制度财务指标		
本年支出合计	营业利润	固定资产原价	本年收入合计	本年支出合计	固定资产原价	本年收入合计	本年费用合计
428054.5	**508641.5**	**219832.8**	**274373.5**	**236608.8**	**36749.0**	**17181.0**	**14291.3**
22997.6	19437.1	56022.3	79478.5	60618.4			
3608.3	2193.8	4638.6	16787.0	13417.4			
7583.6	14.9	3549.5	7468.0	6970.6	2150.0	1150.0	
7088.9	1000.1	1221.5	1609.5	1609.5	500.0	10.0	10.0
2759.5	346.3	1135.5	1684.3	1529.3	320.0	279.0	140.8
8471.6	1701.3	3382.2	9064.5	8110.9	13583.9	3613.7	2158.2
1699.8	1456.5	6242.5	3148.9	2655.1			
3921.1	1378.3	11678.8	4645.1	4164.8	46.0		53.4
112779.4	307102.8						
17845.4	49270.2	11995.2	39575.6	34970.9	1234.9	3563.1	1343.1
37288.7	16896.8	7269.2	8559.1	7360.7	548.2		1078.2
5892.6	4741.6	9888.8	16286.5	13996.8	253.6	662.6	891.3
15262.2	21500.8	567.8	2221.0	1575.7		381.6	
2286.8	204.0						
10716.9	1103.1	3867.1	4434.8	4519.3	2554.7	1973.0	794.8
10548.9	990.0	4298.4	6881.9	6018.9			
9907.4	9890.4	12170.9	21781.6	21209.7	43.0	14.0	14.0
7106.2	2953.4	8668.0	2235.1	2128.7			
46211.0	33325.0	42665.8	23330.6	22847.1	880.8		5780.0
15350.3	8751.3	2693.5	2964.0	2832.5	1.0		
1396.5	296.0	200.0					
18145.5	2786.2	4435.1	1816.7	1488.0	3794.0	1737.4	1642.3
19514.8	12579.3	13078.9	13998.7	12519.7	2254.2	407.0	244.0
15395.3	4091.2				67.8	3113.1	50.3
3236.5	961.4	3133.0	2611.1	2508.6			
12791.6	2094.9	4426.6	2181.6	1766.5	246.8	51.0	42.9
2851.7	1418.3				595.0	225.5	44.0
5313.1	142.0	1606.6	1308.6	1488.9	7669.1		2.0
83.3	14.5	997.0	300.8	300.8	6.0		2.0

C-3-16 殡葬管

地区	单位数	年末职工人数	#女性	受教育程度	
				大学专科人数	大学本科及以上人数
全国	**815**	**7630**	**2078**	**2405**	**1796**
北京	6	50	21	3	36
天津	5	101	30	17	63
河北	9	87	23	27	8
山西	8	59	20	11	14
内蒙古	26	173	42	65	30
辽宁	12	397	27	61	59
吉林	30	217	34	58	32
黑龙江	8	119	34	35	13
上海	9	468	152	146	155
江苏	39	243	86	62	75
浙江	34	345	83	110	117
安徽	18	58	22	18	18
福建	46	326	73	100	91
江西	20	155	22	49	7
山东	7	94	35	35	20
河南	81	1014	336	313	156
湖北	28	267	67	132	43
湖南	44	391	73	160	89
广东	63	748	165	236	168
广西	32	157	43	53	69
海南	10	61	12	18	14
重庆	34	355	143	83	91
四川	61	492	166	225	68
贵州	35	361	103	107	102
云南	50	251	64	108	110
西藏					
陕西	31	245	70	63	64
甘肃	15	129	46	33	45
青海	4	11	6	4	3
宁夏	16	107	28	30	15
新疆	34	149	52	43	21

理机构

单位：个、人

职业资格水平		年龄结构			
助理社会工作师人数	社会工作师人数	35岁及以下人数	36岁至45岁人数	46岁至55岁人数	56岁及以上人数
149	**474**	**2031**	**3167**	**1881**	**551**
	2	17	19	11	3
1	6	35	32	21	13
		35	27	18	7
		10	31	16	2
1	4	43	57	63	10
5	348	224	61	74	38
		38	119	40	20
		20	62	29	8
4	7	94	213	94	67
8	5	54	116	54	19
8	7	53	168	95	29
1	1	14	20	19	5
20	22	68	162	77	19
11		38	75	33	9
1	1	21	31	35	7
18	10	289	466	217	42
1	3	95	88	82	2
3	4	86	193	88	24
22	17	154	308	227	59
11	3	49	60	40	8
		10	30	14	7
10	4	99	136	79	41
3	3	133	174	162	23
	4	113	145	79	24
9	17	63	137	44	7
3	3	70	104	57	14
2	1	54	46	21	8
		5	3	3	
1	2	15	50	34	8
6		32	34	55	28

C-3-16续表

地　区	企业会计制度财务指标			
	固定资产原价	营业收入	费用合计	营业利润
全　国	**84439.0**	**63725.5**	**14639.2**	**23818.8**
北　京				
天　津				
河　北				
山　西	629.0	53.0	41.0	18.0
内蒙古				
辽　宁	1.0	338.0	1.0	
吉　林				
黑龙江	6799.0	736.0	222.3	200.0
上　海	56822.8	54130.8	10403.5	22634.3
江　苏	1985.0			
浙　江	77.6	1176.8	266.5	312.8
安　徽				
福　建	938.6	414.8	149.6	-10.0
江　西				
山　东				
河　南	5.3			
湖　北	53.0	100.0	100.0	
湖　南	5795.0	897.0	98.8	-45.0
广　东	28.2	85.0		
广　西				
海　南	45.0	20.0		
重　庆	1379.0	1665.4	982.1	117.3
四　川	1965.2	635.2	459.8	20.6
贵　州	4334.8	2524.0	1373.4	276.7
云　南				
西　藏				
陕　西				
甘　肃	1698.3	513.8	290.8	257.2
青　海				
宁　夏	1404.2	285.7	100.4	36.9
新　疆	478.0	150.0	150.0	

单位：万元

事业单位会计制度财务指标			民间非营利组织会计制度财务指标		
固定资产原价	本年收入合计	本年支出合计	固定资产原价	本年收入合计	本年费用合计
179270.4	**123758.7**	**119056.4**	**18313.9**	**5074.0**	**5639.5**
19119.3	8511.2	7622.7			
47137.0	10584.9	7110.2	189.5	448.2	582.9
1517.3	1119.7	1244.2			
27.6	201.4	202.4	3.0		1.5
3455.8	1485.0	1085.4		100.4	
71.1	449.2	473.9			
3987.2	2018.2	1971.5			
1322.6	4867.4	5315.5			
87.4	4602.2	4452.2		250.5	
5161.7	9476.3	9504.3	248.0	1284.5	840.6
3057.0	10039.7	9860.7		2.0	10.2
5042.7	1045.3	1258.2			
2921.8	5587.9	5977.9			
1173.3	1082.4	1311.2			
2722.3	1885.2	1387.0	65.0	202.0	559.3
1286.2	4653.9	4629.0			
9289.9	3049.8	3617.6	29.0	2.5	2.5
9057.8	4992.2	3166.5			
11812.1	20757.2	21046.7			
2288.5	2487.3	2384.8			
8352.8	5187.3	5212.1		5.0	5.0
4759.4	4890.6	4965.6	1158.2	1461.3	1384.6
7512.2	3584.9	3822.2	10000.0	65.6	900.0
5020.4	1893.0	2046.4			
8635.9	2451.4	2507.4			
7071.4	2763.1	2929.7	2661.0	231.0	348.0
301.9	1812.9	1807.5	8.0	8.0	8.9
19.1	19.4	19.4	6.0		
1950.0	581.6	679.0	3721.0	640.0	984.0
5108.7	1678.1	1445.2	225.2	373.0	12.0

C-3-17 殡仪

地 区	单位数	年末职工人数	#女性	受教育程度	
				大学专科人数	大学本科及以上人数
全 国	**111**	**963**	**322**	**225**	**143**
北 京					
天 津	3	53	47	6	7
河 北	1	3	1	1	
山 西	2	9			
内蒙古	2	19	2	5	3
辽 宁	1	2	2		
吉 林	7	116	50	5	4
黑龙江					
上 海					
江 苏					
浙 江	6	124	27	69	10
安 徽	1	19	7	1	2
福 建	14	129	24	38	18
江 西					
山 东	33	88	22	13	20
河 南	2	39	9	3	13
湖 北					
湖 南	1	50	20	10	
广 东					
广 西					
海 南					
重 庆	5	87	41	7	9
四 川	1	11	8	3	8
贵 州					
云 南	5	127	38	53	34
西 藏					
陕 西					
甘 肃					
青 海	4	15	5	6	4
宁 夏	4	27	8	2	3
新 疆	19	45	11	3	8

服务站

单位：个、人、辆

职业资格水平		年龄结构				专用遗体接运车辆数
助理社会工作师人数	社会工作师人数	35岁及以下人数	36岁至45岁人数	46岁至55岁人数	56岁及以上人数	
31	**11**	**251**	**376**	**254**	**82**	**116**
		5	1	23	24	
		1			2	2
			6	3		
	1	6	12	1		3
				2		
1		9	63	40	4	10
4		34	59	25	6	9
		6	7	5	1	3
3	5	27	52	43	7	20
20	4	14	24	31	19	22
1	1	12	18	9		12
		5	35	10		1
		40	26	17	4	5
1		9	2			
		60	46	19	2	27
		7	4	4		
1		6	13	5	3	
		10	8	17	10	2

C-3-17续表

地　区	企业会计制度财务指标			
	固定资产原价	营业收入	费用合计	营业利润
全　国	**12093.0**	**4522.1**	**1381.5**	**420.0**
北　京				
天　津	2.3			
河　北	24.0			
山　西				
内蒙古	538.0	70.0	18.0	40.0
辽　宁				
吉　林	5289.4	1395.0	398.0	41.0
黑龙江				
上　海				
江　苏				
浙　江	387.0	893.9	517.6	197.9
安　徽	206.6			
福　建	418.3	406.6	54.6	-176.9
江　西				
山　东	49.8	167.0		84.0
河　南				
湖　北				
湖　南		370.0		
广　东				
广　西				
海　南				
重　庆	420.7	1169.6	245.3	206.5
四　川				
贵　州				
云　南	2300.0			
西　藏				
陕　西				
甘　肃				
青　海	200.0			
宁　夏	842.0	15.0	148.0	
新　疆	1414.9	35.0		27.5

单位：万元

事业单位会计制度财务指标			民间非营利组织会计制度财务指标		
固定资产原价	本年收入合计	本年支出合计	固定资产原价	本年收入合计	本年费用合计
3758.4	**8683.0**	**8743.2**	**12214.5**	**8101.0**	**343.5**
				692.0	
			100.5		0.6
	26.5	26.5			
			260.0		1.0
10.0					
258.1	452.6	452.7	116.0	281.0	313.0
1396.9	1440.8	1427.7			
148.7	724.8	724.3	11592.0	7128.0	16.9
1588.7	383.1	477.7			
	5435.5	5407.6			
352.8	219.2	219.2			
3.0			1.0		
			5.0		12.0
0.2	0.5	7.5	140.0		

C-4-1 其他事

地　区	单位数	年末职工人数	#女性	受教育程度	
				大学专科人数	大学本科及以上人数
全　国	**1356**	**19527**	**9215**	**4479**	**10045**
中央级	15	986	560	60	900
北　京	38	740	373	53	637
天　津	11	209	114	35	94
河　北	29	266	137	69	90
山　西	35	628	325	126	367
内蒙古	18	239	100	49	156
辽　宁	58	5622	2290	1534	2065
吉　林	5	82	26	3	7
黑龙江	17	210	109	75	117
上　海	37	563	362	79	444
江　苏	50	266	137	49	175
浙　江	138	1014	535	152	650
安　徽	22	154	56	38	76
福　建	54	381	206	67	243
江　西	187	858	349	197	112
山　东	38	760	316	181	493
河　南	113	1418	649	316	727
湖　北	59	552	276	167	250
湖　南	83	774	405	209	355
广　东	31	530	279	98	420
广　西	50	685	349	233	280
海　南	4	15	5	3	12
重　庆	26	168	78	33	105
四　川	121	1119	606	283	637
贵　州	28	365	133	90	173
云　南	25	242	111	79	142
西　藏					
陕　西	30	331	167	103	133
甘　肃	14	157	41	62	44
青　海	4	20	11	5	12
宁　夏	4	22	13	5	13
新　疆	12	151	97	26	116

业单位

单位：个、人

职业资格水平		年龄结构			
助理社会工作师人数	社会工作师人数	35岁及以下人数	36岁至45岁人数	46岁至55岁人数	56岁及以上人数
491	**849**	**5558**	**7456**	**5053**	**1460**
16	48	279	408	206	93
19	26	206	269	216	49
1	7	43	85	64	17
	7	93	111	51	11
11	15	175	265	147	41
7	13	77	73	75	14
129	141	1118	2244	1738	522
		37	19	15	11
4	4	68	100	31	11
20	58	207	205	122	29
23	35	92	112	55	7
46	109	293	401	222	98
6	8	50	60	36	8
11	46	129	144	89	19
7	10	280	410	148	20
43	67	240	254	187	79
17	54	407	535	347	129
8	23	146	218	155	33
33	27	276	285	177	36
10	25	174	201	126	29
19	22	257	189	190	49
		6	8	1	
11	8	64	53	40	11
24	64	431	360	260	68
11	7	91	129	123	22
10	12	110	94	33	5
4	5	97	119	95	20
1		48	47	44	18
		8	6	5	1
	1	7	8	3	4
	7	49	44	52	6

C-4-1续表

地　区	企业会计制度财务指标			
	固定资产原价	本年收入合计	本年支出合计	营业利润
全　国	**37587.4**	**23316.5**	**13176.7**	**1926.1**
中央级	33730.1	19424.5	11093.6	1680.6
北　京				
天　津				
河　北				
山　西				
内蒙古				
辽　宁				
吉　林				
黑龙江				
上　海	529.8	2653.0	1262.8	472.2
江　苏				
浙　江	73.4			
安　徽				
福　建				
江　西	13.0			
山　东				
河　南				
湖　北				
湖　南				
广　东				
广　西	3.2			
海　南	340.0			
重　庆				
四　川	2885.9	1239.0	820.3	-226.7
贵　州				
云　南	12.0			
西　藏				
陕　西				
甘　肃				
青　海				
宁　夏				
新　疆				

单位：万元

事业单位会计制度财务指标		
固定资产原价	本年收入合计	本年费用合计
1151660.7	**687949.8**	**698132.6**
140777.1	39521.5	47369.0
118855.0	198817.0	198380.2
12200.2	4574.9	5037.1
5280.4	3007.6	3131.5
45756.2	9325.0	9516.2
977.0	1897.3	1970.8
185801.4	80360.7	84751.1
40.8	163.7	151.6
8555.9	5053.7	5256.6
56518.6	47330.6	46776.0
26840.4	12694.2	14798.2
39906.3	49388.8	52422.8
838.2	1119.7	1180.8
7667.8	20507.6	21357.7
7043.0	18291.4	19166.8
43793.8	8888.5	10335.9
47099.5	29081.6	30403.8
44551.1	20618.7	20671.0
8865.9	12521.9	12644.0
103771.3	38527.9	36101.0
43132.3	13792.7	13820.5
81.9	252.7	897.6
1312.8	4361.9	4475.1
39481.6	25326.0	25381.9
12802.3	25556.2	12630.9
1084.6	2313.5	2466.4
56016.2	6340.4	6398.3
5502.7	2982.7	3088.0
352.3	615.1	669.2
75553.7	905.5	3335.3
11200.4	3810.8	3547.3

第六部分

主要指标解释

主要指标解释

行政区划

镇 指不设区的市、市辖区、县（自治县、旗、自治旗、特区、林区）在辖区内实际设有的镇人民政府个数（必须是经省级人民政府批准而设置的）。

乡 指不设区的市、市辖区、县（自治县、旗、自治旗、特区、林区）在辖区内实际设有的乡人民政府个数（必须是经省级人民政府批准而设置的）。

民族乡 在少数民族聚居地区建立的乡级行政区划。

苏木（民族苏木） 内蒙古自治区的乡级行政区划。

街道 街道办事处的简称，是市辖区人民政府或功能区管委会（例如：经济技术开发区管委会）的派出机关，受市辖区人民政府或功能区管委会领导，行使区人民政府或功能区管委会赋予的职权，相当于乡级行政区。

行政机关

行政机关 指县以上各级民政部门行政机关。

乡、镇、街道民政助理员 指在乡、镇、街道负责民政具体业务的工作人员，是我国最基层的民政工作者，他们主要负责与保障人民群众基本生活权益和民主政治权益相关的特困人员救助供养、最低生活保障、扶贫帮困、社区建设、婚丧嫁娶，以及老年人、残疾人、困境儿童权益保障等各项工作。

基本建设

在建项目规模 指本年度在建的新建、改建、扩建项目的建筑面积之和，包括以前年度开工未完工和本年度新开工的项目，不包括单纯设备购置、更新项目以及因购置设备安装而进行的局部管线、基础、空间改造项目。扩建项目统计扩建后项目总建筑面积。“其中：使用彩票公益金建设规模”包括彩票公益金全额投资以及部分资助的所有在建项目的建筑面积总和。

在建项目总投资 指本年度所有在建项目的总投资之和。

开工累计完成投资 指截至本年度末，所有开工项目自开工以来各年度已支付资金的总和。

本年计划投资 指本年度各项目建设单位申请并落实到位的各种来源资金总和。

本年实际完成投资　指本年度实际支出项目建设资金的总和。截至年底未完成计划工程内容时，该数字可小于本年投资计划；有往年结余资金在本年度使用时，该数字可大于本年投资计划。

本年完工项目规模　指本年度完成正式竣工验收的项目建筑面积。项目统计口径与在建项目保持一致。

民政事业费预算

上年结转预算指标　指各级财政部门根据民政经费跨年使用的原则，由民政部门继续使用的上年结转预算指标。

本级财政安排预算指标　指各级财政安排的除上级下达的指标外的预算指标。

本年上级下达预算指标　指由上级民政部门下达的预算指标，此数字应与上级民政部门下达的指标文件核对一致。

本年下达所属地方预算指标　指省、地（市）级民政部门下达所属地方民政预算指标。此数字应与下级民政部门收到的上级下达预算指标核对一致。

本年预算指标=上年结转预算指标+本年财政安排预算指标+本年上级下达预算指标−本年下达所属地方预算指标。预算安排主要是财政拨款，民政部门财政拨款包括一般公共预算财政拨款和政府性基金预算财政拨款（彩票公益金）。

民政事业费支出

社会福利　反映社会福利事务支出，包括：

（1）儿童福利：指各级列入政府收支分类科目中2081001项指标，反映对儿童提供福利服务方面的支出。

（2）老年福利：指各级列入政府收支分类科目中2081002项指标，反映对老年人提供福利服务方面的支出。

（3）残疾人福利：指各级列入政府收支分类科目中2081003康复辅具与2081107残疾人生活和护理补贴项指标的合计，反映对残疾人提供福利服务方面的支出。

（4）殡葬：指各级列入政府收支分类科目中2081004项指标，反映殡葬管理和殡葬服务方面的支出，包括民政部门直属的殡仪馆、公墓、殡葬管理服务机构的支出。

（5）社会福利事业单位：指各级列入政府收支分类科目中2081005项指标，反映民政部门举办的社会福利事业单位支出，以及对集体办社会福利单位的补助费。

（6）其他社会福利支出：不在上述范围的用于社会福利的支出。含直接发放给未从单位领取过丧葬费

（补贴）的城乡居民的丧葬补助。

社会救助 包括最低生活保障、临时救助、特困人员救助供养以及其他生活救助。

（1）最低生活保障：指各级列入政府收支分类科目中20819款指标，反映城乡最低生活保障对象的最低生活保障金支出。

城市低保：指各级列入政府收支分类科目中2081901项指标，反映城市最低生活保障对象的最低生活保障金支出。

农村低保：指各级列入政府收支分类科目中2081902项指标，反映农村最低生活保障对象的最低生活保障金支出。

（2）临时救助：指各级列入政府收支分类科目中20820款指标，反映城乡生活困难居民的临时救助等支出，包括临时救助和流浪乞讨人员救助。

临时救助：指各级列入政府收支分类科目中2082001项指标，反映用于城乡生活困难居民的临时救助支出。

流浪乞讨人员救助：指各级列入政府收支分类科目中2082002项指标，反映用于生活无着的流浪乞讨人员的救助支出。

（3）特困人员救助供养：指各级列入政府收支分类科目中20821款指标，反映特困人员救助供养支出。

城市特困人员救助供养：指各级列入政府收支分类科目中2082101项指标，反映城市特困人员救助供养支出。

农村特困人员救助供养：指各级列入政府收支分类科目中2082102项指标，反映农村特困人员救助供养支出。

（4）其他生活救助：指各级列入政府收支分类科目中20825款指标，反映除最低生活保障、临时救助、特困人员供养外，用于城乡生活困难居民生活救助的其他支出。

其他城市生活救助（含传统救济）：指各级列入政府收支分类科目中2082501项指标，反映除最低生活保障、临时救助、特困人员供养外，用于城市生活困难居民生活救助的其他支出。

其他农村生活救助（含传统救济）：指各级列入政府收支分类科目中2082502项指标，反映除最低生活保障、临时救助、特困人员供养、自然灾害生活救助外，用于农村生活困难居民生活救助的其他支出。

民政管理事务 指各级列入政府收支分类科目中20802款指标，反映民政管理事务支出。

（1）行政运行：指各级列入政府收支分类科目中2080201项指标，反映行政单位（包括实行公务员管理的事业单位）的基本支出。

（2）一般行政管理事务：指各级列入政府收支分类科目中2080202项指标，反映行政单位（包括实行公务员管理的事业单位）未单独设置项级科目的其他项目支出。

（3）机关服务：指各级列入政府收支分类科目中2080203项指标，反映为行政单位（包括实行公务员管理的事业单位）提供后勤服务的各类后勤服务中心、医务室等附属事业单位的支出。其他事业单位的支出，凡单独设立了项级科目的，在单独设置的项级科目反映。未设项级科目的，在“其他”项级科目中反映。

（4）社会组织管理：指各级列入政府收支分类科目中2080206项指标，反映民间组织管理方面的支出。

（5）行政区划和地名管理：指各级列入政府收支分类科目中2080207项指标，反映行政区划界线勘定、维护，以及行政区划和地名管理支出。

（6）基层政权建设和社区治理：指各级列入政府收支分类科目中2080208项指标，反映开展村民自治、村务公开等基层政权和社区建设工作的支出。

（7）其他民政管理事务支出：指各级列入政府收支分类科目中2080299项指标，反映民政部门接待来访、法制建设、政策宣传方面的支出，以及开展社会救助、社会福利、婚姻登记、社会事务、信息化建设等专项事务的支出。

行政事业单位养老支出　指各级列入政府收支分类科目中20805款指标，反映用于行政事业单位养老方面的支出。

其他　指财政从预算内经费中安排的其他用于民政事业的经费支出。

民政事业费收支

上年结转及结余　指各级民政部门以前年度尚未使用完毕、需结转至本年按有关规定继续使用的各类资金。

本年收入合计　本年度取得的全部收入。

本年实际支出　本年度全部支出。

收支结余　全部收入减去支出后的余额。

年末结转及结余　需要结转下年继续使用的各类资金。

财政拨款收入　本年度从本级财政部门取得的财政拨款，包括一般公共预算财政拨款和政府性基金预算财政拨款。

上级补助收入　事业单位从主管部门和上级单位取得的非财政补助收入。

事业收入　事业单位开展专业业务活动及其辅助活动取得的收入（事业单位收到的财政专户实际核拨的教育收费等资金在此反映）。

经营收入　事业单位在专业业务活动及其辅助活动之外开展非独立核算经营活动取得的收入。

附属单位上缴收入　单位附属的独立核算单位按照有关规定上缴的收入。

其他收入　单位取得的上述收入以外的各项收入，包括未纳入财政预算或财政专户管理的投资收益、银行存款利息收入、租金收入、捐赠收入、现金盘盈收入、存货盘盈收入、收回已经核销应收及预付款项，以及行政单位收到的财政专户管理资金等，也包括从本级财政部门以外的同级单位取得的经费，从非本级财政部门取得的经费。

基本支出 单位为保障机构正常运转、完成日常工作任务而发生的各项支出。

项目支出 单位为完成特定的行政工作任务或事业发展目标，在基本支出之外发生的各项支出。

上缴上级支出 事业单位按照财政部门和主管部门的规定上缴上级单位的支出。

经营支出 事业单位在专业业务活动及其辅助活动之外开展非独立核算经营活动发生的支出。

对附属单位补助支出 事业单位用财政补助收入之外的收入对附属单位补助发生的支出。

殡葬收费 指各级列入政府收支分类科目中103044908款指标，民政部门收取的殡葬收费收入。

社会工作

社会工作包括提供住宿的社会工作和不提供住宿的社会工作。

提供住宿的民政服务机构包括：养老机构、精神疾病服务机构、儿童福利和救助保护机构以及其他提供住宿机构。

床位数 指单位报告期末床位的实际收留抚养能力。对于炕、通铺，以正常可容纳人员数量折算床位数。

民政服务床位合计 包括养老床位、智障和精神疾病服务床位、儿童服务床位及其他社会服务床位。

（1）养老床位：包括养老机构床位和社区养老服务床位。

养老机构床位：包括社会福利院床位、农村特困人员救助供养机构床位以及其他各类养老机构床位。

社区养老服务床位：包括未登记的农村特困人员救助供养机构床位、全托服务社区养老服务机构和设施床位、日间照料社区养老服务机构和设施床位和社区互助型养老设施床位。

（2）智障和精神疾病床位数：指社会福利医院床位数。

（3）儿童服务床位数：包括儿童福利机构和未成年人流浪乞讨救助保护中心床位数。

（4）其他社会服务床位数：包括流浪乞讨人员救助管理站、安置农场、其他提供住宿机构的床位数。

年在院总人天数 指提供住宿单位报告期内，收留抚养人员住院的总人天数。公式：本年在院总人天数=Σ（每名收留抚养人员的在院天数）。

年末在院（收留抚养）人数 指提供住宿单位在报告期末实际收留抚养的人员总数，包括特困人员、自费人员和其他人员。

（1）特困人员：指因无法定赡养（抚养、扶养）义务人、无劳动能力和无生活来源而纳入特困救助供养政策保障的居民。

（2）自费人员：除优抚对象和特困人员以外的住院人员，不管实际有无收费，均统计为自费人员。

（3）其他人员：除以上两类以外均统计为其他人员。

年龄段的划分 老人是指60周岁及以上的人员；青壮年是指18周岁以上至59周岁的人员；未成年人

是指17周岁（含17周岁）以下的人员。下同。

自理能力划分 参照《老年人能力评估标准》（MZ/T 001—2013）对在院人员自理能力进行划分，分为三类：

（1）能力完好：自理；

（2）轻度受损和重度受损：介助（半自理、半失能）；

（3）重度受损：介护（不能自理、失能）。

康复和医疗门诊人次数 设有医疗服务窗口（部门）的民政服务机构提供的康复和医疗门诊服务人次数。

家庭寄养儿童数量 应进入福利机构供养，但因当地未建福利机构或现有福利机构床位有限而散居社会、寄养在家庭中的、由民政部门负担生活费用的儿童数量。

职工人数 单位年末实有职工人数，按性质分为机构管理人员、专业技术技能人员。

（1）机构管理人员：指机构内承担领导职责和管理任务的工作人员，包括从事党政、行政、业务、财务、后勤和安全保卫等管理工作的人员。例如，党委书记、院长、部门主任等。

（2）专业技术技能人员：指除具有管理职责工作人员以外的，直接为老年人、儿童、残疾人等困难群体提供服务的人员，不包括从事管理工作的技术技能人员。

取得医疗机构执业许可证书的机构 颁发给达到《医疗机构管理条例》相应条件的机构的执业证书。按照《医疗机构管理条例》，医疗机构执业许可证由卫生管理部门审发，并赋予登记证号，登记证号为22位的字母与数字组合。

取得医疗保险定点医疗机构资格的机构 定点医疗机构是通过劳动保障行政部门资格审定，并经医疗保险经办机构确定，为参保人员提供医疗服务的医疗机构。

养老机构

养老机构包括社会福利院、农村特困人员救助供养机构和其他各类养老机构。

社会福利院 不以营利为目的提供食宿的，主要收养城市中无亲属子女赡养、无生活来源、无劳动能力的孤老、孤儿和残疾人为对象的综合性社会福利事业单位。

特困人员救助供养机构 为农村特困老年人等提供24小时集中居住和收留抚养照料服务的办理了注册登记、拥有统一社会信用代码的机构。例如，已经登记注册的××农村敬老院、××五保之家、××托老所、××镇养老服务中心、××镇养老福利服务中心等。

其他各类养老机构 指除了社会福利院、农村特困人员救助供养机构以外，在编办、民政或者市场监管部门办理了登记注册手续，为老年人提供24小时集中居住和照料服务的机构。例如，××养老中心、××养老公寓、××颐养院等。

精神疾病服务机构

精神疾病服务机构指社会福利医院。

社会福利医院 提供食宿的、不以营利为目的、主要收治无亲属子女赡养、无劳动能力、无生活来源的困难人群和低保对象中的智障和精神病人等的具有医疗机构资质的专门福利机构。

儿童福利和救助保护机构

儿童福利和救助保护机构包括儿童福利机构和未成年人救助保护中心。

儿童福利机构 包括儿童福利院和SOS儿童村。

（1）儿童福利院：民政部门设立的，主要为依法由民政部门担任监护人的未成年人提供收留抚养等服务的机构。

（2）SOS儿童村：国际性的民间慈善机构，其运行经费主要来源是世界各国友好人士的爱心捐款，办村模式为以家庭方式抚养教育孤儿，并用“SOS”这个国际上通用的求救信号，呼吁全社会都来关心和帮助那些失去父母的孩子。

未成年人救助保护中心 对生活无着流浪乞讨未成年人实施救助，提供基本生活照料和教育、心理疏导、行为矫治等服务的专门机构。

其他提供住宿机构

其他提供住宿机构包括生活无着人员救助管理站、安置农场和其他提供住宿机构。

流浪乞讨人员救助管理站 救助生活无着流浪乞讨人员的专门单位。

流浪乞讨人员 指离家在外、自身无力解决食宿、无亲友投靠处于流浪或者乞讨状态的人员。

在站救助人次数 进入救助站接受救助的总人次数。每一位流浪乞讨人员从进入救助管理机构接受救助到结束救助计1人次，统计时正在救助站内接受救助的每一位流浪乞讨人员计为1人次。

（1）家暴庇护救助人次数：因家暴自愿到救助站申请庇护救助服务或者由职能部门护送家暴受害人到站接受庇护救助服务的人次数。

（2）年末在站人数：报告期末，仍在救助站内接受救助的人数。

（3）本年在站人天数：所有受助人员在站天数的总和。

（4）在站滞留三个月以上人数：暂时查找不到监护人（家庭信息、住所地）滞留在救助管理站三个月以上的受助人员，包括救助站委托社会力量照料的受助人员。

（5）本年站外救助人次数：本年在救助站外救助的流浪乞讨人员总人次数。

安置农场　指由民政部门管理、独立核算、企业化管理的农场（由救助类单位中的安置农场转移而来）。

其他提供住宿机构　指上述机构之外的提供住宿的其他民政服务机构。

不提供住宿的社会工作

不提供住宿的社会工作　包括老年人福利和残疾人福利、民政部门直属康复辅具机构、儿童福利和儿童收养、社会救助、社会救助服务机构、福利彩票发行、慈善和社工、社区服务机构和设施。

老年人福利和残疾人福利

享受高龄补贴的老年人数　指报告期末各地领取了高龄补贴的老年人数。

享受护理补贴的老年人数　指报告期末，生活长期不能自理、经济困难的老年人，根据其失能程度等情况享受政府给予的现金、代金券、物资等护理补贴的人数。

享受养老服务补贴的老年人数　指报告期末，经济困难的老年人，在生活照料、紧急救援、医疗护理、精神慰藉、心理咨询等养老服务方面享受政府给予的现金、代金券、物资等补贴人数。

享受综合补贴的老年人数　如果本省设立了老年人综合补贴，没有单独设立护理补贴和养老服务补贴，则护理补贴和养老服务补贴指标必须为空，将享受补贴的人数填在享受综合补贴的老年人指标中。

残疾人　指在心理、生理、人体结构上，某种组织、功能丧失或者不正常，全部或者部分丧失以正常方式从事某种活动能力的人。残疾人包括视力残疾、听力残疾、言语残疾、肢体残疾、智力残疾、精神残疾、多重残疾和其他残疾的人。六类残疾人证的评定标准按照中国残疾人联合会文件〔1995〕残联组联字第61号《关于统一制发〈中华人民共和国残疾人证〉的通知》规定。

困难残疾人生活补贴　补助残疾人因残疾产生的额外生活支出，对象主要是低保家庭中的残疾人，有条件的地方可逐步扩大到低收入残疾人及其他困难残疾人。

重度残疾人护理补贴　补助残疾人因残疾产生的额外长期照护支出，对象为残疾等级被评定为一级、二级且需要长期照护的重度残疾人，有条件的地方可扩大到非重度智力、精神残疾人或其他残疾人，逐步推动形成面向所有需要长期照护残疾人的护理补贴制度。

民政部门直属康复辅具机构

民政部门直属康复辅具机构　指民政部门直属的专门为残疾人生产、装配、修理、销售康复辅具的单位。

儿童福利和儿童收养登记

孤儿 指失去父母或查找不到生父母的未满18周岁、由地方县级以上民政部门依据有关规定和条件认定的、并已经领取了孤儿基本生活费的未成年人。按照保障方式分为：

（1）集中养育孤儿：社会福利机构抚养或寄养的孤儿。

（2）社会散居孤儿：在社会上分散供养的，由其法定监护人承担抚养义务、履行监护职责的孤儿。

事实无人抚养儿童 指父母双方均符合重残、重病、服刑在押、强制隔离戒毒、被执行其他限制人身自由的措施、失联情形之一的儿童；或者父母一方死亡或失踪，另一方符合重残、重病、服刑在押、强制隔离戒毒、被执行其他限制人身自由的措施、失联情形之一的儿童。

儿童收养登记 指中国公民以及外国人在中国境内收养子女和协议解除收养关系，在县级及以上民政部门办理的收养登记和解除收养关系登记。县级及以上民政部门办理儿童收养登记或解除收养关系登记一次为一件。

成立收养关系登记 指中国公民以及外国人在中国境内收养子女，在县级及以上民政部门办理的收养登记。

（1）中国公民收养登记：指中国居民作为收养人办理成立收养关系的收养登记。其中：

①香港居民收养登记：指收养人是居住在香港特别行政区的中国公民。夫妻共同收养有一方是香港居民的，按香港居民办理收养统计。

②澳门居民收养登记：指收养人是居住在澳门特别行政区的中国公民。夫妻共同收养有一方是澳门居民的，按澳门居民办理收养统计。

③台湾居民收养登记：指收养人是居住在台湾省的中国公民。夫妻共同收养有一方是台湾居民的，按台湾居民办理收养统计。

④华侨收养登记：指收养人是侨居国外的中国公民（含留学生）。夫妻共同收养有一方是华侨的，按华侨办理收养统计。

（2）外国人收养登记：指收养人是具有外国国籍（包括无国籍人）的人员。夫妻共同收养有一方是外国人的，按外国人办理收养统计。

被收养儿童合计 指通过收养登记被家庭收养儿童人数的总和。分为以下八类：

（1）社会福利机构抚养的孤儿：指在社会福利机构抚养的父母死亡的儿童。

（2）社会福利机构抚养的弃儿：指在社会福利机构抚养的查找不到生父母的儿童。

（3）继子女收养：指因被收养人的生父或生母再婚，继父或继母与被收养人确立收养关系的收养登记。

（4）三代以内同辈旁系血亲的子女：指被收养法中规定的三代以内同辈旁系血亲关系收养的儿童人数。统计此指标的目的是掌握收养三代以内同辈旁系血亲子女数量。

（5）非社会福利机构抚养的孤儿：指未在社会福利机构抚养的孤儿。此类必须是孤儿父母死亡或查找不到生父母，一般由其近亲属担任监护人，未在社会福利机构抚养。

（6）非社会福利机构抚养的弃儿：指非社会福利机构抚养的弃儿。

（7）生父母有特殊困难无力抚养的子女：指生身父母有特殊困难无力抚养自己的子女而作为送养人的儿童。

（8）生父母均不具备完全民事行为能力且具有严重危害可能的子女：指生身父母不具备完全民事行为能力且对子女具有严重危害可能而被收养的子女。

协议解除收养关系登记　指具有收养关系的当事人通过协商解除收养关系的必经程序。办理协议解除收养关系的登记机关是县级及以上民政部门。

社会救助

城市（农村）最低生活保障　最低生活保障是指国家对家庭人均收入低于当地政府公告的最低生活标准的人口给予一定现金资助，以保证该家庭成员基本生活所需的社会保障制度。城市（农村）最低生活保障人数指在报告期末纳入城市（农村）最低生活保障的居民数。

城市低保对象中的成年人按照就业情况分为以下四类：

（1）在职人员：指从事一定社会劳动并取得劳动报酬或经营收入的人员，一般应与某一单位建立劳动关系，包括企业内退人员和个体经营人员。

（2）灵活就业：指为社会、单位、家庭或个人提供临时性、季节性、弹性劳务并获取相应劳动报酬，且无法建立或暂无条件建立稳定劳动关系的人员。

（3）失业：指在劳动年龄（16周岁至法定退休年龄）内，有劳动能力，无业而要求就业，并在当地就业服务机构进行求职登记的人员。

（4）无就业条件：指在劳动年龄（16周岁至法定退休年龄）内，因丧失劳动能力或因照料家中残疾人、老年人、未成年人等原因而不具备劳动时间，且未在当地就业服务机构进行求职登记的人员。

农村低保对象中的成年人按照劳动条件分为以下两类：

（1）无劳动条件：指在劳动年龄（16周岁至法定退休年龄）内，因丧失劳动能力或因照料家中残疾人、老年人、未成年人等原因而没有劳动时间或不具有劳动条件的人员。

（2）有劳动条件：指在劳动年龄（16周岁至法定退休年龄）内，除无劳动条件人员外的人员。

城市（农村）低保户数　指领取最低生活保障金的居民家庭数。

城市（农村）低保累计支出　指城市（农村）低保金与低保对象价格临时补贴的合计。低保金：反映对最低生活保障对象发放低保金的支出；低保对象价格临时补贴：反映对最低生活保障对象的价格补贴、节日补贴等临时或者其他一次性补贴支出。

城市（农村）低保标准　指由地方人民政府确定的家庭人均收入线。低于该线的家庭纳入最低生活保障范围。

特困人员救助供养　指满足特困人员认定条件，纳入特困人员救助供养范围的，享受特困人员救助供养待遇的对象。

（1）按护理类型（自理能力）分类。

全护理：指根据特困人员认定办法，被认定为完全丧失生活自理能力的特困人员。

半护理：指根据特困人员认定办法，被认定为部分丧失生活自理能力的特困人员。

全自理：指根据特困人员认定办法，被认定为具备生活自理能力的特困人员。

（2）按供养方式分类。

集中供养：指在供养服务机构中集中供养的特困人员。

分散供养：指享受分散供养待遇在家供养的特困人员。

临时救助　指对遭遇突发事件、意外伤害、重大疾病或其他特殊原因导致基本生活陷入困境，其他社会救助制度暂时无法覆盖，或救助之后基本生活暂时仍有严重困难的家庭或个人给予的应急性、过渡性的救助。临时救助的人次数，不包括在救助管理机构获得救助的生活无着的流浪、乞讨人员。临时救助人次数指临时救助对象一年内获得临时救助的总次数，如1人一年内获得2次临时救助，则统计为2人次。

（1）按属地分类。

本地户籍：指本地户籍人员获得临时救助的人次数。

非本地户籍：指非本地户籍人员获得临时救助的人次数。

（2）按对象分类。

低保对象：指最低生活保障对象获得临时救助的人次数。

特困人员：指特困人员获得临时救助的人次数。

其他：指除最低生活保障对象、特困人员外其他人员获得临时救助的人次数。

社会救助服务机构

社会救助服务机构　指承担低收入家庭经济状况信息数据库的建立和维护、经济状况信息查询与核对、宣传交流等相关具体工作的机构，不包括各级民政部门内设的社会救助处、科、办等内设部门。

彩票发行

福利彩票发行机构　指民政部门管理的、独立核算的，以筹集社会福利基金为目的发行和销售社会福利彩票的事业单位。

慈善和社工

慈善组织　指在我国县级以上人民政府民政部门依据慈善法登记或认定为慈善组织的基金会、社会团体、民办非企业单位（社会服务机构）。

慈善信托　指在我国县级以上人民政府民政部门依法备案的慈善信托。

注册志愿者总人数　指全国志愿服务信息系统中汇集的注册志愿者数量，既包括直接通过全国志愿服务信息系统注册的志愿者数量，也包括从其他志愿服务信息系统归集到全国志愿服务信息系统中的注册志愿者数量。

社会捐赠接收站点　指在大中城市、有条件的小城市设立的具备集中、清理、消毒、运输捐赠物品功能的机构数量和设立在街道（乡、镇）、居（村）委会中的社会捐助点数量。

慈善超市　指以经常性社会捐助站（点）为依托，以解决困难群众生活困难为主的，以有针对性的募集和发放为主要形式，借鉴商业超市管理模式，救助对象按需领取捐助物资的社会捐助机构数。

社会工作者职业资格水平　参加全国社会工作者职业水平考试合格，获得由人力资源和社会保障部统一印制，人力资源和社会保障部、民政部共同用印的《中华人民共和国社会工作者职业水平证书》的人员。包括：助理社会工作师、社会工作师和高级社会工作师。

社区服务

社区服务分为社区综合服务机构和设施、社区养老服务机构和设施。

社区综合服务机构和设施　指面向全体城乡居民提供社区服务的机构和设施。原则上，城乡社区服务机构应能提供以公共服务为主体的综合性服务，城乡社区服务设施面积应能满足社区组织办公和社区综合服务所需，并配置多功能社区居民活动场所。在此基础上可根据社区居民的实际需求，重点强化若干类服务功能。社区服务机构和设施包括：

（1）社区服务指导中心：指建立在县区层面以上的，对社区服务中心和服务站具有指导功能的社区服务类机构。

（2）社区服务中心：指建设在乡、镇、街道层面，以“一站式”服务为特点的社区服务中心。街道办事处及社区组织依托社区服务中心，组织开展就业服务和职业培训、社区救助、社区治安、社区卫生和计划生育、社区环境和文化、教育、体育等公共服务。

（3）社区服务站：指在社区层面，建设功能为社区居家养老服务，重点发展面向老年人及其家庭的商品递送、医疗保健、家庭保洁、日间照料、陪伴等服务的设施和综合性、多功能的社区服务站。

（4）社区专项服务机构和设施：指独立于社区服务中心、社区服务站以外的为居民提供各种（除养老以外的）专业社区服务的机构和设施。例如，社区儿童服务站、社区残疾人康复站、问题人群庇护站等。

不含社区养老服务机构和设施。

城市社区综合服务设施覆盖率 城市社区服务中心、城市社区服务站的个数之和除以当年期末居委会数乘以100%。计算公式如下：

$$\text{城市社区综合服务设施覆盖率} = \frac{\text{城市社区服务中心+城市社区服务站}}{\text{当年期末居委会数}} \times 100\%$$

农村社区综合服务设施覆盖率 农村社区服务中心、农村社区服务站之和除以当年期末村委会数乘以100%。计算公式如下：

$$\text{农村社区综合服务设施覆盖率} = \frac{\text{农村社区服务中心+农村社区服务站}}{\text{当年期末村委会数}} \times 100\%$$

社区养老服务机构和设施 指主要以社区老年人为服务对象的社区服务机构和设施。包括：

（1）未登记的特困人员救助供养机构：指没有在编办或者民政部门登记，为农村特困供养老年人等提供24小时集中居住和收留抚养照料服务的设施。例如，没有登记注册的××农村敬老院、××五保之家、××托老所、××镇养老服务中心、××镇养老福利服务中心等。

（2）全托服务社区养老服务机构和设施：指在社区建立的、为社区老年人留宿照料服务（也可提供日间照料）的小型（一般10张床位以下）养老机构或者设施。例如，××社区老年养护中心、××星光老年之家、××老年社区托养照料中心。

全托服务床位：为老年人提供全日集中住宿和照料护理服务的床位。

（3）日间照料社区养老服务机构和设施：指在社区建立的、为社区老年人提供日间照料服务的小型养老机构或者设施。例如，××社区老年中心、××星光老年之家、××老年社区日间照料中心。

日间照料床位：为老年人提供日间照料护理服务的床位。

（4）社区互助型养老设施：指依托村（居）委会办的微型的五保村、五保家园、幸福院等互助型养老设施，没有专职服务人员、不是注册登记的独立机构，以相互帮助为主，提供少量床位，可以住宿，不以营利为目的，为老年人、残疾人、烈军属等社区居民提供互助养老服务的设施。

（5）其他社区养老服务设施：指为本社区老年人提供助餐、助医、护理等服务，没有床位的社区养老服务设施。例如，××老年餐桌。

社区社会组织

社区社会组织 指由社区居民发起成立，在城乡社区开展为民服务、公益慈善、邻里互助、文体娱乐和农村生产技术服务等活动的组织。按照活动领域分为：公益慈善类、社区服务类、社区事务类、文体活动类。

社会组织

社会组织包括社会团体、民办非企业单位（社会服务机构）和基金会三类。

社会团体 指中国公民自愿组成，为实现会员共同意愿，按照其章程开展活动的非营利性社会组织。包括各种协会、学会、联合会、研究会、联谊全、促进会、商会等。社会团体不得从事以营利为目的的经营性活动，并具备以下四项法人条件：①依法成立；②必要的财产或者经费；③有自己的名称、组织机构和场所；④能够独立承担民事责任。否则，不能统计为社团机构数。报告期末合法社团总数，即为年末实有社团机构数。

民办非企业单位 即社会服务机构，指企业事业单位、社会团体和其他社会力量以及公民个人利用非国有资产举办的，从事非营利性社会服务活动的社会组织。目前，民办非企业单位主要分布在教育、卫生、文化、科技、体育、劳动、民政、社会中介、服务业等行（事）业中。

民办非企业单位根据其依法承担民事责任的不同方式分为民办非企业单位（法人）、民办非企业单位（合伙）和民办非企业单位（个体）3种。个人出资且担任民办非企业单位负责人的，可申请办理民办非企业单位（个体）登记；两人或两人以上合伙举办的，可申请办理民办非企业单位（合伙）登记；两人或两人以上举办且具备法人条件的，可申请办理民办非企业单位（法人）登记。由企业事业单位、社会团体和其他社会力量举办的，或由上述组织与个人共同举办的，应当申请民办非企业单位（法人）登记。

基金会 指利用自然人、法人或者其他组织捐赠的财产，以从事公益事业为目的，按照《基金会管理条例》规定成立的非营利性法人。基金会分为具有公开募捐资格的基金会和不具有公开募捐资格的基金会。

（1）具有公开募捐资格的基金会：依据《中华人民共和国慈善法》取得了公开募捐资格的基金会。

（2）不具有公开募捐资格的基金会：没有依据《中华人民共和国慈善法》取得公开募捐资格，只可以在特定对象范围内开展定向募捐的基金会。

社会组织负责人 指任理事长（会长）、副理事长（副会长）及秘书长以上职务的负责人。

当年年检单位数 指当年按规定参加年检的社会组织单位个数，包括参加年检但未通过的单位数。

当年新登记单位 指本年度民政部门新登记的社会团体、民办非企业单位、基金会数量，基层备案的社会组织不计算在内。

慈善组织 指依法成立、符合《中华人民共和国慈善法》规定，以面向社会开展慈善活动为宗旨的非营利性组织。慈善组织可以采取基金会、社会团体、民办非企业单位等组织形式。

社会组织按照所服务行业分为：

（1）S工商服务业：从事工业、商业、服务业等经济类活动的社会组织；

（2）S农业及农村发展：直接为农业及农村发展服务的社会组织；

（3）M科学研究：从事自然科学、社会科学研究的社会组织，包括思想政治工作研究会；

（4）P教育：从事各种教育活动的组织；

（5）Q卫生：从事各种医疗、卫生、保健服务的组织；

（6）R文化：从事文学、艺术、娱乐、收藏、新闻、媒体、出版等相关的活动组织；

（7）R体育：从事各种体育运动、健身活动的组织；

（8）N生态环境：从事动物、植物保护、环境保护以及环境治理的组织；

（9）Q社会服务：从事社会福利、救灾救助、社会保障及社会事务的组织；

（10）S法律：从事各种法律研究、咨询、援助、代理的组织；

（11）S宗教：各类宗教及宗教交流组织；

（12）S职业及从业者组织：职业协会、专门行业从事者组织；

（13）T国际及涉外组织：国际性非营利性组织、外国商会；

（14）K其他：校友会、友好协会及其他未列明的组织。

社会组织行政执法 指民政部门对登记的社会组织作出的行政处罚和取缔非法社会组织。包括：

（1）行政处罚：指本年度民政部门依据《社会团体登记管理条例》《民办非企业单位登记管理暂行条例》《基金会管理条例》，对违反上述条例规定的社会团体、民办非企业单位、基金会作出行政处罚并且已经结案归档的案件数。因行政处罚引起的行政复议、行政诉讼未复议或审理终结的，不影响统计。

（2）没收违法经营额或违法所得：指本年度民政部门依据《社会团体登记管理条例》《民办非企业单位登记管理暂行条例》，对违反上述条例规定的社会团体和民办非企业单位作出其他行政处罚时予以并处没收违法经营额或违法所得处罚的案件数。

（3）罚款：指本年度民政部门依据《社会团体登记管理条例》《民办非企业单位登记管理暂行条例》，对违反上述条例规定的社会团体和民办非企业单位作出其他行政处罚时予以并处罚款处罚的案件数。

（4）警告：指本年度民政部门依据《社会团体登记管理条例》《民办非企业单位登记管理暂行条例》《基金会管理条例》，对违反上述条例规定的社会团体、民办非企业单位、基金会作出警告处罚的案件数。

（5）限期（责令）停止活动：指本年度民政部门依据《社会团体登记管理条例》《民办非企业单位登记管理暂行条例》《基金会管理条例》，对违反上述条例规定的社会团体、民办非企业单位、基金会作出限期（责令）停止活动处罚的案件数。

（6）撤销登记（吊销登记证书）：指本年度民政部门依据《中华人民共和国慈善法》《社会团体登记管理条例》《民办非企业单位登记管理暂行条例》《基金会管理条例》，对违反上述条例规定的社会团体、民办非企业单位、基金会作出撤销登记和吊销登记证书处罚的案件数。

（7）取缔非法社会组织：指本年度民政部门依据《社会团体登记管理条例》《民办非企业单位登记管理暂行条例》《基金会管理条例》取缔的案件数。

（8）没收非法财产：指本年度民政部门取缔非法社会组织案件中并处没收非法财产的案件数。

自治组织

居民委员会　指报告期末城市和建制镇在城镇居民集中居住的地区设立的居民委员会实有个数（含家委会）。

取得统一社会信用代码的村（居）民委员会　指到民政部门办理了统一社会信用代码证并取得了相关证书的村（居）民委员会个数。相关工作见民政部公告第414号《民政部关于赋予村（居）民委员会统一社会信用代码有关事项的公告》。

居民小组　指报告期末在居民委员会下设的由居民组成的群众自治组织总数。

居（村）民委员会成员　指依照法律规定，经选举产生的居民委员会（村民委员会）的主任、副主任和委员的总数。

村民委员会　指报告期末乡镇在农业人口的居住地区设立的群众性自治组织（即村民委员会）实有个数。

成员中有女性的村民委员会数　指报告期末村民委员会成员中有女性的村民委员会实有个数。

自然村　指按照自然、地理特点自发形成的农民生活居住村落。

村民小组　指报告期末在村民委员会下设的由农民组成的群众自治组织总数。

当年完成选举的村（居）民委员会数　本年度内进行了村（居）民委员会选举，而且当选成员人数足够组成新一届村（居）委会开展工作的村（居）委会。

当年完成选举的村（居）选民登记总数　只对本年度内完成村（居）委会选举的村（居）统计此指标。一个村（居）的选民登记总数少于本村（居）村（居）民数，大于等于本届登记选民数。

本届（登记）选民数　指在本年度内完成村（居）委会选举的村（社区）中，按照村（居）民选举委员会发布的公告，于有效日前在村（居）民选举委员会依法登记，有资格参加投票的本村（社区）选民。

参加投票人数　在本年度内完成村（居）委会选举的村中，以亲自投票、委托投票等形式参加了选举的选民人数。每个村（居）的参加选举人数，应当等于从票箱里收回的全部选票数。其中“委托投票人数”：指采用委托投票方式参加投票人数。

经推选（选举）产生的村民代表数　指依照法律、法规规定，经推选（选举）程序产生、任期为三年的村民代表人数。一般来说，一个村村民代表的人数从数值上少于村民代表会议组成人员的总数。

当年召开村民会议的次数　村民会议有两种组织形式：一是本村18周岁以上村民的过半数参加；二是本村三分之二以上的户的代表参加。有些地方通过“村务公决”的方式决策重大村务，也可视为第三种形式的村民会议予以统计。

村务监督委员会数　指报告期末建制村建立的村务监督委员会个数。

婚姻登记

内地居民婚姻登记　指报告期内婚姻登记机关办理的当事人双方均是内地居民的结婚登记。包括内地居民结婚登记和内地居民离婚登记。

涉外及华侨、港澳台婚姻登记　指婚姻登记机关办理的，夫妻双方或一方是外国人、华侨、港澳台同胞的婚姻登记。

初婚人数　指报告期内婚姻登记机关办理的结婚登记中，当事人属第一次结婚人数的总和。

再婚人数　指报告期内婚姻登记机关办理的结婚登记中，当事人属第二次（或者二次以上）结婚人数的总和。再婚包含恢复结婚。

恢复结婚　指报告期内，原为夫妻关系的男女双方申请办理结婚登记，经婚姻登记机关审查，为其办理结婚登记的件数。

涉港澳居民婚姻登记　指报告期内经民政部门的婚姻登记机关批准登记结婚的当事人的一方是居住在香港、澳门特别行政区的中国公民。

涉台湾居民婚姻登记　指报告期内经民政部门的婚姻登记机关批准登记结婚的当事人的一方是居住在台湾省的中国公民。

涉华侨婚姻登记　指报告期内经民政部门的婚姻登记机关批准登记结婚的当事人的一方是华侨。

涉外国人婚姻登记　指报告期内经民政部门的婚姻登记机关批准登记结婚的当事人的一方是外国人（含外籍华人）。

结婚率　指结婚对数除以当年期初人口数与当年期末人口数的和的一半乘以1000‰。计算公式如下：

$$\text{结婚率} = \frac{\text{结婚对数}}{(\text{当年期初人口数}+\text{当年期末人口数})\times 1/2} \times 1000‰$$

离婚率　指离婚对数除以当年期初人口数与当年期末人口数的和的一半乘以1000‰。计算公式如下：

$$\text{离婚率} = \frac{\text{离婚对数}}{(\text{当年期初人口数}+\text{当年期末人口数})\times 1/2} \times 1000‰$$

办理婚姻登记事务处数　指具体办理婚姻登记事务的场所、网点的数量，含编办登记、民政登记和未登记的婚姻登记机构以及乡镇（街道）可以办理婚姻登记的网点等。

殡葬服务

殡葬管理服务机构包括殡仪馆（含火葬场）、公墓、殡仪服务站以及殡葬管理机构。

殡仪馆 指独立核算的，从事遗体火化、骨灰寄存以及其他殡仪服务的单位总称。

公墓 指省级民政部门批准建设、独立核算的、集中埋葬骨灰或遗体的单位总称。

殡仪服务站 指专门提供除遗体火化以外的遗体接运、暂存、防腐、整容等直接接触遗体的殡仪服务机构。

殡葬管理机构 指独立核算的、受行政机关委托从事殡葬管理工作的单位。

在统计殡葬单位时，只能归属上述四类中的一种，同一个单位不能跨类进行统计。

火化炉数 指报告期末遗体火化的设备实有数，包括火化备用炉。

全年火化遗体数 指报告期内殡仪馆火化遗体的总数。

国际运尸数 指经海关出入境尸体的数量。

穴位数 指报告期末公墓实建的穴位数。

本年销售穴位数 指报告期内公墓实际售出的穴位数。

安葬数 指报告期末已安葬的穴位数。

本年安葬数 指报告期内已安葬的穴位数。

节地生态安葬数 就是以节约资源、保护环境为价值导向，鼓励和引导人们采用格位葬、树葬、草坪葬、花坛葬、撒散、海（河、湖）葬、深埋等不占或少占土地、少耗资源、少使用不可降解材料的方式安葬骨灰或遗体，使安葬活动更好地促进人与自然和谐发展。

其他民政直属单位

其他民政直属单位 指民政信息中心、地名普查研究单位、民政学校等未归类到社会工作机构中的各类其他民政直属单位。